Siegfried Hagl:
Die Apokalypse als Hoffnung

Die Zukunft unseres Planeten
im Licht von Ökologie und Prophezeiung

Knaur®

Für Martina,

die diese Arbeit mit viel Interesse, großem Verständnis und außergewöhnlicher Geduld gefördert hat.

ISBN 3-426-04118-9 980

Esoterik

Herausgegeben von Gerhard Riemann

Dieses Buch unterteilt sich in zwei Hälften. Die erste setzt sich mit unseren wirtschaftlich-politisch-ökologischen Realitäten auseinander und die zweite mit endzeitlicher Prophetie. Man kann die beiden Abschnitte unabhängig voneinander lesen, und sie kommen zum gleichen Resultat: Apokalyptisches Geschehen in kaum vorstellbarem Ausmaß wird in Kürze über uns hereinbrechen!
Es ist kaum zu glauben, daß die ernsthaften Warnungen in der für den amerikanischen Präsidenten erstellten Studie »Global 2000« und die diversen Berichte des Club of Rome bislang nicht zu politischen und wirtschaftlichen Konsequenzen geführt haben. Somit ist abzusehen, daß wir uns unaufhaltsam einer gigantischen ökologischen und damit auch menschlichen Katastrophe nähern. Unklar ist nicht, ob, sondern nur noch wann natürliche Kreisläufe ohne Aussicht auf Wiedergutmachung zusammenbrechen.
Die zahlreichen endzeitlichen Prophetien, die hier – neben ökologischen Fakten und Entwicklungen – zusammengetragen und kommentiert sind, wirken unter diesen Umständen geradezu hoffnungsvoll. Zwar künden auch sie von riesigen Naturkatastrophen, verbunden mit einem dritten Weltkrieg apokalyptischer Größenordnung, aber sie sprechen auch von Hoffnung; denn die große Katastrophe soll zugleich eine Reinigung der Menschen und unserer Mutter Erde bewirken und den Menschen ein »Friedensreich« und »goldene Zeiten« eröffnen.

Siegfried Hagl ist gebürtiger Münchner, Jahrgang 1931. Sein beruflicher Werdegang führte über eine kaufmännische Lehre und die Ausbildung als Gummitechniker zur Technischen Hochschule Darmstadt, wo er als Stipendiat eines Industrieunternehmens Maschinenbau studierte. Zuletzt arbeitete er als Entwicklungschef einer Reifenfabrik. Seit 1982 ist der Diplomingenieur als freier Schriftsteller tätig. Daneben ist er Lehrbeauftragter der Fachhochschule Landshut für das Lehrgebiet Ökologie. Siegfried Hagl ist verheiratet und hat zwei Kinder. Das vorliegende Werk »Die Apokalypse als Hoffnung« ist die dritte Buchveröffentlichung des Verfassers zu weltanschaulichen Fragen. Sie basiert auf einer sich über viele Jahre erstreckenden gründlichen Beschäftigung mit naturwissenschaftlichen, naturphilosophischen und esoterischen Problemen.

Originalausgabe

Umschlaggestaltung Dieter Bonhorst
Satz IBV Lichtsatz KG, Berlin
Druck und Bindung Clausen & Bosse, Leck
Printed in Germany · 1 · 8 · 584
ISBN 3-426-04118-9

1. Auflage

Inhaltsverzeichnis

Vorbemerkung für den Leser

Dieses Buch besteht aus zwei unterschiedlich aufgebauten Teilen, die zwar in einem Sinnzusammenhang stehen, aber voneinander unabhängig gelesen werden können:

Ein erster, sachlich orientierter Teil beschäftigt sich mit *Umweltfragen.* Viele unerwünschte Zivilisationsfolgen werden ja bereits deutlich sichtbar und wecken bedrückende Zukunftserwartungen.
Dieser erste Abschnitt bringt einen zusammenfassenden Überblick über ökologische, aber auch einige politische Probleme; er schildert Fehlentwicklungen, die heute schon viele Menschen mit Besorgnis erfüllen. Die wichtigsten ökologischen Fakten wurden so zusammengetragen, daß sich auch ein in der heute verbreiteten Zeitnot lebender moderner Mensch mit geringer Mühe ausreichend informieren und sich dann ein eigenes Urteil bilden kann. Wer tiefer einsteigen möchte, dem hilft ein ausführliches Literaturverzeichnis.
Da der sachliche, die Umwelt-Problematik beleuchtende Teil dieses Buches mit einem frustrierenden Ergebnis schließen mußte, bot sich ein Übergang zu einem zweiten Abschnitt an. Dieser sucht Antworten zu den Fragen unserer Zeit, die nicht aus den allgemein anerkannten Richtungen kommen.

Im zweiten Teil dieses Buches werden *alte und neue Prophetien* betrachtet, und dem Leser Gelegenheit geboten, sich über das umfangreiche Gebiet der Endzeit-Prophetie zu informieren. Wenn es auch unmöglich ist, *alle* derartigen Vorhersagen zu erfassen, so wurde doch keine Mühe gescheut, um die wesentlichen endzeitlichen Prophetien aus dem deutschen Sprachraum zu erfassen und bedeutende europäische und außereuropäische Visionen einzubeziehen.
Eine Aufstellung der erwähnten Seher und Propheten in alphabetischer Reihenfolge und ein ausführliches Literaturverzeichnis machen es dem Leser leicht, zu einem umfassenden Überblick über dieses nicht leicht zugängliche Gebiet zu gelangen.

Hoffen auf die Endzeit?

In den letzten Jahren mehren sich Berichte, Bücher, Schriften, die sich mit Prophezeiungen – alten wie neuen – beschäftigen. Kündungen, Schauungen, »himmlische« Erscheinungen aus neuester Zeit werden publiziert, so daß man sich fragen muß, durch welche Ursachen diese Flut von Literatur über ein von der Wissenschaft längst als »Aberglaube« entlarvtes Thema begründet ist. Es ist das Ziel dieser Schrift, hierzu eine für unsere Zeit brauchbare Antwort zu finden. –
Die Beantwortung der eben aufgeworfenen Frage kann man sich auch leicht machen. Dann stellt man fest, daß »immer wenn es schlechter geht« alle Arten von Zukunftsdeutungen Konjunktur haben. Vom Kaffeesatz-Lesen, Kartenlegen, Wahrsagen, Pendeln bis zur Astrologie und der Suche nach Antworten auf Schicksalsfragen in religiösen Überlieferungen hätten demnach alle Grenzgebiete unseres Wissens immer dann verstärkten Zulauf, wenn die ausgetretenen Wege auf Schwierigkeiten stoßen oder nicht mehr zum Ziele zu führen scheinen. Da helfen auch Aufrufe von Wissenschaftlern nichts; wie z. B. einer aus dem Jahre 1975, den 186 bekannte Forscher, darunter 18 Nobelpreisträger, unterschrieben haben.* Es gibt eben Lebensfragen für Menschen und Nationen, auf die weder Naturwissenschaftler noch Politiker, noch Theologen zufriedenstellende Antworten finden. Also fragt man die Sterne, sucht in alten Prophezeiungen oder schürft in den Offenbarungen; wohl wissend, daß man sich damit auf ein Gebiet begibt, das als »Aberglaube« längst abgetan scheint.
Bevor wir in unserem Thema fortschreiten, ist es sicher richtig, danach zu fragen, welche Sorgen, Ängste und Probleme Menschen in unserer so aufgeklärten Zeit trotz allem in das »Denken des finsteren Mittelalters« zurückfallen lassen. Ein paar vergleichsweise harmlose wirtschaftliche und politische Krisen sicher nicht. Schon eher die Furcht, daß ein Atomkrieg ganze Erdteile verwüsten könnte. Vielleicht ist auch das Vertrauen in die Möglichkeiten von Politik und Wirtschaft erschüttert. Ganz sicher stehen wir alle unter dem Druck einer kommenden Umweltkatastrophe, der alle Gruppen unserer Gesellschaft gleich hilflos gegenüberstehen. Keine Regierung und keine

* »Objections to Astrology«, A Statement by 186 Leading Scientists. The Humanist, Vol. XXXV No. 5, Sept./Oct. 1975.

Opposition – weder im Osten noch im Westen – hat bisher ein überzeugendes Konzept zur Abwendung dieser Bedrohung gefunden. Zugleich werden die Vorräte der Erde knapper und knapper, die Erdbevölkerung wächst weiter und weiter, und je mehr Menschen Raubbau an den Ressourcen treiben, desto schneller schreitet die Ausplünderung, Verschmutzung und Zerstörung der Natur voran. Jeder Politiker weiß, daß ohne die weltweite Bevölkerungsexplosion zu stoppen, so gut wie alle anderen Maßnahmen unwirksam werden – immerhin war die exponentielle Zunahme der Weltbevölkerung ein Thema der Antrittsrede des Präsidenten Carter. –

Jeder denkende Mensch hat inzwischen zur Kenntnis nehmen müssen, daß unbegrenztes Wachstum der Bevölkerung und fortlaufend steigender Rohstoffverbrauch in einer begrenzten Welt nicht möglich sind. Zu spüren ist von diesem Wissen in der offiziellen Politik bis heute wenig. Staatshaushalte wie Unternehmenspläne bauen nach wie vor auf weiteres Wachstum, ohne das Wirtschaft wie Politik in schwere Krisen geraten; denn fast alles ist auf Zuwachs eingestellt! Das gilt nicht nur für die Industrieländer; auch in Entwicklungsländern hofft man auf Wachstum, das westliche Zivilisation und einen entsprechenden Wohlstand bringen soll.

Auf die Frage, wo dieser Weg enden wird, drängt sich ein erschreckendes Bild auf:

Sollten wir Menschen noch etliche Jahrzehnte wie bisher weiter wirtschaften, dann wird die Erde in der Mitte des kommenden Jahrhunderts einen biologischen Kollaps erleiden. Wir Menschen werden dann geradezu auf einer stinkenden und verseuchten Müllhalde sitzen, und viele werden meinen, daß »Gott helfen *muß*«.

Die Hoffnung auf Parteien, Politiker, Wissenschaftler, Kirchen haben viele Menschen schon begraben. Wer oder was aber kann helfen? Hier setzen Endzeit-Prophezeiungen an, die Überraschendes zu künden haben. Erscheinungen der Gegenwart werden in verblüffender Präzision beschrieben und gleichzeitig darauf hingewiesen, daß in dieser Zeit etwas ganz Besonderes, ein höherer Eingriff zu erwarten sei. Diese notwendige »Operation« an unserem Schöpfungsteile werde zwar schmerzhaft sein; aber sie sei die einzig mögliche Hilfe. Damit werden solche »Endzeit-Erwartungen« zur letzten Hoffnung. Wenn menschliches Wissen sich als unzureichend erweist, wenn alle menschlichen Bemühungen nicht zum Erfolg führen können, wenn Katastrophen verschiedenster Art unser Leben erschüttern, dann – so wird gekündet – können wir auf eine ganz außergewöhnliche Hilfe hoffen. Dieser Eingriff wird alles andere als bequem und schmerzlos für uns sein. Denn wir Menschen haben das Debakel selbst herbeigezwungen, das bei nomalem Fortgang im unvermeidlichen Chaos enden müßte. *Wir* haben das Unheil zu verantworten, und nur unfaßbare Gnade kann sich herablassen, trotz allem noch einmal die helfende Hand zu reichen, die wir dann ergreifen können und müssen. Über all den erschreckenden Bildern endzeitlicher Geschehen, auf die wir im Nachfolgenden eingehen wollen, steht also die auf uns zukommende »Endzeit als Hoffnung«: es ist die Hoffnung, daß endlich die uralte Sehnsucht der Menschheit nach Frieden, nach geistigem Frieden, sich erfüllen werde; daß als irdische Wirklichkeit eintritt, was mit der Erdengeburt des Gottessohnes gekündet wurde:

> »Ehre sei Gott in der Höhe und Frieden auf Erden den Menschen, die Gott wohlgefällig sind.« *(Luk. 2,14)*

Die Ereignisse verdichten sich

> »Des Abends sprecht ihr: Es wird ein schöner Tag werden, denn der Himmel ist rot; und des Morgens sprecht ihr: Es wird heute Ungewitter sein, denn der Himmel ist rot und trübe. Ihr Heuchler! Über des Himmels Gestalt könnt ihr urteilen; könnt ihr denn nicht auch über die Zeichen dieser Zeit urteilen? *(Matth. 16,2–3)*

»Große Ereignisse werfen ihre Schatten voraus«, sagt ein Sprichwort. Wenn an dem Volksmund »etwas Wahres« wäre, wie sollten diese vorausgehenden Schatten großer Ereignisse sich vorbereiten?
Handelt es sich um Geschehen, die wir Menschen lenken, kann man eine gewisse Vorhersehbarkeit annehmen. Denn bevor der Mensch handelt, muß er sich entscheiden, sich also in Gedanken mit seinen Handlungen beschäftigen. Solche Gedanken können durchaus von anderen Menschen empfunden werden.
Mit einem bedeutenden Ereignis beschäftigen sich nun in der Regel viele Menschen sehr intensiv, und es ist dann nicht verwunderlich, wenn andere ahnen, daß »etwas in der Luft liegt«. Wir spüren eben alle – wenn auch meist nur unbewußt – die Gedanken unserer Umgebung, die in nicht geringem Maße auch für den »Zeitgeist« mitverantwortlich sind. Ohne die Wirkung solcher Gedanken wären überraschende Wendungen im Denken oder Verhalten großer Massen kaum in dem Maße möglich, wie man das gelegentlich beobachten kann. Natürlich spielen dabei die Einflüsse der Massenmedien eine große Rolle; denn heute ist es möglich, das Denken zahlreicher Menschen gleichzeitig in eine gewünschte Richtung zu lenken. Die periodischen Wechsel in der Mode wären anders kaum machbar, denn wie sollte man sonst eine Erklärung dafür finden, daß Millionen Menschen zweimal in jedem Jahr zu einer neuen Vorstellung davon finden, was gerade »schick« ist?
Schwieriger wird eine Erklärung, wenn es sich um Geschehnisse handelt, die von uns Menschen unabhängig sind. Dazu gehören z. B. Naturkatastrophen, die sich unserem Einfluß entziehen und nur ausnahmsweise vorhergesehen werden können. Viele Menschen betrachten sogar von uns selbst ausgelöste Katastrophen als unvermeidlich, wie Kriege oder wirtschaftliche Krisen, die auch dann »über uns

kommen« können, wenn sie keiner wünscht. Ein Beispiel hierfür wäre der Ausbruch des ersten Weltkrieges. Historiker sagen, daß keiner der beteiligten Staatsmänner diesen Krieg gewollt hat; aber alle hatten die Kontrolle über die Ereignisse verloren und konnten das Abgleiten in die Katastrophe nicht verhindern.
Im Falle des ersten Weltkrieges ist allerdings einer der »vorausgehenden Schatten« erkennbar: Die beteiligten Nationen rüsteten seit Jahren. Fast überall – keineswegs nur in Preußen und Deutschland – hatte das Militärische einen hohen Stellenwert, und die Jugend wurde in der Vorbereitung auf einen Krieg erzogen. Wenn man bedenkt, daß auch Gedanken reale Formen zeitigen und, sich gegenseitig verstärkend, weiterwirken, so kann man verstehen, wie diese in ganz Europa gehegten kriegerischen Gedanken und Empfindungen zur Tat drängen mußten. Denn die einzige verläßliche Garantie für den Frieden ist eine friedliche Gesinnung!
In der Gegenwart genießt Militärisches keine allgemeine Bewunderung mehr, zumindest nicht in der westlichen Welt. Die Bedrohung aller Nationen wie jedes einzelnen Menschen durch heutige Massenvernichtungswaffen übersteigt menschliches Vorstellungsvermögen, so daß kein Verantwortlicher mehr einen großen Krieg wollen kann. Aber für die friedliche Gesinnung aller Menschen wird sich kaum jemand verbürgen können, weshalb immer noch die wichtigste Voraussetzung für den Frieden fehlt: Liegen Mißtrauen, Neid oder gar Haß »in der Luft«, muß man um den Frieden besorgt sein; auch wenn Politiker noch so glaubhaft versichern, daß der »Frieden sicherer geworden« oder ein »Krieg in Mitteleuropa durch gegenseitige Abschrekkung ausgeschlossen« sei. –
Zu den unvorhersehbaren Ereignissen zählen Naturkatastrophen, wie etwa die Begegnung der Erde mit einem großen Himmelskörper. Unwahrscheinliches kann von Menschen kaum vorausgesehen werden, und entsprechende Gedanken können sich daher auch nicht so verdichten, daß sie unser Empfinden, wenn auch nur vage, vorausahnen kann.
Eine interessante Stellungnahme hierzu findet sich bei Estelle Stead: Viele Vorahnungen kämen zustande, weil sich fortwährend Abgeschiedene im Jenseits weiterhin mit der Erde beschäftigen. Diese sehen das Kommende, beschäftigen sich in ihren Empfindungen damit und versuchen nicht selten warnend und helfend auf uns einzuwirken. Ihre Hinweise bilden einen Teil unseres Gewissens. So erführen unsere Seelen manches, was unserem Verstande nicht bewußt würde

und unserem Tagbewußtsein nur schwer verständlich sei. Da wir uns den Ursprung solcher Empfindungen nicht erklären können, neigen wir dazu, sie ganz als Aberglauben abzutun, in der wohl begründeten Sorge, daß ein Mensch solche Vorahnungen oder Warnungen oft nicht von selbsterzeugten Phantasiegebilden trennen könne.
Einzelne Menschen, die man »Seher« nennen darf, haben allerdings die Möglichkeit, Kontakte zu Ebenen zu finden, die uns normalerweise verschlossen sind. Von dort her sind dann überraschende Einblicke möglich, die sich in weit vorausschauenden Prophezeiungen verdichten können. Besonders dann, wenn der Begabung des Sehers noch eine Inspiration von oben entgegenkommt, wenn also ein dazu berufener Geist aus dem »Jenseits« Kündungen übermittelt. Solche Botschaften sind dann bedeutsame Geschehnisse, die wir Menschen nicht ernst genug nehmen können. Allerdings schildern sie zumeist gleichnishaft geistiges Geschehen und gehen kaum auf irdische Details ein, wie wir sie wissen möchten.
In unserer Zeit geschehen viele überraschende Entwicklungen gleichzeitig, die auf entscheidende Ereignisse in der näheren Zukunft hinweisen. Zunächst verdichten sich viele Gedanken, und mehr Menschen als je zuvor suchen nach Antworten auf ungelöste Fragen. Das beweist die Flut von Büchern und sonstigen Informationen, die diesen Bedarf zu befriedigen suchen.
Auch Kündungen häufen sich.
Alte Prophezeiungen werden neu kommentiert, von der Daniel-Apokalypse bis zu Nostradamus. Vergessene Propheten werden wiederentdeckt und ihre Werke publiziert; Swedenborg, Lorber, Irlmeier und viele andere sind wieder im Gespräch. Selbst das Fernsehen schreckt nicht mehr davor zurück, über den »Mühlhiasl« zu berichten oder eine »Astro-Show« zu bringen. Eigentlich müßte der »wissenschaftliche Beirat« die Hände über dem Kopf zusammenschlagen und eine solche »Volksverdummung« in den geheiligten Kanälen des wichtigsten Massenmediums stoppen.
Eines ist jedenfalls gewiß: Wenn all diese Phänomene, die zahlreichen Visionen, Prophezeiungen, Schauungen auch nur ein Körnchen Wahrheit enthalten, dann sieht vieles bald anders aus, als es »unsere Schulweisheit sich träumen läßt«. Kommen Ereignisse und Geschehen auf uns zu, wie sie Menschen noch nie erfahren haben?
Von wissenschaftlicher Seite ist dazu keine klärende Stellungnahme zu erwarten, da diese sich bewußt auf den mit irdischen Sinnen wahrnehmbaren Bereich beschränkt. Auch die Naturwissenschaften müß-

ten mit Aussagen über die Zukunft der Menschheit zurückhaltend sein. Denn alle Naturwissenschaft ist *Erfahrungs*wissenschaft und wird keine Aussagen machen können über Geschehnisse, zu denen keine Erfahrungswerte vorliegen. Gerade von solchen unerwarteten, unerklärlichen, nie dagewesenen Ereignissen aber künden die Seher!

Schließlich bleibt noch zu fragen, was uns heute konkret beunruhigt.

Äußerlich geht es den meisten von uns gut. Wirtschaftliche oder politische Krisen haben nicht das Ausmaß, welches zu ernsten Besorgnissen berechtigen würde. Das wird auch von offizieller Stelle versichert.

Bevor wir auf Prophezeiungen und deren Bedeutung eingehen, scheint es daher geboten, einen Blick auf gegenwärtige Entwicklungen zu werfen, die Unbehagen, vielleicht sogar Angst auslösen. Denn viele konkrete Vorgänge verdichten sich auf unserem Planeten in einer Weise, die deutlich werden läßt, daß die Entwicklung der Menschheit ein Stadium erreicht hat, welches sich mit keiner anderen Epoche vergleichen läßt.

Kommt der Kollaps der Welt?

> »Zwei Wege stehen zur Wahl. Hungersnot, Pestilenz und Krieg ist der eine, Geburtenbeschränkung ist der andere.«
>
> *Aldous Huxley*

Apokalyptische Erwartungen sind in der abendländischen Geschichte nichts Neues.
Sie beginnen mit der Überzeugung urchristlicher Gemeinden, die das Jesus-Wort

> »Dies Geschlecht wird nicht vergehen, bis daß dieses alles geschehe« *(Matth. 24,34)*

wörtlich nahmen und finden eine starke Stütze in der Offenbarung des Johannes, der »Großen Apokalypse«, die in eindringlicher Weise von einem Weltgericht kündet.
Besonders intensiv waren die Erwartungen des »Weltunterganges« im Jahre 1000. Ganz Europa wurde, in der Furcht vor dem Ende der Welt, von religiösem Fanatismus oder auch leichtfertigem Taumel ergriffen. Die Begründung für diese Endzeitstimmung lieferte die Offenbarung des Johannes mit dem Wort

> »... diese lebten und regierten mit Christo 1000 Jahre.«
>
> *(Offb. 20,4)*

Bis in die jüngste Zeit gab und gibt es einzelne oder Gruppen, die in endzeitlichen Erwartungen leben und teilweise das »Ende der Welt« für ein bestimmtes Datum vorausberechnen, trotz des Jesus-Wortes:

> »Von dem Tag aber und von der Stunde weiß niemand, auch die Engel nicht im Himmel, sondern allein mein Vater.«
>
> *(Matth. 24,36)*

Bisher haben sich alle derartigen Rechnungen als unrichtig erwiesen, und jeder, der sich mit solchen Gedanken trägt, muß auf Widerspruch gefaßt sein. Also hat es keinen Sinn, sich mit diesen Vorstellungen zu

beschäftigen? Vielleicht doch, denn es kann nicht Aufgabe des Menschen sein, die Zukunft fatalistisch auf sich zukommen zu lassen. Der Mensch muß sich gegenwärtigen wie zukünftigen Herausforderungen stellen, nicht nur den materiellen, sondern auch den geistigen Anforderungen. Um die Zukunft aber machen sich heute mehr Menschen Sorgen als je zuvor, obwohl uns von offizieller Seite – sei es Wissenschaft, sei es Politik – versichert wird, daß alle Probleme lösbar seien, und wir nichts weiter zu tun hätten, als im Vertrauen auf Wissenschaft, Forschung und Politik unser Leben zu leben und unsere Arbeit zu leisten. Was also beunruhigt so viele in unserer weit fortgeschrittenen, konsumfreudigen Zeit?
Leider gibt es besorgniserregende Entwicklungen, welche zweifeln lassen, ob Politik und Wissenschaft alles im Griff haben.
Das wahrscheinlich gravierendste aller befremdenden Ereignisse ist die *Zunahme der Bevölkerung* auf unserer Erde, deren ungehemmtes Wachstum alle Anstrengungen zunichte machen muß. Oft genug ist ausgesprochen worden, daß alle Probleme unlösbar werden, wenn es nicht gelingt, die Bevölkerungsexplosion zu stoppen. Bis heute wächst und wächst die Menschheit aber weiter und weiter, die Menschenflut droht die Erde zu überschwemmen und zu zerstören, doch eine Wende ist nicht in Sicht. Um einen Überblick über das Bevölkerungswachstum zu erhalten, sind einige Zahlen nützlich:

Tabelle 1: Die Entwicklung der Weltbevölkerung (2)

50000–15000 v. Chr.	ca. 0,05–0,25	Millionen
5500 v. Chr.	10	Millionen
3500 v. Chr.	20	Millionen
750 v. Chr.	100	Millionen
400 n. Chr.	200	Millionen
1500 n. Chr.	500	Millionen
1800 n. Chr.	800	Millionen
1900 n. Chr.	1500	Millionen
1970 n. Chr.	3600	Millionen
1975 n. Chr.	4090	Millionen
(2000 n. Chr.	6350	Millionen)

Diese Zahlen sind für die Zeiten vor 1900 zum Teil recht grobe Schätzungen, die nur ein ungefähres Bild vermitteln können. Trotzdem ist nicht zu übersehen, daß die Population unseres Planeten über unvorstellbar lange Zeiträume nur sehr langsam zugenommen hat. Menschen gibt es seit einer oder mehreren Millionen Jahren, der Ackerbau ist etwa 10000 Jahre alt, und die ersten Hochzivilisationen entstanden vor vielleicht 6000 Jahren. Das Wachstum der Bevölkerung war also während der größten Zeit menschlichen Lebens äußerst gering und die Anzahl der Menschen keine Gefahr für die Natur. Denn deren vergleichsweise harmlose Eingriffe hinterließen nur geringfügige Wunden im grünen Kleid der Erde, die schnell wieder vernarbten, ohne dauernde Schäden zu hinterlassen. Erst nach der Einführung des Ackerbaues änderte sich dies allmählich. Von nun an wurden größere Flächen mit Monokulturen bebaut, die Bevölkerungsdichte nahm zu und die Anbauflächen dehnten sich, zunächst nur langsam, aus. Aber noch lange Jahrtausende blieb das Wachstum der Bevölkerung gering, wie die Tabelle 2 zeigt, die den *Geburtenüberschuß*, also den Zuwachs der Menschheit angibt. Wieder müssen Zahlen für die weiter zurückliegende Vergangenheit – aus der keine genauen demographischen Daten vorliegen – geschätzt werden, doch erhält man interessante Anhaltswerte:

Tabelle 2: Der Geburtenüberschuß der Weltbevölkerung (2)

5000–4000 v. Chr.	ca. 0,34	pro Tausend
3000–2000 v. Chr.	0,59	pro Tausend
1000 v. Chr.–1000 n. Chr.	0,75	pro Tausend
1500–1900 n. Chr.	4,9	pro Tausend
1900–1950 n. Chr.	8	pro Tausend
1950–1975 n. Chr.	19	pro Tausend
(1975–2000 n. Chr.	15–20	pro Tausend)

Diese Tabelle des Geburtenüberschusses, die auf 1000 Menschen bezogen angibt, wie viele Menschen pro Jahr mehr geboren werden als sterben, wird anschaulich in der graphischen Darstellung (Fig. 1).* Diese zeigt, wie seit Christi Geburt der Geburtenüberschuß ständig zunahm, um in unserem Jahrhundert in geradezu dramatischer Weise anzusteigen. Wer diese Kurve betrachtet, sieht vor seinen Augen, daß wir in einer besonderen Zeit leben, in der Einschneidendes schon geschehen ist und Gravierenderes noch geschehen muß: Denn der Bevölkerungszuwachs kann und wird nicht mehr viele Jahrzehnte so weiter steigen! Was seit Jahrtausenden, Jahrmillionen im Gleichgewicht war – Mensch und Erde – ist in unserem Jahrhundert außer Kontrolle geraten.

* Zahlenwerte und Graphik in Anlehnung an W. Fucks, Formeln zur Macht (2).

Natürlich kann man diese Situation rein rechnerisch auch günstiger sehen, indem man z. B. unterstellt, daß die Erde eine gewaltige Zahl von Menschen aufnehmen und ernähren könne. Wir sollten uns aber nicht von Schätzungen beeindrucken lassen, die eine Weltbevölkerung von 50 oder gar mehr Milliarden für denkbar halten. Theoretisch mag es möglich sein, solche Populationen zu vertreten; jedoch nur, wenn die Peripherie unberücksichtigt bleibt und z. B. nicht an die Rohstoffvorräte, an Umweltschäden oder an die psychischen Möglichkeiten des Menschen gedacht wird, derartige Besiedlungsdichten zu ertragen. Bei nüchterner Betrachtung spricht alles dafür, daß die Erde schon heute zu viele Menschen tragen muß und dramatische Entwicklungen unvermeidlich werden, sofern die Populationslawine nicht zum Stillstand kommt.

Wie schwer es ist, die Zunahme der Bevölkerung zu begrenzen, zeigt sich am Beispiel der Volksrepublik China. Im Jahre 1964 gab es etwa 700 Millionen Rot-Chinesen*. Bis zu der jüngsten Volkszählung im Jahre 1982 hatte sich die Einwohnerzahl auf 1008 Millionen erhöht; das ist ein durchschnittlicher Zuwachs von knapp 2,1% pro Jahr innerhalb dieses Zeitraumes von 18 Jahren. Inzwischen bemüht sich die Regierung, weiteres Bevölkerungswachstum einzudämmen, das alle wirtschaftlichen Erfolge des Regimes zu unterlaufen droht. So wird die Ein-Kind-Familie propagiert, Schwangerschaftsunterbrechung angeboten und Kinderreichtum mit Lohnabzug bis zu 10% bestraft. Aber die Bevölkerung wächst weiter. Derzeit kommen in Rot-China in jedem Jahr etwa 17,5 Millionen Menschen hinzu – so viele wie in der DDR leben.

Auch Hoffnungen auf die Erschließung neuen Lebensraumes – in noch unbesiedelten Gebieten oder gar im Meer – sind bestenfalls eine Selbstberuhigung. Wie dramatisch die Bevölkerungssituation in der Tat ist, sei an einem sehr drastischen Beispiel gezeigt:

* Alle Volkszählungen vor 1982 sind ungenau. Die Zahlenwerte für 1964 schwanken z. B. zwischen 668 und 723 Millionen.

Fig. 1: Der Geburtenüberschuß der Weltbevölkerung

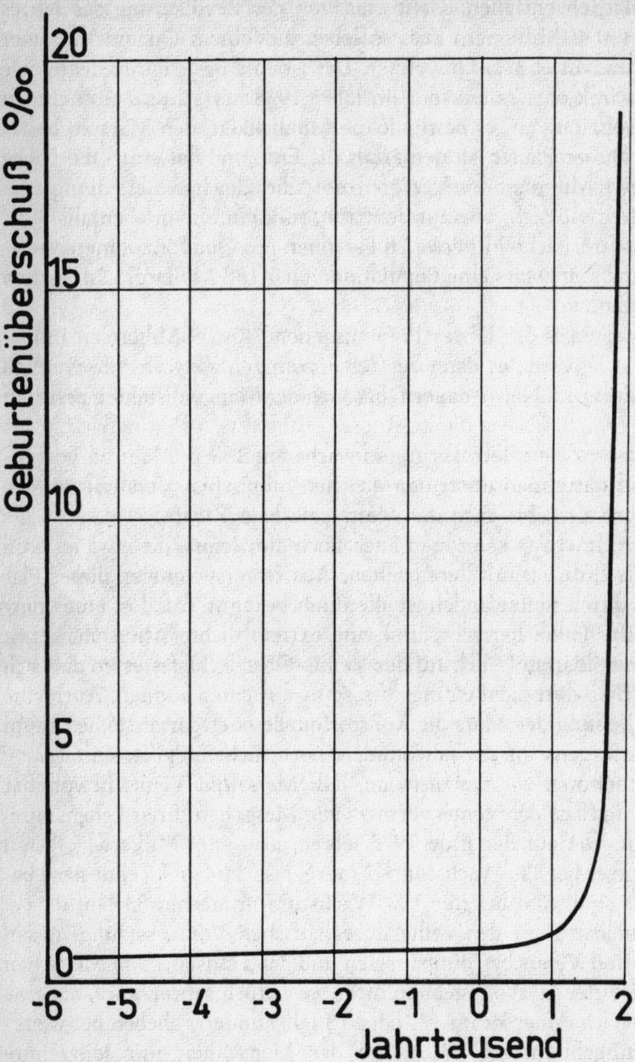

Unsere Erde hat eine Oberfläche von 510 Millionen Quadratkilometern, von der rund 149 Millionen km², also knapp 30% auf die Landflächen entfallen. Geht man von der Bevölkerung des Jahres 1975 (4090 Millionen) aus, so leben auf einem Quadratkilometer Land im Mittel 27,5 Einwohner. Das ist eine Besiedlungsdichte, wie sie im Irak oder in Ecuador im Jahre 1978 herrschte. Nun nehmen wir großzügig an, es bestünde die Möglichkeit, den Mars zu besiedeln. Dieser Planet ist kleiner als die Erde und hat eine Oberfläche von 144 Millionen km². Wären dort die gleichen Besiedlungsverhältnisse möglich, wie auf der Erde, so könnte man ebenfalls 30% der Gesamtfläche mit etwa 28 Personen pro Quadratkilometer belegen und dem Mars eine Population von 1,188 Milliarden Menschen zumuten.

Von der Basis des Jahres 1975 ausgehend – 4,09 Milliarden Erdbewohner – würde es dann bei der derzeitigen Zuwachsrate von 2% pro Jahr nur 13 Jahre dauern, bis auch der Mars vollständig besiedelt wäre!

Gelänge es, den Bevölkerungszuwachs auf 1% pro Jahr zu begrenzen, so hätte man unter den gleichen utopischen Voraussetzungen 26 Jahre Zeit, bis auch der Mars ganz belegt wäre.

Rein rechnerisch kann man auch noch die Venus, die etwa so groß wie die Erde ist, mit heranziehen. Aus Untersuchungen dieses Planeten durch Raumsonden ist allerdings bekannt, daß dort eine unerträgliche Hitze herrscht, und eine extrem dichte Atmosphäre mit unvorstellbarem Druck auf der Venus-Oberfläche lastet, so daß sich Menschen dort nicht einmal kurzzeitig aufhalten können. Auch eine Erschließung des Mars als Rohstoffquelle oder gar als Lebensraum wird übrigens im 21. Jahrhundert noch nicht möglich sein.

Aber nehmen wir trotzdem an, daß Mars *und* Venus bewohnbar seien und auf der Venus ebenso viele Menschen ihren Lebensraum fänden, wie auf der Erde 1975 lebten, also 4,09 Milliarden. Dann dauerte es bei 2% Wachstum 42 Jahre, bis Mars *und* Venus ganz besiedelt sind, und bei nur 1% Wachstum immerhin 83 Jahre!

Also selbst unter den völlig unrealistischen Voraussetzungen, daß Mars und Venus bewohnbar seien und der Transport von Menschen in diese neuen Wohngebiete nicht wesentlich teurer wäre, als eine Reise nach Amerika im 17. oder 18 Jahrhundert, blieben bei weiterem ungebremstem Wachstum der Menschheit nur Jahrzehnte Spielraum, bis auch die neu erschlossenen riesigen Gebiete überbevölkert wären! Was immer wir an Neuland finden mögen, es bleibt

ein Tropfen auf einen heißen Stein, solange das rasante Bevölkerungswachstum anhält. –
Aus der derzeitigen Sicht muß man daher befürchten, daß unaufhaltsam steigende Menschenmassen die Erde überschwemmen. Sie werden gezwungenermaßen die letzten Rohstoffvorräte verbrauchen, die letzten Wälder abholzen, um schließlich in einem gewaltigen ökologischen und wirtschaftlichen Kollaps zum größten Teil zu verhungern. Über die Politik hungernder Nationen, die sich teilweise schon heute mit Kernwaffen rüsten, sind keine Vorhersagen möglich, außer, daß Schlimmes zu erwarten ist.
Auch Appelle zur Umweltschonung werden wenig Wirkung zeigen bei Menschen, die nicht wissen, woher sie Nahrung oder Brennholz für die nächste Mahlzeit bekommen sollen: der Rat, die Wälder für Kinder und Enkel zu schonen, kann in den Ohren eines Hungernden nur wie Hohn klingen!
Mehr Menschen brauchen eben mehr Nahrung, mehr Rohstoffe, mehr Lebensraum; der Zuwachs der Menschheit muß die Erschöpfung der Ressourcen und die Zerstörung der Umwelt exponentiell beschleunigen und eine Katastrophe herbeiführen, deren Eintritt nur noch eine Frage der Zeit scheint: denn aufhalten kann sie wohl keiner mehr!
Das ist *eine* Sorge vieler Menschen, die sich durch nichts widerlegen läßt. Man kann sie allenfalls dadurch beschwichtigen, daß die vorherzusehenden Katastrophen erst nach dem eigenen Ableben zu erwarten seien und man nicht selbst, sondern erst die Kinder davon betroffen sein dürften.

Unsere Welt versinkt im Schmutz...

Diese Ohnmacht ist fürchterlich. Wenn ich sehen muß, daß es keine Organisation gibt, daß keine Entscheidungen gefällt werden, um diese Überlebensfragen zu lösen, werde ich sehr pessimistisch.

Sicco Mansholt

Spätestens seit dem Jahre 1972, dem Jahr, in dem der vielbeachtete »Bericht des Club of Rome zur Lage der Menschheit« von Dennis Meadows mit dem Titel »Die Grenzen des Wachstums« erschienen ist, weiß die Welt, daß wir die Kontrolle über entscheidende Entwicklungen verlieren: Bevölkerungsexplosion, Umweltzerstörung, Rohstoffknappheit müssen im nächsten Jahrhundert – vielleicht sogar schon früher – in eine globale Krise von noch nie gekannten Ausmaßen führen.

Warnungen, schlimme Erfahrungen gab es schon viel früher, und man darf getrost davon ausgehen, daß fast alle Hochzivilisationen ihr Land zerstört oder zumindest schwer geschädigt haben.

Einer der Plätze, an denen die »neolithische Revolution«, der Übergang der menschlichen Kultur vom Nomadentum zum Ackerbau, stattgefunden haben könnte, ist der »fruchtbare Halbmond« zwischen Persischem Golf und Rotem Meer, zwischen Zagros-Gebirge und Mittelmeer. Es ist das »Zweistromland«, in dem das biblische Paradies gesucht wurde, mit Städten wie Eridu und Ur, der Heimat Abrahams. Beide Städte lagen an einer Lagune des Persischen Golfes. Heute ist das alte Land der Sumerer eine Wüste, in der nichts mehr daran erinnert, daß hier einst goldgelbe Weizenfelder wogten und erste ertragreiche Weizensorten gezüchtet wurden. Eridu liegt nun 200 km von der Küste entfernt. So viel fruchtbare Krume haben Erosionen abgetragen, haben Euphrat und Tigris ins Meer gespült, als Raubbau am Boden und Abholzen der Wälder die Landschaft zerstörten. Muß man noch »politische« Gründe für den Untergang dieser Kultur suchen?

Man mag einwenden, daß dies erste, tastende Versuche waren am Beginn der Landwirtschaft; Fehler waren damals kaum zu vermeiden. Heute machen wir es dafür besser! –

Gehen wir in Gedanken weiter – nach Griechenland, Spanien, Nordafrika oder zur dalmatinischen Küste: Überall haben Hochzivilisationen nicht nur stolze bauliche Ruinen hinterlassen, sondern auch ein zerstörtes, seiner Wälder beraubtes Land. Und das keineswegs nur aus Unwissenheit, denn der Einfluß menschlicher Rücksichtslosigkeit auf die Natur ist schon seit langem erkannt. Platon (427–347 v. Chr.) berichtet im »Kritias« über die Zerstörung Attikas durch das Abholzen seiner Wälder, und der römische Naturforscher Plinius (23–79 n. Chr.) beschrieb Klimaänderungen als Folge zu intensiver menschlicher Eingriffe. Beispiele für Bodenzerstörungen durch Zivilisationen ließen sich beliebig vermehren und auf alle bewohnten Kontinente ausdehnen. Auch die »Neue Welt« macht keine Ausnahme. Die klassische Maya-Kultur in den Tiefländern des heutigen Guatemala ging nach einer 1700jährigen Entwicklung plötzlich unter. Die Erklärung amerikanischer Wissenschaftler lautet: Hungerkatastrophen infolge von Bodenerosion! –

Und heute?

Die Zerstörung geht weiter!

Allerdings mit Motorsägen und Bulldozern, die in Wochen mehr Bäume umstürzen als vordem Äxte und Sägen in Jahrzehnten. Die Urwälder des Amazonas-Gebietes – die größten zusammenhängenden tropischen Regenwälder der Erde – werden mit unvorstellbarer Geschwindigkeit gerodet, und der nordamerikanische Weizengürtel – heute noch Kornkammer der Welt – hat in einem Jahrhundert intensiver Kultivation etwa die Hälfte seiner fruchtbaren Bodenkrume verloren. Jeder kann sich schon fast ausrechnen, wie lange es dauern mag, bis aus diesem Gebiet das geworden ist, was auf zweihundert Jahre alten Karten von Nordamerika zu lesen ist: Die »Große Amerikanische Wüste«. –

Die Erkenntnis, daß der Mensch seine Umwelt pfleglich behandeln muß, wenn er auf Dauer in ihr leben will, ist also keineswegs neu. Neu ist allerdings die Situation, die sich heute immer drängender zeigt:

Bodenzerstörung und Abholzen der Wälder schreiten auf allen Kontinenten mit nie dagewesener Geschwindigkeit fort; denn immer mehr Menschen brauchen Nahrung, die der Natur mit allen Mitteln abgepreßt werden muß. Das bedeutet Zerstörungen in einem Ausmaß, daß alle Eingriffe in der Vergangenheit als geradezu »harmlos« erscheinen läßt.

Völlig neu, erst in unserem Jahrhundert aufgetreten, ist eine Umweltverschmutzung von apokalyptischem Ausmaß.

Zwar herrschten in mittelalterlichen Städten in hygienischer Hinsicht katastrophale Zustände, aber sie wurden zu keiner Gefahr für die Natur. Den auf den Straßen vor sich hin faulenden Schmutz brauchte man nur aus der Stadt zu kehren, dann wurden Fäulnisbakterien damit fertig und verwandelten ihn in Kompost. Nicht so gut ging es schon damals Flüssen und Bächen; doch Wasserverschmutzungen blieben örtlich begrenzt. Bis in das 20. Jahrhundert ließen Großstädte ihre Abwässer ungeklärt in Flüsse laufen; trotzdem konnte man einige Kilometer stromab wieder baden!
Im 20. Jahrhundert änderte sich alles dies grundlegend. Zunehmende Industrialisierung, damit einhergehend eine gewaltige Steigerung der Güterproduktion, und vor allem das Wachstum der Bevölkerung belasteten die Umwelt immer mehr, bis schließlich in Ballungszonen die natürliche Selbstreinigung zusammenbrechen mußte.
Hinzu kommen noch Unmengen von Umweltgiften, die in natürliche Kreisläufe nicht eingebaut werden können und daher für sehr lange Zeiträume störend, schädigend wirken. Zu den naturfeindlichen Substanzen gehören viele Kunststoffe und ein großer Teil der Insektizide, Pflanzenschutzmittel und andere Produkte unserer Chemie. Ebenso radioaktive Substanzen, die ihre Gefährlichkeit für alles Leben über Jahrtausende behalten und deren Beseitigung – wenn sie erst in natürliche Kreisläufe eingedrungen sind – so gut wie unmöglich ist. Da täglich Radioaktivität in die Umwelt gelangt – geplant oder durch Fehlleistungen – muß mit einer langsam zunehmenden Verseuchung gerechnet werden. Wehe uns, wenn wir eine kritische Grenze überschreiten sollten! Es können sich dann Auswirkungen ergeben, die jeden Horror-Film in den Schatten stellen!
Natürliche Gleichgewichte haben nämlich Eigenschaften, die von Wirtschaftlern, Industriellen oder Politikern oft nicht beachtet werden. Die Gleichgewichte der Natur sind zwar sehr stabil, und starke »selbstheilende Kräfte« werden wirksam, wenn die natürlichen Abläufe gestört sind. Allerdings ist die Belastungsfähigkeit der Natur nicht unbegrenzt. Werden natürliche Bedingungen gestört, so kann es – beim Überschreiten einer kritischen Grenze – zum plötzlichen »Umkippen« kommen. In einem bereits nachhaltig gestörten System kann dieses Umkippen schon durch eine scheinbar belanglose zusätzliche Störung ausgelöst werden. Ein junger Wissenschaftszweig, die »Synergetik« beschäftigt sich mit derartigen Vorgängen und vermag anhand von anschaulichen Modellen zu zeigen, wie ein solch plötzlicher und für uns Menschen dann meist überraschender Umschlag

vom »geordneten Zustand« in das »Chaos« erfolgen kann. Dieses Wissen unterstreicht nur die Leichtfertigkeit, mit der wir in natürliche Vorgänge eingreifen und das Risiko auf uns nehmen, auf noch unerkannte Grenzen zu stoßen, deren Überschreitung den unwiderruflichen Umschlag ins Chaos auslösen müßte.
Unsere derzeitige Antwort auf diese Probleme ist nach wie vor das Bemühen, »Reichtum für alle« in den Industrieländern und Nahrung und bescheidenen Wohlstand in den Entwicklungsländern zu erreichen. Die Tatsache, daß dazu die Basis fehlt, daß weder Rohstoffe nach Anbauflächen in ausreichendem Maße vorhanden sind, wird von Verantwortlichen offensichtlich verdrängt.
Mehr Menschen, mehr Produktion, mehr Wissenschaft, mehr Forschung, mehr Umweltzerstörung ist daher der Weg, den unsere Zivilisation geht – wohl wissend, daß er nur in einem Abgrund enden kann.
Es ist billig, den Verantwortlichen in Wissenschaft, Wirtschaft und Politik vorzuwerfen, daß sie trotz besseren Wissens die alten Wege weiter verfolgen und weiterhin wirtschaftliches Wachstum anstreben. Aber wer hat ein brauchbares Konzept für einen gesunden, naturgemäßen Aufbau? Wer will Geburtenkontrolle, Umweltschonung, sparsamste Rohstoffverwendung, drastischen Konsumverzicht, totalen Rüstungsstop weltweit durchsetzen? Mit welchen Mitteln?
Wir haben ja keine andere Möglichkeit, als an die *Einsicht* aller Menschen zu appellieren. Auf diese Weise aber sind einschneidende Eingriffe nicht durchzusetzen.
Also läßt man die Dinge im wesentlichen laufen wie bisher, macht Politik mit wirtschaftlichen Theorien, die von einer unerschöpflichen Rohstoffbasis ausgehen, und betreibt exponentielles Wachstum, obwohl man weiß, daß laufender Zuwachs in einer begrenzten Welt nur sehr vorübergehend möglich ist! Oder hofft man, daß die unvermeidlich scheinende Katastrophe sich hinausschieben lassen werde bis zur nächsten Generation?

Rohstoffe werden knapp

> »Die technisch-ökonomische Welt ist jedoch keine Fortsetzung der natürlichen Evolution, sondern eine radikale Umkehr der Entwicklung, die zunächst zur Störung der Naturvorgänge und schließlich zur Zerstörung des Ökosystems unserer Erde führt.«
>
> *Herbert Gruhl*

Ein verbreitetes Mißverständnis liegt in der Verwendung des Begriffes »Wachstum«. Wie ein Blick in die Natur lehrt, ist Wachstum etwas Gutes, Notwendiges. Alles Leben auf unserem Planeten wächst, muß fortlaufend wachsen, wenn es bestehen, weiter existieren, seine Art erhalten will.

Warum darf nicht auch unsere Wirtschaft, unsere Industrie »wachsen«? In der Natur wächst doch alles Belebte seit Jahrmilliarden; warum soll das Wachstum unserer Wirtschaft nach 2 Jahrhunderten industrieller Entwicklung schon zu Ende sein?

Die Antwort ist einfach: Weil »natürliches Wachsen« und das von unseren Ökonomen für notwendig erachtete »wirtschaftliche Wachstum« zwei ganz verschiedene Dinge sind, die nur aufgrund einer Begriffsverwirrung, sehr zu unserem Schaden, gleichgesetzt werden.

Ein jedes Lebewesen wird geboren, wächst, bleibt längere Zeit gleich und stirbt zuletzt. Bei Pflanzen muß zwar das Wachstum mit zunehmendem Alter nicht aufhören, es verlangsamt sich nur. Aber eines hört bestimmt nach kürzerer oder längerer Zeit auf: das betreffende Individuum.

Jedem Lebewesen ist eine maximale Lebenszeit gesetzt, nach der es jüngeren Organismen Platz machen muß. Die »Biomasse«, also die gesamte Menge aller Lebewesen auf der Erde, ist damit nur geringen Schwankungen unterworfen.

Kommt es aber in der Natur ausnahmsweise zu ungehemmtem Wachstum – z. B. wenn sich ein Schädling in einer Monokultur explosionsartig ausbreiten kann – so werden einer solchen dramatischen Vermehrung bald Grenzen gesetzt. Die Natur sorgt durch unzählige Wechselwirkungen dafür, daß ihr Gefüge im Gleichgewicht bleibt, und natürliches Wachstum bedeutet, daß Individuen wachsen

dürfen, aber auch sterben müssen; daß sich zwar das Leben ständig weiterentwickelt, sich aber keine Species beliebig vermehren kann.
Wenn wir dagegen von »wirtschaftlichem Wachstum« sprechen, so meinen wir etwas ganz anderes: Hier bedeutet Wachstum nämlich »Zuwachs«, also ein fortlaufendes Mehr. Ein Wirtschaftswachstum von 5% bedeutet, daß Jahr für Jahr ein Zwanzigstel mehr an Gütern produziert wird als im vorausgegangenen Jahr. Ein anscheinend normaler, erstrebenswerter Zustand. Jeder möchte ja »weiterkommen«, in jedem Jahr etwas mehr verdienen und entsprechend mehr verbrauchen – kurz »besser« leben.
Ist dieser Zuwachs – fälschlich »Wachstum« genannt – nicht auch zwangsläufig, weil die Menschheit wächst?
Wenn Hunger und Not abnehmen, überwunden werden sollen in der angestrebten »besseren Welt«, wenn es immer genügend Arbeitsplätze geben soll, dann muß das sog. »wirtschaftliche Wachstum« auf jeden Fall größer sein als die Zunahme der Erdbevölkerung.
Außerdem werden Produktionseinrichtungen fortwährend verbessert, die Organisation von Verwaltung und Vertrieb wird effektiver, d. h. mit immer weniger Arbeitskräften wird die gleiche Leistung erreicht; Wirtschaftswachstum scheint also unerläßlich, will man Arbeitslosigkeit verhüten oder gar beseitigen.
Diese Feststellungen gelten heute als »Binsenweisheiten« und von den verschiedensten Seiten wird entsprechend argumentiert, so daß es kaum ein zweites Gebiet gibt, auf dem sich alle Verantwortlichen, wie Politiker, Industrielle oder Gewerkschaftler, so einig sind wie in der Forderung nach Wirtschaftswachstum.
Aber rechnen wir doch einmal kurz nach, wohin ein ungebremstes Wachstum führen muß, wie wir es für wünschenswert halten. Lange Zeit sah man einen jährlichen Zuwachs von 7% als durchaus erstrebenswert an, und es gab auch Jahre, in denen derartige Wachstumsraten erreicht oder sogar übertroffen wurden; nicht weltweit natürlich, sondern nur in einzelnen Industrieländern. Wir rechnen mit dieser Zuwachsrate, weil sie sich besonders einfach handhaben läßt; eine bekannte Faustformel sagt nämlich, daß 70 geteilt durch die Zuwachsrate die Verdoppelungszeit ergibt. Bei 7% Zuwachs würde sich also die Produktion* alle 10 Jahre verdoppeln. Doppelte Produktion heißt

* Das wirtschaftliche Wachstum wird an der Zunahme des Brutto-Sozialproduktes (BSP) gemessen. Das BSP umfaßt die Produktion und die Dienstleistungen. Wenn in unserem Beispiel nur das produktive Wachstum betrachtet wird, so ändert diese Vereinfachung nichts am Ergebnis der Betrachtungen.

natürlich auch doppelter Energie- und Rohstoffverbrauch, und mit solchen Daten wurde gerechnet, z. B. bei der Planung von Kraftwerken. Aber bleiben wir bei 7% Zuwachs und fragen, wie sich solche Zuwachsraten auf längere Sicht auswirken müssen. Ein recht einfaches Beispiel kann das veranschaulichen:

Wenn eine Familie 1960 ein Automobil besaß, müßte sie bei diesem Zuwachs von 7% 1970 zwei, 1980 vier, 1990 acht und im Jahre 2000 die stattliche Anzahl von 16 Fahrzeugen in ihren Garagen stehen haben.

Diese Rechnung scheint übertrieben. Denn spätestens wenn man zwei oder allenfalls vier Wagen besitzt, wird man sich für andere Anschaffungen entscheiden; aber das Beispiel macht doch deutlich, wohin das Prinzip eines fortlaufenden Wachstums führen muß.

Noch erschreckender wird der Verlauf ungehemmten Wachstums, wenn man es auf natürliche Vorgänge überträgt.

Stellen wir uns einen Menschen vor, der mit 4 kg Gewicht geboren wird und in der ersten Woche 100 g – das wären 2,5% – zunimmt. Kein übertriebenes Wachstum – sofern es nicht unbegrenzt weitergeht. Lassen wir in Gedanken den Säugling sich bestens entwickeln und Woche für Woche 2,5% zunehmen.

Nach einem Jahr (52 Wochen) käme ein Gewicht von 14 kg heraus; ganz ordentlich für einen Einjährigen! Nach zwei Jahren wären es allerdings schon 52 kg, nach drei Jahren gar 188 kg, nach vier Jahren 680 kg – und nach fünf Jahren bereits 2456 kg. Bei weiterem exponentiellen Wachstum wären nach 10 Jahren rund 1500 Tonnen erreicht!

So sähe ein Beispiel umgehemmten Wachstums in der Natur aus, wie wir es in unserer Wirtschaft für erstrebenswert, ja für notwendig erachten!

Nun sind 2,5% pro Woche natürlich sehr viel, 2,5% im Jahr dagegen erscheinen uns bescheiden. Sehen wir uns also eine Verbrauchsrate an, die sich in dieser »bescheidenen« Größenordnung bewegt: das Eisen.

Eisen ist nach wie vor eines der wichtigsten Minerale für Industrie und Technik, dessen Verbrauch sich in den letzten 100 Jahren folgendermaßen entwickelt hat:

Tabelle 3: Weltverbrauch von Eisen in tausend Tonnen pro Jahr (2)

1899	1913	1938	1948	1953	1958
26000	80000	82500	114000	167000	192500
1963	1968	1973	(1985)	(2000)	
271000	378500	493000	(614000)	(919000)	

Trotz Kriegen und wirtschaftlichen Einbrüchen hat sich also der Weltverbrauch von Eisen von 1889 bis 1973 verneunzehnfacht, und er wird sich voraussichtlich bis zum Jahr 2000 auf das 35fache steigern, sofern nicht Wirtschaftskrisen alle Prognosen umstoßen. Das sind »maßvolle« Zuwachsraten, wenn man bedenkt, daß Aurelio Peccei, der Präsident des Club of Rome, schätzt, daß sich die Nachfrage nach Metallen und anderen industriellen Rohstoffen von 1900 bis 2000 versiebzigfachen wird!

Unter Berücksichtigung von Bevölkerung, Lebenserwartung und Verbrauch kommt Peccei weiter zu dem Schluß, daß die

> »jetzigen Erdbewohner in ihrem Leben mehr natürliche Ressourcen konsumieren, als alle ihre Vorläufer in einer Million Jahre vorher verbraucht haben.« (4)

Und weiter stellt er fest,

> »daß unsere Nachfrage nach Energie in den letzten 25 Jahren dieses Jahrhunderts dem gesamten Energieverbrauch in der Geschichte der Menschheit entsprechen wird.« (4)

Muß man noch fragen, wie lange wir so weiterwirtschaften können? Noch ein, zwei oder drei Jahrzehnte? Wohl kaum noch ein weiteres Jahrhundert!

Die gequälte Kreatur

»Ich glaube, daß mich Gott geschaffen hat samt allen Kreaturen.«
Aus dem evangelischen Glaubensbekenntnis von Martin Luther

Abholzen von Wäldern, Trockenlegen von Feuchtgebieten, Begradigen von Flüssen, Eindeichen von Watten, Erschließen brachliegender Flächen für die Landwirtschaft, Errichten neuer Siedlungen, Erstellen von Flughäfen, Bau von Talsperren, Erweiterung des Straßen- oder Eisenbahn-Netzes, Anlegen von Industrie- oder Gewerbe-Gebieten, Errichtung von Kraftwerken, Abbau von Kohle und Erzen, intensive Bodenkultur unter Einsatz von Mineraldünger, Schädlingsbekämpfung mit Insektiziden, Fungiziden oder Pestiziden, Versprühen von Herbiziden, Ableiten von Abwasser, Abgabe von Abraum, Abgas und Müll in die Umwelt, usw., usw., also praktisch alle Aktivitäten unserer Zivilisation beeinträchtigen oder zerstören natürliche Lebensräume. Wo der Mensch erscheint, hat die Natur zu weichen und nur einzelne, der Zivilisationslandschaft besonders angepaßte Lebensformen – nicht selten Schädlinge wie die Ratten – gedeihen auch in der Umgebung des Menschen.

Die Mehrzahl aller Lebensformen wird zurückgedrängt, dezimiert oder gar vernichtet, und zahllose Einzellebewesen und Arten sind noch in diesem Jahrhundert von totaler Ausrottung bedroht. Eine Studie des »World Watch Institute« in Washington, die von der UNO gefördert wurde, spricht sogar von einem »biologischen Massaker ohnegleichen«.

Folgt man den Schätzungen der Wissenschaftler, so ging in vorgeschichtlicher Zeit etwa alle 10000 Jahre eine Spezies unter. Das ist nach heutiger Ansicht eine selbstverständliche Folge der Evolution, der Entwicklung des Lebens, in deren Verlauf immer »besser angepaßte«, also immer vollendetere Arten entstehen, denen die Vertreter zurückgebliebener, überholter Lebensformen weichen müssen. Wir erkennen darin eine der Auswirkungen des »Kampfes in der Natur«, wie er von Charles Darwin (1809–1882) als »struggle for live« oder Überlebenskampf beschrieben und zu einem Kernstück der Evolutionstheorie erhoben wurde. Das Aussterben einer ungenügend an ihre Umgebung angepaßten Art wäre demnach nichts Schlimmes, sondern eine unausweichliche Folge der Entwicklung des Lebens, die niemals stagnieren darf, wenn die Natur anpassungsfähig, also »lebendig« bleiben soll, als unverzichtbare Voraussetzung für den Fortbestand des Lebens. Denn das »Bessere ist des Guten Feind«, auch in der Natur, und das Sprichwort »Stillstand ist Rückgang« scheint auch der Wahlspruch der Evolution. Aber das Verschwinden einer Art kann nur dann ein Fortschritt sein, wenn diese durch eine – oder gar mehrere – besser angepaßte Arten abgelöst wird, die deren Aufgabe im Haushalt der Natur übernehmen; jedes »ersatzlose Streichen« von Lebewesen kann sich nur zum Nachteil allen Lebens auswirken; übersteigt der Artenschwund ein erträgliches Maß, dann ist auch der Tag nicht mehr allzufern, der den Zusammenbruch wichtiger natürlicher Gleichgewichte bringen muß und damit eine ernste Bedrohung des Lebens überhaupt.

Das Aussterben einer Lebensform im Abstand von 10000 Jahren war vermutlich eine normale Begleiterscheinung der Entwicklung des Lebens. Daß später, wahrscheinlich schon unter dem Einfluß des Menschen, alle 1000 Jahre das Ende einer Art kam, mag für die Natur noch harmlos gewesen sein. In den letzten 350 Jahren vor der Mitte des 20. Jahrhunderts mußte aber im Durchschnitt schon in jedem Jahrzehnt eine Tierart die Erde verlassen. Diese Auswirkung unserer Zivilisation geht wohl schon über das Erträgliche hinaus. In der Gegenwart aber wird, nach Auskunft der Wissenschaftler von Worldwatch, jedes Jahr mindestens eine Tierspezies oder Subspezies ausgerottet. Außerdem sind etwa 10% der blütenbildenden Flora, nämlich 20000 bis 30000 Arten vom Untergang bedroht. Viele Lebewesen werden verschwinden, ohne daß der Mensch von ihrer Existenz Notiz genommen hat; insbesondere in tropischen Regenwäldern mit ihrer unerhört artenreichen Fauna und Flora. Experten vermuten sogar, daß schon heute im tropischen Regenwald jeden Tag eine Spezies ausstirbt, und in wenigen Jahren werden wir erreicht haben, daß jede Stunde den Verlust einer Lebensform bringt.

Die Ursachen für dieses einmalige Zerstörungswerk des modernen Menschen sind bekannt. Das eine oder andere Großtier wurde mit Gewehr oder Falle tödlich dezimiert, wie Auerochse, Dronte, Stellersche Seekuh oder Riesenalk. Elefanten, Tiger, Leoparden sind neben vielen anderen bedroht und werden nur dann überleben, wenn ihre Bejagung (besonders durch Wilderer) eingestellt wird. Auch die Wale sind kurz vor der Ausrottung, und man kann nur hoffen, daß internationale Abmachungen in letzter Stunde den Untergang dieser größten

Tiere aller Zeiten gerade noch aufhalten werden*. Weit wirksamer als direkte Bejagung sind weniger spektakuläre Zivilisationsfolgen, wie Verwendung von Kunstdünger, Versprühen von DDT und anderen Schädlingsbekämpfungs- oder Pflanzenschutzmitteln. Am verheerendsten aber wirkt die progressiv zunehmende Zerstörung natürlicher Lebensräume. Je mehr Sümpfe trockengelegt, Wälder gerodet, Steppen in Ackerland verwandelt werden, um so schneller schrumpft der Lebensraum für viele Lebensformen, die nicht selten in feinster Anpassung auf ganz spezielle Biotope eingestellt sind. Solche Eingriffe des Menschen in die Natur wirken in erschreckender Weise zerstörend, die Auswirkungen dieses verantwortungslosen Tuns müssen in nicht ferner Zukunft alles Leben dieser Erde treffen, und sie werden sich auch für den Menschen bitter rächen.

Denn der Mensch, der sich als »höchste Lebensform«, als »Herr der Erde« versteht, darf niemals vergessen, daß er zwar an der Spitze der Lebenspyramide steht; aber die Basis für sein Leben, sein Überleben, bilden die unzähligen anderen Lebewesen, die er unter sich einordnet. Geht diese Basis zugrunde, bricht der Lebensbaum zusammen, so wird der am tiefsten stürzen, der sich auf dem höchsten Gipfel angesiedelt hat!

Und uns Menschen wird dieser schleichende, grausam würgende Tod um uns und durch uns bisher kaum bewußt!

Zu Recht erregen wir uns über Grausamkeiten kanadischer und dänischer Robbenschlächter, beschließen erschüttert, keine Wildtier-Pelze mehr zu tragen, wenn wir erfahren müssen, auf welche Weise diese Tiere erlegt werden. Aber der heimtückische Tod durch Vergiften mit Chemikalien, durch wahlloses Besprühen von Schad- und Nutzinsekten mit Insektiziden, durch Zerstörung von Lebensräumen und Vernichtung von Nahrungsquellen – diesen langsamen, schleichenden millionenfachen Tier- und Pflanzenmord nehmen wir nicht einmal wahr; es sei denn, der eine oder andere Biologe klärte uns nach langwierigen Forschungen darüber auf. Doch alle Versuche von Wissenschaftlern und Naturschützern, dem großen Sterben auf unserem Planeten Einhalt zu gebieten, erinnern an die Bemühungen spielender Kinder, die mit Sanddämmen die Flut aufhalten möchten. Denn weit schneller als Forscher und Naturschützer sind Holzfäller, brandrodende Bauern, Prospektoren, Straßen- und Brückenbauer. Wir alle beschleunigen ja die Naturzerstörung mit unserem Verlangen nach

* Einzelne Wal-Arten wie der weiße Beluga-Wal sind allerdings schon kurz vor dem Aussterben und kaum mehr zu retten.

Wohlstand, nach steigendem Konsum, dem sich nur wenige Einsichtige mit ungern vernommenen Mahnrufen entgegenstellen. Auch dringendste Warnungen nimmt keiner zur Kenntnis, wie z. B. die bei aller Nüchternheit tief bestürzende Feststellung von Global 2000:

> »Schließlich steht die Welt vor dem drängenden Problem des Verlustes an genetischen Ressourcen bei Pflanzen und Tieren. Eine für Global 2000 angefertigte Schätzung deutet darauf hin, daß bis zum Jahre 2000 zwischen einer halben und 2 Millionen Arten – 15–20% aller auf der Erde lebenden Arten – ausgestorben sein können, vor allem aufgrund des Rückganges unberührter Lebensräume, aber teilweise auch infolge von Umweltverschmutzung. Ein Artenrückgang dieses Ausmaßes ist in der Geschichte der Menschen ohne Beispiel.« (1)

Denn das Aussterben ist nur eine Begleitmusik zu der rapide zunehmenden Umweltzerstörung, die sich allem Anscheine nach nicht abbremsen läßt. Die eigentlichen Ursachen für diese Entwicklung aber dürften in den Eigenarten, im eigentlichen Wollen des heutigen Menschen zu suchen sein. Zumindest das Abendland hat nämlich Schwierigkeiten mit dem Verständnis der Natur und der Einstellung des Menschen zu Pflanzen und Tieren.

Das zeigt sich sogar im Christentum, wie es in der Vergangenheit praktiziert wurde. Für den Christen war im Mittelalter die Natur nur der Schauplatz des Heilsgeschehens, auf dem sich das Menschheitsdrama vom Sündenfall bis zum Jüngsten Gericht abspielt. Zu einer der Schöpfungsordnung entsprechenden Achtung vor Pflanze und Tier fehlte in einem solchen Weltbild, das nur Gott und den Menschen sah, die Basis. Die neben und mit dem Menschen existierende Natur, alle ihre Daseinsformen mit unterschiedlichen Bewußtseinsstufen, wurden nicht in einer entsprechenden Beziehung zum Schöpfer gesehen, wie sie der Mensch für sich in Anspruch nahm.

Diese Abwendung von der Natur führte z. B. dazu, daß man im Mittelalter sehr viel über die Engel im Himmel wissen wollte. Albertus Magnus, der berühmte Gelehrte und Kirchenlehrer des 13. Jahrhunderts, erklärte, daß es 399920004 Engel gäbe. Auch deren Hierarchie schien bestens bekannt. Es begann in der Nähe Gottes mit den »Cherubim«, den geflügelten Wesen an Gottes Thron (Hes. 1,4–14; Offb. 4,6–9), gefolgt von den »Seraphim«, wohl Wesen wie den »vierundzwanzig Ältesten« der Apokalypse (Offb. 4,4). Unter diesen standen die »Gewalten«, also die himmlischen Heerscharen mit ihrem Anführer Michael, und die »Herrschaften«, die man als personifizierte Befehlsgewalt Gottes betrachtete. Dann erst kamen die »Mächte«, welche die Anordnungen Gottes auszuführen hatten. Abgestuft nach unten folgten nun erst die eigentlichen »Engel«, deren Name vom griechischen »Angelos« (= Bote) kommt. Diese Boten Gottes haben als Anführer die Erzengel. Zu den Engeln der untersten Stufe zählte man auch die Schutzengel, die jedem Menschen als Helfer zur Seite stehen. Es soll hier nicht die Existenz der himmlischen Heerscharen und ihre Rangordnung diskutiert werden. Ich will nur darauf hinweisen, daß mittelalterliche Gelehrte den Engeln weit mehr Aufmerksamkeit widmeten als ihrer direkten Umgebung, so daß sie zwar genaue Vorstellungen über die Hierarchie der Engel entwickelten, aber nicht dazu kamen, eine sinnvolle Systematik der Tiere und Pflanzen zu erarbeiten oder gar die natürlichen Kreisläufe zu verstehen. Auch die Frage, ob etwa Tiere eine Seele besitzen, wurde nicht beantwortet, und somit erwuchs dem abendländischen Menschen auch kein von innerem Empfinden getragenes Verständnis für die belebte Umwelt. Mit wie wenig Verständnis an die Natur herangegangen wurde, zeigt sich schon im Sprachgebrauch. Bis weit in die Neuzeit kannte man den Ausdruck »Vieh«, der die Haustiere umfaßte, verstand unter »Tier« meist Säugetiere und sprach im übrigen vom »wilden Getier«, von »Vögeln«, »Fischen« und »Gewürm«. Die belebte Umwelt des Menschen galt als Ausbeutungsobjekt, wie ein wörtliches Verständnis der Genesis zu lehren schien:

> »Gott segnete sie und sprach zu ihnen: Seid fruchtbar und mehret euch und füllet die Erde und machet sie euch untertan, und herrscht über die Fische im Meer und über die Vögel unter dem Himmel und über alles Getier, das auf Erden kriecht.« *(1. Mose, 1,28)*

Im elften Kapitel des dritten Buches Mose wird zwar ausführlich vom Unterschied zwischen »reinen« und »unreinen« Tieren gesprochen, aber von Schonung, Rücksicht auf sie ist nicht die Rede, obgleich man dem Alten Testament entnommen hat, daß das Tier keine »Sache« ist, sondern ein Geschöpf Gottes, dessen Lebensrecht und dessen Bedürfnisse der Mensch zu beachten hätte. Auch die Evangelisten bringen keine direkten Hinweise auf unser Verhältnis zur Natur. Nur aus Worten des weisen Königs Salomon darf man tieferes Naturverständnis ahnen:

»Der Gerechte erbarmt sich seines Viehs; aber das Herz der Gottlosen ist unbarmherzig.« *(Spr. 12,10)*

Oder:

»Denn es geht dem Menschen wie dem Vieh: wie dieses stirbt, so stirbt er auch, und haben alle einerlei Odem, und der Mensch hat nichts mehr als das Vieh; denn es ist alles eitel.« *(Pred. 3,19)*

Solche Worte sind heute aktuell wie vor zweieinhalb Jahrtausenden, könnten vielleicht sogar Wahlsprüche unseres Naturschutzes sein. Eine wesentlich direktere Aussage enthält ein altes Sprichwort:

»Wenn der Wald stirbt, stirbt das Volk.«

In der Renaissance entwickelte sich dann ein neues Bewußtsein, ein ausgeprägteres Selbstbewußtsein des Menschen. Es vermittelte allen Bereichen der abendländischen Kultur neue Impulse. Bald sah man in der Natur nicht mehr den Schauplatz der menschlichen Heilsgeschichte, sondern ein eigenes Forschungsobjekt, das mit neuen Mitteln angegangen wurde. Diese neue Art der Naturbetrachtung, in deren Folge aus der Naturphilosophie die Naturwissenschaft entstand, änderte aber die egozentrische Grundeinstellung des Menschen nicht. Man sah in der Natur nun ein Ausbeutungsobjekt mit unerschöpflich scheinenden Reserven, und man machte sich voll Eifer daran, die natürlichen Reichtümer auf oder im Boden anzuzapfen und für den Menschen zu erschließen. In diesem Bestreben, sich die Erde endgültig untertan zu machen, ließ sich der »moderne Mensch« von keinerlei Ethik leiten, sondern orientierte sich ausschließlich an materialistischen Theorien.
Die Worte einzelner Prediger – wie Franz von Assisi –, welche Liebe zu den Tieren lehrten, verhallten fast ohne Echo. Kaum jemand im Abendland, der Frieden unter den Menschen predigte, machte sich bis vor kurzem bewußt, daß dieser Friede auf der Grundlage des »Kampfes gegen die Natur« errichtet werden sollte.* Aber kann es eine »gute« Menschheit geben, die dem Tierreich ein Quäler ist, oder kann

* Neue Ansätze bringt die Enzyklika »REDEMPTOR HOMINIS« Papst Paul II. vom 4. 3. 1979, sowie die Erklärung der deutschen Bischofskonferenz vom September 1980 mit dem Titel »ZUKUNFT DER SCHÖPFUNG – ZUKUNFT DER MENSCHHEIT«

ein Friedensreich erbaut werden auf der Basis der Umweltzerstörung?
Wenn wir erspüren wollen, wie der Mensch zur Natur stehen sollte, um dem von allen ersehnten Friedensreich näher zu kommen, können wir in den Worten eines Indianers eher brauchbare »Richtlinien« finden, als in den Weisheiten der meisten Heiligen, Mystiker und Philosophen:

»Jeder Teil dieser Erde ist meinem Volk heilig, jede glitzernde Tannennadel, jeder sandige Strand, jeder Nebel in den dunklen Wäldern, jede Lichtung, jedes summende Insekt ist heilig in den Gedanken und Erfahrungen meines Volkes...
Was ist der Mensch ohne Tiere?
Wären alle Tiere fort, so stürbe der Mensch an großer Einsamkeit des Geistes. Was immer den Tieren geschieht, geschieht bald auch den Menschen. Alle Dinge sind miteinander verbunden. Was die Erde befällt, befällt auch die Söhne der Erde.«
(Aus einer Rede des Häuptlings Seattle vom Stamme der Duwamish aus dem Jahre 1855, die für den 14. Präsidenten der USA, Franklin Pierce, bestimmt war.)

Ob der Präsident damals diese Botschaft verstanden hat? Nehmen wir sie heute ernst?
Mangelndes religiös-spirituelles Naturverständnis einerseits und »moderne« ökonomische Theorien auf der anderen Seite sind Ursache unserer heutigen prekären Lage.
Mir ist kein zweites wissenschaftliches System bekannt, das von nachweisbar falschen Voraussetzungen ausgeht, wie das unsere Weltwirtschaft tut. In den verbreiteten Wirtschaftstheorien setzt man voraus, daß die Vorräte der Erde unbegrenzt seien und daher eine Steigerung der Produktion ins Grenzenlose nicht nur möglich, sondern sogar erwünscht sei. Das ist eine der ideologischen Wurzeln für das Wachstumsdenken unserer Zeit, dem in Ost und West, in Nord und Süd in gleicher Weise gehuldigt wird.
Nicht nur wer sich stolz als »Materialist« bezeichnete, sondern auch sog. »Christenmenschen« erlagen derartigen Gedankengängen. Denn auch der Christ fühlte sich zum »Herrscher der Erde« bestimmt. Allerdings sollte er die Natur als Schöpfung Gottes erkennen und als Mensch den Geboten Gottes gehorchen, die auch bei großzügigster Auslegung Tiermord und Naturzerstörung nicht rechtferti-

gen. Christliche Kirchen haben das inzwischen erkannt und auch deutlich ausgesprochen*.
Die materialistische Philosophie aber lehrte die Emanzipation vom Glauben an Gott, sie »befreite« den Menschen von der Unterordnung unter seinen Schöpfer. Damit brachen die letzten Dämme, die den anschwellenden Egoismus zurückzuhalten vermochten, und der Weg zur hemmungslosen Ausbeutung der Natur wurde frei. Die Erfolge derartiger Lehren liegen ja auch darin begründet, daß sie ein materialistisches Weltbild »wissenschaftlich« belegen, die Fortschrittsgläubigkeit des modernen Menschen unterstützen und alle Probleme mit ökonomischen Ansätzen zu lösen versuchen. So entsteht ein logisch scheinendes Weltbild, das den Eitelkeiten des modernen Menschen schmeichelt und ihm gestattet, sich selbst gegenüber seine Egoismen als fortschrittsfördernd zu interpretieren. Alle Probleme wären demnach durch Umverteilung, gesellschaftliche Veränderungen und vor allem durch wirtschaftliches Wachstum zu lösen. Derartigen Vorstellungen können sich auch solche Menschen nicht immer verschließen, die den Materialismus ablehnen.
Dem angebeteten Wachstum zuliebe werden sogar minderwertige menschliche Eigenschaften als Antrieb für die wirtschaftliche Entwicklung akzeptiert. Das beginnt in gewissem Sinne bereits mit Adam Smith (1723–1790), dem Vater moderner Wirtschaftslehren. Er vertrat die Ansicht, man müsse den Menschen nur frei schalten und walten lassen, dann würde sich alles bestens entwickeln. Denn was der Mensch im Eigeninteresse tue, wirke sich auch zum Vorteil der Gesamtheit aus.
Solche Gedanken waren damals, als es galt, den einengenden Merkantilismus zu überwinden, keineswegs unangebracht; und die Entscheidungs- und Handlungsfreiheit des Menschen ist grundsätzlich positiv zu bewerten – damals wie heute.
Aber leider kam in der weiteren Entwicklung die Verantwortung des Menschen gegenüber der Natur und dem Schöpfer zu kurz, so daß sich aus den fortschrittlichen Ideen des Adam Smith schon im 19. Jahrhundert Folgen ergaben, die er nicht vorhersehen konnte.
Wenn alle Religionen zu Bescheidenheit, Mäßigung, Großherzigkeit, Nächstenliebe, Askese aufriefen, so wurde von nun an unmerklich die Selbstsucht zum anerkannten Motor der Gestaltung der Welt, die Unmäßigkeit zur gewollten Verhaltensweise der »Verbraucher«, die Rücksichtslosigkeit zur erwünschten Eigenschaft eines »Managers«!

* vergl. Fußnote auf Seite 35

Damit war die Bahn frei für den ökonomischen Aufstieg einer Zivilisation, die sich den geistigen und irdischen Untergang bereitet. Die so oft bewunderte wirtschaftliche Entwicklung Nordamerikas unter der Prämisse »freie Bahn dem Tüchtigen« sollte kein Vorbild sein für den Rest der Welt; denn dieser Fortschritt ist begleitet von Völkermord und Naturzerstörung, von der Plünderung der Bodenschätze und der Vergiftung von Luft und Wasser. Wenn die Entwicklung so weiter liefe, würde sich dieser Kontinent innerhalb eines Jahrhunderts in weiten Bereichen in eine Wüste verwandeln!
Eine Denkungsart, die nur den Menschen und dessen selbstsüchtige Wünsche als den Sinn der Welt erkennen kann, geht natürlich auch unbeeindruckt über das Leid von Tieren hinweg. Der Einsatz von Versuchstieren für die Entwicklung und Erprobung von Arzneimitteln ist eine selbstverständliche Verfahrensweise unserer Forscher. Dabei spielt es keine Rolle, ob Tiere nur leiden müssen, damit Wirkstoffe für Kosmetika erprobt werden können, über deren Notwendigkeit die Ansichten geteilt sind. Wir sehen uns und unsere Wünsche als den Inhalt der Welt und sind nicht bereit, auf irgend etwas zu verzichten, das »machbar« erscheint.
Über Tierversuche ist schon viel geschrieben worden, und auch mir sind Argumente von Wissenschaftlern nicht unbekannt, mit denen die Verwendung von Labortieren als unverzichtbar begründet wird. Auf keinen Fall aber rechtfertigt jeder – vielleicht nur eingebildete – Vorteil für den Menschen Leid von unzähligen Tieren. Solange der Mensch sein kurzes irdisches Leben, sein Wohlergehen und seinen Luxus als das Ziel der Welt versteht, wird er schwerlich zu realitätsbezogenen Auffassungen kommen. Denn Verständnis für die Natur und jedes ihrer Geschöpfe wurzelt letztlich in der religiösen Überzeugung des einzelnen. Nur wer sich in innerer Achtung vor dem Schöpfer des Universums beugt, wird auch in der Achtung vor allen seinen Werken leben. Wer mitfühlen will, was Tierversuche bedeuten können, dem sei die Lektüre der Erzählung »Nachruhm« aus Manfred Kybers Tiergeschichten empfohlen.
Das Unverständnis des Menschen gegenüber der Natur und ihren Lebensformen ist vielleicht der sichtbarste Ausdruck des Sündenfalles. Die verlorene Einsicht in edlere Zusammenhänge läßt uns in grenzenloser Überhebung alle natürlichen Schranken durchbrechen und unsere Mitgeschöpfe einem Massaker ausliefern, das jede menschliche Vorstellungskraft übersteigt.
Wir sollten aber nicht meinen, daß wir beliebig lange zerstörend wir-

ken können. Die Auswirkungen unseres unverantwortlichen Tuns zeigen sich überall auf der Erde, und es wird nicht mehr lange dauern, bis wir erkennen müssen, wie recht ein »primitiver Wilder« mit seiner Warnung hatte:

»Was immer den Tieren geschieht, geschieht bald auch dem Menschen.«

Dieser Ausspruch ist, genau betrachtet, nur die Übertragung des Bibelwortes

»Irret euch nicht! Gott läßt sich nicht spotten. Denn was der Mensch sät, das wird er ernten.« *(Gal. 6,7)*

auf das Verhältnis zwischen Tier- und Menschenreich.

»Die Möglichkeiten, die der Menschheit noch zur Verfügung stehen, einer gewaltigen Katastrophe zu entgehen, werden ständig geringer. Verzögerungen bei der Wahrnehmung der noch verbleibenden Entscheidungsmöglichkeiten haben im wahrsten Sinne des Wortes tödliche Folgen.«

Mesarovic/Pestel in »Menschheit am Wendepunkt«, 1974.

Eigentlich ein merkwürdiges Paradoxon: Alle Staaten dieser Erde sind in ihren offiziellen Aussagen für den Frieden; aber jede Nation muß sich rüsten, weil sie sich von feindlich gesinnten Nachbarn bedroht fühlt. Dieses weltweite Mißtrauen hat zu Formen geführt, die man nur noch als Ausdruck der Tatsache verstehen kann, daß Mißtrauen, Furcht, Haß und Neid in eine endlose Eskalation der Überrüstung treiben, die sämtliche Grenzen des Sinnvollen und – auch bei Anwendung großzügigster Maßstäbe – noch Vertretbaren längst überschritten hat. Sehen wir uns einmal an, zu welchen Formen das von Politikern für die Erhaltung des Friedens als unerläßlich erachtete »Gleichgewicht des Schreckens« geführt hat:

Es gibt derzeit auf der Erde ungefähr 50000 Kernwaffen. Darunter befinden sich einige tausend strategische Kernsprengköpfe mit einer Vernichtungswirkung im Megatonnenbereich; der Rest sind taktische Atomwaffen, deren Zerstörungskraft in Kilotonnen angegeben wird. Eine Megatonne sind eine Million Tonnen, eine Kilotonne sind tausend Tonnen. Auf Kernwaffen angewendet, bedeuten diese Tausende von Tonnen einen Vergleich mit der Sprengkraft der entsprechenden Menge TNT*. Die stärksten strategischen Kernsprengköpfe haben eine zerstörerische Kraft bis etwa 25 Megatonnen. Eine einzige solche Sprengladung enthält also nicht nur die fast zweitausendfache Vernichtungskraft der Hiroshima-Bombe mit ihren »bescheidenen« 13 Kilotonnen, sondern bedeutet auch mehr Sprengkraft, als in allen Kriegen der Menschheit seit der Erfindung des Schießpulvers insge-

* TNT = Trinitrotoluol, der derzeit übliche »konventionelle« Sprengstoff, von dem wenige Kilogramm bereits beachtliche Verheerungen anrichten können, wie das z. B. bei Anschlägen von Terroristen in bestürzender Weise deutlich wird.

samt verschossen wurde – die Bomben auf Hiroshima und Nagasaki eingeschlossen!

Allerdings bringt die pure, brutale Gewalt einer Explosion nicht alles. Aus den Erfahrungen mit den Bomben auf Hiroshima und Nagasaki hat man berechnet, wie groß die total zerstörte Zone, der berühmte »Todeskreis« einer Kernexplosion ist. Mißt man diesen Todeskreis in Kilometern, so ergibt er sich aus der dritten Wurzel der Sprengkraft in Kilotonnen. Um die doppelte Fläche zu verwüsten, müßte man demnach die Explosivkraft der Bombe verachtfachen. Es ist daher weniger wirkungsvoll, nur einen Ort mit einem gewaltigen Schlag zu zerstören, als mehrere kleinere Sprengköpfe auf verschiedene Ziele zu lenken. Deshalb geht die Entwicklung auch längst in die Richtung, Raketen mit Mehrfach-Sprengköpfen zu bestücken, die sich etliche hundert Kilometer vor dem Bestimmungsort von der Hauptrakete lösen, um mit eigenem Antrieb verschiedene Ziele anzusteuern.

Die atomaren Waffen aller Arsenale zusammen dürften eine Sprengkraft von fünfzehn Milliarden Tonnen TNT enthalten; bei einer Bevölkerung von fünf Milliarden Menschen sind das pro Kopf – Männer, Frauen, Kinder, Säuglinge – drei Tonnen TNT, genug, um einen Menschen einige tausend Male »in die Luft zu blasen«.

Um diese, jede Vorstellung übersteigende Vernichtungskapazität, im »Ernstfall« auch ins Ziel zu befördern, ist ein unfaßbarer Aufwand in Form von Flugzeugen und Raketen erforderlich, deren Technik dauernd weiterentwickelt wird. Denn Geschwindigkeit, Zielgenauigkeit, Tarnkapazität müssen steigen, damit der mögliche Gegner auf keinen Fall in der Lage ist, die eigenen Kernwaffen vor Erreichen ihres Zieles abzuschießen. Da für jeden Menschen – also auch für alle Politiker – der Gedanke unerträglich ist, daß diese Kernwaffen jemals eingesetzt werden könnte, benötigt man noch ein riesiges »konventionelles Verteidigungs-Potential«. Man muß ja gegebenenfalls einem mit konventionellen Waffen angreifenden Gegner wenigstens hinhaltenden Widerstand leisten, ihn zunächst aufhalten können, damit die Politiker Handlungsspielraum erhalten, den Konflikt zu lokalisieren und zu begrenzen.

Diese konventionelle Verteidigungsmaschinerie, die weit wirksamer ist als die Waffen des zweiten Weltkrieges, soll nicht zu schwach bemessen sein, denn es darf z. B. nicht die Strategie der NATO sein, sich »zuerst konventionell zu verteidigen, bis sie verliert, dann taktische Kernwaffen einzusetzen, bis sie wieder verliert und zuletzt die Welt in die Luft zu sprengen«, wie die westliche Verteidigung zynisch cha-

rakterisiert wurde. Am besten sollte man auf allen Gebieten gleich stark oder überlegen sein: mit konventionellen Waffen, taktischen und strategischen Kernwaffen. Unter »taktischen Kernwaffen« sind dabei »kleine« Atom-Bomben, Raketen oder Granaten zu verstehen, die »nur« die Sprengkraft der Hiroshima-Bombe oder etwas mehr haben. Doch damit nicht genug. Kein Politiker möchte die Verantwortung für den Einsatz von Kernwaffen übernehmen. Daher vertreten die großen Nuklearmächte die Politik, auf keinen Fall als erste zu Atomwaffen zu greifen.
Leider hat in einem Atomkrieg der Angreifer aber einen gewaltigen Vorteil: Nämlich die Chance, Kernwaffen und militärische Anlagen des Gegners zum großen Teil sofort außer Gefecht zu setzen und damit den Atomkrieg schon im ersten Anlauf zu gewinnen. Damit nun keine Atommacht der Versuchung unterliegt, als erste anzugreifen und sich damit einen kriegsentscheidenden Vorteil zu verschaffen, benötigt man eine »second strike capacity«. Das ist die Potenz, auch *nach* einem gegnerischen Angriff noch so hart zurückschlagen zu können, daß der Angreifer vollständig vernichtet wird. Wenn dieser die ungeheuere Verteidigungskapazität seiner Feinde kennt, wird er sich nicht zu einer Attacke hinreißen lassen, die gleichbedeutend mit Selbstmord wäre. Damit diese »second strike capacity« glaubhaft wird, muß ein Mehrfaches der für eine normale Verteidigung erforderlichen Atomwaffen – auf verschiedenste Basen, Schiffe und Flugzeuge, verteilt – jederzeit zur Verfügung stehen; das heißt, es ist ein Verteidigungspotential zu schaffen, das jeden denkbaren Gegner mehrfach vernichten kann. Für diese an Irrsinn grenzende Fähigkeit zur Über-Vernichtung wurde das Schlagwort »overkill« geprägt. Bei allen derartigen Planungen geht man natürlich nur von den direkten Wirkungen der Atomwaffen aus, die in jedem Fall dazu ausreichen müssen, dem Gegner untragbare Verluste zuzufügen. Auch hierfür gibt es ein Stichwort, nämlich die »gesicherte Zerstörung«. Laut Definition des amerikanischen Verteidigungsministeriums ist diese gesicherte Zerstörung für den Fall eines russischen Angriffs dann gegeben, wenn die USA auch im Zweitschlag mindestens 20 bis 25% der russischen Bevölkerung töten und wenigstens 50% der Industrie zerstören können. In diese »strategischen Erwägungen« sind die Folgeschäden eines Atomschlages nicht mit einbezogen. Riesige Gebiete würden atomar verseucht und radioaktiver Staub könnte in so gut wie allen Teilen der Erde als hochgiftiger Niederschlag irreparable Schäden anrichten. Im Beispiel der Zerstörung von Hiroshima, eines nach

modernen Planungen »kleinen Schlages«, den heute schon »Gefechtsfeld-Waffen« führen können, gab es sofort 90000 Tote, aber den Spätfolgen sind bis heute weitere 175000 Menschen erlegen. So sieht also die »atomare Abschreckung« aus, mit der man den großen Krieg vermeiden oder gar »den Frieden sichern« will.
Mit diesem zunächst einleuchtenden Gedankengang ist man aber in einen unauflöslichen Teufelskreis geraten. Denn alle Waffen werden ununterbrochen weiterentwickelt, die Treffgenauigkeit der Raketen nimmt zu und damit die Möglichkeit, »Punktziele« wie gegnerische Raketenstellungen so genau zu treffen, daß sie trotz bester Panzerung zerstört sind. Mit zunehmender Entwicklung der elektronischen Ortungsgeräte dürfte es eines Tages sogar möglich sein, Unterseeboote aufzuspüren, so daß selbst atomgetriebene U-Boote keine unzerstörbaren Kernwaffenträger mehr sein werden. Von Flugzeugen oder Überwasser-Schiffen, die sich gegen Raketenangriffe nur bedingt verteidigen können, ganz zu schweigen.
In dem Maße, in dem die Technik fortschreitet, müssen also die Waffen dauernd vermehrt und verbessert werden, um die unerläßlich scheinende Abschreckung glaubhaft zu erhalten. Das Tempo der technischen Verbesserungen nimmt aber immer mehr zu und in gleichem Maße steigen die Kosten, so daß man getrost davon ausgehen kann, daß sich dieses Konzept der Abschreckung zu einem exponentiellen Wachstum verdammt hat, das keine Volkswirtschaft über lange Zeiträume tragen kann.
Seit einigen Jahren ist man sogar dabei, auch den Weltraum in die Verteidigung mit einzubeziehen, denn es gibt ja kein Abkommen, das militärische Anlagen im Weltraum verbieten würde. In Rußland werden dementsprechend Riesenraketen entwickelt mit weit höherer Tragfähigkeit als das amerikanische »Space Shuttle«, die in einigen Jahren Material für eine Raumstation mit vielleicht zwölf Mann Besatzung in eine Erdumlaufbahn bringen könnten. Falls die Technik schnell genug voranschreitet, ließen sich von dieser Station aus feindliche Raketen und Raumflugkörper möglicherweise sogar mit Laser-Strahlen vernichten*. Die vorläufige Antwort der Amerikaner ist die

* Wenn man den optimistischsten Prognosen glauben darf, wäre bei entsprechendem Aufwand in 5 Jahren ein Verteidigungssystem gegen Raketen auf der Basis des Röntgen-Lasers zu entwickeln, das atomare Angriffe unmöglich machen soll. Dieses Projekt wird angeblich von keinem Geringeren als Edward Teller, dem Vater der Wasserstoffbombe, unterstützt. (Vergl. Fusion Heft 1/1983 S. 16, Verlag Campaigner Publications, Wiesbaden)

Entwicklung von Raketen, die von Flugzeugen aus gestartet werden und Ziele im Raum – wie die geplante russische Raumstation – vernichten können.*

Entweder fällt uns also bald besseres zur Sicherung des Friedens ein als die ungehemmte Aufrüstung, die Ost und West zwingt, mit größtem Mißtrauen die Rüstungen des möglichen Gegners zu verfolgen und jede Verbesserung der Waffen des potentiellen Gegners mit noch wirksameren Weiterentwicklungen der eigenen Verteidigung zu begegnen, oder der einmal in Gang gesetzte Wahnsinnskreis der gegenseitigen Abschreckung – die von der jeweils anderen Seite als sich ständig steigernde Bedrohung empfunden werden muß – wird die Volkswirtschaften in unerträglicher Weise belasten und schließlich zusammenbrechen lassen.

Bisher haben wir vor allem von der alle Vorstellungskraft übersteigenden atomaren Rüstung gesprochen und die anscheinende Notwendigkeit einer ebenfalls riesigen konventionellen Verteidigung erwähnt. Neben diesen Bereichen gibt es noch biologische und chemische Waffen**, über die weit weniger bekannt ist.

Moderne B- und C-Waffen könnten aber die A-Waffen in ihrer Wirkung sogar noch übertreffen. So soll z. B. ein Gramm des Nervengases »VX« ausreichen, um 2500 Menschen zu töten; denn bei den stärksten Nervengiften genügt das Einatmen oder auch nur die Berührung geringster Mengen, um wichtige Körperfunktionen lahmzulegen. Derartige Nervengifte wirken auf Menschen oder warmblütige Tiere so ähnlich wie das DDT auf Insekten. Dieses hatte bei seiner Einführung eine vernichtende Wirkung, die jeder beobachten konnte, der ein solches Gift versprüht hat. Inzwischen hat die Wirkung des in den meisten Ländern West-Europas wegen seiner Umweltschädlichkeit mittlerweile verbotenen DDT*** nachgelassen, da viele Schadinsekten gegen dieses Insektizid mehr oder weniger resistent geworden sind. Der Einsatz chemischer Kampfstoffe gegen Menschen wäre von verheerender Schrecklichkeit und würde sich am schlimmsten für die völlig ungeschützte Zivilbevölkerung auswirken.

* Die praktische Erprobung solcher Raketen hat unter der Bezeichnung »ALMY« (air launched miniature vehicle) im Herbst 1983 in den USA begonnen.

** In diesem Zusammenhang wird von ABC-Waffen gesprochen, also von Atom-, Biologischen und Chemischen Waffen.

*** DDT = Dichlor-Diphenyl-Trichloräthan, das nach dem zweiten Weltkrieg in großem Umfange weltweit eingeführte, bekannteste Insekten-Vertilgungsmittel (Insektizid).

Zusammenfassend müssen wir feststellen, daß die Menschheit über ein ausreichendes Vernichtungspotential verfügt, um sich selbst und den größten Teil des höher entwickelten Lebens auf unserem Planeten mehrfach auszurotten.

Eine zusätzliche Dimension gewinnen die Rüstungsanstrengungen vor dem Hintergrund von Hunger, Elend, Krankheit und Not weiter Teile der Erdbevölkerung. Zur Verbesserung unerträglicher Mißstände in vielen Entwicklungsländern wären die für die Rüstung aufgewendeten Mittel dringend erforderlich. Denn für militärische Zwecke wurden 1980 etwa 500 Milliarden US-Dollar ausgegeben;* diese Summe entspricht dem Brutto-Sozialprodukt aller Länder Afrikas und Lateinamerikas im Jahre 1980 zusammen. Pro Kopf der Erdbevölkerung lagen die Militärausgaben im Durchschnitt bei fast 110 Dollar; diese Summe wird erst anschaulich, wenn man erfährt, daß im Jahre 1976 das Jahreseinkommen von mindestens 1,3 Milliarden Menschen unter 90 Dollar lag, und die Zahl dieser unter dem Existenzminimum vegetierenden Menschen seither mit Sicherheit gestiegen ist!

Außerdem verschlingt die Waffenproduktion riesige Mengen wertvoller Rohstoffe, die von Jahr zu Jahr knapper werden. Damit trägt die Rüstung nicht nur zum finanziellen Ruin unserer Wirtschaft bei – denn jeder Dollar, der für die Rüstung ausgegeben wird, fehlt für dringend notwendige Investitionen –, sondern beschleunigt auch den Ausverkauf der Rohstoffe. Von Umweltzerstörungen durch Rüstungsindustrie, Truppenübungsplätze usw. zu schweigen.

Auch die Risiken, die wir übernehmen, wenn atomgetriebene Kriegsschiffe auf den Meeren fahren, sind nicht zu unterschätzen. Aus strategischen Gründen gilt für Flugzeugträger und Kernwaffen tragende große Unterseeboote der Atomantrieb als unverzichtbar. Was geschieht, wenn ein solches Schiff verlorengehen sollte und der aktive Kernreaktor in einigen tausend Metern Tiefe auf dem Meeresgrund landet, sagt uns niemand. Sofern der in vollem Betrieb befindliche Reaktor nicht sofort explodiert, wird er sicher einmal durchgerostet sein und seinen radioaktiven Inhalt in die See entlassen. Der Gedanke, daß diese Schiffe womöglich im Ernstfall eingesetzt und dabei zum größten Teil zerstört werden, ist unfaßbar.

* Nach Schätzung der SIPRI, des internationalen Friedensforschungsinstituts in Stockholm. Davon entfielen 75% auf die Industrieländer, 10% auf die VR China und 15% auf die Entwicklungsländer. (Vergl. Natur, 1984 Heft 1)

Was bleibt, ist die deprimierende Erkenntnis, daß der Kreis des Wettrüstens – einmal in Gang gesetzt – ein Eigenleben annehmen muß, daß in eine Todesspirale mündet. Beide Parteien sehen sich zu immer neuen, Jahr für Jahr steigenden Anstrengungen gezwungen; so lange, bis ihre Volkswirtschaft unter der Rüstungslast ins Wanken gerät. Was dann geschieht, ist nur schwer zu sagen. Man kann nicht unbedingt davon ausgehen, daß beide Lager sich zur gleichen Zeit der Grenze des wirtschaftlich Machbaren nähern. Möglicherweise ist diese Grenze sogar schon erreicht*. Hoffentlich zieht nicht einer der beiden Kontrahenten aus der unvermeidlichen Erkenntnis, daß die Rüstung in der bisherigen Form nicht länger durchzuhalten ist, den fatalen Schluß, daß er losschlagen sollte, solange er sich noch nicht im Nachteil wähnt. Für den Beginn des zweiten Weltkrieges war jedenfalls nicht ohne Bedeutung, daß die späteren Alliierten entschlossen waren, den deutschen Rüstungsvorsprung bis zum Jahre 1943 auszugleichen.
Die hier nur sehr knapp skizzierte Situation ist natürlich auch einsichtigen Politikern nicht fremd. Daher die Versuche, durch Verhandlungen zu politischen Lösungen zu kommen und das unsinnige Wettrüsten, das allen Beteiligten wenig Sicherheit und viel wirtschaftlichen Schaden beschert, einzustellen, um zuletzt hoffentlich auch abzurüsten.
Wir können nur hoffen, daß diese Bemühungen zum Erfolg führen. Groß sind die Aussichten dafür allerdings nicht; denn Mißtrauen und Machtgier sind zu tief verwurzelt, anstelle des Völkerrechts tritt nach wie vor häufig das Faustrecht, und fast alle Staaten – auch die der dritten Welt – glauben, auf verstärkte Rüstung nicht verzichten zu können. Sogar der Kreis der Atommächte wird größer.
Man darf auch nicht übersehen, daß die Themen »Abrüstung« und »Gleichgewicht der Kräfte« unerhört kompliziert sind – wahrscheinlich zu umfangreich, um Lösungen am Verhandlungstisch finden zu können. Die Waffen, die Strategie, die Verteidigungskonzepte und nicht zuletzt die politischen Ziele sind in Ost und West zu verschieden – von ideologischen Belastungen einmal abgesehen –, und es muß bei bestem Wollen außerordentlich schwer sein, sich auf ausgewogene Pläne zu einigen, bei denen sich keine Partei benachteiligt fühlt. Sobald aber nur der geringste Versuch gemacht wird, die andere Seite zu übervorteilen, muß das ohnehin tief verwurzelte Miß-

* Es gibt ernstzunehmende Hinweise, daß die UdSSR dieser Situation schon nahe ist.

trauen aufflammen und wird nur noch Ergebnisse zulassen, die zwar als Alibi gegenüber der Öffentlichkeit dienen mögen, das Wettrüsten aber nicht wirksam begrenzen.

So wird voraussichtlich auch das Rüsten die schon laufenden Entwicklungen noch beschleunigen: wir werden die Erde weiter ausplündern, die Rohstoffvorräte weiter verringern, die Umwelt weiter zerstören. Für die Auswirkungen auf die Natur spielt es ohnehin nur eine untergeordnete Rolle, ob wir die letzten Schätze der Erde für eine unsinnige Rüstung verschwenden, oder dazu benützen, noch mehr Kühlschränke, Automobile, Fernseher usw. zu produzieren, um einige Jahre länger einen Wohlstand vorzutäuschen, der unter den gegebenen Bedingungen nicht von Dauer sein kann.

Natürliche Kreisläufe werden unstabil

»Die Natur in ihrer schöpfungsgesetzmäßigen Vollkommenheit ist das schönste Geschenk Gottes, das er seinen Kreaturen gab.«

Abd-ru-shin

Ein bekannter Grundsatz der Technik verlangt, daß eine fortlaufend arbeitende Maschine auf einem »Kreisprozeß« basieren muß.
Ein Kreisprozeß wird eingeleitet, wenn sich Abläufe wiederholen. Das heißt, die betreffende Maschine muß »im Kreise laufen«, also nach Beendigung ihres Arbeitszyklus wieder am Ausgangspunkt ankommen. Typische Beispiele liefern die meisten Wärmekraftmaschinen, sei es eine Dampfmaschine, ein Verbrennungsmotor oder ein Großkraftwerk. Jedem Autofahrer ist bekannt, daß sich bei einem Viertakt-Motor das Arbeitsspiel aus den »vier Takten«, nämlich Ansaugen, Verdichten, Arbeiten und Auspuffen zusammensetzt, die sich fortlaufend aneinanderreihen, so daß die Maschine theoretisch unendlich lange laufen kann, solange ihr Energie in Form von Treibstoff zugeführt wird und der unvermeidliche Verschleiß nicht ein Maß überschreitet, das die Funktion beeinträchtigt.
Das Gegenstück zum Kreisprozeß bezeichnet man als »offenen Prozeß«, als einen Vorgang der nur einmal, nur in einer Richtung ablaufen kann. Ein Beispiel für einen offenen Prozeß liefert die Kanone. Wie jeder weiß, kann eine Kanone nur einmal abgefeuert werden. Dann ist die geladene Granate verschossen und die Anfangsbedingungen müssen durch Nachladen (das allerdings automatisch erfolgen kann) wiederhergestellt werden, damit der nächste Schuß abgegeben werden kann.
Weitaus vollkommener dem notwendigen Kreislauf angepaßt als unsere technischen Gebilde sind natürliche Abläufe. Nur die Natur hat es bisher verstanden, den Kreislauf zwischen Rohstoff und Abfall zu schließen und damit seit 3 Milliarden Jahren dem Leben Heimstatt zu bieten. Denn die Natur verwirklicht »geschlossene Kreisprozesse«, die für unbegrenzte Zeit stabil bleiben können.
In diesem langen Zeitraum hat das Leben selbst die Umwelt unseres Planeten fortlaufend verändert. So ist z. B. der größte Teil des Sauerstoffes in der Luft von assimilierenden Pflanzen produziert worden.

Die Humusdecke, die heute das Festland überzieht und die Grundlage pflanzlichen Lebens bildet, besteht vorwiegend aus organischen Abbauprodukten, und selbst der Kohlendioxid-Anteil der Luft ist das Ergebnis eines Gleichgewichtes zwischen Kohlendioxid-Produktion beim Abbau von Tier- und Pflanzenkörpern, sowie dem Auswurf von Vulkanen und dem Kohlensäureverbrauch der assimilierenden Pflanzen.

Aufgrund der Tatsache, daß das Leben selbst seine Umwelt fortlaufend verändert, kann man gelegentlich den Einwand hören, daß es ein »ökologisches Gleichgewicht« im strengen Sinne nie gegeben habe. Diese Feststellung ist zweifellos richtig, und nach naturwissenschaftlicher Ansicht ist Anpassung der entscheidende Antrieb für die Evolution, die Entwicklung des Lebens. Aus den unzähligen Anpassungsvorgängen, die wir in der Naturgeschichte schon finden konnten, darf man aber nicht den Schluß ziehen, daß sich das Leben auch in der Gegenwart an die von uns zerstörte Umwelt anpassen kann; denn die Veränderungen geschahen in der Erdvergangenheit langsam, sehr langsam! Auf Umstellungen, die im »Schneckentempo« passieren, kann sich die Natur einstellen. Wir verändern aber heute unsere Umwelt schnell, blitzschnell, gemessen am Maßstab der Evolution. Unseren zerstörerischen Einfällen kann die Natur nicht folgen und hat letzten Endes nur die Wahl, ihre Ordnungssysteme selbst zusammenbrechen zu lassen oder uns vorher zu eliminieren.

Der Kreislauf zwischen Produktion – dem Aufbau von pflanzlichen und tierischen Lebewesen – und Abfall – also den abgestorbenen Körpern – ist in der Natur so gut wie vollkommen geschlossen. Die für das Leben notwendigen anorganischen Substanzen – vor allem Wasser, Kohlendioxid und geringe Mengen weiterer Mineralien – werden der Natur entnommen, und von jedem abgestorbenen Organismus wieder zurückgegeben, so daß diese Mineralstoffe immer wieder neuem Leben dienen können, solange unsere Sonne den Erdball erwärmt und mit der für alle Lebensvorgänge notwendigen Energie versorgt. Es gibt daher in der Natur keinen Müll, denn der Abfall des einen ist Lebensgrundlage für den anderen und in dem ganzen komplizierten Wechselspiel, das wir Leben nennen, entsteht keine Substanz, die vom Haushalt der Natur nicht verwertet werden könnte oder zerstörend wirken würde.

Ganz anders beim künstlichen Produktionsprozeß unserer Wirtschaft. Bis vor nicht allzulanger Zeit war auch unsere Ökonomie in die natürlichen Kreisläufe eingebunden und wirkte nur in Grenzen zerstörerisch – z. B. durch Brandrodung, zu intensiven Landbau, leichtfertige Kahlschläge, Überweidung usw. Noch vor einem Jahrhundert fielen in einem Bauernhof so gut wie keine naturfremden Abfälle an. Metallischen Schrott oder Glas gab es kaum, und alles übrige konnte verheizt, kompostiert oder sonstwie verwendet werden.

In diesem Jahrhundert hat sich das dann in dramatischer Weise geändert. In steigenden Mengen entstehen unnatürliche, also in den natürlichen Kreislauf nicht einzubauende Abfälle, die auf riesigen Müllhalden deponiert werden. Sie bilden dort eine latente Gefahr für das Grundwasser, wenn sie nicht weit schlimmere Schäden befürchten lassen: Quecksilber, Blei, Cadmium, Nitrite, Schwefeloxide, Chloride, Nitrosamine, Fluorkohlenwasserstoffe, Stickoxide und unzählige andere Gifte geraten in den natürlichen Kreislauf, der auf diese Substanzen – zumindest in den plötzlich anfallenden Mengen – nicht eingestellt ist. Unsere industriellen Prozesse sind ja fast alle Einweg-Prozesse oder »offene Prozesse«. Eine Einbahnstraße führt von der Rohstoffgewinnung über die Produktionsstätte und den Handel zum Verbraucher, von dem aus die meisten Produkte entweder direkt im Müll landen, oder – wie der Abrieb von Autoreifen – auf großen Flächen verteilt werden. Nur ein Teil der eingesetzten Rohstoffe läßt sich aus den Abfällen wiedergewinnen, der Rest ist unwiederbringlich verloren. In der Natur kann zwar nichts verschwinden, keine Materie vermag unserem Planeten zu entfliehen (höchstens als Raumfahrzeug), aber aus dem Rohstoff wird nur zum Teil weiterverwertbarer Schrott.

Zur Veranschaulichung mag das Beispiel der Erze dienen. In einer Eisenerz-Lagerstätte liegt das Metall in einer Konzentration zwischen 20 und 70%, so daß eine wirtschaftliche Verhüttung möglich ist. Wird aus dem so gewonnenen Eisen z. B. ein Pflug hergestellt, so verteilt sich der Abrieb der Pflugschar über die bearbeiteten Äcker und es besteht keine Hoffnung, daß wir jemals das in geringsten Anteilen über weite Flächen zerstreute Metall zurückgewinnen können*. In entsprechender Weise fällt auch der Abrieb von Eisenbahnschienen über die ganze Länge des Schienenstranges verteilt an.

Ähnliches gilt für die gigantischen Rohstoffvorräte der Meere, von denen gelegentlich gesprochen wird. Auch diese sind so fein verteilt,

* Solche »nicht umkehrbaren« oder irreversiblen Prozesse spielen in der Thermodynamik eine wichtige Rolle. Als Maß für die Nichtumkehrbarkeit wurde der Begriff der Entropie eingeführt.

daß man nicht vorschnell von einer Ausbeutung dieses Reservoirs träumen darf.

Unsere Zivilisation ist so gut wie ausschließlich auf irreversiblen Prozessen aufgebaut, auf nur in einer Richtung ablaufenden Vorgängen, die auch die größten Rohstoffvorkommen einmal erschöpfen müssen. Wir leben von der Substanz, verbrauchen die nicht erneuerbaren Vorräte der Erde und wollen nicht zur Kenntnis nehmen, daß wir zu unterscheiden haben zwischen unserem »Einkommen« und unserem »Erbe«. Unser Einkommen sind die Güter, die laufend nachwachsen, sich erneuern lassen. Unser Erbe besteht aus den Schätzen der Erde, die für alle Menschen und für alle Zeiten reichen müssen, da sie sich – wenn überhaupt – nur in Jahrtausenden, bzw. Jahrmillionen neu bilden.

Eine Wirtschaftsweise, die sich über solche Naturgegebenheiten hinwegsetzen will, ist nur für eine sehr begrenzte Zeit anwendbar und muß dann in einem Chaos enden. Solche Voraussagen des Endes unserer naturwissenschaftlich-technischen Zivilisation sind leider keine unsicheren Annahmen oder fragwürdige Prophezeiungen; dieses unwiderrufliche Ende ist aufgrund von Naturgesetzen vorprogrammiert und so sicher wie der nächste Sonnenuntergang. Denn Naturgesetze sind unabänderlich und richten sich nicht nach unseren Wünschen, so wenig wie sie auf unseren Mangel an Einsicht Rücksicht nehmen. Wir hatten immer nur die Wahl, unser Leben auf naturaffinen und damit beständigen Prinzipien aufzubauen oder uns für eine naturfeindliche Ökonomie zu entscheiden, die nur für begrenzte Zeit praktizierbar ist. Das Ende unserer unnatürlichen Wirtschaftsweise ist heute bereits abzusehen – unklar ist nur noch der genaue Zeitpunkt!

Wer sich von dem Vorbild der Natur in seiner Lebensweise zu weit entfernt, muß früher oder später mit dem Zusammenbrechen seines künstlichen Systems rechnen. Das ist übrigens auch eine Aussage der Religionen.

Es wird sich noch bitter rächen, daß wir meist nur über vergleichsweise kurze Zeiträume vorausschauen. Politiker denken vor allem an die nächste Wahl. In der Wirtschaft ist der nächste Jahresabschluß von größter Bedeutung und der Einzelmensch wird selten länger planen als bis zu seiner Pensionierung oder dem Studium der Kinder. Die Erfahrungen mit langfristig angesetzten Planungen sind außerdem nicht ermutigend, da regelmäßig allzu viele unvorhergesehene Ereignisse stören. Man denke nur an die Vier-, Fünf- oder Mehr-Jahrespläne totalitärer Staaten, die oft das Papier nicht wert sind, auf das

man sie druckt. Sobald aber durch unser Verhalten Schäden auftreten können, die sich zwar erst nach vielen Jahren bemerkbar machen, dann aber kaum wieder gutzumachen sind, müssen wir langfristige Konzepte entwerfen, müssen wir Verantwortung übernehmen für Kinder und Enkel, für die Zukunft des Planeten Erde!
Nach diesem etwas knapp und allgemein gehaltenen Überblick zu gravierenden Zeitproblemen, die jeden Menschen mit Besorgnis erfüllen müssen, wollen wir uns einige heute viel diskutierte Umweltfragen näher ansehen. Dabei soll dem Leser anschaulich gemacht werden, daß wir in einer Zeit leben, wie sie unsere Erde noch nicht gesehen hat; in einer Zeit, in der die Entscheidung fallen wird, ob und in welcher Form die Menschheit, möglicherweise das gesamte höhere Leben auf unserem Planeten weiter bestehen kann.

Vor uns die Wüste?

»Dann schaut den Wald an! Er wird Löcher haben wie des Bettelmanns Rock.« *Prophezeiung des Mühlhiasl*

Ein Kreislauf des Lebens

Unter den vielen Kreisläufen der Natur, die das höher entwickelte Leben auf unserem Planeten ermöglichen, ist der »Sauerstoff-Kohlendioxid-Kreislauf« einer der wichtigsten.
Als sich das Leben auf unserer Erde zu entwickeln begann, gab es fast keinen Sauerstoff in der Ur-Atmosphäre, die mit unserer heutigen Luft nicht zu vergleichen war. Die ersten, einfachsten Lebewesen – man nennt sie »Eobionten« – lebten anaerob, also ohne Sauerstoff, wie heute nur noch wenige Bakterien oder Pilze. Erst im Laufe einer faszinierenden Entwicklung wurden die Grundlagen alles höheren Lebens entwickelt oder »gefunden«, nämlich z. B. *Assimilation* und *Atmung.*
Assimilation ist die einmalige Fähigkeit aller grünen Pflanzen, ihre Nahrung selbst herzustellen. Dazu benötigen sie Sonnenlicht, Luft und Wasser (zum Aufbau von Eiweiß, Nukleinsäuren und Enzymen, den wichtigsten Bausteinen des Lebens, sind noch winzige Mengen weiterer Mineralstoffe nötig, auf die wir aber hier nicht eingehen müssen). Pflanzen leben also buchstäblich von der Luft (der sie Kohlendioxid entnehmen, das sie in Kohlenstoff und Sauerstoff aufspalten), von Wasser (das sie in Wasserstoff und Sauerstoff zerlegen) und von Licht, welches die Energie für die großartige Synthese liefert, die Grundlage des Lebens ist. Aus Kohlenstoff, Wasserstoff und geringen Mengen anderer Elemente bauen Pflanzen alles zum Leben Nötige auf; die Lebenssubstanzen für sich selbst und für alle übrigen Lebewesen. Denn wer die Assimilation nicht selbst beherrscht, ist auf Nahrung angewiesen, die Pflanzen produzierten, sei es auch nur indirekt als Aasfresser, Räuber oder Fäulnisbakterium. Mit Hilfe der Assimilation wird also die Nahrung für alles Leben bereitgestellt und hierzu wird außer den

auf der Erde vorhandenen Substanzen nur die Sonne als Energiespender benötigt.
Doch die Assimilation allein genügt nicht, um einen stabilen Kreislauf des Lebens zu schaffen. Bei der Assimilation entsteht ja ein Nebenprodukt, das in der Atmosphäre zunächst unaufhaltsam zunehmen mußte: der *Sauerstoff*.
Sauerstoff, unser heutiges Lebenselexier, war vor zwei oder drei Milliarden Jahren für die Einzeller ein lebensgefährliches Gift! Sauerstoff ist ein reaktionsfreudiges Gas, das organische Makromoleküle brutal angreift und sich beispielsweise im Ausbleichen der schönsten Farben, in Form von Alterungsrissen an Autoreifen und dem Verspröden von Kunststoffen, unangenehm bemerkbar macht. Für die ersten Mikroorganismen war er tödlich. Die Natur mußte daher Mittel gegen den oxidierenden Sauerstoff finden. Sie wußte sich schließlich nicht nur vor dem aggressiven Gas zu schützen, indem sie Enzyme entwickelte, die den Angriff dieses Mediums auf die lebende Zelle abwehrten, sondern machte aus der Not eine Tugend: Der Sauerstoff wurde in den natürlichen Kreislauf eingebaut! Die *Atmung* wurde erfunden.
Atmung ist die Aufnahme von Sauerstoff, um komplizierte chemische Strukturen, wie Eiweiß oder Kohlehydrate damit abzubauen. Bei diesem katalytischen Abbau wird Energie frei, die zur Erhaltung der Lebensfunktionen wie zum Aufbau des Körpers für jedes Lebewesen unentbehrlich ist. Die Sauerstoffatmung ist die physiologische Grundlage fast aller heutigen Lebewesen, ob Pflanze oder Tier. Nur wenige primitive Mikroorganismen leben noch »anaerob«, d. h. in Abwesenheit von Sauerstoff.
Nun erst war der wohl wichtigste aller biologischen Kreisläufe geschlossen. Das Leben erzeugt seitdem seine Nahrung aus Sonnenenergie und einfachen Grundsubstanzen selbst, und es nimmt alle bei der Assimilation entstehenden Produkte in seinen Kreislauf auf, der so lange stabil bleiben kann, wie die Sonne strahlt. Was zur Assimilation benötigt wird – Wasser und Kohlendioxid – ist genau das, was bei der Atmung als Endprodukt entsteht: Kohlendioxid und Wasser. Der Sauerstoff wird von den Pflanzen produziert und von allen atmenden Wesen – einschließlich der Pflanzen – wieder verbraucht.
Fast aller Sauerstoff in unserer heutigen Atmosphäre ist von assimilierenden Pflanzen erzeugt worden und für das Leben zu einem der wichtigsten Bestandteile der Luft geworden. Er ist ein Produkt des

Lebens, denn ohne Lebewesen auf unserem Planeten wäre kaum Sauerstoff in der Atmosphäre enthalten.
Nicht weniger wichtig als der Sauerstoff ist ein weiterer Bestandteil der Luft: Das Kohlendioxid (CO_2), gelegentlich auch Kohlensäure genannt. Es entsteht bei der Atmung wie beim Verwesen von Pflanzen- und Tierkörpern, und ist als Ausgangsprodukt für die Assimilation eine Voraussetzung für das pflanzliche Leben. Im Laufe von vielen Jahrmillionen hat sich in unserer Atmosphäre ein Gleichgewicht eingestellt zwischen Kohlensäure-Produktion und Verbrauch, so daß derzeit etwa 0,034% Kohlendioxid in der Luft enthalten sind. Riesige Mengen CO_2 sind außerdem in den Meeren gelöst oder als Karbonate in Kalkgesteinen gebunden. Das im Luftraum enthaltene Kohlendioxid ist jedenfalls ein entscheidend wichtiger Bestandteil unserer Atmosphäre, entstanden durch einen der wichtigsten Kreisläufe des Lebens und von größter Bedeutung für Pflanzenwachstum und Klima.
Und in dieses fein abgestimmte Gleichgewicht greift der Mensch nun intensiv ein!
Denn seit vergleichsweise kurzer Zeit entsteht Kohlendioxid nicht mehr nur durch natürliche Prozesse, sondern auch durch unzählige künstliche Feuerstellen.
Solange Holz verbrannt wird, mag man den Vorgang noch als harmlos ansehen. Es werden ja die im Holz enthaltenen Substanzen wieder an die Natur zurückgegeben, die sie für neue Wälder verwenden kann. Ob der Abbau alten Holzes durch Verrottung erfolgt – und dabei die für das zukünftige Wachstum erforderlichen Substanzen als Humus im Wald verbleiben – oder durch Verbrennen, ist für den Kohlensäure-Sauerstoff-Kreislauf nicht so wesentlich. Für die Erhaltung der Humusdecke ist es allerdings von Bedeutung, ob Baumleichen im Walde zu Kompost zerfallen oder ob die Stämme weggeschafft und die Zweige verbrannt werden. Gleichgültig, ob man das Nutzholz zu Papier, Möbeln oder auch zu Brennholz verarbeitet, es landet letzten Endes entweder direkt im Ofen oder in der Müllverbrennungsanlage.
Gerade die tropischen Regenwälder haben einen äußerst sensiblen Nährstoff-Kreislauf entwickelt, der ein gewaltiges Pflanzen- und Tier-Leben auf einer sehr bescheidenen Nährstoffbasis erlaubt. Entzieht man solchen Wäldern durch das Fällen vieler Bäume organische Substanz, kommen sie durch die damit verbundene Verknappung des Nährstoffangebotes in Gefahr. Entschließt man sich gar zu Kahlschlägen, so wird man bald feststellen, daß die Bodenkrume von der

heißen Tropensonne verbrannt, von den intensiven äquatorialen Regengüssen fortgespült wird, und nach wenigen Jahren eine für die Land- wie die Forstwirtschaft untaugliche Zone entsteht.
Doch wir sprachen vom Sauerstoff-Kohlendioxid-Kreislauf als einem der wichtigsten Kreisläufe des Lebens, in den der Mensch mit wenig Einsicht, aber mit um so mehr Rücksichtslosigkeit eingreift. Die seit vielen Jahrtausenden stabilen Gleichgewichte müssen sich ändern, wenn man nicht nur Holz verbrennt, das sich fortlaufend erneuert und dabei die Kohlensäure wieder bindet, sondern in großem Maßstab fossile Brennstoffe verheizt. Diese sind vor mehreren hundert Millionen Jahren aus organischer Substanz entstanden und lagern seitdem unter der Erdoberfläche. Über unvorstellbar lange Zeiträume waren Kohle, Erdöl und Erdgas im natürlichen Kreislauf nicht präsent; sobald wir diese Energieträger verheizen, entsteht zusätzliches Kohlendioxid, das in die Atmosphäre gelangt und uralte Gleichgewichte verschiebt. Wenn gar – wie in unserer Zeit – ein enormer Verbrauch fossiler Brennstoffe mit forciertem Abholzen der Wälder, insbesondere der tropischen Regenwälder, zusammenfällt, dann wird mit Sicherheit ein seit vielen Jahrtausenden eingespieltes Gleichgewicht der Natur verändert. Das hat ziemlich gravierende Folgen.
Soweit nur das Wachstum der Pflanzen betroffen ist, mag eine geringe Zunahme von CO_2 in der Luft nicht allzuviel schaden; es gibt sogar Hinweise, daß in der Erdvergangenheit schon einmal mehr Kohlensäure in der Atmosphäre war als heute. Diese erhöhte Kohlendioxid-Konzentration könnte eine der Ursachen für das gewaltige Pflanzenwachstum im Karbon – der »Steinkohlenzeit« – gewesen sein. Auch die Atmung von Mensch und Tier wird von einer geringfügigen Erhöhung des CO_2-Gehaltes der Luft nicht sehr beeinflußt. Aber andere Nebenwirkungen sind zu befürchten.

Ändert sich unser Klima?

Kohlendioxid neigt dazu, das Sonnenlicht ungehindert passieren zu lassen, die langwelligere Wärmestrahlung dagegen zurückzuhalten. Es erzeugt damit einen »Treibhaus-Effekt«, denn es wirkt so ähnlich wie Fensterglas, das ebenfalls Sonnenstrahlen ins Zimmer läßt, aber Wärmestrahlen im Raum zurückhält, was die Ursache dafür ist, daß sich Glashäuser bei Sonnenschein sehr schnell aufheizen.

Ein ähnlicher Effekt droht nun unserer Erde. Nimmt die Kohlendioxid-Konzentration in unserer Lufthülle zu, so ist mit einer langsamen Erwärmung unseres Planeten zu rechnen, mit gewaltigen Klimaänderungen und daraus resultierenden unübersehbaren Folgen für die Landwirtschaft, die ohnehin heute schon nicht in der Lage ist, alle Mitglieder einer vorerst noch schnell wachsenden Erdbevölkerung ausreichend zu ernähren.
Weitab von allen Industriegebieten und Ballungszonen, inmitten des Pazifik, auf dem Gipfel des Mauna Loa, des mit 4169 m höchsten Berges der Inselgruppe Hawaii, wird seit 1958 von amerikanischen Wissenschaftlern der Kohlendioxid-Anteil der Atmosphäre gemessen. Das Ergebnis der bisherigen Forschungen lautet, daß die CO_2-Konzentration stetig ansteige.*
Die im Auftrag der amerikanischen Regierung erstellte Studie »Global 2000« stellt fest:

> »... der CO_2-Gehalt der Erdatmosphäre ist in den letzten hundert Jahren um etwa 15% gestiegen und wird im Jahre 2000 voraussichtlich um ein Drittel über dem vorindustriellen Niveau liegen. Wenn die prognostizierten Steigerungsraten bei der Verbrennung fossiler Brennstoffe (jährlich 2%) fortbestehen sollten, wird es voraussichtlich zu einer Verdoppelung des CO_2-Gehalts der Atmosphäre nach der Mitte des nächsten Jahrhunderts kommen, und wenn die Abholzung die tropischen Wälder stark reduziert (wie es die Prognosen vorsehen), könnte es noch früher zu einer solchen Verdoppelung kommen. Es könnte eine entscheidende Veränderung in der Struktur der Niederschläge auf der ganzen Erde und ein Temperaturanstieg um 2–3° in den mittleren Breiten der Erde eintreten. Landwirtschaft und andere Tätigkeitsbereiche des Menschen hätten große Schwierigkeiten, sich einem so großen und schnellen Klimawechsel anzupassen. Schon eine Steigerung der durchschnittlichen Temperaturen auf der Erde um 1° würde das Erdklima wärmer machen, als es jemals in den letzten 1000 Jahren gewesen ist.« (5)

Nach der Meinung von Klima-Experten hat diese Klima-Änderung auf unserer Erde schon begonnen. Wenn wir sie abbremsen wollen,

* Neben dem CO_2 haben auch andere Abgase eine Wirkung auf das Temperatur-Gleichgewicht der Erde, z. B. N_2O, CCl_2F, CCl_3F und etliche mehr. Wir gehen hier nur auf das CO_2 ein, das den größten Einfluß hat.

müßten wir umgehend dafür sorgen, daß die künstliche Produktion von CO_2 stark vermindert wird. Das würde starke Einschränkung beim Einsatz fossiler Brennstoffe bedeuten, für die derzeit auf dem Automobilsektor kein Ersatz in Sicht ist, während die Stromerzeugung nur langsam auf andere Energielieferanten umgestellt werden kann. Selbst wenn man entschlossen wäre, alles nur irgendwie mögliche zu tun, müßten Jahrzehnte vergehen, ehe im breiten Umfang Energieerzeuger zur Verfügung stehen, welche die Atmosphäre weniger stören. Der Gedanke, daß das Atomkraftwerke sein würden – nach Ansicht vieler Politiker die einzige Alternative – ist nicht realistisch, da Kernkraftwerke eine Fülle weiterer Probleme mit sich bringen, über die noch zu sprechen sein wird.

In diesem Jahrhundert wird sich also kaum noch Wesentliches ändern lassen, und die Anreicherung unseres Luftmeeres mit Kohlensäure wird fortschreiten – hoffentlich nicht über eine kritische Grenze hinaus, von der an nichts mehr zu ändern ist. Denn die globalen Gleichgewichte der Natur sprechen zwar nur langsam auf Störungen an, so daß man anfangs noch wenig von einer Verlagerung merkt. Setzen dann allerdings die Wirkungen deutlicher ein, so brauchen auch Gegenmaßnahmen – sofern sie noch möglich sind – entsprechend lange, bis sie greifen, so daß man sich sehr davor hüten muß, irgendein natürliches Gleichgewicht, einen Kreislauf der Natur leichtfertig anzutasten.

Wahrscheinlich wird sich unter den heutigen Gegebenheiten die von Fachleuten befürchtete Erwärmung unseres Planeten kaum mehr abfangen lassen. Die erste Folge wird dann eine Verschiebung der Klima-Zonen sein, mit deren Einsetzen wohl schon zu Beginn des nächsten Jahrhunderts zu rechnen ist.

Eine geringfügige Erwärmung der Erdoberfläche schiene vielen Menschen eine Wohltat, und wir Deutschen würden es sicher nicht als unangenehm empfinden, wenn sich das warme Mittelmeer-Klima bis nördlich der Alpen ausdehnen sollte, wie das aufgrund von Modellrechnungen vermutet wird. Gleichzeitig wäre aber auch damit zu rechnen, daß weite Teile des Mittelmeerraumes, wie der Nahe Osten oder Spanien, dann unter Dürre leiden müßten. In den USA wären der Mittlere Westen – heute die größte Kornkammer der Erde – und Kalifornien von der Trockenheit bedroht. Selbst wenn man davon ausgeht, daß sich durch diese Klimaänderungen die Anbauflächen insgesamt nicht verkleinern, so ist kaum anzunehmen, daß Politik und Wirtschaft mit den Schwierigkeiten fertig würden. Denn die Erde ist heute schon übervölkert, und welche Probleme bereits die Neuansiedlung eines kleinen Volkes in einer Wüstenregion aufwirft, zeigt allzu deutlich das Beispiel des Staates Israel.

Steigen die Meere?

Doch mit der Verschiebung der Klima-Zonen ist es nicht getan. Im weiteren Verlauf der wahrscheinlichen Erwärmung wird das Polareis der Arktis abschmelzen. Das dann an Fläche wachsende Polarmeer wird wesentlich mehr Sonnenenergie aufnehmen als die derzeitige Eisdecke der arktischen Zone, welche das Sonnenlicht großenteils reflektiert. In Grönland und auf dem antarktischen Kontinent lagern riesige Eismassen in Gestalt der größten Gletscher unserer Erde. Deren Abschmelzen ließe den Meeresspiegel um 60 bis 70 m steigen. Dieses Abschmelzen der Gletscher würde allerdings Jahrtausende dauern; also Zeiträume in Anspruch nehmen, über die sich ein heutiger Mensch keine Gedanken zu machen pflegt. Auch dann nicht, wenn er Entwicklungen einleitet, die unaufhaltsam weitergehen, mit keinem uns bekannten Mittel aufzuhalten sind?
Das Abschmelzen der Eisdecke des Polarmeeres geht jedoch weitaus schneller. Es entstünde dann ein im Vergleich zu den derzeitigen Verhältnissen »warmes« nördliches Polarmeer und eine noch lange Zeit vereiste Süd-Polar-Region. Diese Temperaturgegensätze müßten Wetter und Klima beeinflussen. Überall auf der Erde dürften sich die Niederschläge wie das Klima ändern, und es ist nicht zu erwarten, daß sich die Verhältnisse insgesamt verbessern. Jedenfalls gehört sehr viel Optimismus dazu, anzunehmen, daß man sich an solche relativ langsamen Veränderungen anpassen könne. Weit wahrscheinlicher ist die Aussage von »Global 2000«,

> »... daß es noch vor der Mitte des 21. Jahrhunderts zu höchst problematischen Auswirkungen auf die Landwirtschaft kommen kann.« (5)

Unsere Kinder und Enkel werden diese Zeit erleben und ihre Ahnen verfluchen, die in zwei Jahrhunderten die fossilen Brennstoffe verheizt haben, für deren Aufbau und Speicherung die Natur eine halbe Milliarde von Jahren benötigt hat.

Übrigens ist noch gar nicht ausgemacht, daß die zu befürchtenden Folgen der erhöhten CO_2-Konzentration in der Luft erst im kommenden Jahrtausend entstehen. Wenn Forscher, wie J. H. Mercer vom Institut für Polarstudien an der Ohio State University, Recht behalten, so steht uns eine »kleine Sintflut« vielleicht noch in diesem Jahrhundert ins Haus:
Weniger als 1000 km vom Südpol entfernt, spannt sich in der West-Antarktis eine riesige Eistafel, kaum kleiner als die iberische Halbinsel, über eine Meeresbucht: das Ross-Schelfeis. Kommt es dort zu einem Eisbruch und rutscht diese gewaltige Eisplatte ins Meer, so steigt der Meeresspiegel sehr schnell um etwa 6 m an und überflutet viele Küstenstreifen rund um die Erde. Wenn der Eisbruch plötzlich geschieht, wird er zusätzlich mit Flutwellen verbunden sein, die stark genug sein mögen, um noch gegen Tausende von Kilometern entfernte Küsten zu branden. Wie ernst diese Bedrohung vom »Ende der Welt« ist, wie groß die Wahrscheinlichkeit, daß es zu dem befürchteten Eisbruch kommen kann, ist nur schwer zu beurteilen. Sicher scheint nur, daß eine weitere Erwärmung der Erde durch den Anstieg des Kohlensäure-Gehaltes der Luft diese Gefahr vergrößert.
Die einzige denkbare Vorsorge wäre eine Einschränkung des Brennstoffverbrauchs. Dies hätte unabsehbare Folgen für die Weltwirtschaft. Weitere Schutzmaßnahmen scheinen kaum möglich.

Sterben die Wälder?

Eine weitere Ursache für den Anstieg des Kohlendioxides in der Atmosphäre ist der Rückgang der Bewaldung auf unserem Planeten. Dieses weltweite Problem läßt sich keineswegs auf einzelne Länder oder Zonen beschränken, wenn auch die Ursachen in den verschiedenen Regionen unterschiedlich sind.
In der Bundesrepublik Deutschland wird derzeit vom »saueren Regen« gesprochen, der die Wälder langsam vergiftet. Ende 1982 waren nach Ansicht des Naturschutzringes 560000 Hektar, also 8% der gesamten Waldfläche der BRD bedroht. Im Laufe des Jahres 1983 haben sich diese Schäden mehr als vervierfacht, so daß Ende 1983 mindestens 35% unserer Wälder erkrankt waren. Nach allem, was man heute hören kann, handelt es sich um das folgende Phänomen:
So gut wie alle Brennstoffe, ob Holz, Kohle, Erdöl und sogar Erdgas

enthalten Schwefel, der bei der Verbrennung zu Schwefeldioxid wird. Dieses Schwefeldioxid (SO_2) entweicht mit den Rauchgasen, vereinigt sich mit Regenwasser zu schwefeliger Säure (H_2SO_3) und oxidiert an der Luft zu Schwefelsäure (H_2SO_4), einer aggressiven anorganischen Säure, die für Lebewesen ein gefährliches Gift ist. Jedes ernsthafte Lexikon weiß davon zu berichten und erwähnt z. B. unter dem Stichwort »Rauchschäden« die nachteilige Wirkung von SO_2 und anderen Schadstoffen der Industrieabgase.

Seit Jahrzehnten fällt sauerer Regen, der sauer wie Essig sein kann, auf Feld, Wald und Flur, und es ist nicht verwunderlich, daß seit Jahren dadurch bedingte Schädigungen offensichtlich werden, nachdem die Gefährlichkeit des »Säureregens« (der Ausdruck wurde 1872 zum ersten Mal von einem Engländer verwendet) schon im vorigen Jahrhundert erkannt wurde, und erste Hinweise sogar schon aus dem 17. Jahrhundert stammen. So beobachtete der berühmte schwedische Naturforscher Carl von Linné 1734, wie gelbgraue Schwefelschwaden einer Metallhütte die Erde so vergifteten, daß keine Pflanzen mehr wachsen konnten.

Mit dem steigenden Verbrauch fossiler Brennstoffe stieg die Belastung der Natur durch sauere Niederschläge immer weiter, und in unserem Jahrhundert scheint ein bedenklicher Zustand erreicht zu sein. Für jeden Naturbeobachter offensichtliche Alarmsignale sind das Erkranken und Sterben vieler Wälder, Fischsterben in zahlreichen Gewässern und Absterben von Kleinlebewesen im Boden. Nach bisherigen Untersuchungen darf man annehmen, daß der sauere Regen, der neben SO_2 auch andere Giftstoffe enthält, in vielfältiger Weise zerstörerisch wirkt. Er greift z. B. Nadeln und Blätter oberflächlich an. Wird eine kritische Schadstoffbelastung überschritten, so ätzt der sauere Niederschlag die schützende Wachsschicht von Nadeln und Blättern ab, zerstört die darunterliegenden Gewebe und das für die Assimilation notwendige Chlorophyll. Das Blatt stirbt. Laubbäume widerstehen den Schadstoffen etwas länger als Nadelbäume, denn das geschädigte Laub wird jeden Herbst abgeworfen, während Nadelbäume ihre Nadeln jahrelang behalten und sie dementsprechend viel länger den Umweltgiften aussetzen müssen.

Bei der Zerstörung von Nadel- oder Blatt-Geweben bleibt es aber nicht. Bei länger anhaltender oder zu hoher Schadstoffbelastung wird schließlich auch der Humus sauer. Dann beginnen wichtige Mikroorganismen abzusterben, der Humus verarmt an Nährstoffen, ähnlich wie sauere Moorerde, und die für das Wachstum der Bäume nötigen

Nährsubstanzen können in der Humusschicht nicht mehr in ausreichendem Maße neu gebildet werden. Der Wald ist zum Tode verurteilt, weil Baumkronen wie Wurzeln geschädigt sind und der Nährstoffkreislauf unterbrochen wird.
Am stärksten betroffen sind Landschaften, die von Natur aus leicht sauere Böden haben, wie der Bayerische Wald, der Böhmerwald, das Riesengebirge oder die silikatreichen Urgebirgslandschaften Skandinaviens. Kalkhaltige Böden widerstehen den Säure-Attacken länger, da ihre basischen Gesteine den saueren Regen wenigstens teilweise neutralisieren. Man versucht daher auch, der Versäuerung durch Ausstreuen von Kalk oder kalkhaltigem Schlamm beizukommen*. Diese Maßnahme ist aber nur begrenzt möglich und soll schädliche Folgen provozieren, wie die Bildung von giftigen Nitraten.
Selbstverständlich ist die Wirkung der Haushalt-, Automobil- und Industrie-Abgase auf unsere Wälder, die hier nur ganz kurz geschildert werden kann, noch nicht in allen Details aufgeklärt. Das ist auch schon deswegen nicht zu erwarten, da neben den hier erwähnten Hauptwirkungen noch unzählige Neben- und Kombinations-Wirkungen vieler verschiedener Schadstoffe eine Rolle spielen, so daß es Jahrzehnte intensiver Forschungen bedürfen wird, um alle Zusammenhänge bis ins Detail zu verfolgen – sofern eine alle Einzelheiten berücksichtigende Untersuchung überhaupt durchführbar ist. Aber im Grundsatz sind die Ursachen bekannt, und die Zeit ist überreif, etwas zu unternehmen!
Aber das ist nicht so einfach.
Zunächst muß man wissen, daß das Problem international ist und sämtliche Industrieländer betrifft. Da Abgase aus 300 und mehr Meter hohen Schornsteinen von Winden weit übers Land getragen werden, machen giftige Rauchgaswolken nicht an den Landesgrenzen halt. Würde nur ein einzelnes Land wirksame Maßnahmen einleiten, so würde das für die BRD eine etwa 50%ige Abnahme der durch die Industrie verursachten Verunreinigung bedeuten. Selbst wenn alle deutschen Anlagen nur »saubere« Abgase entließen – was sich technisch kaum sofort realisieren läßt – würde nach wie vor der Westwind von französischen Schloten versauerten Regen bringen, während bei Ostwind der noch stärker verschmutzte Qualm aus den Kraftwerken

* Inzwischen gibt es weitere »Wundermittel« zur Rettung des Waldes. So berichtet die Bunte (Burda-Verlag, Offenburg) in Heft 42/1983 von der »Walddusche des Dr. Schell« und einem Sprühmittel der Pflanzenschutzexperten Erich Elstner und Manfred Niehuss.

des Ostblocks ins Land wehen würde. Zu erfassen sind vorerst auch nur »Großfeuerungsanlagen«, die für etwa die Hälfte aller Schadstoffe verantwortlich sein sollen; die unzähligen kleinen Feuerstellen, von der Haushaltsheizung bis zum kleinen Industriebetrieb, wird man kurzfristig sowenig verändern können wie die Auspuffgase aus den 24 Millionen Kraftfahrzeugen der Bundesrepublik*, für deren Abgasentgiftung bisher noch so gut wie nichts getan wurde. Erst vom 1. Januar 1986 an sollen alle in der BRD neu zugelassenen PKW (mit Ausnahme von Dieselfahrzeugen) mit einem Katalysator zur Abgasentgiftung ausgerüstet werden. Es wird dann noch 10 Jahre dauern, bis der größte Teil der Personenwagen mit bleifreiem Benzin fahren und katalytisch gereinigte Abgase ausstoßen wird. Es ist heute schon abzusehen, daß diese Maßnahme zu spät kommt, unsere Wälder zu retten.

Man kann auch die SO_2-Immissionen nicht allein oder ausschließlich für das Waldsterben verantwortlich machen. Zu vielleicht einem Drittel könnten Stickoxide (NO_x*) die Verursacher sein. Über deren Wirkungsweise auf die Wälder ist allerdings noch nicht allzuviel bekannt. Schließlich sind noch Schwermetalle, Ozon, Fluor, Chlorwasserstoffe und andere Gifte nicht ohne Einfluß. Insgesamt spricht man von 186 »verdächtigen« Substanzen. Neuerdings werden sogar elektromagnetische Wellen im Hochfrequenzbereich, wie sie z. B. von Radargeräten emittiert werden, als Mitverursacher für das Waldsterben angesehen.**

Vor diesem Hintergrund kann es der Industrie kaum schwerfallen, die geplanten gesetzlichen Maßnahmen zur Entgiftung der Industrieschlote zu unterlaufen und dafür zu sorgen, daß verzögert, verwässert, verharmlost wird, bis... es für die Wälder und damit für einen wesentlichen Teil unseres Lebensraumes zu spät ist. So sind z. B. die

* Der 2. Immissionsschutzbericht der Bundesregierung nennt als Verursacher:
Für SO_2-Immissionen:
Kraft- und Fernheizwerke: 56%
Industrie: 28%
Haushalte und Kleinverbraucher: 13%
Verkehr: 3%
Für NO_x-Immissionen:
Straßenverkehr: 45%
Kraft- und Fernheizwerke: 31%
Industrie: 19%
Haushalte und Kleinverbraucher: 5%

** Vergl. Zeitschrift für Radiästhesie 35. Jahrg. Nr. III Juli-Sept. 1983

derzeit für eine »TA-Luft« festgesetzten Grenzwerte von 400 Milligramm SO_2 pro Kubikmeter Rauchgas keine spürbare Verbesserung, sondern der langsame, aber sichere Tod unserer Wälder. Diese ohnehin zu milde Forderung wird noch durch viele Sondergenehmigungen für Alt-Anlagen entschärft, so daß die notwendige Senkung des Schwefelausstoßes frühestens 1993 zu erreichen sein wird. Schärfere Eingriffe wären möglich*, scheitern aber an dem Widerspruch der Industrie; und das in einer Situation, in der man nicht einmal mehr sagen kann, ob die härtesten heute technisch möglichen Maßnahmen den Wald noch retten könnten.

Wirksame Maßnahmen sind ohnehin kaum vorstellbar, es sei denn durch Eingriffe in unsere Wirtschaft und damit in das Sozialgefüge, die kein Politiker zu vertreten wagt, und die kaum jemand ernsthaft fordern wird. Denn wirklich erfolgversprechend wäre letzten Endes nur die Beendigung jeglicher Umweltbelastungen durch Giftstoffe; unabhängig davon, ob im Einzelfall die Schädlichkeit einer naturfremden Substanz bereits nachgewiesen ist.

So müssen wir uns wohl damit abfinden, daß die Wälder Mitteleuropas großenteils zum Aussterben verurteilt sind. Der Bund Naturschutz meint, daß Deutschland die »Entwaldung und damit Verkarstung und Versteppung« bevorstehe und verweist als Beispiel auf die Höhen des Erzgebirges. Aus dieser einst üppigen Waldlandschaft ist ein verseuchtes Gebirge geworden, das sich zur »Schwefelsteppe« entwickelt. Alle Bäume sind tot, die Quellwasser ungenießbar, Neuanpflanzungen sterben bald wieder ab und selbst auf Acker- und Gartenland gedeihen nur noch ausnahmsweise Getreide, Kartoffeln oder Gemüse. So könnten – nach Ansicht ernstzunehmender Warner – innerhalb der kommenden 10 Jahre große Teile unserer Wälder aussehen. Wenn es erst so weit ist, besteht keine Aussicht mehr, den Schaden wieder zu beheben. Aber im Weltmaßstab wäre das ohnehin nur eine Kleinigkeit, denn global gesehen geht es um andere Größenordnungen.

Während in Industrieländern der Wald durch Umweltgifte zugrunde geht, werden in Entwicklungsländern riesige Gebiete durch Abholzen und Rodung zerstört. Denn gerade in der dritten Welt wächst die Bevölkerung noch immer rapide an, steigt der Bedarf an landwirtschaftlichen Flächen, an Bauholz und Brennmaterial. Eine Folge dieser Bevölkerungsexplosion ist das Abholzen der letzten großen Wälder in vielen Teilen der Welt.

* In Japan gibt es bereits Vorschriften in der Größenordnung von 90 mg/m^3

Die fast jedes Jahr mit erschütternder Regelmäßigkeit wiederkehrenden Überschwemmungen im Mündungsgebiet des Ganges, die jedes Mal Tausende von Toten fordern und z. B. Bangladesch schrecklich heimsuchen, sind eine direkte Folge des Abholzens von Wäldern im Himalaya.
In Brasilien fressen sich Motorsägen und Bulldozer mit einer nicht faßbaren Geschwindigkeit in die größten tropischen Regenwälder unseres Planeten und sind dabei, diese zum großen Teil zu zerstören. Wir haben schon erwähnt, daß ein tropischer Regenwald, wie der des Amazonas-Gebietes, ein äußerst kompliziertes Biotop darstellt, das mit einem vergleichsweise geringen Mineralstoff-Vorrat ein phantastisches Wachstum hervorzaubert. Wird der Nährstoffkreislauf aber erst nachhaltig und in größerem Umfang gestört, dann sind die Böden innerhalb weniger Jahre ausgelaugt und unfruchtbar geworden. Man darf dann nicht damit rechnen, daß sich innerhalb überschaubarer Zeiträume die ursprüngliche Vegetation wieder regenerieren wird.
Nach Angaben von »Global 2000«

> »... werden sowohl die Waldflächen als auch der Nutzholzbestand in den unterentwickelten Regionen (Lateinamerika, Afrika, Asien und Ozeanien) bis zum Jahr 2000 um 40% schrumpfen...
> In einigen Tropengebieten hat man mit der Wiederaufforstung abgeholzter Flächen begonnen, allerdings nur in einem kleinen Maßstab, von dem auch die Prognosen dieser Studie ausgegangen sind. Die ermutigendsten Entwicklungen ergeben sich vielleicht daraus, daß international ein Bewußtsein davon wächst, wie bedrohlich die gegenwärtigen Trends für die Wälder der Erde sind.« (5)

Darf man hoffen, daß Menschen, die hungern oder frieren, bereit sind, auf das Notwendigste zu verzichten, damit ihren Kindern der Wald erhalten bleibt?
Wenn reiche Industrieländer ihren Wald nicht schützen können, was dürfen wir von unseren hungernden Mitmenschen in Entwicklungsländern erwarten? So wird wohl die vorangestellte Prophezeiung des Mühlhiasl für den Bayerischen Wald eintreffen – zeitgleich mit der Zerstörung der Wälder in allen Kontinenten.
Der risikobeladene Eingriff in das globale Sauerstoff-Kohlendioxid-Gleichgewicht und damit in einen der wichtigsten natürlichen Kreisläufe wird aller Voraussicht nach weitergehen, noch Jahrzehnte. Die

Industrieländer werden keinen Weg finden, den Verbrauch fossiler Brennstoffe schnell und drastisch zu senken, oder auch nur die Abgase in wirksamer Weise zu reinigen. Und den Entwicklungsländern wird man nicht zumuten können, lieber zu verhungern, als die Wälder anzutasten. Es wird also im großen und ganzen weiterlaufen wie bisher; mit einigen halbherzigen Besserungsmaßnahmen, die mehr der Beruhigung von Wählern und der Entlastung des Gewissens der Verantwortlichen dienen als dem wirksamen Schutze der Natur.

In der atomaren Sackgasse

»Ich glaube, ein Wissenschaftler zu sein ist in vieler Hinsicht eine religiöse Aufgabe im weitesten Sinne des Wortes. Und wir müssen als Wissenschaftler versuchen, nicht nur die Natur zu ergründen, sondern wir müssen die Verantwortung übernehmen, die Natur zu bewahren: die Erde zu bewahren, das Leben und den Menschen zu bewahren.« *Nobelpreisträger George Wald*

Das globale Energie-Konzept

Von Politikern, Wissenschaftlern und Vertretern der Energiewirtschaft kann man immer wieder hören, daß eine Antwort auf die Umweltprobleme der Bau von Kernkraftwerken sei. Denn Kernenergie sei eine »saubere« Energie, die ohne giftige Abgase auskomme. Würden alle Kohle- und Heizöl-Kraftwerke durch Atomkraftwerke ersetzt, die Heizungen auf Atomstrom umgestellt, und vielleicht zuletzt sogar Kraftfahrzeuge für einen Betrieb mit dem umweltfreundlichen Wasserstoff entwickelt, welcher sich durch Atomstrom aus Wasser gewinnen ließe, so könnten in 20, 50 oder mehr Jahren alle Umweltprobleme gelöst sein.

Dies sind sehr optimistische Prognosen, die man relativieren muß. Alle Atomkraftwerke oder Kernkraftwerke arbeiten bisher nach dem Prinzip der »Kernspaltung«, bei der Atome von schweren Elementen – wie Uran oder Plutonium – in leichtere Atome umgewandelt werden. Dabei wird beachtliche Energie frei, wie die Bomben auf Hiroshima (eine Uran-Spaltbombe) und Nagasaki (eine Plutonium-Bombe) demonstrierten. Da spaltbares Material auf unserer Erde nur begrenzt zu finden ist, sah man von Anfang an die nach dem Prinzip der Kernspaltung arbeitenden »Kernkraftwerke« als Übergangslösung an, um sie im 21. Jahrhundert schrittweise durch »Fusionskraftwerke« zu ersetzen.

Ein Fusionskraftwerk ahmt den Prozeß nach, durch den unsere Sonne mit der Energie versorgt wird, die sie seit 5 Milliarden Jahren in verschwenderischer Fülle ins Weltall verstrahlt. In dem 1938 entdeckten

»Bethe-Weizsäcker-Zyklus« wurde die bis dahin rätselhafte Herkunft der Sonnenenergie endlich erklärt, und ein Jahrhunderte altes astronomisches Problem gelöst. Damit war zugleich das Prinzip der »Kernfusion« entdeckt, Jahrzehnte bevor die erste Fusionsbombe (Wasserstoffbombe) 1952 auf der Erde gezündet wurde.
Die ersten Anwendungen der Kernenergie erfolgten bekanntlich für militärische Zwecke, und seit 1945 lastet auf der Menschheit eine vordem nie gekannte Bedrohung: Es gibt Waffen, deren Wirkung jede Vorstellungskraft übersteigt, welche die unerhörte Tatsache schaffen, daß der Mensch sich selbst ausrotten kann.
Entsprechend dieser fatalen Entwicklung waren auch die ersten Kernkraftwerke militärische Anlagen. Sie sollten das für Kernwaffen erforderliche spaltbare Material – vor allem Plutonium – produzieren. Die bei diesem Produktionsprozeß in großen Mengen anfallende Abwärme wurde zunächst an die Umgebung abgeführt, bis man auf den naheliegenden Gedanken kam, die vergeudete Energie zum Antrieb einer Turbine und damit zur Stromerzeugung zu nutzen. Das erste europäische Kraftwerk dieser Art war Calder Hall in England. Damit begann die Nutzung des für militärische Ziele erarbeiteten »know how« zu einem friedlichen Zweck. Allerdings erwies sich der Einsatz der Kernenergie für zivile Zwecke als weit problematischer, als man zuerst dachte.
Das zeigt z. B. die Entwicklung von Atomreaktoren für Schiffe. Moderne große Kriegsschiffe werden heute fast ausschließlich mit Atomreaktoren motorisiert, da nur eine solche Anlage Unabhängigkeit vom Treibstoff-Nachschub garantiert und Dauergeschwindigkeiten erlaubt, wie sie unerläßlich scheinen.
Auch für zivile Schiffe wurde diese Antriebstechnik mit großem propagandistischem und finanziellem Aufwand angegangen. So hat die Bundesrepublik als recht unbedeutende See-Handelsmacht 1968 die »Otto Hahn« in Dienst gestellt, um dem Schiffsantrieb der Zukunft Impulse zu geben. Inzwischen ist es sehr ruhig um die »Otto Hahn« und um den atomaren Schiffsantrieb geworden, da dieser trotz steigender Rohölpreise weitab jeder Wirtschaftlichkeit zu liegen scheint.
Im ganz großen Stil wollte man dafür eine andere Einsatzform friedlicher Nutzung der Kernenergie angehen: Atomkraftwerke zur Stromerzeugung. Man entwickelte utopisch anmutende Vorstellungen von Großprojekten, die Regierung und Öffentlichkeit unter dem Schlagwort »big science« schmackhaft gemacht wurden. Unter »big science«

verstand man die Anwendung wissenschaftlicher Erkenntnisse in Großanlagen, die nach Möglichkeit zu gewaltigen Gesamtkonzepten verbunden werden sollten. Eine typische Denkweise aus den von wissenschaftlich-technischer Gigantomanie geprägten 50er und 60er Jahren. Das umfassende, am besten über Landesgrenzen hinausreichende Atomstrom-Projekt trat mit folgenden Prämissen an:
Die Stromerzeugung soll gegen Ende des 20. Jahrhunderts weitgehend von Kernkraftwerken übernommen werden, die (nach damaligen Vorstellungen – vielleicht von Wasserkraftwerken abgesehen –) den billigsten Strom zu liefern in der Lage wären. Also sei eine entsprechende Anzahl von Kernkraftwerken – für die BRD sprach man von 400 – zu errichten.
Wie schon gesagt, sind die Uranvorräte der Erde begrenzt, und insbesondere das im üblichen Leichtwasser-Reaktor benötigte Uran 235 (U-235) ist nur in einem Anteil von etwa 0,7% im Natur-Uran enthalten, das zum weitaus größten Teil aus dem nicht spaltbaren Uran Isotop 238 (U-238) besteht. Bevor natürliches Uran gespalten werden kann, muß es daher auf einen Anteil von 3–10% U-235 angereichert werden, das dann im Reaktor gespalten und damit zur Energieerzeugung herangezogen werden kann. Vorerst kommt lediglich das mit nur 0,7% im natürlichen Uran enthaltene U-235 für die Energiegewinnung in Betracht, während die restlichen 99,3% U-238 nicht verwertbar sind!
Um nun die Ausnützung des auf der Erde seltenen Urans drastisch zu verbessern, ersann man einen Brennstoff-Kreislauf, dessen wichtigste Stationen »Schneller Brüter« und »Wiederaufbereitung« heißen.
Ein *Brutreaktor* unterscheidet sich im Grundsatz von einem herkömmlichen Leichtwasser-Reaktor vor allem durch seine größere Energie-Dichte. Im Kern jedes Reaktors – Core genannt – findet eine kontrollierte Kernspaltung statt, bei der große Energiemengen in Form von Wärme abgegeben werden. Diese Wärme muß durch ein Kühlmittel abgeleitet und der weiteren Verwendung zugeführt werden. In Leichtwasser-Reaktoren ist dieses Kühlmittel – wie der Name schon sagt – normales Wasser, das über Wärmetauscher seine Energie an einen zweiten Wasser-Dampf-Kreislauf abgibt, der eine Turbine zur Stromerzeugung treibt.
Ein Brutreaktor erzeugt im gleichen Core-Volumen etwa fünfmal soviel Wärme wie ein Leichtwasser-Reaktor. Für die Kühlung eines Schnellen Brüters – wie er z. B. in der BRD gebaut wird – verwendet

man daher flüssiges Natrium mit besonders großem Wärmetransportvermögen. Da erhitztes Natrium bei der Berührung mit Luft oder Wasser sofort brennt, muß man kompliziertestе Techniken einsetzen. Dieser außerordentliche bauliche Aufwand wird damit gerechtfertigt, daß ein Schneller Brüter nicht nur Plutonium spalten kann, sondern gleichzeitig aus U-238 – das unter normalen Bedingungen nicht spaltbar ist – Plutonium 239 (Pu-239) erzeugt, das sich als Reaktorbrennstoff weiterverwenden läßt. Auf diese Weise kann man – zumindest in der Theorie – auch das bisher für die Kernspaltung nicht einsetzbare U-238 einer Nutzung zuführen und die zu erwartende Verknappung von Uran weit hinausschieben.
Der Name »Brüter« deutet also an, daß die vorgesehenen Brutreaktoren mehr Kernbrennstoff erbrüten sollen, als sie selbst verbrauchen, so daß ein Schneller Brüter weitere Reaktoren mit Brennstoff versorgen kann – vorausgesetzt der Brutfaktor (also das Verhältnis von erzeugtem zu verbrauchtem spaltbaren Material) ist deutlich größer als 1; das heißt, es wird spürbar mehr Kernbrennstoff »erbrütet«, als in der gleichen Zeit vom Brutreaktor selbst verbraucht wird.
Das Wort »schnell« betrifft einen Reaktortyp, der mit schnellen Neutronen arbeitet und besonders gute Brutgewinne erwarten läßt. Er verbrennt Plutonium und erzeugt gleichzeitig aus U-238 weiteres spaltbares Material in Form von Pu-239. Dieser Reaktortyp wird auch als »gezähmte Atombombe« bezeichnet und ist nicht ohne Risiken.
Ein weiterer Brütertyp ist der »Thermische Brüter«, der mit U-235 als Brennstoff arbeitet und aus Thorium 232 (Th-232) das ebenfalls spaltbare U-233 erbrütet. Mit diesem thermischen Brüter, der technisch leichter zu beherrschen sein soll als der Schnelle Brüter, lassen sich jedoch nur geringe Brutgewinne erzielen, so daß mit ihm das Problem der Verknappung von spaltbarem Material nicht zu lösen ist.
Man setzt daher derzeit auf den Schnellen Brüter, der die vorhandenen Mengen an Kernbrennstoffen innerhalb von 8–10 Jahren verdoppeln soll. Die Vorräte an spaltbarem Material reichen derzeit bei Einführung von Kernreaktoren auf breiter Front nur einige Jahrzehnte. Würde es aber gelingen, alles Natur-Uran und alles natürliche Thorium 232 in Brutreaktoren zu verwerten, so würden die Vorräte der Erde für den Energiebedarf der Menschheit in den nächsten 10000 Jahren reichen!
Der vorgesehene Brennstoffkreislauf funktioniert allerdings nur, wenn noch ein weiteres Glied in der Kette ausreichend arbeitet: Die *Wiederaufbereitung*.

Die in den Brutreaktoren erbrüteten Kernbrennstoffe müssen nämlich von Nebenprodukten getrennt und zu neuen Brennelementen verarbeitet werden. Sowohl in konventionellen Reaktoren als auch in Schnellen Brütern fällt als Spaltprodukt – neben vielen anderen Rückständen – auch Plutonium an, das sich als Kernbrennstoff für Brutreaktoren, aber auch für Leichtwasserreaktoren eignet. Es erscheint daher sinnvoll, die ausgebrannten »Brennstäbe« aufzuarbeiten, d. h. die in ihnen enthaltenen Substanzen zu trennen und alles spaltbare Material einer Weiterverwendung in Reaktoren zuzuführen. Damit würde auch das Problem der »Endlagerung« – also der endgültigen Ablagerung radioaktiver Substanzen – etwas entschärft. Denn die abzulagernden Mengen ließen sich verringern und eine der gefährlichsten Substanzen, das Plutonium, könnte weiterverwendet und dadurch unschädlich gemacht werden.
Sollte allerdings die Wiederaufbereitung nicht oder nicht ausreichend funktionieren, so müßten die abgebrannten Kernbrennelemente auf Dauer gelagert werden, und das Vorhaben, die vorhandenen Uran-Vorräte mit Hilfe des Schnellen Brüters drastisch zu strecken, würde zusammenbrechen. Das ganze Atomstrom-Konzept müßte neu überdacht werden.
Damit haben wir auch schon das brisante, derzeit vieldiskutierte Problem der *Endlagerung* gestreift.
In jedem Reaktor entstehen radioaktive Substanzen, sowie durch die Bestrahlung ungewollt radioaktiv gewordene Bauteile, die eine Gefährdung für alle Lebewesen bedeuten. Diese Materialien muß man sehr lange Zeit jeglichem Zugriff entziehen. Entscheidend für diese »Lagerzeit« ist die Stärke der Radioaktivität und vor allem die »Halbwertzeit« der betreffenden Substanz. Die Halbwertzeit ist die Zeit, nach der ein radioaktiver Stoff nur noch die Hälfte seiner ursprünglichen Strahlung abgibt. Als Faustregel sagt man, daß nach etwa 10 Halbwertzeiten die Gefährlichkeit einer Radioaktivität praktisch zu vernachlässigen sei, so daß eine wirksame Endlagerung mit einem Zeitraum zu rechnen hätte, der diesen 10 Halbwertzeiten entspricht.
Die Halbwertzeiten für verschiedene radioaktive Stoffe sind sehr unterschiedlich und können zwischen Sekunden oder Minuten und Jahrtausenden liegen. So hat z. B. Jod-131 eine Halbwertzeit von 8 Tagen und Jod-129 eine solche von 17 000 000 (siebzehn Millionen) Jahren! Beispiele für Halbwertzeiten von wichtigen Spaltprodukten, wie sie in Kernreaktoren anfallen, sind:

Tabelle 4: Halbwertzeiten einiger Spaltprodukte (14)

Strontium-90	28 Jahre
Caesium-137	30 Jahre
Americanum-243	7951 Jahre
Plutonium-239	24000 Jahre
Neptunium-237	2100000 Jahre
Plutonium-244	82000000 Jahre

Die drei letztgenannten Elemente gehören zu den hochgiftigen »Aktiniden«, also zu Elementen aus der Gruppe des Aktinium. Während die meisten radioaktiven Stoffe beim Zerfall Beta- und Gamma-Strahlen aussenden, strahlen die Aktinide Alphastrahlen. Alpha-Strahlen bestehen aus den Kernen von Heliumatomen. Sie haben nur eine geringe Reichweite, werden aber für alle Lebewesen ungeheuer gefährlich, wenn sie in den Organismus eindringen.
Das in jedem Reaktor in bedeutenden Mengen entstehende Pu-239* wird daher populär als der »giftigste Stoff der Welt« bezeichnet. Aufgrund seiner Halbwertzeit von 24000 Jahren müßte man es 240000 Jahre unter Kontrolle halten. Da niemand eine »krisensichere« Lagerung über einen Zeitraum von einer viertel Million Jahren garantieren kann, bleibt als realistischere Möglichkeit, das Pu-239 und vielleicht auch andere Aktinide in Wiederaufbereitungsanlagen abzutrennen und in Kernreaktoren zu verbrennen. Selbst dann wäre allerdings nur ein Teil der Problematik gelöst. Es bleiben noch genug andere hochaktive Substanzen, mit teilweise extremen Halbwertzeiten. Diese entwickeln bei ihrem weiteren Zerfall beachtliche Wärme, die auch während der Endlagerung abgeführt werden muß. Man denkt z. B. daran, diese Abfälle in Salzstöcken zu vergraben, die geologisch über Hunderte von Jahrmillionen unverändert existieren und gute Wärmeleiter sind. Die Atom-Energie-Konzepte waren so angelegt, mit Leichtwasserreaktoren zu beginnen, und dann Schritt für Schritt die weiteren Ausbaustufen (Schneller Brüter, Wiederaufbereitung, Endlagerung) folgen zu lassen. In der BRD arbeiten derzeit 15 Leichtwasserreaktoren, weitere sind in Bau oder geplant.

* In einem 1000 Megawatt (MW) Leichtwasserreaktor entstehen pro Jahr etwa 270 kg Pu-239. Ein Schneller Brüter muß wesentlich mehr erzeugen, wenn er seine Aufgabe als Brutreaktor erfüllen soll. In der geplanten deutschen Wiederaufbereitungsanlage sollten bei vollem Betrieb im Jahr 14 t Pu-239 anfallen. Außerdem gibt es weltweit noch 300–400 t Plutonium in Kernwaffen, das jeglicher öffentlicher Kontrolle entzogen ist.

Leider scheint aber dieser großzügig geplante Ansatz, »big science« zu verwirklichen, nicht wunschgemäß zu funktionieren. Probleme häufen sich, die Kosten steigen, und längst spricht man nicht mehr von dem »billigen Atomstrom«, sondern eher von einem »Brüter-Pfennig«, mit dem durch einen Aufschlag auf jede Kilowattstunde Strom die unfinanzierbar gewordenen Kosten, z. B. für den Schnellen Brüter in Kalkar, aufgebracht werden sollen. Aber sehen wir uns die Dinge doch an. Ausnahmsweise beginnen wir die Betrachtung am Ende, nämlich bei der Endlagerung.

Endlagerung – nicht machbar?

Auf den ersten Blick möchte man in der Lagerung noch das geringste Problem vermuten.

Wie man uns immer wieder versichert, lassen sich radioaktive Substanzen, vor allem auch hochradioaktive Reaktorteile, nach einer Zwischenlagerung von einigen Monaten im Kraftwerk, zuletzt in Bergwerken, insbesondere in Salzstöcken für alle Zeit vergraben. In der BRD gibt es etliche Salzstöcke, die seit Jahrmillionen unverändert sind und damit die geologischen Voraussetzungen mitbringen, um eine jahrtausendelange sichere Lagerung zu garantieren. So mußte man die Aussagen von Fachleuten verstehen. Aber trotz bester Voraussetzungen läuft etwas so »Einfaches« wie das »simple Ablagern« nicht.

Zunächst nahm der Bürgerprotest zu, der sich schon beim Bau von Kernkraftwerken in für alle Regierungen unliebsamer Weise bemerkbar gemacht hatte. Schließlich mußte im Frühjahr 1979 die Niedersächsische Landesregierung das geplante »integrierte Entsorgungszentrum« mit Wiederaufbereitungsanlage bei Gorleben und Endlagerung im Gorlebener Salzstock als »politisch nicht durchsetzbar« ablehnen. Seitdem weiß niemand, wo der in unserem Land täglich anfallende Atommüll seine endgültige Lagerstätte finden, und wo die erforderliche Wiederaufbereitungsanlage gebaut werden soll. Neben Gorleben sind andere Standorte im Gespräch*, doch der Widerstand

* Frankenberg in Hessen, Wackersdorf bei Schwandorf in der Oberpfalz, Kaiseresch in Rheinland-Pfalz und Dragahn in Niedersachsen. In der engsten Wahl sollen Dragahn und Wackersdorf stehen, die auch Wiederaufbereitungsanlagen erhalten dürften.

der Bürger ist überall groß. Gleichzeitig sind sich Wissenschaftler nicht einmal über die Eignung des mit viel Aufwand untersuchten Salzstockes in Gorleben einig. Berichte, daß die Atomfabrik Chelyabinsk-40* durch eine vermutlich sehr mangelhaft angelegte radioaktive Deponie explodiert sei und ein Gebiet von der Größe des Saarlandes radioaktiv verseucht haben soll, machen den Bürgerprotest nicht geringer. So wenig wie die Tatsache, daß es bisher nirgendwo in der Welt eine einwandfreie Endlagerstätte gibt. In der amerikanischen Studie »Global 2000« findet man dazu die bestürzende Feststellung:

> »Bisher hat keine Nation ein Modellprogramm für die zufriedenstellende Lagerung radioaktiver Abfälle entwickelt, und die Menge dieser Abfälle steigt rasch an. Während der Lebensdauer der Kernkraftwerke, die bis zum Jahre 2000 wahrscheinlich errichtet werden, fallen voraussichtlich mehrere hunderttausend Tonnen hoch radioaktiver, verbrauchter Brennelemente an. Außerdem bringt die Kernenergieerzeugung Millionen von Kubikmetern schwach radioaktiver Abfälle hervor, und auch der Abbau und die Verarbeitung von Uran bringen Hunderte von Millionen Tonnen schwach radioaktiver Rückstände hervor. Es ist bislang nicht demonstriert worden, daß sich all diese hoch und schwach radioaktiven Abfälle aus der Kernenergieproduktion sicher lagern und ohne Unfall beseitigen lassen. Im übrigen haben die Nebenprodukte der Reaktoren Halbwertzeiten, die annähernd fünfmal so lang sind wie die Periode der überlieferten Geschichte.« (7)

Unter diesen Gegebenheiten darf man mit Recht daran zweifeln, ob die »sichere Lagerung« dieser radioaktiven Abfälle überhaupt möglich sein wird; unabhängig von dem Aufwand, den man zu treiben bereit oder in der Lage ist! Ohne Entsorgung aber ist das ganze Atomprojekt tot geboren, denn man wird einen Reaktor nach dem anderen stillegen müssen, wenn seine ausgebrannten Brennstäbe und andere Abfälle nicht zu beseitigen sind. Da helfen auch keine Stoßseufzer, daß das Ganze ja technisch machbar wäre, wenn der Bürgerprotest nicht alles behindern würde!
Die Atom-Wirtschaft ist ein besonders drastisches Beispiel für einen völlig außerhalb der Natur ablaufenden technischen Prozeß. Die Ausgangsmaterialien – derzeit vor allem das seltene Uran Isotop U-235 –

* Wohl bei Blagowetschensk im Ural. Eine Liste von Störfällen in sowjetischen atomaren Anlagen veröffentlichte »Der Spiegel« 1983 Heft 30.

müssen mit großem Aufwand der Natur entnommen werden, in der sie nur an wenigen Plätzen in geringer Konzentration vorkommen. Die Endprodukte aber fügen sich überhaupt nicht in die Natur ein und müssen Tausende von Jahren von allen natürlichen Kreisläufen ferngehalten werden, wenn sie nicht ein Chaos mit unabsehbaren Katastrophen anrichten sollen.

Aufbereitung – nichts als Probleme?

Das nächste schwache Glied der atomaren Versorgungskette ist die Wiederaufarbeitung. Deren Bedeutung ist durch zwei wesentliche Gesichtspunkte bedingt: Einmal ist die Aufarbeitung ausgebrannter Reaktor-Brennelemente ein wichtiger Teil der Entsorgung; denn es ist dadurch möglich, einen Teil der Radioaktivitäten weiterzuverwenden, und damit die für eine Endlagerung in Frage kommenden Mengen zu reduzieren.
Besonders das gefürchtete Plutonium soll verheizt und damit unschädlich gemacht werden. Vor allem aber ist die Wiederaufarbeitungsmöglichkeit Voraussetzung für das Funktionieren der geplanten Brüter-Technologie.
In der Theorie wird die Wiederaufarbeitung als ganz normaler Vorgang der chemischen Technik dargestellt, ohne besondere technologische Probleme.
Etwas kompliziert wird die Angelegenheit zwar durch den notwendigen Strahlenschutz und andere Sicherheitsmaßnahmen, doch dramatische Schwierigkeiten seien nicht zu erwarten. Außerdem werde ja seit langem für militärische Zwecke Plutonium angereichert, so daß ausreichende Erfahrungen vorliegen sollten.
In der Praxis sieht das Problem leider anders aus. Erfahrungen aus militärischen Anlagen lassen sich nicht unbedingt auf den zivilen Sektor übertragen. Für Kriegswaffen wünscht man möglichst reines PU-239. Die Reaktoren werden dementsprechend anders betrieben, z. B. mit Brennelementen, die nur einige Monate im Reaktor verbleiben. Es entstehen dadurch weit weniger Spaltstoffe als in zivilen Leistungsreaktoren. Von sechs auf verschiedenen Plätzen der Welt errichteten kommerziellen Anlagen waren 1982 zwei unter Schwierigkeiten und mit vielen Pannen in Betrieb, ohne die berechnete Kapazität auch nur annähernd zu erreichen. Von den übrigen vier Anlagen

wurden drei nach einer Betriebszeit zwischen vier und sechs Jahren geschlossen, die vierte Anlage in Karlsruhe soll repariert werden. Daß bei dieser Kette von Problemen die Kosten davonlaufen, braucht man kaum noch besonders zu erwähnen, doch sind einige Zahlen interessant, die das Problem illustrieren. Die geschätzten Kosten betrugen für einen Jahresdurchsatz von 1400 t Schwermetall laut Fischer Öko Almanach im Jahre 1974: 500 Millionen, dann im Jahre 1977 3,2 Milliarden, und schließlich 1979 schon 12 Milliarden DM! Wer will da noch von »Wirtschaftlichkeit« sprechen? Tatsache scheint jedenfalls, daß Wiederaufbereitungsanlagen keine zuverlässig arbeitenden oder gar erprobten technischen Fabriken sind, und jedes Konzept, das solche Anlagen benötigt, zumindest von der Kostensituation her als kritisch bezeichnet werden muß.

Kommt das Aus für den Schnellen Brüter?

Die seit Jahren propagierte Atomwirtschaft, die uns eine problemlose Energieversorgung für die Zukunft garantieren soll, hängt von der Funktion der Brütertechnologie ab.
In dem derzeit diskutierten Schnellen Brüter werden die Vorräte an Uran theoretisch etwa 140mal so gut ausgenützt wie in herkömmlichen Reaktoren. Würde eine Beschränkung auf Leichtwasser-Reaktoren das Ende der Atomwirtschaft wegen Brennstoffmangels bereits in Jahrzehnten bringen, so verlängerte ein erfolgreicher Einsatz Schneller Brüter diese Frist auf Jahrtausende. Damit scheinen alle Energieprobleme lösbar, auch wenn die Entwicklung des Fusionsreaktors noch Jahrhunderte auf sich warten lassen sollte!
Allerdings sind die Probleme gewaltig und damit eine Herausforderung an unsere Technik, in der viele Wissenschaftler und Ingenieure *die* Aufgabe unserer Zeit sehen mögen. Diese Aufgaben sind vermutlich noch schwieriger als die derzeitigen Anforderungen in der Raumfahrt. Aber »positive« Ergebnisse wären auch von unschätzbarer Bedeutung für unser Leben. Wirtschaft, Politik, Industrie werden und müssen in einem »Atomstaat« anders – die Befürworter dieses Konzeptes sagen »besser« – aussehen als in einem Land ohne Atomenergie.
Wenn die bisherigen Bemühungen auf dem Gebiet der friedlichen Nutzung der Kernenergie sich lohnen sollen, so ist der Schnelle Brü-

ter eine Notwendigkeit. Gelingt der Einstieg in die Brüter-Technologie nicht, so werden im 21. Jahrhundert weltweit Dutzende oder Hunderte von Atom-Ruinen herumstehen, deren Beseitigung ein bislang nur in der Theorie angepacktes Problem darstellt. Daher wird man die Kernkraftruinen voraussichtlich stehen lassen müssen, als Erinnerung an einen mit Riesenaufwand voreilig begonnenen Ansatz, der unter unerträglichen Verlusten für die Volkswirtschaft gescheitert ist. Solche Atom-Ruinen werden uns allerdings so oder so nicht erspart bleiben: denn die Lebensdauer von Kernkraftwerken wird mit 20 bis 25, höchstens 30 Jahren veranschlagt. Ob und wie man sie dann abbrechen und verschrotten kann ist bislang nicht geklärt.*
Daher also die gigantischen Bemühungen bei dem Bau der Schnellen Brüter, daher der phantastische Einsatz staatlicher Mittel, die man trotz leerer Kassen glaubt aufwenden zu müssen, um bereits getätigte Investitionen zu retten und die Zukunft der Nation zu sichern. Denn die Entwicklung wie der Bau von Brütern brachte bisher fast ausschließlich Rückschläge und Probleme.
Zunächst ist festzuhalten, daß derzeit kein Brutreaktor irgendwo in der Welt zufriedenstellend arbeitet. Das Ziel eines Brüters ist, aus der ersten Ladung Reaktorbrennstoff, mit der er zum Start versorgt wurde, mehr spaltbares Material zu erbrüten, als er selbst verbraucht. Nach einer gewissen Zeit kann er dann erbrütetes Material für den Start eines weiteren Brüters abgeben und so fort. Damit ließe sich der Atom-Zyklus auf eine für menschliches Denken unbegrenzte Zeit verlängern. Sogar die derzeit schon laufenden Leichtwasser-Reaktoren sind – selbst nach der Ansicht von Befürwortern der Atom-Technologie – nur sinnvoll, wenn sie durch Brüter ergänzt werden, die auch im nächsten Jahrhundert noch spaltbares Material erbrüten können, wenn das für die heute üblichen Leichtwasser-Reaktoren benötigte natürliche U-235 verbraucht ist.
Aber bis heute gibt es noch keinen Brüter, der mehr Plutonium produzieren würde, als er selbst verbraucht. Sogar das Paradepferd aller Brüter-Freunde – der französische Phénix-Reaktor – erbrütet nur einen minimalen Überschuß, der bei der Aufarbeitung verloren geht. Ein im Bau befindlicher Super-Phénix aber wird für zivile Zwecke unerträglich teuer; man baut ihn wohl nur weiter, weil man eine Plutonium-Quelle für Atombomben fordert. Ob der Super-Phénix oder ein anderer zukünftiger Brut-Reaktor jemals die notwendigen Brut-

* Der Abbruch eines Atomreaktors soll demnächst in Niederaichbach bei Landshut begonnen werden. Es handelt sich um den ersten Versuch dieser Art.

raten erreichen wird, ist unter Fachleuten umstritten. Neuere Schätzungen gehen davon aus, daß es noch 50 Jahre dauern könne, bis Brutreaktoren Strom zu konkurrenzfähigen Preisen liefern würden.
Der deutsche Beitrag zur Brüter-Technologie großen Stils ist der in Kalkar in Bau befindliche Schnelle Brüter SNR 300. Er ist auf dem besten Wege, ein Fiasko zu werden. Ging man 1969 – nach der ersten Preiskorrektur – noch davon aus, daß der Schnelle Brüter in Kalkar für etwa eine halbe Milliarde Mark fix und fertig zu erstellen sei, so sprach man 1982 – nach vielen Änderungen und Verbesserungen – von Baukosten in Höhe von 6,5 Milliarden und niemand ist überzeugt, daß es dabei bleiben wird. Trotz der Kostenexplosion wird dieser Brüter nicht einmal sein Klassenziel erreichen: Nach allem, was man bis heute in Erfahrung bringen kann, wird er niemals mehr Kernbrennstoff erzeugen, als er selbst verbraucht. Damit nützt er zwar das Natur-Uran besser aus als Leichtwasser-Reaktoren, aber Brutmaterial zur Versorgung weiterer Atom-Kraftwerke ist aus Kalkar nicht zu erhoffen. Außerdem gilt heute schon als sicher, daß das konstruktive Prinzip des SNR 300* überholt ist, und zukünftige Brutreaktoren sich an der französischen Technologie orientieren dürften.
Ist damit das Atom-Konzept – zumindest in der deutschen Version – nicht schon gescheitert?

Der todkranke Hochtemperatur-Reaktor

Um das ganze in der Theorie so aussichtsreich erscheinende Spektrum der atomaren Energie-Erzeugung auszufüllen, fehlt noch der »Hochtemperatur-Reaktor«.
In Deutschland läuft ein kleiner Versuchsreaktor in der Kernforschungsanstalt Jülich, und ein großer Prototyp ist als THTR 300** in Hamm-Schmehausen im Bau.
Als Brennstoff verwendet ein Hochtemperatur-Reaktor U-235 und Thorium (TH-232), aus dem er das ebenfalls spaltbare U-233 erbrütet. Damit werden auch die Thorium-Vorräte der Erde für die Kernenergie nutzbar. Allerdings kann ein Hochtemperatur-Reaktor nicht

* SNR 300 = Schneller (mit »schnellen« Neutronen arbeitender) Natrium gekühlter Reaktor mit 300 MW Leistung

** THTR 300 = Thorium Hochtemperatur-Reaktor mit 300 MW Leistung

mehr Brennstoff erzeugen, als er selbst verbraucht, so daß man nicht von einem Brutreaktor, sondern nur von einem »Konverter« (also Umwandler) spricht. Als Kühlmittel wird Helium verwendet, das bei Temperaturen bis etwa 1000 °C Prozeßwärme liefern soll, mit der man z. B. aus Steinkohle und Wasser Benzin synthetisieren könnte. Vom Sicherheitsstandpunkt aus soll ein Hochtemperaturreaktor weniger bedenklich sein als Leichtwasser-Reaktoren.
Allerdings sind die Kosten auch bei diesem Konzept außer Kontrolle geraten. Sprach man während der Planungsphase von knapp 700 Millionen Mark und fünf Jahren Bauzeit, so meint man heute, daß weit über 4 Milliarden notwendig seien und mit einer gesamten Bauzeit von 14 Jahren gerechnet werden müsse. Von Wirtschaftlichkeit kann also längst keine Rede mehr sein, und der THTR hat alle Aussicht, als eine unter vielen atomaren Fehlplanungen in die Wirtschaftsgeschichte einzugehen. Die Hoffnung, daß er die Wege aufzeigen werde, auf denen unsere Autos in den nächsten Jahrzehnten zu preiswerten Treibstoffen kommen, darf man schon jetzt begraben.

Und wie steht es mit der Sicherheit?

In Diskussionen zwischen Gegnern und Befürwortern der Atomenergie stehen meist Fragen der Gefährdung der Bevölkerung durch Reaktoren, Wiederaufbereitungsanlagen oder Endlagerstätten im Mittelpunkt des Interesses. Denn daß Atomenergie gefährliche Formen annehmen kann, hat das Vernichtungspotential der Kernwaffen überdeutlich bewiesen. Demgegenüber scheinen die bisher vor allem erwähnten Fragen der Wirtschaftlichkeit wie der Machbarkeit von Atom-Konzepten zweitrangig. Spricht man allerdings über die Gefahren, die bei der friedlichen Nutzung der Kernenergie auftreten könnten, so wird die ganze Angelegenheit äußerst schwierig.
Beginnen wir mit der *Reaktorsicherheit.* Niemand bestreitet, daß in einem Kernkraftwerk Unfälle vorkommen können. Von verantwortlichen Fachleuten wird jedoch seit Jahren immer wieder betont, daß diese Kraftwerke unter ganz außerordentlichen Sicherheitsauflagen betrieben werden und schon von der Konzeption her so stabil seien, daß mit einer ernsthaften Gefährdung der Bevölkerung nicht gerechnet werden müsse. Außerdem ist in einem Leichtwasser-Reak-

tor aufgrund physikalischer Gesetze eine bombenartige Explosion unmöglich.
Allerdings ist auch in einem *Leichtwasser-Reaktor* der gleichzeitige Ausfall sämtlicher Kühleinrichtungen nicht mit absoluter Sicherheit auszuschließen. Das wäre dann der größte angenommene Unfall, den man als »GAU« bezeichnet. Wenn dieses Unglück einträte, würde zwar die Kettenreaktion durch die steigenden Temperaturen abgebremst, so daß sich der Leichtwasser-Reaktor nicht in eine Atombombe verwandeln könnte; die Wärmeerzeugung würde jedoch weitergehen, und es müßte zum Durchschmelzen des Reaktorkernes kommen. Dessen hochradioaktiver Inhalt könnte dann in den Boden eindringen.
Optimisten unter den Fachleuten behaupten, daß er dann das Gestein schmelzen und sich selbsttätig versiegeln würde; damit würde keine Radioaktivität in die Umwelt gelangen. Pessimisten sind allerdings der Ansicht, der glühendheiße Kern würde das Grundwasser zum schlagartigen Verdampfen bringen, und in einer gewaltigen Dampfexplosion würden große Mengen hochgefährlicher radioaktiver Stoffe austreten.
Nach einer Untersuchung eines Experten vom Institut für Reaktorsicherheit in Köln müßte bei einem solchen schweren Reaktor-Unfall in einem dichtbesiedelten Gebiet mit 100000 »Sofort-Toten« und 1,6 Millionen langsam Sterbenden gerechnet werden. Selbst die im August 1979 vom Bundesminister für Forschung und Technologie veröffentlichte »Deutsche Risikostudie« spricht davon, daß der größte Unfall mit 14500 Sofort-Toten und 104000 späteren Krebstoten bei 25 betriebenen Reaktoren mit einer Wahrscheinlichkeit von $2 \cdot 10^{-9}$ pro Jahr eintrete.
Diese errechnete geringe Wahrscheinlichkeit von 1/2000000000 für einen großen Unfall ist zwar äußerst gering, aber eine alte Erfahrung lehrt, daß man nie alles vorausberechnen kann; und so bleibt nur zu hoffen, daß die Menschheit niemals erfahren möge, wie es bei einem GAU wirklich zugeht.
Noch gefährlicher als ein Unfall bei einem Leichtwasser-Reaktor wäre es beim Schnellen Brüter. Der Schnelle Brüter enthält Plutonium in beträchtlichen Mengen, nämlich einem Vielfachen der »kritischen Masse«. Die kritische Masse eines zu einer Kettenreaktion fähigen spaltbaren Stoffes – nur solche eignen sich als Brennstoffe für Kernreaktoren – ist die Stoffmenge, bei der die Kettenreaktion von selbst lawinenartig einsetzt, so daß in Sekundenschnelle eine Explosion aus-

gelöst wird. Bei Plutonium soll die kritische Masse nur etwa 2 kg* betragen, und es ist unbedingt dafür Sorge zu tragen, daß eine solche Menge weder im schnellen Brüter, noch bei der Lagerung oder der Wiederaufbereitung jemals zusammentrifft. Auch Terroristen muß es unmöglich gemacht werden, sich Plutonium zu beschaffen oder atomare Anlagen in ihre Gewalt zu bekommen.

Zwei Kilogramm Plutonium sind übrigens aufgrund des hohen spezifischen Gewichtes dieses Metalles nur wenig mehr als 100 cm^3, also eine kleine Kaffeetasse voll. Wenn man bedenkt, daß ein Brutreaktor im Laufe seiner Betriebszeit etliche Tonnen Pu-239 erzeugen soll, erhält man eine schwache Ahnung von dieser Problematik. Die Wirkung der Hiroshima-Bombe als Vergleich läßt sich mit 7 kg Plutonium erreichen. Auch in geringsten Mengen ist das Plutonium höchst gefährlich. So genügt angeblich ein Milligramm (ein tausendstel Gramm) einen Menschen innerhalb von wenigen Stunden zu töten; die Einatmung von einem Mikrogramm (einem Millionstel Gramm) kann dazu führen, daß der Betreffende an Lungenkrebs stirbt**.

Es bedarf also außergewöhnlicher Vorkehrungen, um auszuschließen, daß auch in der extremsten aller Situationen in dem gewaltigen Brutreaktor keine Tasse voll Plutonium zusammenfließen kann und damit aus der »gezähmten« eine echte Bombe wird. In der ersten Version des in Kalkar in Bau befindlichen SNR 300 fehlte ein »Kernfänger«, der beim Ausfall aller Kühlsysteme garantieren muß, daß keine kritischen Massen entstehen. Dieser Kernfänger wurde nachträglich unter bedeutendem zusätzlichem Aufwand angebracht. Leider kein Beweis für den Überblick und die Sorgfalt, mit der ein so gefährlicher Apparat konstruiert wird!

So ganz unverständlich oder unbegründet sind also Bedenken der Atomgegner nicht; auch wenn man ihnen oft vorwirft, nur »ein Geschäft mit der Angst« ihrer Mitmenschen zu machen und diese zu verwirren.

Andererseits kann man die Verantwortlichen nur bewundern – oder

* Die Angaben in der Literatur sind unterschiedlich. Sie schwanken hinsichtlich der kritischen Masse für Pu-239 zwischen 2 und 16,2 kg. Zum Teil sind die Unterschiede dadurch zu erklären, daß auch die Formgebung, Kristallstruktur usw. eine Rolle spielen. Hier wurde von dem niedrigsten der veröffentlichten Werte ausgegangen, der von George Wald genannt wird.

** Falls ein Mensch an eingeatmetem Plutonium sterben muß, ist allerdings das gefährliche Gift nicht beseitigt. Pu strahlt und strahlt, kann aus der zerfallenden Leiche in Naturkreisläufe geraten und weiteres Leben vernichten; über Hunderte, Tausende, Zehntausende von Jahren!

sich über diese wundern –, wenn sie den Mut zeigen, eine so komplizierte und gefährliche Technologie nicht nur zu entwickeln, sondern auf breiter Basis einzuführen.

Auch *Wiederaufbereitungsanlagen* sind nicht ungefährlich. Immerhin müssen die stark radioaktiven, abgebrannten Brennelemente aus Kernkraftwerken in kochender Salpetersäure zersetzt werden, um dann aus dieser hochradioaktiven und chemisch aggressiven Flüssigkeit die wiederverwendbaren Substanzen herauszulösen. Dieser, nach Auskunft der Betreiber solcher Fabriken, »völlig normale technische Vorgang« muß total beherrscht werden, damit nicht durch ein Leck oder andere Defekte radioaktives Material in die Umgebung gerät. Daß das nicht immer vollständig gelingt, beweisen lange Listen von Störfällen, bei denen auch schon ernstzunehmende Mengen verseuchter Flüssigkeiten aus den Anlagen herausgesickert sind.

In der gesamten Technik gab es bisher keine verlustlos arbeitende Anlage, und auch bei der Wiederaufbereitung von radioaktiven Substanzen entstehen Verluste. Es wird außerordentlich schwer – wahrscheinlich unmöglich – sein zu verhindern, daß geringe Mengen z. B. von Plutonium in die Umwelt geraten. Bei der langen Halbwertzeit und der extremen Gefährlichkeit dieses Metalles würden sich auch geringe Verlustmengen mit der Zeit aufsummieren und schließlich zu einer latenten Bedrohung allen Lebens werden.

An die Möglichkeit eines schweren Unfalles in einer atomaren Wiederaufbereitungsanlage ist dabei noch gar nicht gedacht. In militärischen Aufarbeitungsanlagen soll es sogar schon atomare Explosionen gegeben haben, die zwar weit von der Gewalt einer Atombombe entfernt waren, aber tödliche Unfälle und Austritt von radioaktiven Substanzen zur Folge hatten.

Angeblich gibt es auch vertrauliche Studien des Institutes für Reaktorsicherheit aus dem Jahre 1976, die bei einem Unfall in der geplanten Wiederaufbereitungsanlage in Gorleben bei ungünstigen Wetterbedingungen mit bis zu 30,5 Millionen Toten allein in der BRD rechnen. Die Bundesrepublik könnte demnach einen selbstverschuldeten Atomschlag erleiden, der vermutlich ihr Ende bedeuten müßte. Von den ebenfalls unvermeidlichen Auswirkungen auf Nachbarländer ganz zu schweigen.

Und schließlich ist die *Endlagerung*, der alle nicht weiter verwendbaren radioaktiven Stoffe einmal zugeführt werden müssen, nach wie vor umstritten. Niemand hat bisher überzeugende Lösungen vorzeigen oder widerspruchsfrei erklären können, wie man sich eine sichere

Lagerung riesiger Mengen hochgiftiger Substanzen vorstellen kann, die für Jahrtausende jedem Zugriff entzogen bleiben müssen und auf keinen Fall und durch kein noch so unwahrscheinliches Ereignis in die Umwelt gelangen dürfen. Daß sogenannte »schwach radioaktive« Abfälle heute noch in die Meere geschüttet oder auf anderen Wegen legal in die Umwelt entlassen werden können*, ist ein Thema für sich. Es hat mit der Endlagerung nur insofern zu tun, als zusätzliche Mengen schwach radioaktiven Mülls die bisherigen Endlagerungskonzepte sprengen könnten, sofern man auch für diese Stoffe eine sichere Endlagerung forderte.

Übrigens treten auch Wiederaufbereitungsanlagen als unerfreuliche Verschmutzer in Erscheinung. Wenn die zerkleinerten Reaktor-Brennstäbe in heißer Salpetersäure aufgelöst werden, treten gasförmige Spaltprodukte aus. Diese lassen sich nur schwer zurückhalten und sicher lagern, so daß man sie heute noch zum großen Teil durch Schornsteine entweichen läßt. Ganz offensichtlich ist nicht allen Verantwortlichen hinreichend klar, daß in die Atmosphäre oder die Meere abgegebene Radioaktivitäten sich aufsummieren, da die Aktivität im Durchschnitt nur langsam abklingt. Selbst bei vielen, als vergleichsweise »harmlos« angesehenen schwach radioaktiven Abfällen muß man damit rechnen, daß sie erst nach etwa 300 Jahren als ungefährlich gelten können. Wenn wir die Emission in die Umgebung nicht rechtzeitig stoppen, kann eine derzeit noch unbekannte kritische Schwelle überschritten werden und weltweit das Leben gefährdet sein. Dabei haben wir noch gar nicht von militärischen Anlagen gesprochen, die unter Geheimhaltung laufen und der öffentlichen Kontrolle damit entzogen sind. Es wäre verwunderlich, wenn man in solchen Fabriken mit mehr Sorgfalt arbeiten würde als in den von der Öffentlichkeit scharf beobachteten kommerziellen Anlagen.

Alle atomaren Sicherheitsdiskussionen sind leider sehr komplex und oft auch unfruchtbar, weil sie früher oder später in Detailfragen einmünden, bei denen nur der »kompetent« mitsprechen kann, der über alle spezifischen Zusammenhänge informiert ist. Das ist aber in der Regel nur ein Fachmann, der beauftragt ist, seine Konstruktionen zu erklären oder seinen Verantwortungsbereich zu vertreten. Der Öffentlichkeit wird es daher wahrscheinlich nicht möglich sein, sich ein ungefärbtes Bild zu machen – zumindest solange keine Unfälle passieren, die sich nicht vertuschen lassen. Auch die viel beschworene »po-

* Z. B. in Ländern wie Belgien, Großbritannien, den Niederlanden oder der Schweiz. Die BRD und Frankreich haben inzwischen strengere Richtlinien.

litische Kontrolle« durch die Parlamente hat keine großen Möglichkeiten; denn auch Politiker müssen sich auf die Aussagen der Reaktorfachleute stützen. Uns bleibt nur zu hoffen, daß sich diese nicht irren! Ein akribischer Einstieg in die Sicherheitsdiskussion ist aber gar nicht unbedingt nötig, weil sich der Atom-Staat vorläufig durch wirtschaftliche Erwägungen ad absurdum führen läßt.

Wo bleibt das Energie-Konzept?

Auf den vorausgegangenen Seiten haben wir im Schnellverfahren einige Probleme der Atom-Wirtschaft kennengelernt, und wir müssen uns jetzt fragen, was wohl Politiker, Industrielle, Parteien und Gewerkschaften veranlaßt hat, sich zu einem auch in der Öffentlichkeit inzwischen so umstrittenen Konzept zu bekennen. Nach aller menschlichen Erfahrung dürften bei einem so weitgespannten Unternehmen nicht nur rationale Überlegungen an der Entscheidungsfindung beteiligt gewesen sein, sondern es mußten Emotionen mitwirken, um solche divergenten Interessengruppen zu vereinen.
Vielleicht ist es nützlich, sich an die Zeit nach dem Zweiten Weltkrieg zu erinnern. Die beiden auf Japan geworfenen Atombomben waren für viele Menschen ein ungeheuerer Schock. Als dann 1952 auch noch die Wasserstoffbombe mit einer jede Vorstellungskraft sprengenden Zerstörungswirkung entwickelt wurde, mußte dies das Bewußtsein aller denkenden Menschen – ob Wissenschaftler oder Bauer, ob Politiker oder Handwerker – beeinflussen. Das bedrückende Wissen, daß sich die Menschheit selbst ausrotten könnte – und, gemessen an den Erfahrungen aus der Geschichte, vermutlich auch würde – war nicht mehr zu verdrängen.
In dieser gespannten Lage wirkte die Nachricht, daß sich diese gewaltigen, bisher nur für zerstörerische Zwecke eingesetzten Kräfte auch für den Frieden nutzen ließen, wie eine große Verheißung. Die Hoffnung auf bessere, dank Atomenergie gesegnete und friedliche Zeiten, wurde durch viele Publikationen genährt, und man mochte sich der Erwartung hingeben, daß die moderne Menschheit mit Hilfe der Physik des 20. Jahrhunderts endlich gelernt hätte, das Feuer des Prometheus zu zähmen und einem humanen Aufbau in Frieden und Freiheit dienstbar zu machen. Das von Dwight D. Eisenhower, dem 34. Präsidenten der USA im Jahre 1953 verkündete Programm »Atoms for

Peace« (Atome für den Frieden) war Antrieb optimistischer Zukunftserwartungen.
Die Möglichkeiten schienen unbegrenzt. Die Einstein-Formel $E = m \cdot C^2$ drang ins allgemeine Bewußtsein, und man konnte sich selbst ausrechnen, daß aus einem Kilogramm Masse 25 Milliarden Kilowattstunden Energie zu gewinnen seien. Damit schienen unerschöpfliche Energiemengen verfügbar, welche die Menschheit anzuzapfen gelernt hatte, und die alle Probleme für alle Zukunft lösen würden; denn als Grundlage aller Technik gilt ja die Energie.
Schließlich war der erste in größerem Umfange verwendbare Energieumwandler – die Dampfmaschine – der Beginn der modernen Technik und Industrie. Jeder weitere Schritt auf dem Gebiet der Energietechnik (z. B. Elektromotor, Brennkraftmaschine, Gasturbine, Rakete) bedeutete weitere Entwicklungssprünge. Nun stand aber die Energiequelle aller Energiequellen zur Verfügung, und ein grenzenloses Wachstum in goldene Zeiten mußte der Menschheit bevorstehen.
In dieser Euphorie übersahen die meisten – darunter sicher auch viele Politiker –, daß der Weg zur Umwandlung der Materie, den die Einstein-Gleichung beschreibt, noch längst nicht gefunden ist. Alle künstlichen Kernprozesse, ob Kernspaltung oder Kernfusion, setzen ja nur einen Teil der *Bindungskräfte* im Atom frei, indem sie entweder Atomkerne mit sehr hohem Atomgewicht spalten – wie z. B. bei der Spaltung von Uran oder Plutonium – oder Kerne kleinsten Atomgewichtes miteinander verschmelzen, wie das bei der Kernfusion von zwei Wasserstoffatomen zu einem Heliumatom geschieht. Bei der Kernspaltung wie bei der Kernfusion tritt zwar ein »Massendefekt« auf; es wird eine geringe Menge Materie in Energie umgesetzt, doch hängt diese Umwandlung nur mit den Bindungsenergien zusammen. Es ist keine »echte« Verwandlung von Materie in Energie. Immerhin sind auch die mit Hilfe dieser »unvollkommenen Verwandlung« zu gewinnenden Energien beeindruckend genug.
Um die prophezeiten »goldenen Zeiten« zu erreichen, bedurfte es allerdings noch gewaltiger Anstrengung. Die Basis sollte die bisher schrecklichste aller Kriegswaffen bilden. Zum ersten Male in der Geschichte der Menschheit schien sich das Wort des Propheten Jesaja zu erfüllen:

> »Da werden sie ihre Schwerter zu Pflugscharen und ihre Spieße zu Sicheln machen.« *(Jes. 2,4)*

Wer sollte sich einem solchen Bestreben entziehen? War es nicht eine Verpflichtung von einmaliger historischer Bedeutung, der sich jede Industrie-Nation stellen mußte?
Nur dieser Enthusiasmus erklärt die Bereitwilligkeit vieler Regierungen, sich mit gewaltigen Summen an einer zunächst alles andere als sicheren Entwicklung zu beteiligen. Bestimmt gilt das für West-Deutschland. In anderen Ländern kann man nicht ausschließen, daß die Reaktortechnik ein Vorwand für die Fortsetzung des Rüstungswettlaufes war; denn für den Bau von Kernbomben braucht man Plutonium, das sich nur in Kernreaktoren erzeugen läßt. Eine Tarnung solcher Reaktoren als Energieerzeuger für friedliche Zwecke mochte der einen oder anderen Regierung ein willkommener Vorwand sein, der noch den Vorteil brachte, daß man einige fette Posten des ohnehin hypertrophisch aufgeblähten Rüstungshaushaltes unter der Überschrift friedlicher Forschungsförderung unterbringen konnte. Diese These wird durch die Beobachtung unterstützt, daß in den sonst recht forschrittlichen USA die »friedliche Atomtechnik« langsamer vorankommt als z. B. in Frankreich. Höchstwahrscheinlich, weil in den USA mehr privatwirtschaftliche Lösungen angestrebt werden, die privaten Kraftwerksbetreibern wenigstens eine Mitverantwortung für Finanzierung und Betrieb von Atomkraftwerken überlassen. In Frankreich aber ist die ganze Atomtechnik verstaatlicht und ein Außenstehender kann kaum die Grenze zwischen der »friedlichen Atomtechnologie« und den Forderungen der »force de frappe« ziehen.
An atomaren Projektideen fehlte es jedenfalls nicht. Man begann in der BRD bescheiden mit Forschungsreaktoren, die auch bereits viele Millionen verschlangen, aber in ihren Kosten überschaubar blieben. In den USA und Großbritannien war man damals – Anfang der 50er Jahre – dem Anschein nach längst weiter, und konnte bereits einen wertvollen Beitrag zur Stromerzeugung liefern. Der Verfasser erinnert sich an eine Messe Anfang der 60er Jahre, in der das Britische Atom-Programm vorgestellt wurde. Die Engländer schienen zu dieser Zeit führend in Europa, denn sie boten verschiedene Modelle von Atomkraftwerken bereits zum Verkauf an; Anlagen zur Stromerzeugung ebenso wie kombinierte Kernkraftwerke für Stromgewinnung und Produktion von Trinkwasser durch Meerwasser-Entsalzung. Diese Anlagen wurden als so weit entwickelt angepriesen, daß sie überall in der Welt betrieben werden könnten. Von Experten war zu hören, daß es in den USA schon Atomkraftwerke gäbe, die deutlich

billigeren Strom lieferten als herkömmliche Kohle-Kraftwerke, und Europa daher dringend nachziehen müsse. Auch ich gehörte als Ingenieurstudent zu dem Publikum, das diese fachlich fundiert scheinenden Auskünfte als Information aus erster Hand betrachtete, und kann verstehen, daß viele Politiker solchen Ausführungen Glauben schenkten.

In den 60er Jahren wollte man daher auch in der BRD ganz groß in die Entwicklung der Atomtechnik einsteigen, nach Möglichkeit führend werden in der Welt, mit modernsten Anlagen, die gleichzeitig die Energiesituation im Inland sichern und den Weltmarkt für deutsche Großkraftwerke öffnen sollten. Kernstück eines groß angelegten atomaren Konzeptes sollte die Entwicklung eines Schnellen Brüters werden, zu der ganz neue Wege beschritten wurden – die Methode der »Projektwissenschaft«.

Hatte man bisher im kleinen geforscht, dann erst – wie z. B. in der chemischen Industrie – die Ergebnisse in Versuchsanlagen verifiziert und sich noch zu einer Anlage im Maßstab 1 : 10 entschlossen, bevor man den Sprung in die Großprojekte wagte, so sollte die am amerikanischen »Manhattan Project« (die Entwicklung der ersten Atomwaffen) orientierte Projektwissenschaft diesmal zuerst die Ziele vorgeben. Dann würden Wissenschaftler die Wege erforschen und die Erprobung gleich in einer riesigen Anlage vornehmen.

Das waren in Wissenschaft und Forschung neue Vorstellungen. Bisher hatten ja die meisten Forscher nach Einblicken in die Natur gesucht, oft ohne vorher zu wissen, was sie finden würden. Sehr viele wegweisende Entdeckungen sind dadurch zustande gekommen, daß ein Forscher nach etwas anderem suchte, aber seinen Blick nicht verstellt hatte für neue Eindrücke und daher überraschende Versuchsergebnisse zu deuten wußte. Nun – so glaubte man – war ein Stand erreicht, der es erlaubte, schon zu Beginn der Forschungsarbeit weitgespannte Ziele zu setzen; der Einblick in die Natur schien umfassend genug, um die Wege zu jedem sinnvollen Ziel weisen zu können. Es blieb dann nur eine Frage der Zeit und der Finanzierung, um der menschlichen Gesellschaft fast alles Wünschenswerte zu bieten.

Für die erste Verwirklichung eines so anspruchsvollen Konzeptes, das alles Bisherige in den Schatten stellen wollte, waren Konstruktion und Bau des Schnellen Brüters SNR 300 vorgesehen.

Aber das war noch längst nicht alles. Man entwickelte Konzepte für die Energieversorgung der Welt, die so schwindelerregende Zahlen lieferten, daß selbst Politiker, die sonst mit Zig-Milliarden-Haushalten und Milliarden-Defiziten keineswegs ängstlich umgehen, nicht mehr folgen konnten und anscheinend aus Mangel an Durchblick akzeptierten, was ihnen Atom-Wissenschaft, Kernforschung und Industrie antrugen. Die vermutlich am weitesten gehende Prognose – dem Kernforschungsinstitut Karlsruhe zugeschrieben – errechnete weltweit für das Jahr 2030 einen Bedarf von 5000 Leichtwasser-Reaktoren mit einer Leistung von je 1300 Megawatt, die Schritt für Schritt durch Brutreaktoren abgelöst werden sollten. Dazu sollten 50 Brennelemente-Fabriken, 50 Wiederaufbereitungsanlagen, 300 Zwischenlager und 50 Endlager kommen. Kein einziges Glied dieser komplizierten Kette war ausreichend erprobt und bis zum heutigen Tage kann man bei großzügiger Betrachtung allenfalls die Leichtwasser-Reaktoren als entwickelt ansehen.

Für dieses weltumspannende Konzept wurde ein Kostenaufwand von 40000 Milliarden Dollar errechnet; ein Mehrfaches des gesamten Produktivvermögens* der Menschheit.

Nicht davon zu reden, daß die vielen vorgesehenen Brutreaktoren riesige Mengen wertvollster metallischer Rohstoffe benötigen würden, die nach 25 Jahren Einsatz im Brüter radioaktiv verseucht sind und daher nicht verschrottet werden können. Fachleute sind der Meinung, daß allein schon der dadurch bedingte Abfluß knapper und teuerer Rohstoffe das Brüter-Konzept zum Erliegen bringen würde.

Aber Politiker wie Gewerkschaftler waren davon überzeugt, daß die Atomenergie die einzige entwickelte Energie-Technik sei, welche die Probleme der kommenden Jahrzehnte lösen würde. Alle anderen Konzepte – ob Sonnenenergie, Windkraft, energiesparende Techniken, Biogas, Gezeitenenergie, Erdwärme oder was auch immer – seien entweder nur von punktueller Bedeutung oder noch so wenig erforscht, daß niemand darauf bauen dürfe. Allein die Atomenergie brächte den notwendigen Unterbau an theoretischem Wissen und praktischer Erfahrung und sei dadurch als Energielieferant der kommenden Jahrzehnte legitimiert.

So ist die Situation bis heute:

Wer sich gegen Atomkraft ausspricht, muß sich fragen lassen, welche Alternativen er anzubieten gedenke. Selbst wenn man von sehr vorsichtigen Prognosen ausgeht, und während der nächsten 10 oder 20 Jahre keine oder nur eine sehr geringe Steigerung des Energiebedarfes annimmt, hat man außer Kohlekraftwerken vorerst nicht viel zu bieten. Diese aber verändern das Klima und bedeuten den Tod für unsere

* Das Produktivvermögen ist das in Produktionsanlagen investierte Vermögen.

Wälder, so daß niemand empfehlen kann, in Zukunft noch Kohle oder Erdöl zu verheizen.
Die naturgemäße Alternative zum Atomstrom bleibt vorerst Utopie. Am Himmel steht nämlich ein Fusions-Kraftwerk – die Sonne –, das unseren Planeten mit gewaltigen Energiemengen versorgt. Von der Sonneneinstrahlung wird derzeit etwa ein Tausendstel von Pflanzen zur Photosynthese genutzt; den Rest strahlt die Erde an den Weltraum ab. Dieser »Rest« von 99,9% ist die unerschöpfliche und saubere Energiequelle, die es in Zukunft zu nutzen gilt.
An Energie fehlt es uns also nicht, nur an der Intelligenz, die von der Natur zum Nulltarif angebotenen Kräfte in geeigneter Form anzuzapfen. Ich persönlich bin davon überzeugt, daß es in vielleicht hundert Jahren möglich sein müßte, mit Sonnenkraftwerken, die kaum mehr Flächen benötigen als Hausdächer und Südwände von Gebäuden sie bieten, die Energie für die Heizung des Hauses, den Betrieb der Elektrogeräte und möglicherweise sogar den Treibstoff für das Auto in jedem Haushalt mit unkomplizierten und sauberen Anlagen selbst zu erzeugen. Solche Kleinanlagen sind sicher nicht utopischer als die groß angelegte Brüter-Technologie. Allerdings wären sie der Schrekken der großen Elektrizitätsversorgungsunternehmen, die dadurch sehr an Bedeutung verlieren müßten. Aber auch der Weg zu dem Ziel der Nutzung der Sonne ist noch weit. Bisher wird er nur in Ansätzen gesucht – ohne großes Echo in der Öffentlichkeit und ohne Milliarden-Hilfe der öffentlichen Hand.
Unser Verhältnis zu Atomstrom und Sonnenenergie sind geradezu gleichnishaft für unsere momentane Bewußtseinsentwicklung. Wir wollen unsere Wünsche der Natur abtrotzen, diese zwingen, uns dienstbar zu sein; wir schrecken vor keinem Eingriff in natürliche Gleichgewichte und sogar in Lebensvorgänge zurück, wenn es gilt, unseren Willen durchzusetzen. Ein besonders gravierender, brutaler und gefährlicher Eingriff in die Natur ist die künstliche Auslösung nuklearer Prozesse.
Die Nutzung der Sonnenenergie kann man im Vergleich dazu als ein Empfangen von Schöpfungskräften empfinden, das sich am Vorbild der Natur orientiert und daher keine bedrohlichen Nebenwirkungen befürchten läßt.
Politiker stehen in der schweren Verantwortung, ob sie die als voll funktionsfähig angepriesene Atom-Technologie weiter fördern und dabei den Kollaps dieses aufgeblähten Milliarden-Unternehmens riskieren, oder ob sie nicht besser nach umweltfreundlichen Alternati-

ven Ausschau halten. Diese notwendigen Alternativen sind leider noch nicht produktionsreif, und man mag daran zweifeln, daß sie schnell genug einführbar wären. Allerdings bieten sie den unschätzbaren Vorteil, daß die für ihre Erforschung eingesetzten Mittel nicht unnütz verpulvert sind, und Schädigungen der Umwelt durch solche Anlagen weit weniger zu befürchten sind als durch den riskanten atomaren Kreislauf, der im Versagensfalle ganze Landstriche zerstören kann.

Versucht man abschließend, das Atomenergie-Konzept unvoreingenommen zu betrachten, so kann man sich – jenseits aller schwer beweisbaren und ebenso schwer widerlegbaren Bedenken hinsichtlich der Sicherheit – des Eindruckes nicht erwehren, daß mit höchstgespannten Erwartungen ein Großprojekt angegangen wurde, das an der Wirtschaftlichkeit scheitern muß.

Selbst wenn es gelingen sollte, alle heute noch offenen Fragen hinsichtlich der Brauchbarkeit des Brüters, der Betriebssicherheit von Wiederaufbereitungsanlagen und der sicheren Endlagerung zufriedenstellend zu lösen, muß man noch immer damit rechnen, daß die letztendlich für das alles aufzuwendenden Summen volkswirtschaftlich nicht tragbar sind.

Bezieht man alle Unbekannten in das System mit ein – sie reichen vom Bürgerprotest und neuerdings auch politischen Kräften in Parlamenten, welche den weiteren Ausbau der Atomenergie blockieren wollen, bis zu höchst brisanten Sicherheitsfragen –, dann muß man befürchten, daß sich das großangelegte Kernenergie-Konzept als die größte Fehlplanung der Geschichte erweisen wird. Nicht wenige befürchten, daß wir Zeit und Geld für Fehlentwicklungen vergeuden. Falls sich der damit eingeschlagene Weg als Irrweg erweisen sollte, werden uns Zeit und Kapital für die Entwicklung alternativer Energieerzeuger fehlen. Die Talfahrt der Weltwirtschaft wäre dann durch nichts mehr aufzuhalten.

Die biologische Zeitbombe

»Wir können nun den Menschen definieren. Genotypisch besteht er aus sechs Fuß einer bestimmten molekularen Sequenz von Kohlenstoff-, Wasserstoff-, Sauerstoff-, Stickstoff- und Phosphatatomen...«
Nobelpreisträger Joshua Lederberg

Der Vorstoß zum »Kern des Lebens«

Zu den erregendsten Entdeckungen unserer Zeit gehört die Entschlüsselung des Rätsels der Vererbung. Die Tatsache, daß Pflanzen und Tiere ihre Eigenarten an Nachkommen weitergeben, ist der Menschheit schon lange bekannt. Alle züchterischen Maßnahmen machen sich diese Beobachtung zunutze, indem sie durch entsprechende Auswahl von Individuen die unseren Wünschen entgegenkommenden Eigenschaften fördern. Uralte Erfahrungen stehen dabei Pate, und fast alle bekannten Nutzpflanzen und Haustiere sind schon vor Jahrtausenden domestiziert und seitdem laufend weitergezüchtet worden. Weizen war einst eine Wildpflanze wie viele andere Gräser; Mais soll das Kreuzungsprodukt zweier Wildgräser sein und die Pflaume ist die Zuchtform der wilden Schlehe. Es grenzt an das Unglaubliche, was durch Auswahl geeigneter Individuen, Kreuzen verschiedener Sorten oder Rassen und andere veredelnde Maßnahmen in der Züchtung von Nutzpflanzen und Haustieren erreicht wurde. Und dies die längste Zeit ohne Kenntnis der dabei wirkenden Gesetze, nur aufgrund von Naturverständnis und züchterischem Feingefühl.
Im vergangenen Jahrhundert entdeckte dann der unbekannte Abt eines böhmischen Klosters, Gregor Mendel, die Gesetze der Vererbung. Allerdings wurde man erst Anfang des 20. Jahrhunderts auf seine »Mendelschen Gesetze« aufmerksam, nachdem diese durch andere Forscher unabhängig von ihm ein zweites Mal entdeckt worden waren. Zu dieser Zeit erkannte man auch, daß es neben der Vererbung elterlicher Eigenschaften auch plötzliche Änderungen im Erbgut gibt, die »Mutationen« genannt werden. Bald darauf wurden die Vermittler der Erbeigenschaften – »Gene« genannt – in den Chromo-

somen des Zellkernes gesucht. Erst nach der Mitte unseres Jahrhunderts gelang dann eine der wichtigsten Entdeckungen unserer Zeit. Die chemische Zusammensetzung der Träger von Erbinformationen wurde entschlüsselt und ein detailliertes Bild vom Vorgang der Vererbung entworfen.

Demnach sind nur vier stickstoffhaltige Basen mit den Namen Adenin, Cytosin, Guanin und Thymin des Rätsels Lösung. Diese »Nukleotide« reihen sich aneinander gleich einer Perlenschnur mit vier verschiedenen »Perlen« in immer wechselnder Reihenfolge. Diese Perlen haben eine in der Natur wohl einmalige Eigenschaft. Immer zwei von ihnen passen zusammen, ergänzen sich, ziehen den passenden Partner an sich. So entsteht nicht nur *eine* Perlenschnur, sondern jedes Nukleotid holt aus der Umgebung noch den passenden Partner an sich. Parallel zu der ersten Perlenschnur formt sich so eine zweite, so daß sich jeweils die beiden komplementären Partner gegenüberstehen. Immer gliedern sich Adenin an Thymin und Cytosin an Guanin. Man kann sich einen schraubenförmig verdrehten Reißverschluß vorstellen, in dem allerdings die einzelnen Zacken nicht gleich sind, sondern vier verschiedene Zackenformen sich abwechseln, welche sich nur mit dem jeweils passenden Partner fügen. Wird der »Reißverschluß« auseinandergerissen, so sucht sich jedes Glied der getrennten beiden Einzelstränge wieder den geeigneten Partner, so daß aus einer Doppelspirale zwei getrennte Doppelspiralen werden. Das ist – in sehr vereinfachter Darstellung – die geniale »Erfindung«, mit deren Hilfe sich Nukleinsäuren – so nennt man die Stränge – duplizieren. Das in jeder Zelle in den Nukleinsäuren gespeicherte Lebensprogramm kann weitergegeben werden. Die doppelten Perlenketten, zu denen sich die Nukleotide gewissermaßen als Buchstaben zu einer Schrift zusammenfügen, tragen den Namen DNS (Desoxiribonukleinsäure) oder RNS (Ribonukleinsäure). DNS und RNS sind die Träger der Erbinformationen. Die Anordnung der vier Nukleotide entlang der Kette bildet die »Schrift der Natur«. Nach heutigem Wissen ergeben jeweils drei von ihnen ein »Codewort« für eine der zwanzig verschiedenen Aminosäuren, den Bausteinen allen Lebens. Von besonderer Bedeutung ist, daß die Lebensprogramme oder die Konstruktionszeichnungen aller Lebewesen in der gleichen Sprache und mit denselben Buchstaben geschrieben sind; für ein Bakterium wie für einen Menschen in gleicher Weise.

Diese Tatsache machen sich übrigens Viren auf eine besonders »heimtückische« Art zunutze. Diese »Parasiten« am Rande des Belebten sind – sehr vereinfacht – nichts weiter als ein Transportbehälter, der eine Nukleinsäure enthält. Stößt ein Virus mit einer lebenden Zelle zusammen – sagen wir einem Bakterium –, so kann das Virus sich daran festhalten und seinen Inhalt – die DNS – durch die Wand des Bakteriums hindurch in das Innere dieses Wirtes bohren. Alsbald fängt dann das Bakterium an, Viren zu produzieren, bis es zuletzt platzt und die jungen Viren entläßt. Was ist geschehen?

Allem Anschein nach vermag das Bakterium nicht immer zu erkennen, daß die Virus-DNS ein falsches Programm verkörpert. Die chemische Fabrik des Bakteriums produziert dann nach der »eingeschmuggelten Bauanleitung«, wie nach einer eigenen. Man kann sich das so vorstellen, als ob in eine vollautomatische Fabrik ein Magnetband mit einer fremden Produktionsanweisung eingeschmuggelt wird. Die Automaten produzieren dann ein nicht vorgesehenes, für die Firma unbrauchbares Produkt; und zwar so lange, bis sie daran zugrunde geht.

Die in den Nukleinsäuren gespeicherten Erbanlagen sind also Baupläne und Produktionsanweisungen, die dafür sorgen, daß das betreffende Individuum wächst, seine Zellen erneuert, und die vielerlei zur Lebenserhaltung notwendigen Substanzen erzeugt. Unsere Forscher konnten bisher nur einen kleinen Blick in diese phantastische Werkstatt der Natur werfen, durften dabei aber schon eine Vielzahl teilweise fast wunderbarer Einsichten gewinnen. So wissen wir z. B., daß das Programm, der vollständige Bauplan eines Lebewesens, in jeder seiner Zellen enthalten ist. Auch jede menschliche Zelle birgt den für diesen Menschen typischen Nukleinsäure-Strang, der – wie man annimmt – alle für diese Einzelpersönlichkeit typischen Eigenschaften enthält. Es ist ein etwa 1,8 m langer Nukleinsäurestrang, der vielleicht 50000 Erbmerkmale enthält, die jedes durch Tausende von Nukleotiden verschlüsselt sind. So ein doppelter Strang aus Nukleotiden ist, auf einen winzigen Punkt zusammengeknäult, im Kerne jeder menschlichen Zelle zu finden. Der Raumbedarf für die Speicherung dieser unvorstellbaren Datenfülle ist extrem gering, denn die Informationen sind unglaublich dicht zusammengepackt. So könnte man die Baupläne sämtlicher Menschen dieser Erde auf einem Teelöffel forttragen, sofern man sie in Form der DNS zur Verfügung hätte.

Die auf den DNS-Strängen gespeicherten Informationen sind empfindlich gegen »Druckfehler« – man sagt »Mutationen« –, und der Austausch eines einzigen Nukleotides kann schon dramatische Folgen bewirken. Bei jeder Zellteilung muß daher die Reproduktion der DNS als der »Blaupause des Lebens« mit größter Präzision erfolgen, da Fehler bei der Weitergabe von Erbinformationen wesentliche Eingriffe in den Bau des betreffenden Individuums bedeuten, ja über seine Lebensfähigkeit entscheiden können. Die Weitergabe der Erbinformationen erfolgt denn auch mit *größter*, aber *nicht absoluter* Genauigkeit. Ein geringes Maß an Ungenauigkeiten ist gegeben, die sich bei der Vererbung als »Erbsprünge« (Mutationen) zeigen und Lebewesen mit neuen oder veränderten Eigenschaften entstehen lassen. Solche Mutationen (also Veränderungen im Erbgut) sind häufig genug, um allen Lebewesen eine Weiterentwicklung zu ermöglichen, eine Anpassung an veränderte Umweltbedingungen; sie sind jedoch nicht so zahlreich, daß der Bestand einer Art durch zu viele Mutationen gefährdet würde oder gar durch eine Flut von Mutationen ein Chaos entstünde.

Diese »biologische Unschärfe« trägt also in bewundernswürdiger Weise zu der ständigen Weiterentwicklung des Lebens bei und ist damit eine Voraussetzung für Entwicklung und Fortbestand der belebten Natur. Gleichzeitig ist aber die Genauigkeit bei der Weitergabe von Erbinformationen so scharf, daß das irdische Leben nie durch Mutationen gefährdet wird – es sei denn, der Mensch schüfe ein unzuträgliches Biotop, in dem z. B. durch leichtfertigen Umgang mit radioaktiven Substanzen, Röntgenstrahlen und anderen Mutagenen eine Mutationsflut künstlich ausgelöst würde.

Wie gravierend selbst geringste Änderungen in den Erbsubstanzen wirken können, wurde vor kurzem von Wissenschaftlern gezeigt, die den Unterschied zwischen einem Krebs-Gen und einem normalen Gen aufzuklären vermochten. Das betreffende Gen für menschliches Eiweiß von Blasenzellen besteht aus 6000 Nukleotiden. Durch genaueste Untersuchungen konnte bewiesen werden, daß der Austausch eines einzigen Nukleotids Guanin durch ein Thymin ein Krebs-Gen erzeugt, das Blasenkrebs auslöst. Diese Beobachtung unterstreicht die Gefahren, die wir durch eine mutationsfördernde Strahlenbelastung für alle Lebewesen heraufbeschwören, wie sie z. B. durch laufende Abgabe radioaktiver Substanzen in die Atmosphäre oder die Meere entsteht.

Bei aller erstaunlichen Kenntnis solcher Lebensvorgänge bleiben vorerst noch viele Fragen offen. So konnte z. B. noch niemand erkennen, wie eine spezielle Zelle erfährt, welche Aufgaben sie zu übernehmen hat. Im Falle eines Vielzellers, wie einem Menschen, befindet sich in jeder Zelle der Bauplan für das gesamte Lebewesen und somit auch die

Konstruktionszeichnung für jede einzelne Zelle. Woher weiß aber eine bestimmte Zelle, daß sie eine Leberzelle, eine Knochenzelle oder ein Stück Hornhaut des Auges werden soll?*

Auch der Mensch beginnt sein Leben als Einzeller, als befruchtete Eizelle. Diese Zelle teilt sich. Zunächst entstehen gleichartige Zellen, und erst später setzt die Spezialisierung einzelner Zellen ein, die zu so unterschiedlichen Geweben führen wie Darmwand und Haar, Muskelgewebe oder Keimdrüse.

Unsere Biologie ist also zum Kern des Lebens, zum Zellkern vorgedrungen und hat wichtige Lebensvorgänge entschlüsseln können. Der Mensch greift auch schon in die feinen Abläufe im Innersten dieses Kerns ein, und zwar auf zweierlei Weise.

Unbeabsichtigt wirken Strahlen und Umweltgifte als Auslöser von Mutationen. Da es bei langlebigen Lebensformen wie dem Menschen viele Jahre dauern kann, bis solche, fast immer schädliche Veränderungen sichtbar werden, vermag heute noch niemand zu sagen, ob wir eventuell schon zu weit gegangen sind in der Belastung unserer Umwelt durch Strahlungsquellen und Chemikalien.

Außerdem ist man nicht bei der reinen Forschung geblieben, sondern stellt die Frage, wie sich unser Wissen von den Lebensvorgängen im Zellkern gewinnbringend vermarkten läßt. Denn durch gezielte Eingriffe in die Erbsubstanz scheint es möglich, die langsame Evolution in unserem Sinne zu lenken, also den bisher maßgeblichen »Zufall« durch »überlegtes Handeln« zu ersetzen, und weit mehr als in der Vergangenheit die Natur unseren Wünschen dienstbar zu machen.

Die Umkonstruktion des Lebendigen

Bis in unser Jahrhundert glaubte man, daß der Weg zur Erforschung der Materie über die Physik führe. Dramatische Erfolge dieser Wissenschaft, besonders in der Mitte dieses Jahrhunderts, schienen diese Ansicht zu bestätigen.

Mit den Feinheiten des Belebten vermochte man sich zunächst noch nicht genügend zu beschäftigen, da sich allzu große Schwierigkeiten der Erforschung der komplizierten Lebensvorgänge entgegenstellten.

* Interessante Gedanken zu dieser von wissenschaftlicher Seite vorerst ungelösten Frage findet man in »Naturwesen, eine verborgene Wunderwelt« von Daniel Swarovski (Sieben Quellen Verlag, Innsbruck 1982)

Man machte daher aus dieser Not eine Tugend und erklärte, daß es sich beim »Leben« wohl nur um besonders komplizierte Physik und Chemie handle, die zwar im einzelnen noch aufzuklären sei, aber nichts grundsätzlich Neues erwarten lasse. Nur einzelne Wissenschaftler waren anderer Ansicht, und selbst Physiker hielten es noch in unserem Jahrhundert für möglich, daß Lebensvorgänge von Naturgesetzen gesteuert sein könnten, die sich von den bisher erforschten Gesetzmäßigkeiten der unbelebten Materie unterscheiden.

Nach dem Zweiten Weltkrieg wurden dann die Techniken von Biologie und Biochemie so verfeinert, daß es möglich wurde, auch Vorgänge in der Zelle, als der kleinsten Einheit des Belebten, zu erforschen. Damit ergaben sich neue Einblicke in die Natur. Diese Entdekkungen führten aber nicht zu einer Hochachtung vor den wundervollen Leistungen des Lebens, sondern man wollte sogleich mit menschlichen Vorstellungen in den Evolutionsprozeß eingreifen. Fast grenzenlose Möglichkeiten schienen sich auf diesem Weg zu eröffnen – insbesondere durch Gen-Manipulation, also durch künstliche Veränderungen der Erbeigenschaften von Lebewesen.

Eine Reihe faszinierender Entdeckungen zeigte die Wege, völlig neuartige Lebewesen im Labor zu schaffen. Der erste Schritt zu einem solchen Versuch ist, DNS – z. B. durch Extraktion – aus Zellen herauszupräparieren, um dann die DNS verschiedener Herkunft (aus Zellen ganz unterschiedlicher Lebewesen) in Bruchstücke aufzuspalten, die aus einem oder mehreren Genen oder auch Teilen von Genen bestehen. Diese Bruchstücke werden anschließend in einer neuen, noch nie dagewesenen Anordnung wieder zusammengefügt.

Solche komplizierten Manipulationen gelingen mit der Unterstützung von Mikroben. Bakterien enthalten nämlich Enzyme, die eindringende fremde DNS in Bruchstücke aufspalten. Solche Enzyme, mit denen sich Bakterien gegen Viren verteidigen, kann man von Bakterien produzieren lassen, um mit diesen »chemischen Scheren« DNS-Ketten gezielt zu zerschneiden. Deren Bruchstücke, die Träger verschiedenster Erbinformationen, lassen sich aussortieren – z. B. der Länge nach ordnen – und anschließend in einer neuen willkürlichen Konfiguration wieder zusammenfügen. Diese Rekombination von Erbgut, also von Teilen zerstückelter DNS-Stränge, ist möglich, weil die DNS-Fragmente »klebrige Enden« haben und sich auch in einer neuen Anordnung wieder verbinden lassen. So entstehen im Labor künstliche DNS-Ketten, die aus Erbanlagen recht verschiedener Lebewesen zusammengesetzt sein können.

Eine weitere, von Genetikern entwickelte Technik, gestattet es schließlich, mit Hilfe von »Plasmiden«* den durch Menschenhand erzeugten künstlichen Bauplan des Lebens z. B. in Bakterien einzupflanzen. So kann ein neues Lebewesen entstehen.
Mit einem eben erst im Max-Planck-Institut Martinsried bei München entwickelten Verfahren wird es in Zukunft sogar möglich sein, DNS mit Hilfe elektrischer Felder in Zellen einzubringen. Starke elektrische Felder öffnen die Poren der Zelle, so daß die DNS – die sich vermutlich an der Zelloberfläche anlagert – in das Zellinnere eindringen kann. Mit dieser neuen Methode wird man weitaus schneller und effektiver arbeiten können als mit den bisherigen Verfahren auf chemischer Basis. (1)
Für die Forscher besonders aufregend dürften die sog. »shotgun-Experimente« sein. Bei diesem »Schrotschuß-Verfahren« werden eine Anzahl verschiedener Gene gleichzeitig in eine Wirtszelle eingebracht, um besonders schnell zu Ergebnissen zu gelangen. Es mag faszinierend sein, die Erfolge dieses genetischen Würfelspieles zu beobachten – gewissermaßen zuzusehen, wohin die »Kugel im genetischen Roulette rollt«, und welche Chimäre das Experiment liefert. Als Zell-Chimären bezeichnet man Wesen, die aus den Erbsubstanzen verschiedener Lebewesen gebildet wurden. Die Forscher mischen genetisches Material recht verschiedener, primitiver wie hochentwickelter Lebewesen zu einem nie dagewesenen Cocktail der Evolution. Ihren Namen haben diese Chimären von dem griechischen Fabelwesen, das Löwe, Schlange und Ziege in sich vereinte und Feuer spie. Die sagenhafte Chimäre im griechischen Mythos war allerdings eine einmalige Erscheinung, und obwohl ein gewaltiges Ungeheuer, konnte sie von Bellerophon getötet werden. Sollten sich moderne Zellchimä-

* Plasmide sind wesentlich kleinere genetische Elemente, bestehen also aus kürzeren DNS-Strängen als die Chromosomen, die eigentlichen Träger der Erbinformation.
Die Plasmide befinden sich unabhängig von den Chromosomen im Zell-Plasma, können aber auch in die DNS der Chromosome aufgenommen werden. Auch die Übertragung von Plasmiden, die z. B. Resistenz gegen Antibiotika verleihen, von einer »Spenderzelle« zu einer auch andersartigen »Empfängerzelle« kommt vor. Diese Übertragung geschieht durch einen eigens dafür gebildeten Verbindungsschlauch zwischen den beiden kommunizierenden Zellen.
Einzeller wie Bakterien verfügen somit über eine zweite Vererbungsmöglichkeit (die »Plasma-Vererbung«), unabhängig von der eigentlichen Vererbung durch die Chromosomen-Teilung (5).

ren als gefährlich erweisen, wird es unmöglich sein, sie jemals wieder loszuwerden; denn kein Mensch und kein vorstellbares Mittel wird eine Bakterienflora ausrotten können, die in der natürlichen Umwelt ihre Biotope gefunden hat.
Auf dem Gebiet der Gen-Manipulation wird mit größter Intensität gearbeitet, denn in diesem Neuland sind unerhörte Erfolge zu erhoffen. Vom Nobel-Preis bis zum Aufbau neuer Industrien kann sich dem Forscher alles eröffnen, was das Entdeckerherz nur wünschen mag. Denn durch Gen-Manipulation hergestellte neue Lebensformen können voraussichtlich allerlei:

Neue Produktionsverfahren
Viele chemische Stoffe, darunter Arzneimittel*, könnten schon in naher Zukunft mit Hilfe von speziell konstruierten Bakterien weitaus billiger und hoffentlich auch umweltschonender herzustellen sein als bisher. Das würde die chemische Industrie revolutionieren.
Weiter kann man vielleicht aus Abfallstoffen Rohstoffe gewinnen, z. B. dürften sich Fäkalien in Biogas umsetzen lassen. Das bei einer Tankerkatastrophe ins Meer laufende Erdöl würden dazu entwickelte »Spezial-Bakterien« auffressen und in Eiweißsubstanzen umwandeln, welche Nahrung für Kleinlebewesen des Meeres sind. Eine solche »Öl-Pest« würde dann nicht mehr das maritime Leben zerstören, sondern könnte dieses durch von Bakterien produzierte zusätzliche Nahrung vielleicht sogar fördern. »Arme Erze«, deren Verhüttung derzeit nicht wirtschaftlich ist, ließen sich von Bakterien möglicherweise aufkonzentrieren und damit verwertbar machen.
Dies sind nur wenige Beispiele aus einer breiten Palette von Verfahren, wie sie durch von Menschen erschaffene Spezialisten unter den Kleinlebewesen noch in diesem Jahrhundert möglich scheinen.

Bessere Heilwege
Mit Hilfe der Gen-Technik hofft man sogar auf eine wirksame Krebs-Therapie. Diese soll mit völlig neuen Heilmethoden möglich werden, welche sich am besten im Vergleich zu der heutigen Chemo-Therapie verstehen lassen.
Zur Bekämpfung von Infektionen wendet der Arzt heute in der Regel Chemotherapeutika an, wie Penizillin. Diese töten Bakterien ab; allerdings nicht nur die Krankheitserreger, sondern auch für den

* Ein biosynthetisch erzeugtes Humaninsulin kam 1983 auf den Markt (vergl. Die Umschau Nr. 1 Jan. 1983, Brönner Verlag Frankfurt/Main).

menschlichen Organismus unentbehrliche Helfer. Nun sind die Krankheitserreger fast immer an ganz bestimmten Stellen des Körpers angesiedelt, wo der Krankheitsherd nistet. Von einer andersartigen Betrachtungsweise ausgehend, kann man das infektiöse Bakterium auch als ein Lebewesen betrachten, das nur in feinster Anpassung an ein bestimmtes Biotop leben kann; dieser spezielle Lebensraum ist z. B. für einen Krankheitserreger ein Teil des menschlichen Körpers, in welchem er siedeln muß, um sich vermehren zu können.
Bei weitem nicht so fein auf eine spezielle Körperpartie abgestimmt sind die Gegenmittel. Gibt man z. B. Penizillin, so muß man den ganzen Körper damit förmlich überschwemmen, um den meist nur kleinen Krankheitsherd zu treffen. Man könnte einen etwas boshaften Vergleich mit einem Brandherd ziehen. Brennt auch nur ein Haus in der Ortschaft, so ist die Feuerwehr gezwungen, das ganze Dorf unter Wasser zu setzen, da sie nicht in der Lage ist, ein einzelnes Gebäude zu löschen. Dadurch entsteht viel unnötiger, zusätzlicher Schaden, der sich bei der Verwendung von Chemotherapeutika in unerwünschten Nebenwirkungen bemerkbar machen kann.
Sehr viel gezielter als die bisher entwickelten »chemischen Kampfstoffe« der Mediziner arbeiten körpereigene Abwehrstoffe, die sog. Anti-Körper. Das sind Eiweißverbindungen, die im Blut treibende Fremdkörper, wie Bakterien oder Viren, beseitigen. Allerdings sind diese Antikörper sehr spezialisiert, nur auf einen bestimmten Eindringling – z. B. ein Diphtherie-Bakterium – eingestellt, so daß es mehr als eine Million verschiedener Antikörper geben muß. Von einer bestimmten Sorte dieser Sicherheitspolizei kann es daher immer nur relativ wenige Exemplare geben, die mit einem massiven Angriff von Bakterien oder gar mit einem Krebsgeschwür nicht sofort oder auch gar nicht fertig werden.
Gelänge es, solche spezifischen Antikörper technisch herzustellen, so könnte man sie dem Erkrankten als »Gegengifte« einspritzen und die Krankheit schnell niederkämpfen. Dazu genügen geringe Mengen, denn die Antikörper greifen genau an der erkrankten Stelle an. Nebenwirkungen werden kaum erwartet, da es sich um körpereigene, auch im gesunden Organismus immer vorhandene Strukturen handelt.
Man hofft nun, eines Tages alle Krankheiten einschließlich Krebs mit künstlichen Antikörpern bekämpfen zu können. Als Produzenten von fabrikmäßig erzeugten Antikörpern bieten sich Chimären an, die durch Gen-Manipulation entstanden sind. Ein Beispiel wäre eine ge-

netische Kreuzung von Tumorzellen, die sich ständig teilen, mit Lymphozyten, die Antikörper produzieren. Würde es gelingen, auch nur eine solche Hybrid-Zelle im Labor zu erzeugen, die sich in einer Nährlösung vermehrt, so dauerte es bei den gewaltigen Vermehrungsraten von Einzellern nur Tage, bis man über genügend Ausgangsmaterial verfügt, um z. B. eine Fabrikation von Krebs heilenden Antikörpern zu beginnen.

Genetische Therapie

Selbst der Gedanke, man könne in die Gene eines so komplizierten Lebewesens wie des Menschen eingreifen, liegt nicht mehr fern. Eine Therapie von Erbschäden rückt in greifbare Nähe. Da Schädigungen des Erbgutes durch zivilisationsbedingte Einflüsse laufend zunehmen, wird man vielleicht schon in naher Zukunft auf genetische Behandlungsmethoden setzen müssen, als unerläßliche Voraussetzung für das Überleben der Menschheit. Wie schon öfter wird man sich kaum dafür entscheiden, die Ursachen zu beseitigen, als vielmehr nach einer Methode zu suchen, welche die durch unsere unnatürlichen Lebens- und Produktionsweisen entstandenen Schäden sanieren kann.

Daß solche Vorstellungen keine Utopie mehr sind, beweisen Ergebnisse von Tierversuchen. So ist schon der planmäßige Eingriff in das Erbgut von Mäusen geglückt, der das Größenwachstum verdoppelte. Was bis vor kurzem nur an Mikroben machbar schien – eine gezielte Veränderung der Erbeigenschaften – läßt sich nun auch an Säugetieren verwirklichen. Die erfolgreichen Forscher zweifeln nicht daran, daß es möglich sein müßte, in entsprechender Weise das Wachstum von Haustieren zu beeinflussen. So erhofft man sich schon in näherer Zukunft die Anwendung der Gen-Transplantation auf Haustiere. Das Ergebnis sollten z. B. schnell wachsende Rinderrassen sein, die mehr Fleisch und Milch liefern, und deren Milchertrag sogar im Verhältnis zu der eingesetzten Futtermenge wesentlich gesteigert werden soll.

Ertragreichere Pflanzen

Durch Gen-Manipulation hofft man zu weit ertragreicheren oder auch neuartigen Nutzpflanzen zu kommen. Kreuzungen aus Tomate und Kartoffel, Getreide und Erdnuß oder Mais und Kartoffel hält man für möglich. Nach T. Revelle darf man vielleicht schon bis zur Jahrhundertwende auf eine phantastische neue Nutzpflanze hoffen:

»Diese Idealpflanze soll zwei- bis dreimal schneller eßbare Materie aufbauen als die photosynthetisch aktivsten heutigen Nahrungspflanzen, ihre Proteine werden die für die menschliche Ernährung wichtigen Aminosäuren enthalten, die Pflanze wird ihren eigenen Stickstoff produzieren, sie wird wassersparend, das heißt gegen Verdunstung geschützt sein und soll nicht anders aussehen und schmecken als die heute verbreiteten Nahrungspflanzen.« (7)

In dieser »Idealpflanze« ist fast schon alles enthalten, was man für möglich halten möchte. Selbst die Produktion von Stickstoff, den man heute noch als Dünger zugeben muß. Derzeit können nur wenige Pflanzen wie Lupinen, Hülsenfrüchte oder Klee in einer Symbiose mit stickstoffbindenden Bakterien an den Wurzeln leben. Diese natürlichen Stickstoffbildner binden den Stickstoff der Luft an Wasserstoff zu Ammoniak, das sie zum Aufbau von Aminosäuren verwenden. Alle Pflanzen benötigen Stickstoff, den nur wenige Stickstoff assimilierende Kleinlebewesen in eine für Pflanzen verwertbare Form bringen können. So ist es ein bestechender Gedanke, allen Nutzpflanzen die Fähigkeit mitzugeben, ihren Stickstoff selbst zu erzeugen, so daß ein großer Teil der heute erforderlichen Zugaben von Kunstdünger entfallen könnte.
Das sind nur einige von den vielen in die Gen-Technik gesetzten Hoffnungen, die großartige Chancen für die Zukunft der Menschheit, insbesondere aber für einzelne Forscher oder bestimmte Industriezweige versprechen.
So sagte James Danielli, ein führender theoretischer Biologe, schon im Jahr 1974, als die Diskussion über »Die Grenzen des Wachstums« von Dennis Meadows entbrannt war:

»Im gleichen Maß wie die chemische Industrie durch eine biologische Industrie ersetzt werden kann, wird die obere Wachstumsgrenze um mindestens zwei Größenordnungen angehoben.« (4)

Zwei Größenordnungen bedeuten Verhundertfachung! Wer möchte derartige Zukunftschancen verpassen, welche chemische Industrie kann es sich leisten, den Anschluß an so zukunftsträchtige Entwicklungen zu verlieren? Politik und Wirtschaft dürften glücklich sein über solche neuen Möglichkeiten, welche vorauszusehende wirtschaftliche Krisen mildern oder vielleicht sogar anstelle des von vielen befürchteten wirtschaftlichen Kollapses eine neue Expansion einlei-

ten könnten. Neue, umweltfreundliche Produktionsverfahren sollten demnach den weiteren Ausbau der Industrie erlauben, ohne die Natur über Gebühr zu schädigen... So rosig wird die Zukunft der Gen-Technik auch häufig gesehen. Der Mensch ist fasziniert von dem Gedanken, mit seinem Wissen die Natur gezielt verbessern zu können, das Leben nicht mehr ausschließlich der ungezielten, von vielen Zufälligkeiten abhängigen natürlichen Evolution überlassen zu müssen. Auch unsere Vorfahren haben schon vor Jahrtausenden in die Entwicklung des Lebens eingegriffen; denn Haustiere und Nutzpflanzen sind bereits von steinzeitlichen Menschen domestiziert und seither durch Züchtungen verbessert worden. Mit traditionellen Züchtungsverfahren kann man die von Menschen gelenkte Entwicklung gegenüber der natürlichen Evolution um das Zehntausendfache beschleunigen. Das heißt, man konnte schon bisher in einem Jahrzehnt die züchterischen Ziele erreichen, die in der unbeeinflußten Natur erst nach hunderttausend Jahren zu erwarten gewesen wären! Nun ist der Mensch mit Skalpellen und Mikroskopen zu einer tieferen Naturanalyse gelangt, als es unseren steinzeitlichen Vorfahren zugänglich war. Das eröffnet ihm die Möglichkeit, die Geschwindigkeit des Evolutionsprozesses noch einmal um den Faktor zehntausend zu erhöhen.
Ist das nicht ein großartiger Erfolg, ein Triumph unserer Forschung?

Eine »biologische Kernbombe«?

Leider kann man sich über die Möglichkeiten der Gen-Technik nur freuen, wenn man die damit verbundenen Gefahren vergißt. Denn auch die Risiken sind beachtlich, und man muß befürchten, daß uns eine ähnliche Entwicklung droht wie bei der Nutzung der Atomenergie.
Zuerst werden in enthusiastischer Weise gewaltige Möglichkeiten aufgezeigt, und Politiker, Wirtschaft und Gewerkschaften lassen sich von Wissenschaftlern überzeugen, daß dieses aussichtsreiche Gebiet mit Vorrang angegangen werden müsse. Ist man dann in die Entwicklung eingestiegen, so tauchen nach und nach unzählige Probleme auf, die in der ersten Begeisterung über das zu betretende Neuland übersehen wurden oder auch noch nicht zu ahnen waren.
In gewisser Weise fühlt man sich sogar an die Situation vor der Zün-

dung der ersten Wasserstoffbombe erinnert. Damals mußte man die Frage diskutieren, ob die Zündung einer H-Bombe nicht eine Explosion allen Wasserstoffes dieser Erde auslösen und unseren Planeten in einen Glutball verwandeln könne. Nach langwierigen Berechnungen schien dieses Risiko aufgrund der bekannten Naturgesetze sehr gering, und der erste Test wurde gewagt.
Was nun die Gen-Technik betrifft, so wird auch von interessierten Wissenschaftlern kaum bestritten, daß Katastrophen grundsätzlich nicht auszuschließen sind. Man beruft sich aber darauf, daß in den Laboratorien so sorgfältig gearbeitet werde, daß mögliche Gefährdungen unter Kontrolle zu halten seien, und aufgrund der zu erhoffenden Erfolge die eingegangenen Risiken sich vertreten ließen.
Um welche Risiken handelt es sich?
Zunächst muß man wissen, daß bei weitem noch nicht alle Vorgänge im Zellinneren erforscht sind, so daß selbst unvorhersehbare Effekte nicht ausgeschlossen werden können. Wir wollen hier nur Gefahren erwähnen, die aufgrund gesicherter Erkenntnisse als Möglichkeiten nicht abzustreiten sind.
Dann muß man sich damit vertraut machen, daß durch Gen-Manipulation neuartige Lebewesen, derzeit vor allem Bakterien oder Viren, aber in Zukunft auch Pflanzen und vielleicht sogar Tiere entstehen. In den Laboratorien hat man wenig Bedenken, selbst Gene ganz verschiedener Lebensformen zu vermischen, und so Chimären zu erzeugen, wie sie in der natürlichen Entwicklung des Lebens niemals aufgetreten sind und voraussichtlich auch niemals entstehen würden.
Der amerikanische Biochemiker Prof. Dr. Erwin Chargaff meldet z. B. sehr starke Bedenken an, wenn die Gene von »Prokarioten« und »Eukarioten« vermischt werden, welche die Natur während Milliarden von Jahren der Evolution streng getrennt gehalten hat. Prokarioten sind primitive Lebewesen noch ohne Zellkern, wie Bakterien oder blaugrüne Algen; Eukarioten sind alle höher entwickelten Lebensformen, deren Zellen einen Zellkern besitzen, in dem sich die DNS befindet.
Entsteht durch Gen-Manipulation ein neues Lebewesen, das sich in der natürlichen Umwelt behaupten kann, so wird es von da an unmöglich sein, dieses Lebewesen in der Natur wieder zu beseitigen – egal mit welchem Aufwand. Denn einem lebenden Organismus kann man nicht verbieten, sich fortzupflanzen, und ein Kleinlebewesen läßt sich nicht gezielt ausrotten.
Im schlimmsten Falle würde eine »fremde«, allem irdischen Leben

feindliche Bakterie oder ein Virus entstehen, das wie eine von einem anderen Planeten stammende »Science-Fiction-Bakterie« über alles Belebte herfällt. Da die Evolution auf unserer Erde gegen den Eindringling keinerlei Abwehrmechanismen entwickelt hat, würde diese verheerende Seuchen auslösen, die in Windeseile die ganze Erde erfassen und apokalyptische Horrorvisionen Wirklichkeit werden ließen. Ein solcher Extremfall ist unwahrscheinlich, doch sehen ernsthafte Forscher durchaus die Gefahr, daß ein krebserregendes Virus entstehen und durch ein Versehen auf die Menschheit losgelassen werden könnte.

Die Gen-Forscher müssen also garantieren, daß kein gefährliches Kunstgebilde in die Umwelt gelangt. Das ist keine leichte Aufgabe, denn die geringste Unachtsamkeit, der kleinste Unfall mag schon genügen, um eine solche »Katastrophen«-Bakterie oder ein Virus in die Umwelt zu entlassen.

Ein augenscheinliches Beispiel, wie sehr derartige Gefahren von Forschern gelegentlich unterschätzt werden, bieten die berüchtigten »Mörderbienen«. Deren Aggressivität sind in Südamerika schon mehr als hundert Menschen und ungezählte Tiere zum Opfer gefallen, und der von diesen angriffslustigen Bienen in weiten Teilen des südamerikanischen Kontinents angerichtete Schaden ist beträchtlich.

Vor etlichen Jahren importierte ein Wissenschaftler afrikanische Bienen nach Südamerika, um mit den aktiveren afrikanischen Völkern höhere Honigerträge zu erzielen. Durch ein Versehen oder einen kleinen Unfall entwischte ihm ein afrikanisches Bienenvolk. Seither breiten sich die aggressiven afrikanischen Bienen in dem gegenüber ihrer Heimat ungleich günstigeren Lebensraum unaufhaltsam aus. Sie drängen die harmlosen europäischen Bienenvölker zurück und schaden Bauern und Imkern durch ihre Angriffslust gegen Mensch und Tier, ihren starken Wandertrieb und die durch häufigen Nestwechsel bedingte schlechte Honigproduktion. Es wird nur eine Frage der Zeit sein, bis diese afrikanischen Bienen auch Nordamerika erobern, sehr zum Nachteil vieler dortiger Farmer und Imker. Den Vormarsch der »Mörderbienen« dürften erst die kühleren Breiten stoppen, da die aggressiven Bienenvölker Afrikas keine kalten Winter ertragen.

So ist ein unübersehbarer Schaden durch einen einzigen »kleinen« Fehler eines wohl unterrichteten Biologen entstanden, der nur wenige Bienenvölker nicht unter Kontrolle halten konnte. Das Versehen

läßt sich nicht mehr rückgängig machen, die gefährlichen afrikanischen Bienen werden den amerikanischen Kontinent voraussichtlich für alle Zukunft besiedeln.
Wie viel geringer mag wohl die Gefahr sein, daß im Labor erzeugte Mikroben in die Umwelt gelangen?
Eines der beliebtesten Versuchsobjekte der Gen-Techniker ist das nach seinem Entdecker Escherich benannte »Escherichia-Coli-Bakterium« (E.-Coli). Diese Bakterie, die in der Natur weit verbreitet ist und z. B. auch im Dickdarm des Menschen lebt, ist besonders gut erforscht; ihre DNS ist fast vollständig analysiert, so daß sie für gentechnische Versuche den besten theoretischen Hintergrund bietet. Sollte eine durch Versuche abgeänderte Coli-Bakterie in die Natur gelangen, dürfte sie viele geeignete Lebensräume vorfinden.
Die für die Genmanipulation verwendete spezielle Sorte coli K12 besiedelt zwar den Darm eines gesunden Menschen nicht, kann jedoch von einem geschwächten oder erkrankten Menschen durchaus aufgenommen und weitergetragen werden. Außerdem sind Coli-Bakterien sehr anpassungsfähig und können ihre DNS mit anderen Bakterien austauschen. So wurde beobachtet, daß die Resistenz gegen Antibiotika zwischen unterschiedlichen Bakterien ausgetauscht werden kann, und der Austausch von genetischem Material zwischen E.-Coli und den gefährlichen Salmonellen ist dokumentiert. Es ist sogar möglich, daß tote Coli-Bakterien ihr genetisches Material noch weitergeben.
Der Gedanke, daß Krankheiten auslösende Bakterien in gentechnischen Laboratorien entstehen könnten, ist keineswegs nur eine Vermutung, sondern die Forscher sind solchen Gefahren schon direkt begegnet. So wurden E.-Coli-Bakterien entwickelt, die menschliche Fäkalien in Methan-Gas umsetzen. Aber dem Experimentator kamen Bedenken, als er an die Folgen dachte, die durch eine Besiedelung des menschlichen Darmes mit einer solchen Bakterien-Flora entstehen können, und er entschloß sich, die Kulturen zu zerstören. In keinem anderen Forschungszweig dürfte es bisher vorgekommen sein, daß ein verantwortungsbewußter Wissenschaftler die Ergebnisse seiner Arbeiten vernichtet, weil er unerträgliche Auswirkungen auf das menschliche Leben befürchten muß.
Aber die Gen-Forschung wird weitergehen, und wir müssen mit einem Risiko mehr leben. Neben Umweltvergiftung, Naturzerstörung, Klimaänderung, Bevölkerungsexplosion und atomarer Bedrohung tickt die biologische Zeitbombe. Jeder Tag kann die Entfesselung des

»vierten apokalyptischen Reiters« bringen, durch ein unglückliches Zusammentreffen eines bedrohlichen Versuchsergebnisses mit der Fehlleistung eines Laboranten.

Natürlich erwarten interessierte Gen-Forscher keine dramatischen Gefahren und verweisen auf Vorsichtsmaßnahmen und Arbeitsrichtlinien, die eine mögliche Katastrophe verhindern sollen. Gerne übersieht man anscheinend, daß dieses Sicherheitsnetz keineswegs völlig dicht ist, aufgrund der Beschaffenheit der zu hütenden winzigen Lebensformen wohl überhaupt nicht absolut sicher sein kann. Berechtigte Bedenken werden übergangen, und Worte, wie die von Dr. Peter Starlinger, Direktor am Institut für Genetik an der Universität Köln, zeigen, wie man denken kann:

> »Ich wehre mich dagegen, Maßnahmen gegen etwas zu ergreifen, worüber man nur allgemein spekulieren kann. Man kann sich nur gegen Gefahren wappnen, die um die nächste Ecke herum erkennbar sind. Wir können nur übersehbare Dinge verhindern.« (7)

Damit ist zugleich eine verbreitete Philosophie von Wissenschaft und Technik charakterisiert. Wer forscht oder produziert, hat in unserer Gesellschaft ein Vorrecht, das den meisten Menschen nicht einmal bewußt ist. Der Produzent oder Forscher muß nicht Sorge tragen, daß seine Tätigkeiten unbedenklich sind, sondern die Öffentlichkeit hat erst den Beweis anzutreten, daß eine bestimmte Aktivität von Wissenschaftlern, Forschern, Technikern oder Industriellen Schäden zur Folge hat. Damit stellt sich diese Gruppe über die Zehn Gebote, die von jedem Einzelmenschen verlangen, daß er die Tragweite seiner Handlungen prüfen muß, *bevor er handelt*. Nicht mehr die Verantwortung vor dem Schöpfer, vor der Natur oder auch vor seinen Mitmenschen steht im Vordergrund, sondern Forschung, Technik und Wissenschaft schöpfen ihren Wert aus sich selbst, dürfen sich ohne Skrupel betätigen. Wenn sich Schäden einstellen sollten, ist es immer noch Zeit, für deren Behebung zu sorgen. Diesen maßlosen Anspruch wagt man auch dann noch zu vertreten, wenn Schädigungen möglich sind, die sich niemals mehr korrigieren lassen!

In dieser Verhaltensweise beweist sich eine erschreckende Entfremdung von der Natur und dem Leben, die keineswegs nur auf bestimmte Berufsgruppen begrenzt ist. Die ganze Menschheit sieht nur sich und ihre Ziele und hat offensichtlich vergessen, daß sie nur *von* der Natur existieren und nur *mit* der Natur überleben kann. Unter dem Druck der vielfältigen »Sachzwänge« werden auch die meisten Verantwortlichen von ihren Tagesproblemen überrollt und lassen sich von Alltagskleinigkeiten, politischen Auseinandersetzungen oder wirtschaftlichen Problemen den Blick für *das Wesentliche* verstellen. Zu diesem Wesentlichen gehört die Einsicht, daß wir es uns längst nicht mehr leisten können, zuerst leichtfertig unabsehbare Schäden anzurichten, um dann mit halbherzigen Maßnahmen gegen die mit der Gewalt von Naturkatastrophen über uns hereinbrechenden Folgen unserer Fehlleistungen anzugehen. Denn heute ist es anders als im Mittelalter, wo einem Alchimisten bei der Suche nach Gold nur der Brennofen explodieren konnte; inzwischen kann ein scheinbar kleiner Forschungsunfall irreparable Schäden auslösen. In unserer Zeit muß die Vorsorge, die Schadenverhütung vorrangig gesehen werden. Denn unser Einfluß auf die Umwelt ist zu groß, unsere Vernichtungspotenz zu gewaltig geworden, als daß wir uns noch die geringste Leichtfertigkeit erlauben könnten. Allerdings, mit Vorschriften und Gesetzen werden wir keinen ausreichenden Ausgleich schaffen können für das fehlende Verantwortungsbewußtsein jedes einzelnen. Derartige Versuche zur Reglementierung sind noch immer fehlgeschlagen, wenn sie nicht gar das Gegenteil von dem bewirkten, was man erreichen wollte. Ist die Natur erst zerstört, die Umwelt vergiftet, der Wald entlaubt, die Erde von Menschen überflutet, das Meer verseucht, das Leben irreversibel geschädigt, ein gefährlicher Krankheitserreger dabei, sich epidemisch auszubreiten, kann man also die Gefahren »um die nächste Ecke herum« deutlich erkennen, kommen Gegenmaßnahmen zu spät! Der Zusammenbruch unserer Zivilisation ist dann wohl kaum mehr aufzuhalten.

Abschied vom Wunschdenken

> »Die Schlußfolgerungen, zu denen wir gelangt sind..., sind beunruhigend. Sie deuten für die Zeit bis zum Jahr 2000 auf ein Potential globaler Probleme von alarmierendem Ausmaß. Der Druck auf Umwelt und Ressourcen sowie der Bevölkerungsdruck verstärken sich und werden die Qualität menschlichen Lebens auf diesem Planeten zunehmend beeinflussen. Die Belastungen sind schon heute so stark, daß ihretwegen vielen Millionen Menschen die Befriedigung ihrer Grundbedürfnisse nach Nahrungsmitteln, Wohnraum, Gesundheit und Arbeit und jede Hoffnung auf eine Besserung versagt sind. Gleichzeitig nimmt die Belastbarkeit der Erde – die Fähigkeit biologischer Systeme, Ressourcen für die Bedürfnisse der Menschheit zur Verfügung zu stellen – immer mehr ab.«
>
> *Aus dem Vorwort zu Global 2000*

Wenn wir zurückblicken auf die Entwicklung der letzten Jahrzehnte, also auf eine Zeitspanne, die viele heute lebende Menschen bewußt erlebt haben, und die unser aller Lebensgefühl geprägt hat, so finden wir verschiedene Bewußtseinsphasen recht unterschiedlicher Inhalte. Kennzeichnend für alle Abschnitte in dieser Zeitspanne ist vor allem eine zunehmende Beschleunigung der Entwicklungen, so daß man getrost behaupten kann, daß sich heute in Jahrzehnten die Welt mehr verändert als vordem in Jahrhunderten.

Nach den Zerstörungen des Zweiten Weltkrieges begann beinahe auf der ganzen Erde eine beispiellose Aufbauphase, die überall voller Optimismus angegangen wurde. Selbst im zerstörten Deutschland, das allein für die Durchführung der notwendigsten Aufräumungsarbeiten mit Jahrzehnten rechnen mußte, setzte nach 1948 ein Aufschwung ein, der als »Wirtschaftswunder« in das historische Bewußtsein eingegangen ist.

Es war die Zeit, in der man an die Möglichkeiten des Menschen – wieder einmal – glaubte und die Überzeugung vertrat, daß Demokratie und freie Marktwirtschaft genügen würden, um schöpferische Kräfte im Menschen zu wecken und paradiesische Zustände herbeizuführen. Am naivsten vertreten und sogar in die praktische Politik umgesetzt wurden solche Anschauungen von den Nordamerikanern, die als

»Weltmacht wider Willen« nach dem Zweiten Weltkrieg globale Verantwortung übernehmen mußten, auf die sie nicht vorbereitet waren. Es spricht für den fairen Charakter der Amerikaner, wenn sie allen Menschen die Errungenschaften ihres Landes zugänglich machen wollten, und viele Nationen – voran die Bundesrepublik – haben es auch amerikanischer Einsicht und amerikanischer Hilfe zu verdanken, daß ihre zerstörte Wirtschaft verhältnismäßig schnell wieder in Schwung kam. Leider wurden Probleme oft zu simpel angegangen. Man überging nicht selten die Individualität der Völker und Nationen, begriff nicht, daß westliches Denken sich nicht für alle Menschen eignet und übersah, daß rein materieller Fortschritt nicht das einzige Ziel einer zu Höherem aufgerufenen Menschheit sein darf.

Aber die Tatsache bleibt, daß das Fortschrittsdenken in Ost und West dominierte, daß von Managern oder Funktionären die Lösung aller Probleme erwartet wurde. Da viele Schwierigkeiten zunächst tatsächlich überwunden werden konnten, verwechselten zahlreiche Verantwortliche in Wirtschaft und Politik die Gunst der Lage mit der eigenen Tüchtigkeit. Die so geprägten Manager sitzen heute an Schlüsselpositionen und können nur schwer begreifen, daß sich die Verhältnisse gewandelt haben und Vergleiche zwischen 1950 und 1980 verhängnisvoll werden müssen.

In den 60er Jahren steigerte sich der in den 50ern eingeleitete Optimismus ins Grandiose. Die Wissenschaft war dabei, fast alle ungelösten Fragen zu erforschen; der Zugang zu unerschöpflichen Energie-Quellen schien in der Kernenergie erschlossen, und mit grenzenlos verfügbarer Energie meinte man Wege zur Lösung aller Probleme finden zu können. Dabei ließ man sich offensichtlich von nicht zu Ende gedachten wissenschaftlichen Überlegungen blenden. Diese gingen davon aus, daß die Materie nicht verlorengehen könne, und daß mit genügendem Energie-Einsatz alles Wünschenswerte zu machen sei. Außerdem stand man unter dem Eindruck des nie gekannten wirtschaftlichen Wachstums dieser Jahre, für welches billige Energie – vor allem in Form von Erdöl – eine entscheidende Voraussetzung war.

Das war auch die Zeit der Berufs-Optimisten. Ihr Erster war vermutlich der weltweit bekannte amerikanische Zukunftsforscher Herman Kahn, der das Bild einer Gesellschaft der »20 × 20« entwarf: Zwanzig Milliarden Menschen sollten auf unserem Planeten ein Pro-Kopf-Einkommen von zwanzigtausend Dollar erwirtschaften. Denn Wissenschaft und Technik schien ja nichts unmöglich!

Solche Prognosen entstehen, wenn man alle günstigen Trends extrapoliert und addiert und dabei übersieht, daß die Bäume nicht in den Himmel wachsen. Wir wissen heute, daß derart einseitige Prognosen der Wissenschaft keinen Dienst erweisen und kommendes Unheil beschleunigen oder verschärfen können; zumal wenn sich Regierungen und Unternehmen darauf berufen und entsprechend handeln. Aber damals lagen überzogene Erwartungen im Trend der Zeit, und keiner vermochte solche super-optimistischen Prognosen als »unwissenschaftlich« oder gar als »verantwortungslos« zu entlarven.
Wie miserabel selbst maßgeblichste Regierungskreise informiert waren, zeigt das folgende Zitat:

> »1969, als ich nach Washington kam, fand ich eine Studie über das Energieproblem vor, nach der es immer Energie im Überfluß geben werde...
> Bis 1972 glaubten wir auch an unerschöpfliche Nahrungsmittelvorräte, erst 1973, als wir eine Welternährungskonferenz einberiefen, hatten wir erkannt, daß wir unsere Politik dem Rest der Welt anpassen müssen...«
> *(Henry Kissinger in »Der Spiegel«, Nr. 43 vom 21. 10. 1974)*

Kein Manager, kein Regierungschef kann besser entscheiden, als er informiert ist; man braucht sich somit über Fehlentscheidungen auf höchster Ebene nicht zu wundern. –
Zu Beginn der 70er Jahre erregte der Bericht des Club of Rome zur Lage der Menschheit (»Die Grenzen des Wachstums« von Dennis Meadows) weltweite Aufmerksamkeit und bewirkte, daß nicht mehr alle Menschen bedingungslos an grenzenloses Wachstum glaubten. Als dann der Erdöl-Schock erste Einbrüche in die wirtschaftlichen Entwicklungen auslöste, als die Ernährungslage in den unterentwikkelten Ländern immer kritischer wurde, die Zuwachsraten der industriellen Produktion schrumpften und schließlich weltweit kaum mehr die Nahrungsmittelproduktion gesteigert werden konnte – bei weiterer ungebremster Zunahme der Bevölkerung gab es Mißernten z. B. in der UdSSR –, da wurde doch einigen Menschen bewußt, daß Wachstum im bisherigen Umfang in Zukunft kaum mehr zu erwarten sei. Damit wurde auch die Forderung nach Neuorientierungen aktuell.
In den 80er Jahren ist diese Diskussion um neue Wege endlich entbrannt. Die Erkenntnis, daß Umweltschutz notwendiger Lebens-

schutz ist, daß Alternativen zum technisch-wissenschaftlichen Fortschritt wie zum kontinuierlichen wirtschaftlichen Wachstum gesucht werden müssen, ist inzwischen sogar in Parlamente eingedrungen. Allerdings hat das Wissen, daß wir in einer begrenzten, übervölkerten Welt mit schrumpfenden Vorräten leben, noch kaum Eingang in Staatshaushalte oder Wirtschaftspläne gefunden. Nach wie vor gehen wir davon aus, daß Wirtschaftswachstum unumgänglich sei, z. B. zur Verringerung der Arbeitslosigkeit, und planen das grundlegend andere Morgen mit den Methoden von gestern.

Ein Ausblick in die Zukunft

Wenn wir die zum großen Teil schon angesprochenen besorgniserregenden Entwicklungen der besseren Übersicht wegen noch einmal zusammenfassen, so ergibt sich das folgende desillusionierende Bild.

Die Bevölkerung wächst weiter

Die Erdbevölkerung nimmt nach wie vor zu, und sie wird voraussichtlich bis weit in das 21. Jahrhundert hinein weiter wachsen – wenn nicht katastrophale Geschehnisse das verhindern.

Im Jahre 2000 wird es ungefähr 6350 Millionen Menschen geben. Es wird dann ungeheuer schwierig sein, diese Massen zu ernähren, mit Kleidung und Obdach zu versehen, Schulen, Krankenhäuser, Arbeitsplätze in dem erforderlichen Umfang zu schaffen. In Entwicklungsländern werden viele Städte aus allen Nähten platzen, riesige Slums werden unerträgliche Lebensbedingungen bieten, denn Städte sind weiterhin ein Anziehungspunkt für Menschen, die auf dem Lande weder Arbeit noch Brot finden.

Diese Übervölkerung unseres Planeten ist im Zusammenhang mit allen anderen Problemen zu sehen, mit denen wir uns heute schon, besonders aber in der Zukunft auseinandersetzen müssen; denn kein zweites Phänomen strahlt so weit aus, beeinflußt alles übrige in so drastischem Maße. Weder die Umweltzerstörung, noch die zunehmende Verknappung wichtiger Rohstoffe werden sich verlangsamen lassen, solange die Menschheit weiterhin wächst.

Die Zerstörung der Natur

Umweltgifte, Ausbreitung der Städte, Abholzen oder Sterben der

Wälder, Vergiftung der Gewässer, überintensive Nutzung landwirtschaftlicher Flächen, Zerstörung der letzten, vom Menschen unberührten Lebensräume, gestalten unseren Globus von Tag zu Tag lebensfeindlicher. Es kann nur eine Frage der Zeit sein, bis sich diese Veränderungen unserer Umwelt in sehr spürbarer Weise auswirken.

Waldverlust und Klima

Die bereits geschrumpften Waldflächen der Erde werden bis zum Jahr 2000 voraussichtlich um weitere 40% abnehmen, während die Verbrennung fossiler Brennstoffe noch zunehmen wird. Also wird auch die Anreicherung von Kohlendioxid in der Atmosphäre weitergehen, denn einer steigenden CO_2-Produktion durch mehr Verbrennung von Kohle, Erdöl, Erdgas steht ein geringer werdender Kohlensäure-Verbrauch der Wälder und anderer mit Grün bedeckten Flächen gegenüber.

Damit ist wahrscheinlich bis zum Jahr 2000 ein Zustand erreicht, der Klimaänderungen einleitet, die sich durch keine menschliche Gegenmaßnahme mehr aufhalten lassen.

Chemie in der Landwirtschaft

Für die weiter wachsende Bevölkerung benötigt man mehr und mehr Nahrungsmittel. Da sich die zur Verfügung stehenden Anbauflächen nicht sehr erweitern lassen, wird man die Erträge steigern müssen; das scheint durch Einsatz höchst ertragreicher Pflanzensorten möglich.

Diese besonders leistungsfähigen Nutzpflanzen benötigen allerdings gute Düngung und sind anfälliger gegen Schädlinge und Krankheiten. Das heißt, man wird mehr Kunstdünger, mehr Pestizide ausstreuen und versprühen müssen als bisher. Mehr Chemie in der Landwirtschaft stört und zerstört natürliche Gleichgewichte. Gigantische Monokulturen besonders ertragreicher, aber auch anfälliger Nutzpflanzen beschwören die Gefahr von riesigen Epidemien herauf, die sich wieder nur durch entsprechend großzügigen Umgang mit der Giftspritze eindämmen lassen. Man gerät also in einen Teufelskreis, der mit der Zerstörung der Böden enden muß.

Die Plünderung der Erde

Die Vorräte an fossilen Brennstoffen, an Erzen, Metallen und anderen Mineralien, die in geologischen Zeiträumen von der Natur angesammelt wurden, wird unsere technische Zivilisation mit ihrem exponentiellen Wachstum innerhalb weniger Jahrhunderte verbraucht haben. Unsere Kinder und Enkel werden einen ausgeraubten Planet erben, auf dem sie mit bescheidener Zivilisation um ihr Überleben ringen müssen.

Wasser wird knapp
Süßwasser für den menschlichen Bedarf, wie für die Bewässerung der Felder, ist heute schon in weiten Teilen Afrikas und Südamerikas knapp. Bis zum Jahr 2000 werden einige Länder die Obergrenze des möglichen Süßwasserverbrauchs erreicht haben. Die Problematik verschärft sich durch das Abholzen der Wälder und andere Umweltsünden. Die Meerwasserentsalzung dürfte aufgrund der hohen Energiekosten selbst für Trinkwasser fast unbezahlbar sein, solange nicht billige Sonnenenergie zur Verfügung steht.

Das Nord-Süd-Gefälle vergrößert sich
In den unterentwickelten Ländern wird das Brutto-Sozialprodukt zumindest pro Kopf langsamer steigen als in den Industrieländern. Die Einkommensunterschiede zwischen Nord und Süd steigen, die Spannungen werden dementsprechend zunehmen.
Die Wirtschaftskrisen in den Industrieländern werden sich ebenfalls hemmend auf die Entwicklung der ärmsten Länder auswirken. Im Jahr 2000 wird die Erde aus einem riesigen Armenhaus bestehen, neben einem klein gewordenen Häuflein Wohlhabender. Im Jahre 1975 lebten 28% der Weltbevölkerung in den entwickelten Regionen, im Jahr 2000 werden es nur noch 21% sein.
Auch der Hunger in der Welt nimmt zu. Nach Schätzungen der Weltbank könnte die Zahl der unterernährten Menschen von 400–500 Millionen im Jahre 1975 auf 1300 Millionen im Jahr 2000 steigen.

Wettrüsten
In einer Zeit, in der die Hälfte der Bewohner unseres Planeten in Armut lebt, ein Achtel hungert, die Ressourcen knapp werden, leisten wir uns ein gigantisches Wettrüsten. Etwa 200 Millionen Menschen, zum großen Teil gutausgebildete, hochqualifizierte Experten, arbeiten im »Dienst der Verteidigung«. Etwa eine halbe Million, also vielleicht die Hälfte aller Wissenschaftler, beschäftigen sich mit Entwicklungen im Auftrag der Rüstung. Unvorstellbare Mengen wertvollster Rohstoffe werden für militärische Erfordernisse verschwendet.
Denn Politiker glauben, man könne den großen Krieg nur dadurch

vermeiden, daß man dem potentiellen Gegner für den Fall eines Angriffes die völlige Vernichtung androht. Das Ergebnis ist der Wahnsinn des »Overkill«, den anscheinend niemand zu bremsen vermag, obwohl jeder Verantwortliche längst erkannt haben müßte, daß mit dieser Strategie »der Frieden *nicht* sicherer« werden kann. Den Gedanken, daß diese Waffen jemals eingesetzt werden, kann man eigentlich nur verdrängen. Denn keine Phantasie vermag sich die dann über unsere Erde hereinbrechende Katastrophe auszumalen.

Wirtschaftliche Krisen

Auf einer »schrumpfenden« Erde mit knapper werdenden Vorräten, aber weiter wachsender Bevölkerung, werden sich die wirtschaftlichen Schwierigkeiten immer weniger beheben lassen. Schon gar nicht, wenn man dieser, für die Menschheit neuen Situation, mit konventionellen Rezepten begegnet. Die in den 30er Jahren entwickelten Wirtschaftstheorien, die damals den gewünschten Erfolg vielleicht hätten bringen können, müssen in den vor uns liegenden Jahrzehnten versagen.

Vor einem halben Jahrhundert war die Welt noch nicht übervölkert, es gab ausreichend Land, unerschöpflich scheinende Ressourcen und überall ungesättigte Märkte. Heute sind die Märkte der reichen Länder gesättigt, die Armen haben kaum Geld für das Nötigste, der Boden wird rar, die Rohstoffvorräte müssen sich erschöpfen, und die Umweltkatastrophe ist im Anrollen. Wenn in einer solchen Situation überhaupt noch etwas helfen kann, dann nur größte Naturschonung, Erhalten ökologisch gesunder Lebensräume, Geburtenkontrolle, sparsamster Umgang mit Rohstoffen und Energieeinsparung, wo immer möglich. Wer von industriellem Wachstum in der Form der 50er und 60er Jahre träumt oder der Arbeitslosigkeit durch Zuwachsraten im Bruttosozialprodukt begegnen möchte, hat die Zeichen der Zeit nicht erkannt.

Zunehmende Radikalisierung in der Politik

Wirtschaftliche Krisen strahlen auf die Politik aus und entsprechend müssen die Spannungen auf der ganzen Welt zunehmen. Nord-Süd- und Ost-West-Gefälle werden sich vertiefen, und viele Regierungen werden nach außen härter agieren, um innere Schwächen dadurch zu überspielen. Bei totalitären Regierungen besteht in steigendem Maße die Gefahr, daß man das außenpolitische Abenteuer wagen wird, um von innenpolitischen Schwierigkeiten abzulenken. Als eine für dieses

Jahrhundert in der Weltpolitik neue Variante erscheint religiöser Fanatismus auf der politischen Bühne, der – von Persien ausgehend – auf andere Länder übergreifen kann.
Mit rationalen Überlegungen, mit konventionellen Mitteln der Diplomatie wird man diese Entwicklungen nicht steuern können – so wenig wie die Spannungen innerhalb der einzelnen Machtblöcke, die ein weiteres destabilisierendes Moment dem ohnehin schon viel zu komplizierten Spiel der Kräfte hinzufügen. Viele Schwierigkeiten, die in zurückliegenden Jahrzehnten von der Vertröstung auf steigenden Wohlstand überdeckt wurden, werden sich schon in nächster Zukunft unerbittlich zeigen.

Die Kriegsgefahr nimmt zu
Wirtschaftliche Spannungen und radikale Vorstellungen werden bisherige Erfolge bei der »Sicherung des Friedens« überholen und Kriegsgefahren heraufbeschwören. Sicher wollen die Großmächte eine Auseinandersetzung vermeiden, die das Ende der Menschheit bedeuten könnte, doch sie könnten unvorhersehbar schnell in einen Konflikt verwickelt werden, der sich unkontrollierbar ausweitet. Möglicherweise wird der Nahe und Mittlere Osten eine ähnliche Rolle übernehmen, wie sie vor dem ersten Weltkrieg dem Balkan zufiel.
Hinzu kommt die ernstzunehmende Gefahr, daß ein großer Krieg durch Fehlalarm, also ein unglückliches Zusammentreffen verschiedener technischer und menschlicher Fehlleistungen, ausgelöst werden kann.
Man mag diese Liste verändern oder verlängern. Z. B. das Fehlen an übergreifenden Konzepten; Mangel an moralischen Werten; planloses Taktieren von Verantwortlichen, die oft nur parteipolitische Augenblicksvorteile vor Augen haben, und und und... Das Ergebnis wird das gleiche sein, nämlich die Gewißheit, daß wir den Schwierigkeiten der kommenden Jahrzehnte nicht adäquat zu begegnen vermögen. Eine Weltkatastrophe wird daher nur mit außerordentlich viel Glück zu vermeiden sein!
Diesen Sorgen um die Zukunft der Erde kann sich heute kein informierter Mensch mehr entziehen. Zukunftsängste, Furcht vor den Folgen unserer Mißwirtschaft, Erschrecken vor den Möglichkeiten eines Atomkrieges sind unter den gegebenen Umständen nur zu verständlich. Sie bewirken, daß viele den Blick voll banger Erwartung auf die kommenden Jahrzehnte richten.

Eigentlich ist das Jahr 2000 nichts besonderes. Nur ein zufälliges Datum, das aufgrund unserer Zeitrechnung zustande kommt. Selbst wenn man die Geburt von Jesus, dem Gottessohn, als ein ganz außerordentliches Ereignis in der Weltgeschichte erkennt, läßt sich damit nicht die Bedeutung des Jahres Zweitausend begründen. Schon gar nicht, wenn man bedenkt, daß Jesus – wie wir heute wissen – nicht im Jahre 0, sondern 6 oder 7 »vor Christus« geboren wurde. Also ist das Jahr 2000 doch nur ein Jubiläum wie viele, von Bedeutung in den Ländern, welche die Zeitrechnung nach dem Gregorianischen Kalender übernommen haben – ein Anlaß zu Feiern, Festreden, Rückblicken, aber kein herausragendes naturgeschichtliches, astronomisches, historisches, geistesgeschichtliches Datum?
Zwar ist der Übergang in ein drittes Jahrtausend für Kulturen ein seltenes Ereignis, doch ist die europäische Zivilisation nicht die einzige, die auf mehr als zwei Jahrtausende einer wechselvollen Entwicklung zurückblicken kann. In Ägypten, China, Indien, vielleicht sogar in Südamerika haben Zivilisationen ähnliche Zeiträume überdauert.
Selbst wenn man astrologische Gesichtspunkte mit heranzieht, wie den Übergang vom Fische-Zeitalter in das Wassermann-Zeitalter, läßt sich zwar die Ablösung einer alten Epoche durch eine neue ablesen, doch dieser Wechsel erfolgt innerhalb von Jahrzehnten, keinesfalls zu einem auf Tag und Stunde festschreibbaren Datum und auch nicht im Jahr 2000. So besteht also keine tiefere Ursache zu einer so starken Betonung des Jahrtausendwechsels, wie das häufig geschieht?
Eine umfassendere Bedeutung erlangt der näherrückende Übergang vom 2. ins 3. Jahrtausend unserer Zeitrechnung, wenn die Entwicklung auf unserem Planeten betrachtet wird. Denn viele der heute schon abzusehenden Tendenzen werden zu dieser Zeit einen bedrohlichen Charakter erhalten. Natürlich nicht pünktlich zum Stichtag, dem 1. Januar 2000, aber doch innerhalb einer vielleicht nur 2 Dekaden umfassenden Zeitspanne um dieses Datum.
Auf den vorausgehenden Seiten wurde über Gefährdungen für unsere Zivilisation gesprochen, die fast alle innerhalb der nächsten Jahrzehnte auf die Menschheit zukommen. Man muß daher annehmen, daß im kommenden Jahrhundert, im näherrückenden dritten Jahrtausend, auf der Erde vieles, ja alles anders aussehen wird, als wir es noch heute gewohnt sind und es aus der Geschichte kennen.

Und wie stellen wir uns zu dieser unvermeidlich anrollenden Katastrophenwelle, die mit der Sicherheit naturgesetzlicher Geschehen zu kommen scheint?
Wer nicht an der Zukunft verzweifeln will, hat eigentlich nur zwei Möglichkeiten. Entweder man verdrängt das Wissen von den auf uns zueilenden zwangsläufigen Veränderungen, die man nicht abwenden kann, hofft, daß sich das Unvermeidliche noch einige Jahrzehnte hinauszögern ließe, und tröstet sich mit dem Sprichwort »kommt Zeit, kommt Rat«. Oder man sucht Antworten, ist bereit, in dem Unausweichlichen eine Notwendigkeit, eine folgerichtige Entwicklung zu erkennen, vielleicht sogar die Auswirkungen eines durch Schöpfungsgesetze gesteuerten Eingriffes, der wie eine schwere Operation zwar schmerzt, aber der einzige Weg zur Gesundung ist. Dann finden wir auch eine aufgeschlossenere Einstellung zur Zukunft.
Die Begründung für die zweite Möglichkeit wollen wir uns im folgenden in den der Menschheit gegebenen Warnungen und Verheißungen ansehen. Damit verlassen wir allerdings das Gebiet der gesicherten Tatsachen, nehmen es in Kauf, daß wir uns nicht allgemein anerkannter, also sogenannter »unwissenschaftlicher« Methoden bedienen. Den Vorwurf der »Unwissenschaftlichkeit« wollen wir auf uns nehmen; denn auf den vorhergegangenen Seiten ist ausreichend deutlich geworden, daß die sich so streng und korrekt gebenden Politiker und Wissenschaftler auf wichtigen Gebieten – es genügen die Stichworte Umweltzerstörung, Wettrüsten, Bevölkerungsexplosion, Kernenergie – den Überblick verloren haben. Man mag es uns daher nachsehen, wenn wir angesichts des von dem viel gerühmten »logischen Denken« angerichteten Debakels den Mut haben, das Dogma des »kausalen Denkens« in Frage zu stellen und auch analog, in Entsprechungen, zu denken.

Das Grollen aus der Ferne

Worte biblischer Propheten

> »Da die Propheten für den Heiligen Geist, der sich ihrer bedient, nur mangelhafte Werkzeuge sind, ist es nicht nötig, daß sie alles, was sie vorhersagen, auch verstehen.« *Thomas von Aquin*

Biblische Prophetie – eine Warnung für uns?

Ein keineswegs unbedeutender Teil der Überlieferungen des Alten wie des Neuen Testamentes ist Prophetie. Von den Büchern Moses an finden sich immer wieder Vorhersagen, teils von kurzfristiger, regionaler, teils auch von weit vorausschauender, umfassender Bedeutung.

In den »geschichtlichen Büchern« treten die »Vorderen Propheten« auf, zu denen u. a. Deborah, Samuel, Elia, Elisa gezählt werden. Dann folgen im Alten Testament die Weissagungen der vier »Großen Propheten« Jesaja, Jeremia, Hesekiel (Ezechiel) und Daniel, die neben Schauungen der näheren Zukunft ihres Volkes auch weitreichende Prophezeiungen für die ganze Menschheit enthalten. Die Gesichte der zwölf »Kleinen Propheten« des Alten Testamentes (Hosea, Joel, Amos, Obadja, Jona, Micha, Nahum, Habakuk, Zephania, Haggai, Sacharja und Maleachi) sind nicht so umfassend, entsprechen in ihrem Sinngehalt aber zum großen Teil den Prophetien der vier Großen Propheten.

Das Phänomen der Propheten begegnet uns übrigens ausschließlich im Volk der Juden. Selbstverständlich gab es in allen antiken Völkern anerkannte Zukunftsdeuter, von der Pythia zu den römischen Auguren, von der erythräischen Sibylle bis zu chinesischen Astrologen. Diese Liste läßt sich fortsetzen und reicht über Hildegard von Bingen, Emanuel Swedenborg, Anna Katharina Emmerich, Jakob Lorber, um nur einige zu nennen, bis zu Alois Irlmaier und weiter.

Doch die biblischen Propheten sind etwas anderes, Besonderes. Sie sind weder Zukunftsdeuter noch Wahrsager, sondern Männer und

auch Frauen, die vom »Geist Gottes« ergriffen sind und zu Lehrern, Warnern, Mahnern, den eigentlichen, wahren Priestern ihres Landes werden. In keinem anderen Volk der Weltgeschichte gibt es eine Tradition solcher Art. Die Erweckung zum Propheten verleiht das schwerste und bitterste Amt, zu dem ein Mensch berufen werden kann. Der aus Tausenden auserwählte Verkünder göttlichen Willens hat Leid und Enttäuschungen zu erwarten, und je entschiedener er für die ihm bewußt gewordene Wahrheit eintritt, um so verhaßter wird er seinen Mitmenschen. Denn die Menschheit will den unbequemen Rat der Propheten nicht. Sie möchte es sich im Augenblick gutgehen lassen und verschließt die Augen vor kommendem Unheil, antstatt alles zu tun, diese zu wenden.
Unter den Propheten der biblischen Zeit, von Moses über die »vorderen«, die »kleinen« und die »großen« Propheten, bis zu Johannes dem Täufer und dem Künder der Großen Apokalypse, finden sich einige der größten Geistesgestalten der Weltgeschichte. Wenn wir hier von einer Kette der Propheten sprechen, die von Moses bis zum Apokalyptiker Johannes reicht, so fassen wir den Begriff des Propheten in einem umfassenderen Sinne auf, als das üblicherweise getan wird. In der Bibel billigt man Moses eine Sonderstellung zu und spricht z. B. von »Moses und den Propheten« (Luk. 16,31), wenn es um die im Alten Testament gekündete Wahrheit geht. Nach jüdischer Überzeugung ist Maleachi der letzte Prophet, während das frühe Christentum das Alte Testament insgesamt als das Buch der Erwartung und Ankündigung des von Jesus gebrachten Heiles verstand.
Das in der überlieferten Geschichte einmalige Auftreten so vieler Heroen in einem kleinen Volke ist vielleicht ein größeres Wunder als die kulturelle Explosion im Athen des Perikles oder die Entwicklungssprünge von Kunst und Wissenschaft in der italienischen Renaissance; man kann darin geradezu einen Beweis finden für die Erwählung des jüdischen Volkes, das den Boden bilden sollte, in den der Same des von Jesus gebrachten Wortes gesenkt werden konnte. Das Phänomen der Propheten alleine würde es rechtfertigen, dem alten Volk der Juden und seiner am Rande des Römischen Weltreiches ablaufenden Geschichte eine außerordentliche Bedeutung zuzugestehen.
Auch das Neue Testament enthält in den vier Evangelien wichtige Voraussagen, die Jesus selbst zugeschrieben werden. In verschiedenen Apostel-Briefen finden sich prophetische Äußerungen, und vor allem das schwer zu deutende letzte Buch des Neuen Testamentes, die

Offenbarung des Johannes oder die Große Apokalypse bringt Gesichte, wie sie Menschen nur in besonderen Ausnahmefällen übermittelt werden.
Schauungen, Prophezeiungen gibt es also im anerkannten jüdischen und christlichen Schrifttum genug; nur mit der Einordnung und den Deutungen hat man es nicht leicht. Selbst die großen Kirchen wußten kein überzeugendes Verhältnis zu den vielen Offenbarungen zu finden.
Im frühen Christentum gab es den sog. »Chiliasmus«, eine Richtung, die auf der Offenbarung des Johannes aufbauend an ein zukünftiges Endgericht glaubte, in dessen Verlauf auch Luzifer »gefesselt« würde. Danach sollte das »Friedensreich der Tausend Jahre« folgen, nach dessen Ende Luzifer vorübergehend wieder frei wird, um zuletzt endgültig verworfen zu werden.
Nach der Anerkennung der Kirche durch Kaiser Konstantin verloren chiliastische Vorstellungen an Bedeutung, und die Amtskirche neigte zu der Meinung des Augustinus, der unter dem »Tausendjährigen Reich« nur mehr symbolisch die Zeit von der Auferstehung Christi bis zum Ende der Welt verstand. Dieser Gedanke war eine der Ursachen für die Weltuntergangserwartungen im Jahre 1000 (eigentlich hätte man 1030 wählen müssen, da Christus um das Jahr 30 gekreuzigt wurde).
Später wurde von der Katholischen Kirche sogar die Meinung vertreten, daß durch die Weltkirche das Friedensreich auf Erden schon verwirklicht sei, und die Wiederkunft Christi sich tagtäglich im Sakrament des Meßopfers verwirkliche. Wer diesem Gedankengang nicht folgen wollte, weil offensichtliche Tatsachen gegen ihn sprachen, riskierte es im Mittelalter, den Widerspruch mit Kerker und Folter zu büßen.
Zu Beginn der Neuzeit distanzierten sich dann die reformierten Kirchen ausdrücklich von chiliastischen Vorstellungen, so daß derartige Gedanken heute meist nur in nicht konfessionsgebundenen Kreisen weitergegeben werden. In unserer Zeit erweitert sich allerdings das Bewußtsein auch offizieller kirchlicher Kreise, und eine offenere Diskussion der Propheten ist auch innerhalb der Kirchen möglich. Das zeigen Schriften wie Philberts »Christliche Prophetie und Nuklearenergie«, die sich an für den heutigen Menschen eingängige, direkte Deutungen der »Offenbarung des Johannes« wagen und als moderne Fortsetzung uralter chiliastischer Vorstellungen begriffen werden dürfen.

Am Beginn jeder Diskussion über die Alten Propheten muß natürlich die Frage stehen, ob es überhaupt sinnvoll ist, sich mit so weit zurückliegenden, einem vergangenen Kulturkreis entsprungenen Gedanken zu beschäftigen, die für Menschen einer anderen Entwicklungsstufe bestimmt waren. Die Alten Propheten vermitteln ja Vorstellungen, die uns ferne sind, oft in einer symbolischen Sprache, die wir kaum mehr verstehen, und aufgebaut auf einer religiösen Überzeugung, die uns fremd geworden ist.
Wozu also die Mühe, solche dunklen, mythischen Texte zu studieren? Kann das Ergebnis mehr bringen als nur sehr verschwommene oder gar abergläubische Vorstellungen?
Für einen mittelalterlichen Menschen wäre die Antwort auf diese Frage einfach gewesen. Aus seiner Sicht folgt die Entwicklung der Menschheit einem Heilsplan des Schöpfers. Dieser Plan muß dem Gotteswillen entsprechend ablaufen, vom Sündenfall bis zum Jüngsten Gericht, das eine notwendige Folge des Sündenfalles der Menschheit ist. In diesem großen, vom Schöpfer selbst gelenkten Weltgeschehen muß sich das Menschheitswissen erweitern, wenn die Menschheit nicht verlorengehen soll. Das erforderliche neue Wissen wird daher von Propheten oder gar vom Gottessohn Jesus selbst vermittelt. Alle wichtigen Stationen dieses Entwicklungsganges sind aus himmlischen Höhen vorauszusehen und regelmäßig werden Begnadete, Warner, Propheten erweckt, um die Menschheit zu rechter Zeit auf das Kommende aufmerksam zu machen. Ein Beispiel für einen solchen Wegbereiter wäre Johannes der Täufer, der Jesus verkünden, also auf den Gottessohn aufmerksam machen sollte.
Ein wesentlicher Unterschied zwischen den Auffassungen der katholischen und der evangelischen Kirche besteht darin, daß nach evangelischer Lehre die Offenbarungen mit den Aposteln abgeschlossen sind; man hält sich streng an die Schrift entsprechend dem Grundsatz: »sola scriptura« (nur die Schrift). So wird z. B. im »Schmalkaldischen Artikel«, einer von Luther verfaßten Bekenntnisschrift aus dem Jahre 1537, erklärt, daß alle nach-testamentlichen Offenbarungen ein Werk des Teufels seien. Die Existenz weltlicher Prophezeiungen könne zwar nicht geleugnet werden, doch wären diese nur von geringem Wert.
In der katholischen Kirche ist man bereit, auch Eingebungen, Offenbarungen aus späteren Zeiten bis in unsere Tage als möglich anzunehmen. Im Einzelfall ist zwar die Zustimmung der katholischen Kirche zu einer speziellen Kundgebung (z. B. einer »Marienerscheinung«)

nicht leicht zu erreichen, doch hält man grundsätzlich Kündungen aus himmlischen Reichen auch heute noch für möglich.
Im Rahmen des großen Heilsgeschehens ist auch die Endzeit, das Endgericht und das anschließende Tausendjährige Friedensreich eingeplant, das die Offenbarung des Johannes kündet. Tag und Stunde sind uns Menschen zwar verborgen – Jesus unterstreicht das ausdrücklich – aber die »Ernte« steht bevor, und in Gleichnissen warnt Jesus eindringlich vor dem Schnitt, der Ernte, der geistigen Scheidung, die für jeden Einzelmenschen auch die Entscheidung über Tod oder Leben, geistigen Untergang oder ewiges Leben bedeutet:

> »Er legte ihnen ein anderes Gleichnis aus und sprach: Das Himmelreich ist gleich einem Menschen, der guten Samen auf seinen Acker säte. Da aber die Leute schliefen, kam sein Feind und säte Unkraut zwischen den Weizen und ging davon.
> Da nun das Kraut wuchs und Frucht brachte, da fand sich auch das Unkraut. Da traten die Knechte zu dem Hausvater und sprachen: Herr, hast du nicht guten Samen auf deinen Acker gesät? Woher hat er denn das Unkraut?
> Er sprach zu ihnen: Das hat der Feind getan. Da sprachen die Knechte: Willst du denn, daß wir hingehen und es ausjäten? Er sprach: Nein! auf daß ihr nicht zugleich den Weizen mit ausraufet, so ihr das Unkraut ausjätet. Lasset beides miteinander wachsen bis zu der Ernte; und um der Ernte Zeit will ich zu den Schnittern sagen: Sammelt zuvor das Unkraut und bindet es in Bündel, daß man es verbrenne; aber den Weizen sammelt mir in meine Scheuer.«
> *(Matth. 13,24–30)*

Wie können wir die biblische Prophetie einordnen?

Für die meisten Menschen unserer Zeit ist die Einstellung zur Prophetie der Bibel eine Sache des »Glaubens«, also der Konfession, zu der sich der einzelne bekennt. So wird man von einem Christen annehmen, daß er biblische Prophetien ernst nimmt, während man z. B. von einem Buddhisten oder Hinduisten nicht erwarten darf, daß er diese Aussagen kennt. Angehörigen aller Konfessionen gemeinsam ist allerdings die Anerkennung der Naturwissenschaften, die auf den ersten Blick alle Prophetie zu widerlegen scheinen. Aber nur auf den

ersten Blick; denn bei näherer Betrachtung scheinen manche Forschungsergebnisse eher für als gegen die Möglichkeit der Prophetie zu sprechen. Folgender Gedankengang wird dies erhellen:
Die Naturforschung ist in unserer Zeit weit fortgeschritten, und man ist in der Lage, bis zu den Geheimnissen des Atomkernes und weiter vorzudringen. Gleichzeitig müht man sich um die weitere Entschlüsselung der Rätsel des Himmels. Wir wissen auch viel von der Entwicklung des Lebens auf unserem Planeten, können uns ein Bild von der Entstehung der Sonne machen und sind sogar bis zu der Frage vorgedrungen, wie und wann das unermeßliche Weltall entstanden sei. Man wagt zu errechnen, wie das Universum sich entwickelt hat und wohin sein Entwicklungsgang führen wird. Es gibt interessante Antworten auf diese Fragen – zwar im Detail nicht immer gesichert, doch logisch aufgebaut auf dem Wissen unserer Zeit und daher überzeugend in der Wirkung.
Demnach begann unser All vor zehn oder zwanzig Milliarden Jahren mit einer gigantischen Explosion. In diesem »Urknall« traten Materie und Energie mit unvorstellbarer Gewalt aus dem Nichts ins Dasein. Das All dehnte sich mit Lichtgeschwindigkeit aus und begann dadurch abzukühlen. So konnten sich aus seinem überhitzten Plasma nach den ersten Minuten die uns bekannten Elementarteilchen bilden. Diese schlossen sich schrittweise zu Atomen, Molekülen, Weltenkörpern zusammen. Forscher haben nachzurechnen versucht, in welcher Weise sich die Materie innerhalb der ersten Minuten nach der Geburt des Alls entwickelt haben dürfte. Dazu sagen Wissenschaftler heute, daß zuerst nur Wasserstoff und Helium entstanden seien, welche sich zu riesigen Ursternen verdichteten. Diese Sterne begannen zu leuchten; denn sie erhitzten sich im Druck der Verdichtung, und ihr Wasserstoff entzündete sich im Feuer der Kernfusion. Dieses lodert auch auf unserer Sonne und versorgt sie seit etwa fünf Milliarden Jahren mit der Energie, die sie in verschwenderischer Fülle in das Weltall abstrahlt. Alle uns bekannte Materie – außer Wasserstoff und Helium – wurde angeblich erst im Inneren der Ursterne durch Kernfusionen gebildet. Erst als solche Ur-Sonnen explodierten, konnten sich aus deren Materie Planetensysteme bilden mit bewohnbaren Himmelskörpern wie unserer Erde.
Und wie wird diese Entwicklung weitergehen?
Eine derzeit vieldiskutierte Theorie sagt, daß das Weltall weiter expandieren werde. Durch die Anziehung der Weltenkörper untereinander wird diese Ausdehnung aber abgebremst, kommt schließlich

zum Stillstand und kehrt sich danach sogar um. Nach Erreichen seiner größten Ausdehnung müßte demnach das All wieder schrumpfen und in einer sich beschleunigenden Kontraktion zusammenstürzen. Zuletzt würden alle die ungezählten Galaxien des Weltalls in einer alle Vorstellungskraft übersteigenden Implosion miteinander verschmelzen.

Wir stellen hier nicht die Frage, inwieweit eine solche Hypothese von Ursprung und Zukunft des Universums zutreffen mag. Sicher wird es mit weiteren Forschungsergebnissen noch unzählige Korrekturen geben, und es ist auch nicht auszuschließen, daß eines Tages neue Erkenntnisse zu einem grundsätzlich neuen Bild von der Entstehung unseres Alls führen. Uns interessiert aber die Frage, was Wissenschaftler dazu berechtigt, das Alter des Universums anzugeben, seine Geburt zu beschreiben und die ersten Minuten seiner Existenz im Detail durchzurechnen? Doch wohl in erster Linie der Glaube an die in Zeit und Raum unbeschränkte und uneingeschränkte Gültigkeit von Naturgesetzen!

Unsere Naturerkenntnis wurde ja auf einer sehr schmalen Basis gesammelt: Räumlich begrenzt auf unsere kleine Erde, zeitlich beschränkt auf die im Vergleich zum Alter des Universums winzige Spanne, seit Menschen den Planeten Erde bewohnen. Im vollen Bewußtsein dieser schwachen Basis unserer Naturerkenntnis wenden wir aber unser wissenschaftliches Wissen auf das All an. Dies in der Überzeugung, daß die auf unserem kleinen Planeten Erde gefundenen Gesetzmäßigkeiten der Mathematik, Physik, Chemie und Biologie auf das räumlich Größte und zeitlich Älteste angewendet werden dürfen, auf das Universum. Angewendet unter der meist unausgesprochenen Voraussetzung, daß die Gesetze der Materie gleichgeblieben sind von Anfang an und gleichbleiben werden bis zu einem möglichen Ende. Ein Fundament der Naturwissenschaft ist also die Überzeugung, daß es universelle Natur-Gesetze gibt, die unabhängig von Raum und Zeit im ganzen Weltall gelten, die ewig unveränderlich das All von seiner Geburt an regieren, und die es bis zu seinem eventuellen Tod beherrschen werden. Von dieser Überzeugung ausgehend, ist es eigentlich ein folgerichtiger Schritt zu der in den Evangelien geoffenbarten Wahrheit, daß die Gesetze – in der Sprache der Evangelien »Das Wort«* – bestanden, bevor die Schöpfung erstand, und bestehen-

* »Im Anfang war das Wort, und das Wort war bei Gott, und Gott war das Wort« (Joh. 1,1)

bleiben, wenn dereinst das uns sichtbare All verschwunden sein sollte. Jesus drückte das in den Worten aus:

»Himmel und Erde werden vergehen; aber meine Worte werden nicht vergehen.« *(Matth. 24,35)*

Wenn solche – nach Ansicht der Religionen von einem vollkommenen Schöpfer ausgehenden – ewigen Gesetze die Welt, das All, unser Leben regieren, dann müßte es doch auch möglich sein, schon frühzeitig zu überblicken, wohin ein einmal eingeschlagener Entwicklungsgang führen wird?
War für eine übergeordnete geistige Einsicht nicht schon vor Tausenden von Jahren zu erkennen, welche Folgen der Sündenfall für die Menschheit bringen wird? Daß diese Fehlentscheidung nur in einer Katastrophe enden kann, sofern der einmal eingeschlagene Irrweg konsequent beibehalten wird?
Eine über allem menschlichen Begreifen stehende umfassende Weisheit – Religionen sprechen von der »Allweisheit Gottes« – konnte doch wohl die irregehenden Menschen rechtzeitig warnen. So wurden vor Jahrtausenden begnadeten Menschen auf unserer Erde erschütternde Bilder vermittelt – als dringende Mahnung, die widernatürlichen Wege zu verlassen.
Vorauszusehen waren damals vor allem die geistigen Folgen der von dem freien Willen des Menschen getätigten Entschlüsse, weniger die irdischen Ausprägungen im einzelnen, die uns meist in erster Linie interessieren. Doch die irdische Form, das irdische Ereignis, ist nur die Verdichtung geistigen Geschehens, dessen grundsätzliches Erscheinungsbild zwar schon lange vorher zu erkennen ist, dessen Ausformung im Detail jedoch bis zum letzten Moment durch menschliches Handeln abgewandelt werden kann.
Die Endzeit-Prophetie der Bibel hätte also nach wie vor ihre Bedeutung; denn sie schildert ein Weltgeschehen, dem wir aufgrund von Gesetzmäßigkeiten nicht entrinnen können. Die den Propheten übermittelten Bilder zeigen allerdings vorwiegend geistige Inhalte, nicht unbedingt die letztendlich unseren Augen sichtbar werdenden irdischen Ereignisse. Daher bereitet auch das richtige Verständnis der Kündungen so viel Kopfzerbrechen. Denn vor Jahrtausenden waren auch von »höherer Warte« aus nur die großen Entwicklungswege zu erkennen, während wir vor allem nach den äußeren Erscheinungsformen fragen. Dabei berücksichtigen wir oft zu wenig, daß es im Endef-

fekt keinen großen Unterschied macht, ob sich die Menschheit durch einen Atomkrieg ausrottet oder durch die schleichende Verseuchung der Umwelt ihre Lebensgrundlagen zerstört. Beides kann als »Gerichtsgeschehen« Ausdruck des gleichen inhaltlichen Vorganges sein, der sich zu der von Schöpfungsgesetzen vorgegebenen Zeit auf unserem Planeten auswirken muß. Welche genauen Formen diese unvermeidbare Auswirkung annimmt, hängt auch von den dann auf der Erde herrschenden äußeren Verhältnissen ab.

Die vielen Versuche, die Offenbarungen in einer für uns heutigen Menschen eingängigen Sprache zu deuten, sind daher von vornherein vor ein schier unlösbares Problem gestellt. Vor Jahrtausenden konnten nur die großen *geistigen* Linien gezeigt werden. Aus solchen Schauungen alleine ist das in unserer Zukunft zu erwartende *irdische* Geschehen nur in bildhaften Umrissen zu erkennen. Diese Quadratur des Kreises ist mit den alten Schriften als einziger Grundlage gar nicht zu lösen, so interessant auch manche Versuche dazu sein mögen. (Stellvertretend für viele andere erwähne ich nur: Bernhard Philbert, Bartholomäus Holzhauser, Peter Prachar, Hans Baum, Paula Schlier oder die aufgrund ihres Umfanges schwer lesbare Neuoffenbarung von Jakob Lorber.) Mich persönlich überzeugen die Erklärungen, welche Abd-ru-shin* dazu gibt. Doch auch ein darauf aufgebauter Deutungsversuch kann nur Hinweise geben. Präzisieren lassen sich auf alte Überlieferungen gegründete Vermutungen erst dann, wenn spätere Offenbarungen, Kündungen, Gesichte hinzugenommen werden. Denn je weiter die Entwicklung fortschreitet, desto mehr verdichten sich auch die uns unsichtbaren Bilder und um so deutlicher ist abzulesen, welche *Formen* das irdische Geschehen annehmen mag.

Natürlich gab es auch sog. »streng wissenschaftliche« Deutungen der Großen Apokalypse, welche die Aussagen dieser prophetischen Schrift aus dem historischen Umfeld des frühen Christentums zu verstehen suchen. Eine derartige historische Erklärung sieht in der Offenbarung des Johannes z. B. eine symbolhaft verschlüsselte Streitschrift gegen den Römischen Absolutismus. Der Römische Kaiser – vertreten durch die Figur des grausamen Nero – ist dann der Erzfeind, also der Antichrist. Ihm wird der Untergang angekündigt. Wir werden hier auf solche begrenzten Auslegungen nicht eingehen, sondern gehen davon aus, daß echte Schauungen höherer als menschlicher

* Abd-ru-shin, »Im Lichte der Wahrheit«, Gralsbotschaft, Verlag der Stiftung Gralsbotschaft, Stuttgart.

Einsicht entspringen und mehr zu vermitteln haben als persönliche Erfahrungen eines bestimmten Menschen in einer gegebenen historischen Epoche.

Sündenfall – was ist das?

Folgen wir den Ansichten mittelalterlicher Christen, so ist das Jüngste Gericht die Folge des Sündenfalles. Läßt sich vielleicht ein Zugang auch zum Verständnis der vorausgesagten endzeitlichen Geschehen finden, wenn wir zuerst nach dem Sündenfall fragen?
In der Bibel findet sich dazu folgender Bericht:

> »Und die Schlange war listiger denn alle Tiere auf dem Felde, die Gott der Herr gemacht hatte, und sprach zu dem Weibe: Ja, sollte Gott gesagt haben: Ihr sollt nicht essen von allerlei Bäumen im Garten?
> Da sprach das Weib zu der Schlange: Wir essen von den Früchten der Bäume im Garten; aber von den Früchten des Baumes mitten im Garten hat Gott gesagt: Esset nicht davon, rühret's auch nicht an, daß ihr nicht sterbet.
> Da sprach die Schlange zum Weibe: Ihr werdet mitnichten des Todes sterben; sondern Gott weiß, daß, welches Tages ihr davon esset, so werden eure Augen aufgetan, und werdet sein wie Gott und wissen, was gut und böse ist.
> Und das Weib schaute an, daß von dem Baume gut zu essen wäre, und daß er ein lustiger Baum wäre, weil er klug machte; und sie nahm von der Frucht und aß und gab ihrem Mann auch davon, und er aß.« *(1. Mose 3,1–6)*

Was also war der Sündenfall? War es das Verlangen nach Klugheit, wie es die Bibel deutlich sagt:

> »... daß von dem Baume gut zu essen wäre und daß er ein lustiger Baum wäre, *weil er klug machte ...*«

Kann es sein, daß menschliche Klugheit, das Streben nach Erdenwissen, den Sündenfall bedeutet? Zu dieser Frage kann die Naturwissenschaft interessante Aufschlüsse beisteuern. Wenn wir einen Naturwissenschaftler nach dem Wesensmerkmal des Menschen fragen, so erhalten wir eine überraschende Antwort. Nicht der aufrechte Gang; nicht die Hand als unentbehrliches Werkzeug; nicht die Fähigkeit zur Sprache; nicht die Möglichkeit, eine Kultur aufzubauen; nicht die Frage nach dem Sinn des Lebens; nicht die Suche nach religiösen Antworten, die sich in Zeremonien, Mythen, geheiligten Überlieferungen ausdrückt, seien das Typische für den Menschen. *Sondern das Gehirn!*

Das Gehirn zeichnet demnach den Menschen aus, ist aus naturwissenschaftlicher Sicht das »typisch Menschliche«, ist das Organ, das ihn über das Tier hinausgehoben, zum Herrn der Erde gemacht hat. Es ist daher kein Zufall, wenn ein bekanntes Buch über das Wunder der menschlichen Intelligenz den Titel trägt »... und werdet sein wie Götter«. Damit wird ein Bezug hergestellt zu einem biblischen Text, aus dem man eine aktuelle Warnung herauslesen kann: Wer sich diesem irdischen Verstande unterordnet, mag sich als »Herr der Erde« fühlen; er kann sich aber kaum zu Besserem entwickeln als zu einem Unterdrücker, der Zerstörung bringt seiner Umgebung und zuletzt auch sich selbst. Wer ausschließlich dem Intellekt folgt, dem wird es an der Weisheit des Herzens fehlen, die aus religiösen Erfahrungen ersteht. Warnend klingt dazu das Wort des Propheten:

> »Und der Herr spricht: Darum, daß dies Volk zu mir naht, mit seinem Munde und mit seinen Lippen mich ehrt, aber ihr Herz fern von mir ist und sie mich fürchten nach Menschengeboten, die sie lehren: so will ich auch mit diesem Volk wunderlich umgehen, aufs wunderlichste und seltsamste, daß die Weisheit seiner Weisen untergehe und der Verstand seiner Klugen verblendet werde.« *(Jes. 29,13–14)*

Der Gegensatz zwischen der »göttlichen Weisheit« und dem »menschlichen Wissen« zieht sich nicht nur wie ein roter Faden durch die Bibel. Er war auch ein wichtiges Thema des Mittelalters, in dem immer wieder der Vorrang der »göttlichen Künste« – also der Theologie – vor den »freien Künsten« – wie Philosophie und Naturphilosophie – betont wurde. Allerdings blieb es oft bei Lippenbekenntnissen; denn gehandelt wurde auch im Mittelalter meist nach »sachlichen Kriterien« und »realpolitischen Gesichtspunkten«, auch wenn man damals seine irdischen Ziele gerne religiös begründete. Aber man nahm dieses Thema damals noch ernst, war von mahnenden Worten noch zu ergreifen:

> »Wer ist weise und klug unter euch?
> Der erzeige mit seinem guten Wandel seine Werke in der Sanftmut und Weisheit. Habt ihr aber bitteren Neid und Zank in eurem Herzen, so rühmt euch nicht und lüget nicht wider die Wahrheit.
> Das ist nicht Weisheit, die von obenherab kommt, sondern irdisch, menschlich und teuflisch. Denn wo Neid und Zank ist, da ist Unordnung und eitel böses Ding.
> Die Weisheit aber von obenher ist aufs erste keusch, darnach friedsam, gelinde, läßt sich sagen, voll Barmherzigkeit und guter Früchte, unparteiisch, ohne Heuchelei.« *(Jak. 3,13–17)*

Führt unser Intellekt weg von den einfachen, aber tiefen Wahrheiten, die alleine Frieden und Segen stiften? Kann es sein, daß wir in der Überbewertung unseres wichtigsten irdischen Werkzeuges, unseres Denkvermögens, den rechten Weg verloren haben? Wissenschaftliche Forschungsergebnisse aus unserer Zeit scheinen alte biblische Weisheiten zu bestätigen.
Ein überraschender Hinweis kommt z. B. aus der Naturgeschichte. In der Erd-Vergangenheit sind zahllose Tier- und Pflanzenarten ausgestorben. Das ist nach heutigen biologischen Lehren unvermeidlich, denn die Evolution des Lebens sorgt durch fortlaufende Auslese dafür, daß immer geeignetere, besser angepaßte Lebewesen entstehen. Diese natürliche Selektion scheidet selbstverständlich auch Fehlentwicklungen aus.
Sofern Tiere untergehen mußten, war in der Vergangenheit die Ursache für das Verschwinden ganzer Arten nicht selten eine Fehlentwicklung: nämlich der Riesenwuchs, die Überspezialisierung eines Organs. Denn Einseitigkeit ist in der Natur immer von Übel, und Spezialisierung macht nur in Grenzen schlagkräftiger. Sobald sich die Verhältnisse ändern, fehlt es den »Spezialisten« regelmäßig an Anpassungsfähigkeit, so daß sie wendigeren Konkurrenten weichen müssen. Diesem Naturprinzip werden sich auch unsere menschlichen Kunstgebilde kaum entziehen können. Es spricht einiges dafür, daß wir noch in diesem Jahrhundert erfahren werden, wie anfällig unsere Zivilisation durch das übertriebene Spezialistentum geworden ist.
Doch bleiben wir bei der Entwicklung des Lebens. Die riesigen Sau-

rier, die größten Landtiere aller Zeiten, sind ein sprichwörtlich gewordenes Symbol für übertriebenes Größenwachstum, das ungefüg, plump, anfällig machen muß. Kein Konkurrent war ihnen an Kraft, an sturer, brutaler Gewalt auch nur annähernd gewachsen – trotzdem sind sie von der Erdoberfläche verschwunden, die sie 100 Millionen Jahre lang beherrschten. Niemand kann bis heute sicher sagen, warum sie weichen mußten. Säbelzahntiger hatten riesige Reißzähne entwickelt, mit denen sie vermutlich sogar Dickhäuter reißen konnten. Sie waren damit in der Lage, sich an Beutetiere von einer Größe zu wagen, der kein heutiges Raubtier mehr gewachsen wäre. Jahrmillionen dominierten diese gewaltigen Raubkatzen die Fauna, bis sie in der Eiszeit verschwanden. Vermutlich änderte sich das Klima; Arten und Verhaltensweisen der Beutetiere wandelten sich, und den gewaltigsten Räubern unter den Säugern gelang es nicht, sich an die neuen Verhältnisse anzupassen. Damit war ihr Ende besiegelt und aus den scheinbar Unbesiegbaren wurden Verlierer im gewaltigen Gang der Evolution.

Die phantastischste Vogelwelt, die man sich nur denken kann, hat sich auf Neuguinea und anderen Inseln des heutigen Indonesien entwickelt. Wie auf vielen Inseln fehlten gefährliche Boden-Raubtiere, die plumpen Vögeln das Leben schwergemacht hätten. So konnte sich in diesen Vogelparadiesen eine Vogelwelt von kaum faßbarer Pracht mit in allen Farben schimmernden herrlichen Gefiedern entfalten. Der ganze verschwenderische Prunk der Paradiesvögel soll nur den Hennen während der Balz »imponieren«; für den Rest des Jahres ist er überflüssig; teilweise sogar hinderlich, weil nämlich die Flugfähigkeit unter dem Federschmuck leidet. So ist auch das Überleben dieser schönsten und romantischsten Vögel auf unserem Planeten sehr gefährdet; weniger durch die Jagd oder das Abholzen der dichten Urwälder, die ihr Lebensraum sind, als durch Hunde, Katzen, Ratten, welche Einwanderer auf die Inseln brachten. Die trägen Paradiesvögel mußten sich in ihrer Entwicklung nicht auf solche Räuber einstellen, wie sie nun eine lebensgefährliche Bedrohung darstellen. Diese Vögel lebten ja auf Inseln, die seit Jahrmillionen vom Festland und der dort herrschenden Konkurrenz abgekoppelt waren.

Andere, in einem feindfreien Inselparadies lebende Vögel mußten schon aussterben. So die bis 50 Pfund schwere flugunfähige Mauritius-Dronte. Ihre Stunde schlug schon im Jahr 1680, bald nach der Besiedlung der Insel durch Europäer. Schlimmer als Seefahrer, die Dronten gerne als Schiffsproviant nutzten, wüteten verwilderte

Hunde, Katzen und Schweine unter den flugunfähigen Vögeln, ihren wehrlosen Jungen und ungeschützten Gelegen.
Fast schon sprichwörtlich wurde durch Konrad Lorenz der Argus-Fasan, der vielleicht typischste unter den Paradiesvögeln Malaysias. Dieser entwickelte gewaltige Schwanzfedern, die er bei der Balz, ähnlich unserem Pfau, zu einem Rad aufstellt, von dem sich die Hennen offensichtlich beeindrucken lassen. Die Schwanzfedern des Argus-Fasanen-Hahnes sind im Laufe dieser einseitigen Auslese so überdimensional groß geworden, daß sie ihn fast flugunfähig machen. Damit dürfte das Aussterben dieser Art durch die übertriebene Entwicklung der Schwanzfedern zu einem Extrem-Organ vorgeprägt sein.
Als weiterer, uns allen bekannter Aussterbekandidat mit einer unsinnig gewordenen Extremität gilt der Rothirsch. Dessen gewaltiges Geweih ist nur für Brunft-Kämpfe entwickelt; während der übrigen Zeit des Jahres ist es eher hinderlich, und man darf fragen, wie lange sich der Hirsch den Luxus des Riesengeweihs leisten kann, das seine Überlebenschancen in einer natürlichen Umwelt verschlechtern muß.
Zyniker zogen hier übrigens Vergleiche mit jugendlichen Motorradfahrern, deren »künstliches Balzorgan« in Form eines schnellen »Feuerstuhles« die Überlebenschancen ebenfalls mindert.
Alle diese (Extrem-)Organe waren dem Leben, dem Überleben der betreffenden Art zweifellos einmal förderlich. Die Vorfahren des Argus-Fasans hatten ihre Schwanzfedern zum Manövrieren im Flug, und es dauerte sicher geraume Zeit, bis irgendein »aufgeblasener Gockel« auf die »unsinnige Idee« kam, mit seinen besonders prachtvollen Schwanzfedern die Hennen zu beeindrucken, die prompt auf diesen Blödsinn »hereinfielen«. Das war der »Sündenfall der Argus-Fasane«.
Aus dem im Sinne der Evolution förderlichen Kräftemessen der brünftigen Rothirsche ist irgendwann die Fehlentwicklung entstanden, daß die Größe des Geweihs bei Brunftkämpfen mit den Ausschlag gab. Damit kam eine Entwicklung in Gang, die über kurz oder lang von der Natur korrigiert werden muß.
Und ein solches Extrem-Organ besitzt auch der Mensch: sein Gehirn!
Grundsätzlich ist das Gehirn dem Überleben förderlich. Erst als sich der Mensch kraft seines Denkvermögens über die übrige Kreatur erhoben hatte, entstand nach und nach auch sein Hochmut, und im ungehemmten Verwirklichen aller Möglichkeiten, welche dieses Gehirn

erkennt, ist der Mensch nun dabei, die Erde unbewohnbar zu machen. Daß wir auf dieses Organ besonders stolz sind, ist charakteristisch für eine unnatürliche Entwicklung. Sicher wäre auch der Argus-Fasan stolz auf seine Federn, der Rothirsch würde sein Geweih bewundern, und ein Saurier dürfte seine gewaltige Größe preisen!
Die Erklärung für eine derartige Einstellung wußten schon die Alten Griechen. Nach deren Ansicht ist es die Hybris, die Selbstüberhebung, die den Untergang bringt – »wen die Götter verderben wollen, den schlagen sie mit Blindheit«.
Gibt es eine schädlichere Blindheit als die Entwicklung unnatürlich-übertriebener, stark überzüchteter Organe?
Sogar von wissenschaftlicher Seite wird heute die Frage gestellt, ob das menschliche Gehirn in seiner Wucherform eine Fehlentwicklung, ein Irrtum der Natur sei. Theo Löbsack hat solche Gedanken in seinem lesenswerten Buch »Versuch und Irrtum« zusammengestellt. Denn immer mehr spricht dafür, daß in der Evolution des Menschen irgend etwas falsch gelaufen ist, und die Vermutungen verdichten sich, daß unser Gehirn sich fehlentwickelt hat. Nun scheint unser Intellekt in unnatürlicher Weise gegen die Schöpfungsordnung zu wirken, um unserer Umgebung wie zuletzt uns selbst den Untergang zu bereiten, sofern wir uns nicht rechtzeitig ändern. Unser Gehirn gilt als etwas ganz Besonderes in der Geschichte des Lebens. Anthropologen beurteilen Knochenfunde von Vor- und Ur-Menschen vor allem nach dem Schädelvolumen; denn die Entwicklung der Gehirne gilt als der eigentliche Ausweis des Menschen.
Vielleicht sollten wir uns kurz in Erinnerung rufen, wie unser menschliches Gehirn aufgebaut ist. Sehr vereinfachend betrachtet, besteht es aus vier verschiedenen Teilen, die sich entwicklungsgeschichtlich nacheinander gebildet haben. Der älteste Teil ist das Stammhirn, das man als Verlängerung des Rückenmarks ansehen kann. Dieser Hirnstamm ist nach heutigem Wissen für die Steuerung lebenswichtiger Stoffwechselfunktionen zuständig. Er arbeitet völlig unbeeinflußt von unserem Willen.
Auf das Stammhirn baut das Zwischenhirn auf. Dieses dürfte während der Entwicklung des tierischen Lebens nach dem Stammhirn entstanden sein, und es ist daher schon für kompliziertere Verhaltensweisen zuständig. Vermutlich speichert das Zwischenhirn Erfahrungen aus vielen Jahrmillionen des Lebens, bis zurück in die Zeit, als unsere irdischen Vorfahren als Reptilien das Land eroberten. Das Zwischenhirn wirkt auf unseren Körper, teilweise auch auf unsere

Psyche, und wir können uns seinen Einflüssen nur bedingt mit unserem Willen entziehen. So nimmt man z. B. an, daß der Rhythmus von Wachen und Schlafen, Hungergefühle oder auch Angstzustände vom Zwischenhirn gesteuert werden. Stamm- und Zwischenhirn aber sind vom Großhirn überwuchert, wie von einer großen, dicken Pilzkappe. Ganz in den Hinterkopf gedrängt ist noch das ebenfalls relativ »junge« Kleinhirn. Das Großhirn, die Neo-Kortex, ist das Organ des modernen Menschen; es beinhaltet das Denkvermögen, auf das wir besonderen Wert legen. Denn man ist heute meist davon überzeugt, daß Denken, logisches Denken, das Höchste sei, was ein Mensch zu leisten in der Lage wäre. Alle Wissenschaften bauen auf dem kausalen Denken auf, welches die Domäne des Großhirns ist. Des Intellekts liebste Kinder – Naturwissenschaft und Technik – haben uns jedoch in eine Weltkrise geführt, die uns zu verschlingen droht. Unsere Antwort auf diese lebensbedrohende Gefahr ist der Ruf nach mehr Forschung; wir hoffen durch Wissenschaft und Technik den Katastrophen ausweichen zu können, in die uns undifferenzierte Anwendungen von Technik und Wissenschaft geführt haben.

Das Versagen des menschlichsten aller Organe wird – was die »Verbesserung der Welt« anbelangt – in unserer Zeit immer deutlicher, und besorgte Forscher suchen nach neuen Wegen. Ein solcher Vorschlag erkennt die Tatsache, daß unser Gehirn nur *ein* Ziel verfolgen, nur *einen* Zusammenhang überblicken kann und größte Schwierigkeiten hat, die vielfältigen Wechselwirkungen zu erfassen, die jeden natürlichen Vorgang auszeichnen. Man empfiehlt daher anstelle des bislang vorherrschenden kausalen Denkens das vernetzte Denken oder System-Denken, in dem nicht nur direkte Wirkungen einer Maßnahme, sondern auch Nebenwirkungen berücksichtigt werden. Dieser Vorschlag ist sicher berechtigt, doch darf man daran zweifeln, daß das Systemdenken ausreichen wird, unsere Probleme in den Griff zu bekommen. Ein Vergleich mag das veranschaulichen. Bisher hat sich unser Denken meist wie auf einem eingleisigen Schienenstrang bewegt und konnte nur einen kleinen Teil der Tatsachenebene gleichzeitig erfassen. Nun will man den Schienenweg durch Weichen und Nebenstrecken erweitern, um ein größeres Umfeld berücksichtigen zu können. Die Berechtigung dieses Wunsches ist nicht von der Hand zu weisen. Man darf jedoch nicht vergessen, daß sich auch mit noch so vielen Geleisen, Weichen, Kreuzungen und Querverbindungen immer nur die Ebene gleicher Dimension erfassen läßt. Die dem Menschen in der Schöpfung zugedachte Aufgabe besteht aber darin, daß

wir den Blick nach Oben richten, das Wollen der Seele aus der intellektuellen Tiefebene heraus nach Höherem lenken. Das fordern auch alle Religionen. Nur so können wir über die Verstandeserkenntnisse hinausführende wahre Einsichten gewinnen.
Diese Sicht ist uns heute fremd. Denn unsere Wissenschaften lehren, daß *alle* menschlichen Regungen vom Gehirn ausgehen. Ob Gedanke, Gefühl, Empfindung oder Emotion, alles wird körperlichen Ursachen zugeschrieben. Die von allen Religionen gelehrten »höheren Kräfte«, die Möglichkeit Kontakte mit »höheren Ebenen« zu knüpfen, ist in der naturwissenschaftlichen Doktrin nicht enthalten, für die das mit irdischen Apparaten nicht Meßbare inexistent ist.
Wie schon gesagt, gilt ja nach heutiger Lehrmeinung das Großhirn als das »eigentlich Menschliche«, dessen Denkvermögen uns über alle anderen Kreaturen hinausgehoben hat, uns Zivilisation, Wissenschaft, Wohlstand, Kultur schenkt. Eine solche Überzeugung preßt unsere unsterbliche Seele in die Beschränkungen des irdischen Denkvermögens.
Wie wir aus anthropologischen Forschungen wissen, ist unser Gehirn ein Produkt der Evolution; es bildete sich auf dem langen Entwicklungsweg vom Vor-Menschen über den Ur-Menschen zum Menschen. Dieser Jetztzeit-Mensch nennt sich – auf die Leistungen seiner Gehirne weisend – stolz »homo sapiens recens« (kluger Mensch der Gegenwart). Die Erkenntnisfähigkeit eines sich entwickelnden Organs muß aber beschränkt sein; das liegt in der Natur der Entwicklung. Auch wenn wir darauf hoffen dürfen, daß sich das Fassungsvermögen unserer Neo-Kortex noch sehr erweitern wird*, steht darüber das Erleben, daß der Mensch einen unsterblichen Kern in sich trägt, der höheren, anderen als irdischen Ursprungs ist:

> »Und Gott der Herr machte den Menschen aus einem Erdenkloß, und er blies ihm ein den lebendigen Odem in seine Nase. Und also ward der Mensch eine lebendige Seele.« *(1. Mose 2,7)*

In der Forderung, die Begabungen unserer Seele zu erwecken, liegt übrigens keine einseitig abwertende Kritik an der Naturwissenschaft.

* Diese von manchen erhoffte zukünftige Evolution der Gehirne kann allerdings noch lange auf sich warten lassen. Antropologische Funde bezeugen, daß sich unser Gehirn während der letzten 100000 Jahre kaum mehr weiterentwickelt hat. Diese Beobachtung sollte man als einen Hinweis mehr verstehen, daß sich die Menschheit vor allem spirituell entfalten soll.

Unser Intellekt ist ein wertvolles Werkzeug für die äußere Entwicklung auf dieser Erde, das uns wie alles übrige vom Schöpfer geschenkt wurde. Bei rechter Verwendung bringt der Verstand nur Nutzen. Geführt von dem nach oben leitenden Wollen unserer Seele können und sollen sich wissenschaftliche Forschung und religiöses Erleben ergänzen. Der lebendige Kern, der nach Edlem strebt, könnte den Intellekt leiten, der dann die irdischen Wege ebnen kann. Das setzt allerdings voraus, daß man sich des Unterschiedes bewußt ist zwischen Wissenschaft und religiöser Erfahrung.
Wissenschaftliche Kenntnisse sind lehrbar und erlernbar. Religiöse Erkenntnisse beruhen auf eigenem Erleben. Sie sind der Ausdruck eines inneren Entwicklungsprozesses, verbunden mit geistigem Reifen. Diese notwendige seelische Entwicklung des einzelnen geschieht nur durch inneres Erleben und läßt sich nicht durch verstandesmäßige Anstrengungen erzwingen. So wird es auch niemals möglich sein, durch schulische Methoden geistiges Wissen zu vermitteln, da jede wahre Erkenntnis durch eigene Bejahung erfaßt werden will. Versucht man das, was nur durch Erleben zu eigen wird, durch Lehren und Lernen zu vermitteln, so wird sich ein echter Erfolg nicht einstellen, wie das z. B. schon beim Umgang mit Kindern zu sehen ist. Denn eingepauktes Wissen bleibt an der Oberfläche, und die wirklichen Inhalte religiöser Lehren werden so nicht weitergegeben. Mißachtet man diese Gegebenheiten, so wird der Dialog zwischen Wissenschaft und Religion unmöglich, und es können materialistische Vorstellungen dominieren, wie das in unserer Zeit erfahren wird. Damit schreiten wir aber auf Wegen, die uns von unserem Ursprung sowie von hilfreichen Schöpfungskräften entfernen, und wir laufen Gefahr, uns vollends zu verirren:

> »Gedenke wovon du gefallen bist, und tue Buße und tue die ersten Werke. Wo aber nicht, werde ich bald kommen und deinen Leuchter wegstoßen von seiner Stätte, wo du nicht Buße tust.«
>
> *(Offb. 2,5)*

Die »ersten Werke« sind edle Gemütsregungen, nicht Verstandesleistungen, nicht umweltschädigende Technik. Man kann in diesen Worten des Apokalyptikers Johannes auch die dringende Mahnung erkennen, umzukehren zu einem Leben, das Gottgesetze beachtet und die Natur nicht zerstört.

Was wußten die Propheten?

Wir haben eben versucht, eine lange Entwicklung von einschneidender Bedeutung für die Menschheit mit wenigen Worten anzudeuten. Dieser Entwicklungsgang wird erst in unserer Zeit verständlich, und es erhebt sich sofort die Frage, ob biblische Propheten eine solche Entwicklung voraussehen konnten. Haben sie vielleicht auch schon die erst heute zu erwartende Umweltkatastrophe durch Übertechnisierung geahnt oder einen Atomkrieg geschaut?

Natürlich konnten alttestamentliche Propheten diese Zusammenhänge nicht vorauswissen. Wenn wir ihnen jedoch zugestehen, daß sie auf dem Offenbarungswege Einsichten bildhaft empfangen und in die Sprache ihrer Zeit übersetzen durften, ergibt sich ein anderes Bild. Denn von einer höheren Warte her war erkennbar, daß die Menschheit sich falsch entwickelte. Die Fehlentwicklung, die Entscheidung für den vorwiegenden und später fast ausschließlichen Gebrauch des Verstandes, ohne Führerschaft des Gemütes, hatte lange vor der Zeit des Alten Testaments eingesetzt. Schon vor oder doch während dieser Zeit waren Babylonier, Ägypter, Griechen, Römer, Perser, Chinesen stolz auf ihre Verstandesleistungen und verdrängten die Weisheit des Herzens. Das Volk der Juden wurde zu Großem ausersehen; wohl weil es damals von einem hohen Gottesbegriff durchdrungen war und sich die Aufnahmefähigkeit für höhere Einsichten bewahrt hatte. Damit bot es Voraussetzungen für Offenbarungen, die ihm durch Begnadete wie Moses und die Propheten zugänglich gemacht werden sollten.

Die uns überlieferten Prophetien sind – wie fast die ganze Bibel – bildhaft zu verstehen. Sie schildern Zusammenhänge, die dem Empfangenden seinerzeit selbst nicht voll verständlich waren, und sie bringen symbolhafte Hinweise, die nach Deutungen verlangen. Derartige Auslegungen – wenn sie von wissenschaftlicher Seite kommen, nennt man sie »Exegese« – sind oft nicht widerspruchsfrei begründbar, und es kann geschehen, daß sich ganz verschiedene Erklärungen ergeben, sofern man die Bibel von unterschiedlichen Standpunkten her angeht. So wurde z. B. entdeckt, daß der Prophet Hesekiel eine »Begegnung mit Außerirdischen der dritten Art« erlebt habe. In seinem ersten, wie auch im zehnten Kapitel beschreibe er eine »fliegende Untertasse«, und aus Hes. 3,12–14 ginge hervor, daß er sogar von einem Raketenfahrzeug mitgenommen wurde. Mich persönlich sprechen die verbreiteten Exegesen dieser Schriftstellen mehr an, die einen Be-

zug sehen zwischen den von Hesekiel geschauten himmlischen Wesen und den in der Offenbarung beschriebenen vier Tieren vor Gottes Thron (Offb. 4,6–9). Dieses Beispiel soll zeigen, wie verschieden man die Bibel erleben kann. Damit ist auch gesagt, daß kein Erklärungsversuch den Anspruch auf vollständige Richtigkeit erheben sollte; schon deshalb nicht, weil in der biblischen Prophetie meist ein umfassendes Geschehen gekündet wird, das weder der begnadete Seher noch sonst ein Erdenmensch restlos erfassen kann.
Auch sollte man bei der Lektüre der Bibel nicht auf Erklärungen der vielen symbolischen Bezeichnungen verzichten. So wird unter »Ägypten« oder auch dem »Pharao« die Weltklugheit, also das Verstandesdenken gesehen. »Assyrien« oder »Assur« versinnbildlicht Herrschsucht und Grausamkeit; also Eigenschaften, die rücksichtslose Materialisten leben, die aber einem empfindsamen Gemüt fremd sind. Unter »Babel« darf man Irrglauben oder auch Götzendienst vermuten, und »Heiden« sind alle Menschen, die sich von Gott abwenden, egal in welchem Glauben sie erzogen wurden und welche Tempel sie besuchen. Auch »Jerusalem« bedeutet mehr als nur eine Stadt am Kidrontal. Es ist auch die »Stadt der goldenen Gassen« (Offb. 21,21), Ziel und Sehnsucht aller, die Gott lieben. Schließlich muß man unter »Israel« mehr verstehen als den Namen eines altjüdischen Königreiches – nämlich im umfassenden Sinne den Begriff für die Menschen, welche nach Licht und Wahrheit streben.
Unter Berücksichtigung solcher Bilder erhalten viele biblische Worte einen neuen Klang:

> »Weh denen, die hinabziehen nach Ägypten um Hilfe und verlassen sich auf Rosse und hoffen auf Wagen, daß ihrer viele sind, und auf Reiter, darum daß sie sehr stark sind, und halten sich nicht zum Heiligen in Israel und fragen nicht nach dem Herrn!
> Er aber ist weise und bringt Unglück herzu und wendet seine Worte nicht, sondern wird sich aufmachen wider das Haus der Bösen und wider die Hilfe der Übeltäter.
> Denn Ägypten ist Mensch und nicht Gott, und ihre Rosse sind Fleisch und nicht Geist.« *(Jes. 31,1–3)*

Diese Worte könnten für unsere Zeit gegeben sein. Eine Warnung, nicht auf irdisches Wissen (Ägypten) zu hoffen, sich nicht auf Wissenschaft, Diplomatie, Forschung und Erfindungen zu verlassen. Auch Waffen und Maschinen werden nicht wenden, was menschliche

Fehleinstellungen herbeizwingen; das scheint sich in unseren Tagen bereits abzuzeichnen. Die Zeichen der Zeit – wir haben über einige davon gesprochen– sind glasklar zu erkennen, doch die Verantwortlichen erzählen uns, daß alles in Ordnung sei, erwarten, daß wir ihnen weiterhin vertrauen und bieten in der neuen Situation die alten Rezepte. Gilt nicht auch uns der Ruf:

> »Kehret um, ihr Kinder Israel, zu dem von welchem ihr sehr abgewichen seid:
> Denn zu der Zeit wird ein jeglicher seine silbernen und goldenen Götzen verwerfen, welche euch eure Hände gemacht hatten zur Sünde.« *(Jes. 31,6–7)*

»Götzen« sind nicht nur aus Holz geschnitzte häßliche Figuren, die von armen Verirrten angebetet werden, sondern auch die vielen »heiligen Kühe« unserer Zeit, an deren Wichtigkeit nicht gezweifelt werden darf. Ein solcher Götze ist der Anspruch, daß Wissenschaftlichkeit mehr sei als Menschlichkeit, daß logisches, »objektives« Denken höheren Wert besäße als subjektives mythisches Erleben.
Wer dieser anerkannten Meinung widerspricht, wird als Spinner und Phantast abgetan; denn fast alle, die öffentliche Anerkennung genießen, handeln nach sog. »logischen Überlegungen«. Niemand macht es ihnen zum Vorwurf, daß sie sich von Wissenschaftlern beraten lassen, die heute oft nur noch einen kleinen Teil ihres Fachgebietes überschauen, aber zu Entscheidungen beitragen, die das ganze Leben in seiner unermeßlichen Fülle betreffen. Würde diese Grundlage unseres Denkens und Tuns ernsthaft in Zweifel gezogen, so müßten sich unabsehbare Änderungen ergeben für unser Leben.
Die Worte der Propheten künden von solchen Umwälzungen. Katastrophen aller Art werden uns zum Überprüfen unseres Denkens und Tuns zwingen. Wir werden uns abwenden müssen von der Überschätzung des kausalen Denkens unserer Wissenschaften, um zurückzufinden zu den »Gedanken des Herzens«, mit denen man zwar keine Kriegsmaschinen entwickeln, wohl aber die moralischen, die im eigentlichen Sinne menschlichen Werte erwecken kann.

Folgen wir biblischen Vorstellungen, so ist eine unvermeidliche Folge des Sündenfalles auch das »Jüngste Gericht«. Der Glaube an ein bevorstehendes Ende der Welt ist keineswegs nur Inhalt jüdischer und christlicher Lehren; auch vom Islam wurde er übernommen.
Vergleichbare Vorstellungen finden sich ebenfalls in andersgearteten Religionen. Germanische Mythen künden z. B. vom »Ragnarök«, dem großen Weltbrand, in dem auch die Götter untergehen. Nach dieser »Götterdämmerung« werden neue Götter, ein neuer Himmel und eine neue Erde erstehen. Ähnliche Meinungen und Erwartungen enthalten auch alt-amerikanische Religionen, z. B. in Peru und Mexiko.
In der persischen Religion Zarathustras wird der Kampf des Lichtes gegen das Dunkel, die Auseinandersetzung zwischen Ahura Mazda (Ormazd) und dem argen Geist Angra Mainyu (Ahriman) auf der Erde ausgetragen. Wenn der letzte und größte von vielen Lichtgesandten, der Saoshyant als Heiland und Helfer erscheint, beginnt demnach der Endkampf, der mit der Vernichtung Angra Maniyus und alles Bösen endet.
Die biblischen Endzeitvorstellungen sind also nichts Außergewöhnliches. Sie unterscheiden sich allerdings von anderen Überlieferungen in der Eindringlichkeit ihrer Sprache, der Prägnanz der Beschreibungen und in der Erklärung der Zusammenhänge. Der Sündenfall des Menschen ist demnach auch Ursache des Weltgerichtes, vor dem an vielen Stellen der Bibel nachdrücklich gewarnt wird: Denn verbunden mit dem Gericht ist eine »Reinigung« (Mal. 3,3), die nur bestehen kann, wer guten Wollens ist. Dieses »jüngste« oder »letzte« Gericht ist auch ein Geschehen, wie es sich unter Umständen nie zuvor auf unserer Erde ereignet hat. Es fehlt uns darüber jede Erfahrung – als Grundlage menschlicher Erkenntnis – und alle Spekulationen über Einzelheiten des Gerichtsgeschehens sind unsicher, stehen auf schwankendem Boden. Dem erwarteten Endgericht nahe kommt vielleicht das Strafgericht über Ägypten, von dem das zweite Buch Mose spricht.
Die Tatsache, daß verschwommene Kunde von einem bevorstehenden Weltgericht nicht nur jüdische und christliche Überlieferungen vermitteln, sollte uns nicht zu der Selbstberuhigung verleiten, daß es sich eben um eine verbreitete religiöse Idee handle. Im Gegenteil,

wenn auch Religionen fremder Kulturkreise das gleiche Wissen enthalten, unterstreicht das den Ernst der Warnungen.

Was bedeutet das Jüngste Gericht?
Biblische Propheten, Jesus selbst und seine Apostel sprechen warnend und mahnend von einer bevorstehenden entscheidenden Zeit. Sie bringe Schrecken aller Arten und soll mit der Vernichtung alles Üblen enden. Eine geläuterte Menschheit darf danach auf einer gereinigten Erde ein neues Zeitalter, das »Tausendjährige Reich« erleben. Die Überlieferungen sind verschwommen, teilweise widersprüchlich, doch immer von tiefem Ernst durchdrungen. Ein uns heutigen Menschen zugängliches Bild ist mit Hilfe der Offenbarungen nicht leicht zu skizzieren. Wie wir noch sehen werden, kann man dieses unscharfe Bild allerdings durch Schauungen aus späteren Zeiten ergänzen; dann läßt sich unter Berücksichtigung weiterer Erkenntnisse und Gegebenheiten die biblische Schau mit späteren Offenbarungen verbinden zu einer einleuchtenderen Darstellung des unfaßlichen Geschehens.
Der Bibel ist zu entnehmen, daß dieses »Endgericht« mit großen Umwälzungen, Naturkatastrophen, Kriegen, Hungersnot, Krankheit, Inflation verbunden sein wird, wie das z. B. Johannes in der Offenbarung kündet. Es handelt sich demnach um eine Menschheitskrise von nie dagewesenem Umfang, von niemals erfahrener Gewalt. Nur durch solche Umwälzungen kann das von uns Menschen gestörte Gleichgewicht – die »göttliche« Weltordnung – auf unserem Planeten wiederhergestellt, die Erde gereinigt und die Menschheit geläutert werden. Widerspenstigen wird der endgültige Untergang angedroht, nicht nur der irdische Tod, sondern auch der geistige, der »andere« Tod (Offb. 2,11 und 20,14).
Ursache und Auslöser dieser globalen Katastrophen ist die Menschheit selbst, und zwar aufgrund ihres unnatürlichen, den »Gotteswillen mißachtenden« Handelns. Wenn der verirrten Menschheit überhaupt noch geholfen werden kann, dann durch diesen harten Eingriff, der einer schmerzhaften Operation als einziger Rettungsmöglichkeit gleichkommt. Damit wäre sogar das schrecklichste Gericht als eine zwar strenge, doch von der Gottesliebe getragene notwendige Rettungsaktion zu begreifen, in der alles im Rahmen der Schöpfungsgesetze Mögliche für uns getan wird – die Apokalypse als Hoffnung.
Kann man an ein solches Ereignis glauben? Sicher kaum in der kindli-

chen Form, in der mittelalterliche Menschen die Schrift aufzufassen sich bemühten. Sobald man versucht, das in Bildern Gegebene auch bildhaft zu verstehen, nicht als festgelegte Tatsache, sondern als Analogie der zu erwartenden Ereignisse, werden viele Bilder lebendiger. Die biblischen Prophezeiungen gewinnen dann an Transparenz und erscheinen nicht mehr als unverständliche Phantasien.
Wahrscheinlich legen wir die Bibel oft zu kleinlich aus, beziehen ihre Worte auf Einzelmenschen, Generationen, Stammesgruppen, Staaten, Völker. Auch die Empfänger himmlischer Botschaften konnten diese nur im begrenzten Rahmen ihres archaischen Weltbildes erfassen. Aber Kündungen aus lichten Höhen entspringen einer weit über allem Menschlichen erhabenen Schau; und die Worte des Gottessohnes sind aus der umfassenden göttlichen Weisheit geschöpft. Sie gelten daher in der Regel nicht nur für eine historische Situation, sondern umfassen Weltgeschehen.

Wann ist der Jüngste Tag zu erwarten?

Unzählige Spekulationen befassen sich mit der Festlegung des Jahres oder wenigstens des Jahrzehntes, in dem mit dem Anbruch dieser entscheidenden Zeit zu rechnen sei. Eine dieser Vorstellungen baut auf der Bibel auf und nennt die folgenden Zeichen für das Herannahen der Schicksalsstunde.

Gründung des Jüdischen Staates
Dazu beruft man sich auf Hesekiel, der gesagt hat:

> »Nach langer Zeit sollst du heimgesucht werden. Zur letzten Zeit wirst du kommen in das Land, das vom Schwert wiedergebracht und aus vielen Völkern zusammengekommen ist, nämlich auf die Berge Israels, welche lange Zeit wüst gewesen sind; und nun ist es ausgeführt aus den Völkern, und wohnen alle sicher.«
>
> *(Hes. 38,3)*

Man kann das eben Gesagte noch durch eine weitere Schriftstelle ergänzen:

> »So spricht der Herr: Siehe, ich will eure Gräber auftun und will euch, mein Volk, aus denselben herausholen, und euch ins Land Israel bringen.« *(Hes. 37,11)*

Solche Verse der Schrift lenken unsere Gedanken auf die Neubesiedelung Palästinas durch Juden. Nach fast zwei Jahrtausenden in der Diaspora, nach 18 Jahrhunderten des Lebens unter anderen Völkern, finden sie sich auf ihrem alten Heimatboden wieder zusammen; nach wie vor verbunden durch aus archaischen Zeiten überlieferte Lehren und Traditionen. Es gibt in der Weltgeschichte kein zweites derartiges Ereignis, und man muß verstehen, daß viele Menschen in diesem Geschehen etwas Besonderes vermuten.
In derartigen Endzeit-Erwartungen leben übrigens keineswegs nur Christen. Auch strenggläubige Juden hegen entsprechende Hoffnungen, die sich bis in die Politik des Staates Israel auswirken; z. B. in der Erwartung fanatischer Kolonisten, daß durch den Aufbau des Staates Israel das Zeitalter des Messias noch in unseren Tagen herbeigeführt werden könne.
Unterschiedlich ausgelegt wird dagegen:

> »... und wenn die Zerstreuung des heiligen Volkes ein Ende hat, soll solches alles geschehen.« *(Dan. 12,7)*

Auf den ersten Blick möchte man auch diese Stelle auf das jüdische Volk beziehen; es gibt jedoch Kommentatoren, die an Europäer denken und daran, wie diese aus den Kolonien zurückströmen nach Europa.

Einnahme von Jerusalem
Jerusalem und die heiligen Stätten der Juden werden von Juden zurückgewonnen. Das glaubt man dem 14. Kapitel Sacharjas entnehmen zu können, das auch eine Endzeitprophezeiung enthält. Jerusalem ist in unserer Zeit von Juden zurückgewonnen worden, und diese Prophetie scheint sich zu bestätigen.

Aufbau und Zerstörung Jerusalems
Jerusalem, das Symbol jüdischer Einheit und israelitischen Glaubens, soll wiederaufgebaut werden und bald darauf zerstört. Das sagt der Prophet Daniel:

> »So wisse und merke, von der Zeit an, da ausgeht der Befehl, daß Jerusalem soll wiederum gebaut werden, bis auf den Gesalbten, den Fürsten, sind sieben Wochen; und 62 Wochen, so werden die Gassen und Mauern wieder gebaut werden, wiewohl in kümmerlicher Zeit. Und nach den 62 Wochen wird der Gesalbte ausgerottet werden und nichts mehr sein. Und das Volk eines Fürsten wird kommen und die Stadt und das Heiligtum zerstören, daß es ein Ende nehmen wird wie durch eine Flut, und bis zum Ende des Streites wird's wüst bleiben.« *(Dan. 9,25)*

Mit dem Wiederaufbau von Jerusalem, wie ihn Daniel kündet, könnten auch die im 3. und 4. Kapitel des Buches Nehemia geschilderten Arbeiten gemeint sein. Die Zerstörung allerdings dürfte ein endzeitliches Geschehen bedeuten, auf das in den Evangelien hingewiesen wird:

> »Wenn ihr nun sehen werdet den Greuel der Verwüstung (davon gesagt ist durch den Propheten Daniel), daß er steht an der heiligen Stätte (wer das liest, der merke auf!), alsdann fliehe auf die Berge, wer im jüdischen Lande ist; und wer auf dem Dach ist, der steige nicht hernieder, etwas aus seinem Hause zu holen; und wer auf dem Felde ist, der kehre nicht um, seine Kleider zu holen. Weh aber den Schwangeren und Säugerinnen zu der Zeit!
> Bittet aber, daß eure Flucht nicht geschehe im Winter oder am Sabbat. Denn es wird alsdann eine große Trübsal sein, wie nicht gewesen ist von Anfang der Welt bisher und wie auch nicht werden wird.
> Und wo diese Tage nicht würden verkürzt, so würde kein Mensch selig; aber um der Auserwählten willen werden die Tage verkürzt.«
> *(Matth. 24,15–22)*

Folgt man Bibel-Auslegungen, so sind von drei Zeichen der Endzeit inzwischen zwei bereits Tatsache geworden. Es gibt wieder einen jüdischen Staat und Jerusalem ist seine Hauptstadt. Allerdings ist der Staat Israel von Feinden umringt, und es ist nicht auszuschließen, daß ein großer Krieg im Nahen Osten entsteht und Jerusalem zerstört wird. Mit dieser Zerstörung würde laut Dan. 9,25 das »Jüngste Gericht« beginnen. Es ist möglich, daß diese Schlußfolgerung zutrifft. Persönlich kann ich mich mit solch komplizierten Exegesen allerdings nicht anfreunden und möchte daher die Frage offenlassen.

Eine deutliche Sprache sprechen dagegen andere sichtbare Entwicklungen auf unserer Erde; wir erwähnten Übervölkerung, Umweltvergiftung, Naturzerstörung wie auch die Möglichkeit, daß wahrscheinlich Schlimmeres folgen wird. Diese Erscheinungen weisen auf eine entscheidende Zeit, eine echte End-Zeit hin, in der sich erweisen wird, ob das Menschengeschlecht überleben kann. Aller Voraussicht nach brauchen wir dazu starke Hilfen und mehr Einsicht als wir bisher praktizieren. Wir können nur hoffen, daß der von Zarathustra angekündigte »Saoshyant«, der von Jesaja geschaute »Immanuel« (Jes. 7,14 und 8,10), der von Jesus verheißene Tröster (Joh. 16,7), der »Geist der Wahrheit« (Joh. 16,3), der auch das Gericht bringen wird (Joh. 16,8), bald kommen möge. Denn alleine werden wir die vor uns liegenden Gefahren nicht meistern. Noch niemals in der Menschheitsgeschichte gab es eine solche Fülle von vernichtenden Bedrohungen für die gesamte Menschheit in allen Teilen der Erde, so daß man die in der Bibel verkündete Endzeit innerhalb von Jahrzehnten erwarten muß.

Wie kündigt sich die Endzeit an?

Fleißige Exegeten haben mit großer Akribie die »Zeichen der Endzeit« zusammengesucht, wie sie in biblischen Überlieferungen angekündigt sind. Folgt man solchen Vorstellungen, so findet sich eine Liste charakteristischer Geschehnisse, deren Eintreten das Jüngste Gericht erwarten läßt. Wir geben hier nur einige Beispiele, da sich die genannten Zeichen in vielfältiger Art und unterschiedlicher Reihenfolge darstellen und mit sehr vielen Bibelzitaten belegen lassen.

Abfall vom Glauben
Hinweise in dieser Richtung wären:

> »Lasset euch niemand verführen in keinerlei Weise; denn er kommt nicht, es sei denn, daß zuvor der Abfall komme und offenbar werde der Mensch der Sünde, das Kind des Verderbens.«
> *(2. Thess. 2,3)*

»Der Geist aber sagt deutlich, daß in den letzten Zeiten werden etliche von dem Glauben abtreten und anhangen den verführerischen Geistern und Lehren der Teufel.« *(1. Tim. 4,1)*

Leichtfertigkeit der Menschen

Mit dem Verfall der Religionen, dem Verlust tradierter Wertvorstellungen, wird selbstverständlich größere Leichtfertigkeit einhergehen, sofern nicht diese Leichtfertigkeit eine Voraussetzung für die angekündigte Geringschätzung religiöser Lehren ist:

»Aber gleich wie es zu der Zeit Noahs war, also wird auch sein die Zukunft des Menschensohnes.
Denn gleichwie sie waren in den Tagen vor der Sintflut – sie aßen, sie tranken, sie freiten sich und ließen sich freien, bis an den Tag da Noah zur Arche einging; und sie achteten's nicht, bis die Sintflut kam und nahm sie alle dahin –, also wird auch sein die Zukunft des Menschensohnes.« *(Matth. 24,37–39)*

Eine ergänzende Vorhersage findet sich auch bei Lukas (Luk. 17,26–30), was nicht weiter verwunderlich ist, wenn man bedenkt, daß die »drei Synoptiker«, also Matthäus, Markus und Lukas, weitgehend aus den gleichen Quellen schöpften.

Zunahme der Gesetzlosigkeit

Unter den bereits genannten Voraussetzungen – Verlust überlieferter Wertvorstellungen und allgemeine Leichtfertigkeit im Denken und Handeln – wird sich selbst die äußere irdische Ordnung nur noch schwer aufrechterhalten lassen:

»Und dieweil die Ungerechtigkeit wird überhandnehmen, wird die Liebe in vielen erkalten.« *(Matth. 24,12)*

»Denn es werden Menschen sein, die viel von sich halten, geizig, ruhmredig, hoffärtig, Lästerer, den Eltern ungehorsam, undankbar, ungeistlich, lieblos, unversöhnlich, Verleumder, unkeusch, wild, ungütig, Verräter, Frevler, aufgeblasen, die mehr lieben Wollust denn Gott.« *(2. Tim. 1–4)*

Jeder Leser mag sich selbst fragen, in wieweit solche Charakterisierungen für unsere Zeit zutreffen.

Falsche Propheten
Viele falsche Propheten werden auftauchen, und es wird nicht einfach sein, den ebenfalls für diese gleiche Zeit gekündeten einzigen richtigen Wahrheitsbringer zu erkennen:

»Denn es werden viele kommen unter meinem Namen und sagen: ›Ich bin Christus‹ und werden viele verführen.« *(Matth. 24,5)*

»Und es ist auch kein Wunder; denn er selbst, der Satan verstellt sich zum Engel des Lichts.
Darum ist es nicht ein Großes, wenn sich auch seine Diener verstellen als Prediger der Gerechtigkeit.« *(2. Kor. 14–15)*

Religiöse Verfolgungen
Auch Verfolgungen der Gläubigen gehören zur Endzeit, und mancher, der in totalitären Regimen leben muß, mag dieses Zeichen bereits heute als tägliche Wirklichkeit erleben:

»Da wird sich allererst die Not anheben.
Alsdann werden sie euch überantworten in Trübsal und werden euch töten. Und ihr müsset gehaßt werden um meines Namens willen von allen Völkern.« *(Matth. 24,9)*

Wirtschaftskrisen und Naturkatastrophen
Vielfältige Plagen werden die Menschen quälen; solche Plagen lösen Kriege aus oder begleiten sie:

»Denn es wird sich empören ein Volk wider das andere und ein Königreich wider das andere, und werden sein Pestilenz und teure Zeit und Erdbeben hin und wieder.« *(Matth. 24,7)*

Eine der Prophezeiungen des Sacharja läßt sich sogar als Hinweis auf einen Krieg mit Kernwaffen auffassen:

»Und das wird die Plage sein, damit der Herr plagen wird alle Völker, so wider Jerusalem gestritten haben:
ihr Fleisch wird verwesen, dieweil sie noch auf ihren Füßen stehen, und ihre Augen werden in den Löchern verwesen und ihre Zungen im Mund verwesen.« *(Sach. 14,12)*

Und bei Amos kann man die Vorhersage einer Verschiebung der Pole finden, auf die wir unter dem Stichwort »Polsprung« noch eingehen:

»Sollte nicht um solches willen das Land erbeben müssen und alle Einwohner trauern?
Ja, es soll ganz wie mit einem Wasser überlaufen werden und weggeführt und überschwemmt werden wie mit dem Fluß Ägyptens.
Zur selben Zeit, spricht der Herr, will ich die Sonne am Mittag untergehen lassen und das Land am hellen Tage lassen finster werden.«* *(Amos 8,9–10)*

Wunderzeichen
An verschiedenen Stellen wird in der Bibel von wunderbaren Zeichen im Zusammenhang mit der Endzeit gesprochen:

»Und ich will Wunderzeichen geben am Himmel und auf Erden: Blut, Feuer und Rauchdampf.« *(Joel 3,3)*

»Und es werden Zeichen geschehen an Sonne und Mond und Sternen; und auf Erden wird den Leuten bange sein, und sie werden zagen, und das Meer und die Wasserwogen werden brausen. *(Luk. 21,25)*

Verfinsterung
Mehrfach ist auch von einer Finsternis die Rede:

»Die Sonne soll in Finsternis und der Mond in Blut verwandelt werden, ehe denn der große und schreckliche Tag des Herrn kommt.« *(Joel 3,4)*

Angst und Ratlosigkeit
In allen diesen Bedrängnissen werden die Menschen keinen Ausweg mehr sehen und an sich und an Gott verzweifeln:

»... und die Menschen werden verschmachten vor Furcht und vor Warten der Dinge, die kommen sollen auf Erden; denn auch der Himmel Kräfte werden sich bewegen.« *(Luk. 21,26)*

* Ein »Sonnenuntergang am Mittag« ist nur durch eine Verlagerung der Pole möglich.

Auftreten des Antichrist
In der Offenbarung des Johannes, wie vor allem auch in mittelalterlichen Heilslehren, spielt das »Erscheinen des Antichrist« eine zentrale Rolle. Auf diese Vorstellung wird in dem Abschnitt »Hildegard von Bingen« noch eingegangen. Folgt man solchen, hier nur angedeuteten exegetischen Ansichten, so kennt man die Zeichen, die das Nahen der Endzeit erkennbar werden lassen, und man kann versuchen, sich innerlich für diese entscheidende Zeit zu bereiten:

> »Wenn ihr dies alles sehet angehen, so wisset, daß das Reich Gottes nahe ist.« *(Luk. 21,31)*

Zu dem großen Geschehen des Weltgerichtes, das in vielfältiger Weise gekündet wurde, bleiben allerdings noch viele Fragen offen. Doch sollten wir die zahlreichen Warnungen auf keinen Fall leichtnehmen; zu ernst, zu gewaltig, zu fordernd sind die mahnenden Worte der Schrift.

Wie zeigt sich das Weltgericht?

Dieses Gericht steht am Ende eines Weltgeschehens, in dessen Verlauf sich auch die Menschheit entwickelte, vom Sündenfall bis zum Empfang wichtiger Offenbarungen. Das Endgericht soll irdische und geistige Umwälzungen bringen; es soll die Läuterung und Reinigung von Mensch und Erde erzwingen. Die Bibel kündigt die entscheidenden endzeitlichen Geschehnisse an, die sich aber nicht unbedingt alle vor unseren Augen vollziehen müssen. Die wichtigsten dieser Ereignisse wären demnach:

Das Erscheinen des Helfers
In Endzeitprophezeiungen wird oft von der »Wiederkehr Christi« als Weltenrichter gesprochen, als dem wichtigsten aller endzeitlichen Geschehen. Es handelt sich um eine Erwartung, die in christliche Glaubensbekenntnisse Eingang gefunden hat und vom Islam geteilt wird. Dieser Glaube wird durch die Heilige Schrift belegt, z. B. durch das erste Kapitel der Offenbarung des Johannes. Es gibt dazu auch eine andere, weniger verbreitete Meinung, die sich ebenfalls auf die Schrift stützen kann; sie läßt sich sogar weit zurückverfolgen und

wurde z. B. von den Essenern vertreten. In dieser Lehre wird von *zwei* Gottes-Söhnen zu verschiedenen Zeiten gesprochen, welche die Essener den »Messias Arons« und den »Messias Israels« nannten.
Was sagt dazu die Schrift? In verschiedenen Versen des Alten Testamentes wird das Kommen von Jesus gekündet:

»Und du, Bethlehem Ephrata, die du klein bist unter den Städten in Juda, aus dir soll mir der kommen, der in Israel Herr sei...«
(Micha 5,1)

Diese Stelle ist besonders erschütternd im Zusammenhang mit dem 7. Kapitel des Johannes-Evangeliums, in dem berichtet wird, wie Schriftgelehrte über Jesus diskutieren. Das einfache Volk war tief beeindruckt von der von Jesus gepredigten Wahrheit; die gelehrten Bibelkenner aber fragten:

»Soll Christus aus Galiläa kommen?
Spricht nicht die Schrift: von dem Samen Davids und aus dem Flekken Bethlehem, da David war, solle Christus kommen?«
(Joh. 7,41–42)

Und als der gelehrte Nikodemus für Jesus spricht, wird ihm gesagt:

»Bist auch du ein Galiläer?
Forsche und siehe, aus Galiläa steht kein Prophet auf.«
(Joh. 7,52)

Ob Kaiphas wohl Jesus als Gottgesandten erkannt hätte, sofern ihm bekannt gewesen wäre, daß Jesus in Bethlehem geboren ist? Jedenfalls gibt es bis heute strenggläubige Juden, die Jesus ablehnen und noch immer auf den Messias warten.
Auch Sacharja brachte eine Voraussage, die auf Jesus hinweist:

»Aber du, Tochter Zion, freue dich sehr, und du, Tochter Jerusalem, jauchze! Siehe, dein König kommt zu dir, ein Gerechter und ein Helfer, arm, reitet auf einem Esel und auf einem jungen Füllen der Eselin.« *(Sach. 9,9)*

Und ebenso Jesaja:

»Er hatte keine Gestalt noch Schöne; wir sahen ihn, aber da war keine Gestalt, die uns gefallen hätte.
Er war der Allerverachtetste und Unwerteste, voller Schmerzen und Krankheit. Er war so verachtet, daß man das Angesicht vor ihm verbarg; darum haben wir ihn nicht geachtet.«

(Jes. 52,2–3)

Kann das derselbe Gottgesandte sein, über den in den Psalmen gesungen wird:

»Zu seinen Zeiten wird blühen der Gerechte und großer Friede, bis daß der Mond nimmer sei.
Er wird herrschen von einem Meer bis ans andere und von dem Strom an bis zu der Welt Enden.
Vor ihm werden sich neigen die in der Wüste, und seine Feinde werden Staub lecken.
Die Könige zu Tharsis und auf den Inseln werden Geschenke bringen; Die Könige aus Reicharabien und Saba werden Gabe zuführen. Alle Könige werden ihn anbeten; alle Heiden werden ihm dienen.« *(Ps. 72,7–11)*

Im Johannes-Evangelium weist Jesus auf einen *anderen* hin, und es fällt schwer, diese Worte auf Jesus selbst zu beziehen:

»Und ich will den Vater bitten, und er soll euch einen anderen Tröster geben, daß er bei euch bleibe ewiglich; den Geist der Wahrheit, welchen die Welt nicht kann empfangen; denn sie sieht ihn nicht und kennt ihn nicht. Ihr aber kennt ihn; denn er bleibt bei euch und wird in euch sein.« *(Joh. 14,16–17)*

»Aber der Tröster, der heilige Geist, welchen mein Vater senden wird in meinem Namen, der wird euch alles lehren und euch erinneren alles des, daß ich euch gesagt habe.« *(Joh. 14,25)*

»Es ist auch gut, daß ich hingehe. Denn so ich nicht hingehe, so kommt der Tröster nicht zu euch; so ich aber gehe, will ich ihn zu euch senden.
Und wenn derselbe kommt, wird er die Welt strafen um die Sünde

und um die Gerechtigkeit und um das Gericht; um die Sünde, daß sie nicht glauben an mich; um die Gerechtigkeit aber, daß ich zum Vater gehe und ihr mich hinfort nicht sehet; um das Gericht, daß der Fürst dieser Welt gerichtet ist.
Ich habe euch noch viel zu sagen; aber ihr könnt es jetzt nicht tragen.
Wenn aber jener, der Geist der Wahrheit, kommen wird, der wird euch in alle Wahrheit leiten. Denn er wird nicht von sich selber reden; sondern was er hören wird, das wird er reden, und was zukünftig ist, wird er euch verkündigen. Derselbe wird mich verklären; denn von dem Meinen wird er's nehmen und euch verkündigen.« *(Joh. 16,7–14)*

Üblicherweise wird die Ankündigung des »Geistes der Wahrheit« auf das Pfingstgeschehen bezogen, das im zweiten Kapitel der Apostelgeschichte beschrieben ist. Dieses schenkte den im Gedenken an ihren Meister versammelten Aposteln ein großes geistiges Erleben. Man darf aber bezweifeln, daß den Aposteln wirklich *alles* klar wurde, daß die Apostel und mit ihnen das Christentum »in alle Wahrheit« geleitet wurden, wie Jesus versprach. Diese Meinung teilte auch Paulus, der im ersten Korinther-Brief, also *nach* dem Pfingstgeschehen schreibt:

»Denn unser Wissen ist Stückwerk, und unser Weissagen ist Stückwerk.
Wenn aber kommen wird das Vollkommene, so wird das Stückwerk aufhören.« *(1. Kor. 9–10)*

Damit lebte der wirkungsvollste Apostel in der Erwartung des Kommenden, des Trösters, des Geistes der Wahrheit, der in alle Wahrheit leiten wird und bringen das Gericht! Ist es derselbe, den Johannes in seiner Offenbarung folgendermaßen kündet:

»Und ich sah den Himmel aufgetan; und siehe, ein weißes Pferd. Und der darauf saß hieß Treu und Wahrhaftig, und er richtet und streitet mit Gerechtigkeit.
Seine Augen sind wie eine Feuerflamme, und auf seinem Haupt viele Kronen; und er hatte einen Namen geschrieben, den niemand wußte, denn er selbst.
Und er war angetan mit einem Kleide, das mit Blut besprengt war; und sein Name heißt ›das Wort Gottes‹.« *(Offb. 19,11–13)*

Demnach wäre ein Teil des Gerichtsgeschehens, vielleicht sogar seine Auslösung, das Erscheinen eines Gottgesandten, des Menschensohnes? Wenn man Jesaja folgen will, darf man sogar erwarten, daß dieser Gesandte bis auf unsere Erde kommt, vielleicht nicht nur »in den Wolken« (Matth. 24,30), sondern »in Fleisch und Blut« eines menschlichen Körpers:

> »Es wird zur letzten Zeit der Berg, da des Herrn Haus ist, fest stehen, höher denn alle Berge, und über alle Hügel erhaben werden, und werden alle Heiden dazulaufen und viele Völker hingehen und sagen: Kommt, laßt uns auf den Berg des Herrn gehen, zum Hause des Gottes Jakobs, daß er uns lehre seine Wege und wir wandeln auf seinen Steigen! Denn von Zion wird das Gesetz ausgehen, und des Herrn Wort von Jerusalem.
> Und er wird richten unter den Heiden und strafen viele Völker. Da werden sie ihre Schwerter zu Pflugscharen und ihre Spieße zu Sicheln machen. Denn es wird kein Volk wider das andere ein Schwert aufheben, und werden hinfort nicht mehr kriegen lernen.« *(Jes. 2,2–4)*

Damit ergeben sich Fragen von entscheidender Wichtigkeit, die sich allerdings aus der Bibel nicht abschließend beantworten lassen. Es muß daher jedem Leser überlassen bleiben, seine eigene Antwort zu suchen.

Weltweite Verbreitung der Wahrheit

Ein entscheidend wichtiger Teil, vielleicht die Voraussetzung für das Einsetzen des Gerichtsgeschehens, ist nach biblischen Offenbarungen die weltweite Verbreitung der Wahrheit durch den Menschensohn. Dieser bringt das bisher fehlende Wissen und führt damit alle suchenden Menschen, alle »wahren Gläubigen« zum vollen Erkennen. Das ist in der Offenbarung des Johannes gekündet (Offb. 14,6), wie auch in den Evangelien:

> »Und es wird gepredigt werden das Evangelium vom Reich in der ganzen Welt zu einem Zeugnis über alle Völker, und dann wird das Ende kommen.« *(Matth. 24,14)*

Gerechtigkeit
Verschiedentlich wird darauf hingewiesen, daß eine Endabrechnung stattfinden muß, die von strengster Gerechtigkeit getragen sein wird; das schon erwähnte, sagengleich in religiösen Überlieferungen prophezeite Gericht:

> »Du aber nach deinem verstockten und unbußfertigen Herzen häufest dir selbst den Zorn auf den Tag des Zorns und der Offenbarung des gerechten Gottes, welcher geben wird einem jeglichen nach seinen Werken.« *(Röm. 2,5–6)*

> »... und sie werden gerichtet ein jeglicher nach seinen Werken.« *(Offb. 20,13)*

Die letzte Schlacht
Wo immer von der biblischen Prophetie ausgehend nach den Ereignissen der letzten Tage gefragt wird, entsteht auch die Frage nach der entscheidenden Auseinandersetzung zwischen Gut und Böse, zwischen Licht und Dunkel, in der sich jeder Einzelmensch zu einer Seite bekennen muß.
Für mittelalterliche Theologen gab es keinen Zweifel, daß ein Weltgericht kommen werde, das »Gericht über die Lebendigen und die Toten« christlicher Lehren. Dieses Endgericht dürfte aber primär eine *geistige* Auseinandersetzung sein zwischen Licht und Dunkel, deren Auswirkungen auch auf materieller Ebene spürbar werden. Alle Versuche, die irdischen Auswirkungen dieses überragenden Geschehens im Detail zu erkennen, sind allerdings mit Unsicherheiten behaftet und dementsprechend auch umstritten. Wir haben schon festgehalten, daß Kriege, Hungersnot, Seuchen, Teuerung, Naturkatastrophen zu den am deutlichsten vorhergesagten Ereignissen zählen.
Die menschliche Phantasie wurde stets auch von Vorstellungen über eine gewaltige Entscheidungsschlacht beflügelt. Diese Schlacht soll sich auf unserer Erde, ja sogar auf altem biblischen Boden vollziehen. Es wäre die letzte aller Schlachten, in der die »himmlischen Heerscharen« mit den »teuflischen Mächten« direkt zusammenstoßen, um sie zu vernichten.
Über den Ausgang dieser Schlacht kann es keine Diskussionen geben; denn die nach menschlicher Vorstellung gewaltigen Mächte der Tiefe sollen auf eine Streitmacht treffen, die von der Allmacht Gottes gesendet ist. Wie der Kampf einer noch so großen irdischen oder auch

jenseitigen, dunklen Macht gegen die Allmacht enden muß, kann für niemand zweifelhaft sein.
Manche Bibelkenner finden in der Schrift noch Vorhersagen der Details dieses letzten Kampfes, zum Beispiel den Ort, an dem er stattfinden wird. Diese Ortsangabe bringt die Große Apokalypse (Offb. 16,16), in der »Harmagedon« als Schauplatz genannt ist.
Harmagedon wäre demnach die griechische Schreibweise des hebräischen Ortsnamens »Har Megiddon«, des »Hügels von Megiddo«, auf dem die alte Stadt Megiddo lag, nördlich von Jerusalem. Diese Stadt lag an einem wichtigen Verkehrsknotenpunkt über der Ebene von Jesreel, einem oft und hart umkämpften Gebiet, das im Alten Testament mehrmals als Kriegsschauplatz erwähnt ist*. Hier sollen sich also die »Zehn Könige« (Offb. 17,12–14 und 16, 13–14) mit ihren Heeren versammeln und vernichtet werden. Wer sich für eine solche Exegese interessiert, kann sie bei Merill Unger ausführlich dargelegt finden**. Hier soll offen bleiben, ob solche detaillierten Auslegungen möglich sind. Denn die prophetischen Worte der Bibel schildern nach meiner Überzeugung *überirdische* Zusammenhänge. Die Seher durften *geistige* Bilder schauen, die sie allerdings auf die *irdische Ebene* umsetzen mußten. Bei allem tiefen Gehalt der Gesichte sollte man daher keine präzisen Beschreibungen irdischer Abläufe darin suchen.
Für uns Menschen bleibt es letzten Endes auch ohne Bedeutung, in welcher Form genau die Endgeschehen ablaufen. Wie noch zu erläutern sein wird, kann es sich bei dem Weltgericht nur um ein von übergeordneter Gerechtigkeit getragenes *geistiges* Gericht handeln, dem niemand entgehen kann. Auch dann nicht, wenn er sich an Orte begibt, die von direkten Kämpfen verschont bleiben. Das geht aus der Überlieferung klar hervor:

> »Und die Könige auf Erden und die Großen und die Reichen und die Hauptleute und die Gewaltigen und alle Knechte und alle Freien verbargen sich in den Klüften und Felsen an den Bergen und sprachen zu den Bergen und Felsen:
> Fallet über uns und verbergt uns vor dem Angesichte des, der auf dem Stuhl sitzt, und vor dem Zorn des Lammes! Denn es ist gekommen der große Tag seines Zorns, und wer kann bestehen?«
> *(Offb. 6,15–17)*

* z. B. Richt. 5,19 und 6,33; 2. Kön. 9,27 und 23,29; 2. Chr. 35,22
** Merill F. Unger, »Die Reiter kommen«, Verlag Hermann Schulte, Wetzlar 1976

Überstehen, d. h. irdisch und vor allem geistig überleben, wird das Gericht den Weissagungen zufolge nur, wer sich innerlich vorbereitet, reinigt und ernsthaft entschlossen ist, den Schöpfungsgesetzen, der Wahrheit entsprechend zu leben. In den entscheidenden Stunden wird keine irdische Vorsorge helfen.

Die Stimme der Götter?

Sibyllen und Sibyllinen

»Die Sibylle spricht mit rasendem Mund, ohne Schminke und ohne Myrrhen und dringt vermöge göttlicher Hilfe mit ihrer Stimme durch Jahrtausende.« *Heraklit*

Der Name »Sibylle« ist zum Synonym geworden für eine Seherin. Ursprünglich handelte es sich vermutlich um einen Eigennamen, dessen Deutung umstritten ist; später, bereits in römischer Zeit, erhielt dieser Begriff seine heute noch geläufige Deutung.

Die älteste, möglicherweise die ursprüngliche Sibylle war die erythräische Sibylle aus Erythrai in Kleinasien, wo ihre Felsengrotte noch zu sehen ist. In dieser Grotte fand man im Jahre 1891 sogar eine Inschrift, in der sich die Sibylle als die erstgeborene Tochter einer Flußnymphe und eines sterblichen Vaters bezeichnet, die in einem Leben von dreimal dreihundert Jahren als reine Jungfrau weissagend über die Erde gewandert sei. Nach Worten von Apollodor war sie die Verkünderin des Unterganges von Troja, und so spannt sich eine Verbindung von den Sibyllen zu der berühmtesten aller Seherinnen, zu Kassandra, des Königs Priamos unglücklicher Tochter.

Im Laufe der Jahrhunderte erschienen weitere Sibyllen. Man kennt die Sibylle von Marpessos, die von manchen Quellen als älter noch betrachtet wird als die von Erythrai. Beiden Sibyllen geben Überlieferungen den gleichen Namen und berichten ähnliche Prophetien, so daß sie kaum auseinanderzuhalten sind im Nebel altgriechischer Geschichte.

Die Sibylle von Cumae soll dem römischen König Tarquinius Priscus neun prophetische Bücher zum Kauf angeboten haben. Als dieser versuchte, den hohen Preis zu drücken, soll sie drei Bücher verbrannt und die restlichen sechs erneut angeboten haben, ohne den Gesamtpreis zu senken. Als der König auch auf diesen Handel nicht eingehen wollte, verbrannte sie weitere drei Bücher, bis sie schließlich für den verbliebenen Rest den vollen, von ihr zuerst für alle neun Bücher geforderten Preis erhielt. Das waren die berühmten Sibyllinischen Bücher, die in Rom verwahrt wurden und nur auf Anweisung des Senats

befragt werden durften. Für diese Befragung der Orakelbücher waren zunächst zwei, zuletzt sogar fünfzehn Priester zuständig.
Als im Jahre 83 v. Chr. eine Feuersbrunst diese Bücher vernichtete, empfand man dies als herben Verlust. Der römische Senat scheute keine Mühe, um aus privaten Abschriften und in den griechischen Tempeln Kleinasiens verwahrten Schriften eine neue Sammlung sibyllinischer Weissagungen zusammenzustellen. Augustus ließ dann diese Texte sichten und nur die als »echt« identifizierten Aufzeichnungen in die »neuen sibyllinischen Bücher« aufnehmen, die man zum Apollo-Tempel auf dem Palatin brachte. Dort wurden sie streng gehütet, bis sie Stilicho Anfang des 5. Jahrhunderts als heidnische Orakel verbrennen ließ. So sind uns von diesen berühmten »libri fatales«, den altrömischen Sibyllen-Weissagungen, nur einzelne Fragmente überliefert.
Die wohl berühmteste der römischen Sibyllen ist die von Tibur, welche dem Kaiser Augustus die Geburt von Jesus angekündigt haben soll. Sie vor allem wird auch in der mittelalterlichen Kunst oft abgebildet und Heiligen gleichgestellt. Im Mittelalter kannte man weitere Sibyllen, wie z. B. eine delphische, persische, libysche, hellespontische, phrygische und jüdische. So kam man auf eine Zwölfzahl der Sibyllen, den 12 Propheten entsprechend. Später fügte man als 13. Sibylle noch die Königin von Saba hinzu.
Die erhaltenen »Oracula Sibyllina« oder »Sibyllinen« sind eine Sammlung von Orakeln, deren Ursprung teilweise ins 2. vorchristliche Jahrhundert zurückreicht. Allerdings liegen uns nur christliche Überarbeitungen jüdischer Orakel vor, die ihrerseits auf verschollenen heidnischen Quellen basieren. Man darf daher nicht überrascht sein, in den »Oracula Sibyllina« alttestamentliches und christliches Gedankengut zu finden. Das Kernstück dieser Sibyllinen bilden Warnungen vor dem Weltuntergang, dem zu erwartenden Weltbrand und dem Weltgericht – ganz in der Richtung alt- und neutestamentlicher Apokalypsen.
Die »Oracula Sibyllina« sind etwas verworrene Schriften, die weder leicht lesbar noch einfach zu deuten sind und meist nicht das Niveau biblischer Prophetie erreichen. Doch verdienen die Sibyllinen trotz allem einige Beachtung, und es seien Auszüge aus dem umfangreichen sibyllinischen Schrifttum angeboten, um dem Leser eine Vorstellung von dieser Prophetie zu vermitteln. Da die Zuschreibung einzelner Verse zu bestimmten – teilweise sagenhaften – Sibyllen mehr als unsicher ist, betrachten wir hier die »Oracula Sibyllina« als eine

einzige Vorhersage, aus der wenige Zitate – entsprechend der Übersetzung von Alfons Kurfess – ausgewählt wurden.
Ganz im Sinne biblischer Prophetie sprechen auch die Sibyllinen von einer Fehlentwicklung der Menschheit, welche ein göttliches Strafgericht herausfordere.

Leichtfertigkeit der Menschheit:

»Dann aber kommt wiederum in der Folge ein kräftiges, anderes,
Zweites gewaltiges Geschlecht der erdgeborenen Menschen.
...
Aber auch diese, erfüllt von übermütigem Wesen,
Werden zum Höchsten hinstreben und so ihr Verderben beeilen,
Kämpfend mit roher Gewalt entgegen dem sternreichen Himmel.
Und dann wird gegen sie ein gewaltiges Ergießen des Meeres
Kommen und rasende Flut...« *(I. Buch)**

Man kann in diesen Versen unsere Zeit sehen, die das All erobern will.

»Männer des letzten Geschlechtes, nichtsnutz'ge und schreckliche Menschen,
Töricht und ohne Verstand, zu der Zeit da es Sommer geworden.
Für die sterblichen Menschen, wenn Frauen nicht mehr gebären.
Nahe dann ist die Vernichtung, wenn einige statt der Propheten,
Lügenhafte Betrüger, auf Erden redend sich nahen.« *(I. Buch)*

Die Aussage »wenn Frauen nicht mehr gebären« kann man auf die Antibabypille beziehen, und die »lügenhaften Betrüger«, die anstelle der Propheten auftreten, passen auf viele Demagogen (natürlich nicht nur solche unseres Jahrhunderts).

»Dann sieht man ein, daß Gott nicht weiterhin gnädig mehr sein wird,
Daß er, knirschend vor Zorn, das ganze Menschengeschlecht will
Gänzlich auf Erden vernichten durch einen gewaltigen Weltbrand.« *(IV. Buch)*

* Die Texte sind der Übersetzung von Alfons Kurfess entnommen. (2)

Erscheinen des Antichristen

»Doch von den Sebatern wird alsdann Beliar kommen,
Schütteln die Höhe der Berge, zum Stehen bringen die Meerflut,
Und die gewaltige feurige Sonne, den glänzenden Mond, und
Tote läßt er erstehen und wirket viel Zeichen und Wunder
Unter den Menschen, doch keine Vollendung wird er erwirken,
Sondern verführt nur die Menschen...« *(II. Buch)*

»Und auch Beliar kommt und tut viel Zeichen und Wunder
Unter den Menschen. Und dann wird große Verwirrung entstehen.« *(II. Buch)*

Zeichen der Endzeit

»Wenn aber auf der ganzen Welt dieses Zeichen erscheint,
Kinder, die von der Geburt sind an ihren Schläfen ergrauet,
Dann überkommt Pest, Hunger und Krieg als Drangsal die Menschen,
Wechsel der Zeiten und Kummer und Leid und zahllose Tränen.«
(II. Buch)

»Dann aber ist's an der Zeit, wenn einst am sternreichen Himmel
Alle Gestirne am hellichten Tag werden allen sich zeigen
Samt den zwei Leuchten in rasch verlaufender Folge der Zeiten.
Dann wird auch der Thesbite auf feurigem Wagen vom Himmel
Niederfahren, und nach seiner Ankunft auf Erden gibt er dann
Aller Welt ein dreifaches Zeichen des endenden Lebens.«
(II. Buch)

»Und ich will dir ein Zeichen verkünden, das unschwer zu deuten,
Daß du erkennst, wenn endlich auf Erden das Ende der Dinge
Sein wird: wenn man dereinst an dem sternhellen Himmel zur Nachtzeit
Schwerter gen Abend erblickt und auch gegen Morgen, und alsbald
Eine Wolke von Staub vom Himmel zur Erde hinabsinkt,
Und aller Glanz der Sonne am Himmel verschwindet im Laufe,
Während die Strahlen des Mondes sich zeigen, herab auf die Erde
Plötzlich ein Blutregen gießt und die Steine zu reden beginnen;

In den Wolken ihr schauet den Kampf von Fußvolk und Reitern
Wie eine Hetzjagd auf Wild, vergleichbar Nebelgebilden!
Das ist das Ende des Krieges, das Gott auf den Himmelsthron bringet.« *(IV. Buch)*

Schreckliche Kriege

»Dann wird Feuer regnen vom Himmelsgefilde den Menschen;
Feuer und Glut und Wasser und Blitz und finsterer Himmel,
Und Verderben im Krieg und Gemetzel im nächtlichen Dunkel
Wird sie vernichten zumal, die Könige samt ihren Mannen.«
(V. Buch)

»Dann wird, für Menschen entsetzlich zu schauen, die Säule errichtet,
Riesig im Ausmaß inmitten gewaltigen Feuers; die Funken
Werden vernichten der Menschen Geschlechter für all ihre Bosheit.« *(VII. Buch)*

Ist die »Säule inmitten von Feuer« eine Rakete?

Naturkatastrophen

»Aber wenn sich dann Erdbeben zeigen und schreckliches Dröhnen,
Blitze und Donnergetöse, auch Regengüsse und Meltau,
Wut der Schakale und Wölfe und mörderische Schlachten der Männer,
Große Vernichtung von Menschen und mächtig brüllende Rinder,
Von Haustieren im Stalle und arbeitskräftigen Mäulern,
Auch von Ziegen und Schafen, dann wird das verödete Fruchtland
Weit und breit verlassen infolge mangelnder Pflege;
Ausbleibt die Ernte der Früchte...« *(II. Buch)*

»Und dann werden Blutregen ergießen vom himmlischen Zelte.«
(II. Buch)

»Und dann wird ein gewaltiger Strom des leuchtenden Feuers
Strömen vom Himmel herab und jegliche Gegend vernichten.«
(II. Buch)

»Aber ein Stern gen Abend erglänzt, man nennt ihn Kometen,
Der ist ein Zeichen des Schwertes, des Hungers und Todes der Menschen.« *(III. Buch)*

»Armselig ganz und gar wird dann Sizilien verbrennen
In einer mächtigen Flut von Feuer, das quillt aus dem Ätna.«
(IV. Buch)

Erscheinen eines Gottgesandten

»Dann wird Gott vom Aufgang der Sonne entsenden den König,
Welcher die ganze Erde befreit von dem Übel des Krieges;
Töten wird er die einen, den anderen erfüllen den Treueid,
Und all dies wird er nicht vollführen nach eigenem Sinne,
Sondern den edlen Beschlüssen des großen Gottes gehorchend.«
(III. Buch)

»Denn von dem himmlischen Land herab kam ein seliger Mann und
Hielt in den Händen ein Szepter, das ihm Gott selber verliehen.
Über alle gebot er mit Ruhm, gab den Guten
Ihren Reichtum zurück, den die früheren Männer genommen.«
(V. Buch)

»Dann wird Gott selbst unter ihnen sein, der wird sie belehren...«
(VIII. Buch)

Reinigung der Erde

»... dann wird er reine Gesinnung
Unter den Menschen erzeugen, das Menschengeschlecht zu erneuern.« *(VIII. Buch)*

»Alle wird Gott dann richten durch Krieg und durch Schwert und Feuer,
Und durch Regenflut, die alles verschlingt, und Schwefel
Fällt vom Himmel und vielverheerender Hagel von Steinen;
Tod kommt über das Vieh. Und dann werden sie alle erkennen,
Gott, den Unsterblichen, welcher auf solche Weise Gericht hält.«
(III. Buch)

»Dann wird endlich auch Friede und tiefe Erkenntnis einst werden,
Und die fruchtbare Erde wird noch mehr Früchte jetzt bringen,
Nicht mehr aufgeteilt und nicht mehr Frondienste leistend.«
(II. Buch)

»Wenn nun seine Vollendung auch dieser Glücktag erhält, dann
Wird zu den Menschen kommen der Anfang herrlicher Zeiten.
Denn im Übermaß spendet die Allmutter Erde den Menschen
Allen köstlichste Frucht von Korn und Wein und von Öl, und
Süße Quellen läßt sie entspringen von weißlicher Milch; dann
Sind wieder Städte und Fluren voll Reichtum; kein Schwert gibt's
Jetzt mehr auf Erden, noch Kampfgetös...« *(III. Buch)*

Das war eine kleine, willkürliche Auswahl aus Hunderten von Seiten der »Oracula Sibyllina«; dieser Auszug sollte nur zeigen, daß auch diese prophetischen Verse endzeitliche Weissagungen enthalten, ganz im Sinne biblischer Apokalyptik.

Kunde der Seher

Aus mittelalterlichen Prophezeiungen

»Ich bat, und es ward mir Einsicht gegeben;
Ich rief, und der Geist der Weisheit kam zu mir.
Ich zog sie Königreichen und Thronen vor und
hielt Reichtum für nichts im Vergleich zu ihr.«

Birgitta von Schweden

Die Tradition der Propheten, die ein Jahrtausend lang im Volk Israel blühte, ist mit der Vernichtung des letzten jüdischen Staates, der Zerstörung des Tempels zu Jerusalem und der Zerstreuung der Juden unter alle Völker nicht erloschen.

Auch im Mittelalter stehen Begnadete auf, die mit prophetischer Gabe beschenkt, Bilder empfangen dürfen, die weit über alles hinausgehen, was ein Mensch aus eigener Kraft, durch selbständiges Forschen mit irdischem Wissen zu ergrübeln vermag.

Wieder stehen die Seher, Mystiker, Propheten vor dem Problem, die passenden Worte für die von ihnen geschauten Bilder zu finden, sie zu interpretieren und chronologisch zuzuordnen. Und wieder wählen sie Vergleiche aus ihrer Zeit, versuchen das dem Verstande Unfaßbare verständlich zu machen, durch Worte und Bilder, die sie aus der ihnen geläufigen Umgebung entnehmen. So steht die mittelalterliche Mystik oberflächlich betrachtet auf dem Boden der Theologie des Mittelalters; aber in der Tat ist sie auch der Versuch, Geschautes, von oben Gegebenes, im Innersten Gehörtes faßbar zu machen. Ein Versuch, der um so schwieriger zu bewältigen war, als den Sehern des Mittelalters die großen Zusammenhänge des Weltgeschehens kaum bewußter waren als alttestamentlichen Propheten. Doch wer die altjüdische Prophetie mit den Schauungen mittelalterlicher Mystiker vergleicht, kommt zu der Vermutung, daß in beiden Fällen Ähnliches, Gleiches, ja Identisches gekündet wird. Die Unterschiede in den Gesichten liegen vor allem in den unterschiedlichen Ausgangspositionen der Seher, die mit ihrem Horizont, ihrem irdischen Wissen und ihren religiösen Erfahrungen versuchten, das Unbeschreibliche in Worte zu kleiden.

Allerdings ist die mittelalterliche Prophetie bei weitem nicht so einheitlich und geschlossen wie die altjüdische, welche auch in dieser Hinsicht eine besondere Stellung einnimmt. Das Mittelalter brachte Propheten sehr unterschiedlicher Art hervor. An deren Spitze steht Hildegard von Bingen, die in großartigen Visionen das ganze Weltgeschehen erleben durfte.
Andere Seher waren mehr Tagesproblemen oder engeren religiösen Deutungen zugetan. So hatte z. B. Birgitta von Schweden Eingebungen über das Erdenleben von Jesus und Maria, die an die »Neuoffenbarung« von Jakob Lorber erinnern; nur daß bei Birgitta – wie vielen anderen mittelalterlichen Visionären – die Person Marias von Nazareth stark herausgehoben ist.
Doch muß man auch Birgittas Mut anerkennen, mit dem sie ganz im Sinne alttestamentlicher Traditionen, Päpste, Könige, geistliche und weltliche Fürsten rügte.
Der Abt Joachim von Fiore versuchte aus seinem Empfinden heraus die Heilige Schrift auszulegen, entwickelte zahlenmystische, mit der Kabbalistik vergleichbare Exegesen und nimmt mehr eine Mittelstellung ein zwischen einem Visionär und einem Scholastiker. Schließlich gab es Heilige, deren Entrückungen ganz auf dem Boden ekstatischer Verzücktheit blieben, und deren Erlebnisse daher kaum für einen größeren Kreis von weiterführender Bedeutung sind. Daneben treten aber auch Seher ohne erkennbare religiöse Basis auf, wie der »Blinde Jüngling«, dessen Gesichte fast zeitlos außerhalb jeder kirchlichen oder mystischen Tradition angesiedelt sind.
Aus diesem umfangreichen Spektrum mittelalterlicher Mystik und Prophetie wollen wir hier einige Persönlichkeiten vorstellen, die Aussagen zu endzeitlichem Geschehen hinterlassen haben.

Hepidanus von St. Gallen

Im 11. Jahrhundert lebte im Kloster St. Gallen angeblich ein visionärer Mönch, dessen Gesichte von seinem Mitbruder Frater Bartholomäus aufgezeichnet wurden.
Hepidan hatte zahlreiche Schauungen von dramatischen zukünftigen Ereignissen. Er sah z. B. den Dreißigjährigen Krieg, die Französische Revolution, den Aufstieg wie den Sturz Napoleons voraus.

Im folgenden erwähnen wir solche Visionen, die sich vermutlich auf die Zukunft der Menschheit beziehen.
Auffallend ist, daß Hepidan in keiner Weise mittelalterlichen Anschauungen verhaftet war, sondern seine Visionen in einfachen, klaren Worten wiedergab, die keine Bindung an den Zeitgeist und keine konfessionelle Gebundenheit erkennen lassen. Insofern sind seine Aussagen mit denen des »Blinden Jünglings« zu vergleichen. Man kann daraus schließen, daß es sich um keine aus dem 11. Jahrhundert stammende Prophetie, sondern um eine viel jüngere Vorhersage handeln werde. Allerdings kann die Freiheit von historischen Fesseln auch damit zusammenhängen, daß Hepidan in einfacher, kindlicher Weise das wiedergegeben hat, was ihm »von oben« eingegeben wurde; denn die Tiefe einer echten Prophetie bedarf nicht der Verzierung durch an den Zeitgeschmack gebundene Ausdrucksformen.
Wir wollen hier die Frage nach der Echtheit der Gesichte des visionären Mönches offenlassen und seine Aussagen in der einfachen Weise auf uns wirken lassen, wie sie überliefert wurden. Die folgenden Zitate halten sich an den von Pater Ellerhorst angegebenen Text, der auf eine deutsche Übersetzung des Hepidanus zurückgeht, die 1866 in fünfter Auflage im Verlag der Lengefeldschen Buchhandlung in Köln erschienen ist. Zumindest das auf den 2. Weltkrieg zu beziehende Gesicht wäre also echte Prophetie, die sich bereits erfüllt hat.
Beginnen wir mit einer Vision, die von Bruder Bartholomäus am 5. Sonntag nach Ostern im Jahr 1081 aufgezeichnet wurde:

> »Siehe, von Mitternacht gegen Mittag ist heute die Erde getrennt und die Menschen haben sich in zwei Heerlager gespalten gegen Süd und Nord. Der Norden zieht nach Süden als Feind, der Sohn gegen den Vater, und das Unglück folgt ihm über die Berge wie die Nacht dem Tage. Aber es wird bald ein Tag anbrechen, da wird ein Licht aufgehen um Mitternacht im Norden und heller strahlen wie die Mittagssonne des Südens.
> Alsbald wird sich eine düstere Wolke lagern zwischen jenem Licht und der Menschheit, die darnach hinblickt. Ein furchtbares Gewitter wird sich aus dieser Wolke bilden.
> Es wird den dritten Teil der Menschen verzehren, die dann leben werden. Und der dritte Teil aller Saatfelder und Ernten wird zerstört werden. Auch der dritte Teil der Städte und Dörfer, und überall wird große Not und Jammer sein.« (9)

Das ist eine Endzeit-Vision, wie sie in gleicher Tendenz in vielen Gesichten – von der Apokalypse bis in unsere Zeit – geschaut wurde. Aus dem Jahre 1082 wird durch Frater Bartholomäus das folgende Gesicht seines Mitbruders überliefert:

»Als ich gestern meinen täglichen Gebeten oblag, war ich plötzlich im Geiste der Zeit entrückt und hinweggeführt an einen fernen Ort. Da sah ich einen Brand gegen den Himmel steigen gleich dem Brande einer großen Stadt. Ich hörte ein Wehklagen von Männern, Weibern und Kindern, so daß mein Herz sich betrübte. Die Menschen flüchteten sich vor den Gluten des Feuers, und in der Angst ihres Herzens eilte der eine hierhin, der andere dorthin. Aber die Flammen eilten ihnen mit Windesschnelle nach und umhüllten bald hier, bald da Haufen von Menschen und erstickten sie in dem Rauche und dem Qualme. Viele von ihnen waren indes dem Feuer entronnen. Sie liefen in das Wasser des Flusses. Manche von ihnen ertranken, andere wurden von großen Vögeln mit eisernen Schnäbeln, deren Flügelschlag mit seinem Rauschen die Luft erfüllte, weggefangen, wie die Schwalbe im Sommer die Fliege erhascht. Allenthalben herrschte große Angst, Jammer, Not und Elend. Nach einiger Zeit verwandelte sich das Aussehen der Gegend. Das Feuer war erloschen und alle Spuren seines einstmaligen Daseins waren getilgt. Grüne Saatfelder prangten rings um neu angelegte Städte und Dörfer.« (9)

Diese Vision kann als Bild von der Zerstörung Deutschlands im Zweiten Weltkrieg und dem anschließenden Wiederaufbau gedeutet werden. Es wird vielleicht ein schwerer Luftangriff auf eine große Stadt – wie Dresden – in anschaulichen Bildern wiedergegeben.
Nach einer schweren Erkrankung hatte Hepidan Anfang des Jahres 1084 das folgende Gesicht:

»Ich sah in Germanien, wo jetzt die Wälder sich längs der Ufer der Ströme hinziehen, ein ungeheuer großes, fruchtbares, von unzähligen Menschen bewohntes Land. Als ich mit Bewunderung dorthin schaute, hörte ich plötzlich eine starke Stimme gleich dem Brausen des Sturmwindes an den Gipfeln der Berge, die zu mir sprach: ›Ich bin der Geist, der ausgeht von den sieben Leuchten vor dem Throne dessen, der da ist, sein wird und war, und der waltet über dem Menschengeschlechte seit Anfang der Dinge. Öffne dein

Auge und schaue! Höre auf das, was ich dir sagen werde! Siehe! Ich will meine Ferse auf den Erdboden setzen und ein Volk soll emporsprossen, wo jetzt der Wald die Fläche bedeckt und der Eber dem Speere des Unfreien erliegt, und der Ur der Falle des jungen Jägers. Ich werde es großmachen unter allen Völkern der Erde. Die Sonne, die von Süden die Welt erleuchtet und erwärmt, will ich nach Norden versetzen und aus den Gegenden des Schreckens der Nacht soll ein Licht ausgehen, dergleichen man bisher nie gesehen. Aus Germaniens Gründen wird ein Strom hervorquellen, der die ganze Welt überflutet. Wehe denen, die sich erkühnen, dem Laufe dessen zu widerstehen, der seine Pflugschar über die Berge zieht. Es wird unter den Stämmen Germaniens ein Volk auferstehen und ein Haupt werden über all seine Brüder.« (9)

Falls diese Prophetie aus dem 11. Jahrhundert stammt, ist sie etwas Besonderes. Leider ist das Original der Schriften des Bruder Bartholomäus angeblich nicht mehr auffindbar, so daß wir uns auf Gewährsleute verlassen müssen.
Dieses Gesicht des Hepidanus wäre der erste Hinweis auf eine besondere historische Mission des deutschen Volkes; ein Gedanke, der in der deutschen Geschichte immer wieder seine Rolle gespielt hat. Wie wir noch erwähnen werden, erwartet Nostradamus das Auftreten des Messias in Deutschland und spricht damit – vermutlich ohne sich dessen bewußt zu sein – dem deutschen Volke eine ähnliche Rolle zu, wie sie einst dem jüdischen Volke zugedacht war, in dessen Mitte der Gottessohn geboren wurde. Derartige Erwartungen blieben also nicht auf das deutsche Volk beschränkt. So berichtet Beykirch von dem folgenden Gesicht eines 1484 zu Mailand verstorbenen Amadäus:

»... ich sage aber, daß betreffs der Bekehrung der Ungläubigen, welche überhaupt sehr schnell gehen wird, euch keine Hoffnung gemacht werden kann, weder in Pannonien, noch in den ihm naheliegenden Reichen. Denn jene werden abhängen von dem Winke anderer. Wenn nicht ganz Deutschland sich in Bewegung setzen wird, wird keine Bekehrung der Ungläubigen und keine Erneuerung Italiens stattfinden...« (4 und 8)

Und Bartholomäus Holzhauser sagt im Jahre 1635, also noch während des Dreißigjährigen Krieges:

> »...wache auf, liebes Deutschland! Reinige die alten Sünden aus. Seid einträchtig, ermannet euch, rufet die Gemeinden zusammen und haltet Rat: heiliget die Priester, reinigt die Gotteshäuser und verbannet alle Unreinigkeit und Schändlichkeit: schaffet dem gemeinen Manne, den Witwen und Waisen und den Armen schleunigst Recht; rottet aus den Aberglauben, den Unglauben und die Gotteslästerung; führet den deutschen Brudersinn und die Bruderliebe wieder ein; schaffet Gutes und sündiget hinfort nicht mehr; wenn meine ganze Herde heilige Stätten anzieht und alle Falschheit verbannet – alsdann, Deutschland! will ich dir Vater und Gott, Vormauer, Feste und Stärke, Kriegsheer und Riesenkraft, und deiner Feinde panischer Schrecken sein, will dem Unternehmen deiner Helden Gedeihen geben, nur tue Buße!« (3)

Solche oder ähnliche Gedanken haben immer wieder das Selbstverständnis des deutschen Volkes beeinflußt und sind auch in die Philosophie eingedrungen, z. B. in Fichtes »Reden an die Deutsche Nation«, in denen der Glaube an die besondere Berufung des deutschen Geistes zum Ausdruck kommt. Diese Erwartung wird mit der inneren Emigration unter dem Drucke von Fremdherrschaft erklärt, der zur deutschen Erhebung führte. Ideen, ja Visionen vom Berufensein Deutschlands finden sich auch in Werken unserer Dichter, z. B. bei Kleist und Hölderlin. Schließlich war das Bewußtsein des deutschen Volkes vor 1914 von dem Glauben an die besondere Leistungsfähigkeit und Größe des Deutschtums durchdrungen.

Falls diese Meinungen und Überzeugungen nicht nur der Hybris eines sich lange zurückgesetzt fühlenden Volkes entsprungen sind, sondern der oft falsch verstandene und ungeschickt in materielle Bestrebungen umgesetzte Ausdruck eines richtigen Empfindens waren, müssen wir uns fragen, ob wir Deutschen die uns vom Schicksal gebotene Chance in der ersten Hälfte dieses Jahrhunderts nicht schon verspielt haben. Die vielbeklagte deutsche Teilung wäre dann der auffallendste Ausdruck eines schwerwiegenden Versagens.

Hepidans Gesicht geht folgendermaßen weiter:

> »Langer Zwiespalt wird dem Glanze seiner Macht vorangehen. Der Herr wird gegen den Knecht und der Untergebene wider seinen Vorgesetzten sein Recht behaupten und verfechten. Dann wird ein Mann auferstehen mitten aus dem Strudel der Parteiungen. Er wird, ohne dem Unrecht Stützpunkt zu sein, doch mit dem Rechte

Recht sprechen wider das Recht, und vom Aufgange zum Niedergange wird sein Name in aller Leute Mund sein. Verdammt und gehaßt von den einen, wird er bewundert von den anderen werden. Zwar wird unsägliches Elend an seine Schritte geknüpft sein und sein Name leben in der Geschichte inmitten von Leichenhügeln und Tod.« (9)

Diese Prophetie wird mit Hitler in Verbindung gebracht, doch scheint das Gesagte nicht so eindeutig, daß es sich nicht auch auf ein anderes, vielleicht noch kommendes Geschehen beziehen könnte. Für diese Annahme sprechen die weiteren Worte des St. Gallener Mönches:

»Auch wird nicht das geschehen, was die Mehrzahl der Menschen glauben wird, daß er erstrebe. Er wird vielmehr das Werkzeug des Geschickes sein, dazu bestimmt, die alte Welt in Trümmer zu schlagen und, wollend oder nicht wollend, das Volk, aus dem er hervorgegangen ist, zur Freiheit bringend.« (9)

Diese Worte könnte man verallgemeinernd auch auf den Antichristen beziehen. Jener wird den Weg des Lichtes nicht aufhalten können und letzten Endes sogar gezwungen sein, bei der Vernichtung alles Falschen mitzuwirken. Das scheinen auch die folgenden Worte zu unterstreichen:

»Wehe dem, der in jener furchtbaren, aber großen Zeit lebend, seinen Standpunkt wechselt und, geblendet durch das Gaukelspiel trügerischer Dämone, sich auf Abwege begibt, die ihm selbst, seinem Volke und Geschlechte verderbenbringend werden. Denn es werden in jenen Tagen des Zweifels und des Unglaubens falsche Propheten aufstehen und mit gleissender Stimme ihr Gift feilbieten und jene elendig zugrunde richten, die leichtgläubig und von einseitigen Vorurteilen befangen, ihnen Glauben schenken.
Wer Ohren hat, zu hören, der höre; wer Augen hat, zu sehen, der säume nicht, sie dem Lichte zu öffnen.
Ein mächtiges Reich wird in jenen Tagen zugrunde gehen und ein mächtigeres an seine Stelle treten. Von Osten her weht ein Sturm und aus Westen heult der Wind: Wehe allem, das in den Bereich dieses furchtbaren Wirbels geraten wird.
Tausendjährige Herrschersitze werden herabsinken aus ihrer Höhe, gleichwie der Wirbelwind das Strohdach der Hütte fort-

führt. Zwischen dem Rhein und der Elbe und dem morgenwärtsfließenden Strome Donau wird ein weites Leichenfeld sich ausdehnen, eine Landschaft der Raben und Geier.
Und wenn dereinst wieder der Landmann seinen Samen ausstreuen wird und dieser emporkeimt, Ähren tragend und Früchte, dann wird jeder Halm in einem Menschenherzen stehen und jede Ähre in eines Menschen Brust ihre Wurzeln haben.« (9)

Diese Vorhersage ist sicher unter dem Stichwort »Endzeitprophetie« einzureihen. Dafür spricht auch der weitere Bericht über diese Schauung:

»Ich war bei all dem Schrecklichen, das ich vernahm, doch begierig zu wissen, wann es sich ereignen würde und ob die Menschheit bald oder vielleicht erst in vielen Jahrhunderten für jene Tage reif sei. Als ich diese Ansicht meinem Schutzgeiste äußerte, erwiderte er: ›Keinem Sterblichen wird es gegeben, das Jahr und den Tag zu erfahren, wann das in Erfüllung gehen soll, dessen Verlauf ihm offenbart worden. Aber ich will dich die Zeichen lehren, die jenen Tagen voraufgehen werden und sie ankündigen wie die herüberkommende Schwalbe die Wiederkehr des Frühlings.‹
Als der Genius dies gesagt, verschwand plötzlich die weite Fernsicht, welche Br. Hepidan gehabt, und als er die Augen erhob gegen die Decke seiner Zelle, erblickte er diese nicht mehr, sondern sah den blauen, sternbedeckten Himmel über sich. Der Geist sagte: Schau empor! Erkenne das Sternbild der himmlischen Krone dort mittagwärts von deinem Scheitelpunkte. In dieser Sternenkrone wird ein neues Juwel eingesetzt werden und ein Stern hellglänzend da erscheinen, wo du jetzt nur die unerforschte Bläue des Weltenraumes erblickst. Wenn dieser Stern als weithin leuchtendes Feuerzeichen erscheinen wird, dann ist die Zeit nahe, wo jene Tage über die Menschheit kommen werden, von denen ich zu dir gesprochen habe. Dann sind die Tage vieler gezählt wie die Tage der Ernte, wenn der Schnitter die Sichel wetzt. Aber die Zeit, wann jenes Zeichen am Himmel erscheinen wird, vorher zu wissen ist keinem Sterblichen gegeben.« (9)

Kündigt also ein neuer Stern – eine Nova oder Super-Nova – im Sternbild der Krone den Beginn des Endgerichtes an?
In einer weiteren Vision erschaute Hepidan zwei Heersäulen. Die

eine setzte über die Donau und zog nach Norden, die zweite nahte von der Elbe. Inmitten eines großen Talkessels trafen die beiden Heere mit furchtbarer Gewalt aufeinander:

»Die Elbe floß gleich einem Blutstrom durch die Gefilde und ein unaufhörlich rollender Donner lag über der ganzen Gegend. Mein Blick verdunkelte sich, meine Sinne schwanden allmählich und eine Stimme sprach zu mir, dem fast Ohnmächtigen:
›Du siehst jetzt nichts als Kämpfe, Blut, Schlachten und Tod, aber das Geschlecht der Menschen wird nach diesen Kämpfen herrlicher aufblühen als je zuvor. Allerdings werden sehr viele unter den zu jener Zeit Lebenden diese glücklichen Zeiten nicht mehr sehen. Sie werden untergehen unter der Brandfackel des Krieges und Unkraut wird über ihren Gräbern wuchern. Aber alles dieses wird den Lauf der Welt nicht aufhalten. Mögen sich aber jene, die alsdann leben werden, wohl vorsehen.« (9)

Ein anderes Mal wurde Hepidan von Frater Bartholomäus nach dem Untergang der Welt gefragt, und soll dazu erklärt haben:

»Es kann niemand das Jahr und den Tag oder die Stunde bestimmen, wann die Welt ihren Kreislauf erfüllt hat und zu dem uranfänglichen Zustand der Finsternis, Wüste und Leere zurückkehren wird. Soviel weiß ich indes bestimmt, daß dieser Tag nicht mehr so lange auf sich warten lassen wird wie jener Zeitraum, der zwischen heute und dem Tage liegt, an welchem unser Herr auf die Erde herabkam.
Ehe aber der Untergang der Welt erfolgt, werden vorerst gewaltige Kriege ausbrechen und ungeheure staatliche Umwälzungen stattfinden. Den furchtbaren Kämpfen, welche hiermit verbunden sind, wird eine Reihe von glücklichen Jahren folgen. Es wird dann ein Mann aufstehen, der sich dem Laufe der Dinge entgegenstemmt und seinem Anhange wird es gelingen, eine neue Ordnung ins Dasein zu rufen. Diese wird aber nicht von langer Dauer sein, indem der Untergang alles Lebenden dann vor der Türe steht.« (9)

Da Hepidanus im Jahre 1088 gestorben ist, wäre nach seinen Worten das Ende der Welt vor dem 22. Jahrhundert zu erwarten. Entgegen der mittelalterlichen Tradition spricht er nicht vom »Reich der Tausend Jahre«, dem großen Friedensreiche auf Erden; denn die von Hepidanus vorhergesagte »neue Ordnung« soll ja nicht von langer Dauer sein. Bindet man sich nicht an zeitliche Angaben – die Zeitbegriffe sind in allen Vorhersagen unscharf – so fügt sich des Hepidanus Schau recht gut mit anderen endzeitlichen Gesichten.

Hildegard von Bingen

Im Hochmittelalter lebte in Deutschland eine Frau, die zu den größten Visionären der Geschichte gezählt werden darf. Von Kindheit an mit Hellsehen begnadet, eröffnete sich ihr in gewaltigen Schauungen ein Überblick auf das Geschehen der Welt. Sie erhielt Kunde über den Sündenfall, den Sturz Luzifers und das Heilsgeschehen bis zum Jüngsten Tag, die sie in eindringlichen Beschreibungen des Geschauten diktierte.

Hildegard war keine unbekannte oder gar unbedeutende Persönlichkeit ihrer Zeit. Als Edelfreie geboren, wird sie von Kind an im Kloster erzogen, und sie entschließt sich schon als Sechzehnjährige, ihr ganzes Leben dem Höchsten zu weihen. Mit 38 wird sie Äbtissin, gründet Klöster nahe bei Bingen und oberhalb von Rüdesheim und entwickelt sich zu einer weithin beachteten Predigerin. Sie hinterläßt ein großes Werk, das nicht nur Visionen, sondern viele Lebensfragen umfaßt, so daß sie auch als erste deutsche Naturforscherin und Ärztin gelten kann.

Ihre Visionen werden 1147/48 von Papst Eugen III. als »Privat-Offenbarungen« anerkannt. Ebenso wie die später erfolgte Heiligsprechung unterstreicht diese Anerkennung das Gewicht der größten Seherin des deutschen Mittelalters.

So darf man Hildegard von Bingen zu den bedeutendsten und typischsten Frauengestalten des Mittelalters rechnen, von beachtlichem Ruf und so weitreichendem Einfluß, daß sogar ein Kaiser – Friedrich I. – ihre Kritik hinnimmt.

Ihr Werk allerdings geriet in Vergessenheit. Denn im 12. Jahrhundert begannen die Kloster- und Kathedral-Schulen an Einfluß zu verlieren, und die Zukunft gehörte einer neuen Art gelehrter Genossenschaft, aus der sich die Universitäten entwickeln sollten. In diesen Kreisen wird Aristoteles studiert und Logik verdrängt die Mystik. Auch die mittelalterliche Religiosität wird bald weniger von Visionären geprägt als von Gelehrten wie Albertus Magnus oder Thomas von

Aquin, denen die Lehren des Augustinus Anregung und Grundlage sind.
Aus dem umfangreichen Werk der Hildegard von Bingen wollen wir solche Teile erwähnen, die Hinweise auf endzeitliches Geschehen geben.
Es sind dramatische Bilder, die Hildegard vermittelt wurden, und sie beschreibt ihre Visionen aus dem mittelalterlichen Weltverständnis. Ihre Schau wird mit der Offenbarung des Johannes verglichen; ihr Werk kann man nach Umfang und Bedeutung in die Nähe Dantes »Göttlicher Kommödie« rücken. Eine Deutung ihrer Gesichte ist nicht einfacher als ein Verständnis der »Großen Apokalypse«, und man kann nur mit aller Vorsicht versuchen, zu erspüren, was die große Seherin uns heutigen Menschen noch zu sagen hat. Dabei gehen wir davon aus, daß die Welt und ihre Gesetze sich nicht geändert haben, sich nie ändern werden, so daß Geschautes, das Wahrheit in sich trägt, auch für alle Zeiten Gültigkeit hat.
Um zu zeigen, wie Hildegard ihre Gesichte erlebte, läßt man sie am besten selbst zu Wort kommen:

> »Und ich hörte die Stimme, wie sie vom Himmel sprach: ›Der Mensch, der dies schaut und im Schreiben weitergibt, sieht und sieht doch nicht; er spürt das Irdische und doch wieder auch nicht. Er trägt Gottes Wunderdinge nicht aus sich selbst vor, ist vielmehr davon so ergriffen, wie eine Saite durch den Spieler ergriffen wird, um ihren Ton nicht aus sich, sondern aus dem Griff eines anderen wiederzugeben . . .« (23)

Und in ihrer Lebensbeschreibung sagt sie von einer Schauung, die sich auf das Johannes-Evangelium bezog:

> »Mein Innerstes ward vor diesem Gesicht erschüttert, und die Empfindungen meines Körpers erloschen, da mein Erkennen in eine völlig andere Weise – als ob ich mich selber nicht mehr kennte – umgewandelt ward. Und wie sanfte Regentropfen träufelte es aus Gottes Inspiration in mein Bewußtsein, so wie der Heilige Geist den Evangelisten Johannes betaut hat, als er aus Jesu Brust jene gewaltig-tiefe Offenbarung zog –: daß im Anfang das Wort war.« (23)

Ihr Sendungsbewußtsein ist vielfach überliefert. So spricht sie in einem Brief an den Mönch Wibert von Gembloux die Überzeugung von ihrer Berufung aus:

> »Die folgenden Worte stammen weder von mir selbst, noch von irgendeinem Menschen; ich bringe sie vor, wie ich sie in einem Gesichte von oben empfangen habe.« (5)

Und weiter:

> »Das Licht, das ich schaue, ist an keinen Ort gebunden, es ist unendlich heller als eine Wolke, die die Sonne trägt. Ich sehe an ihm keine Höhe, keine Länge und keine Breite. Es wird mir als ›Schatten des lebendigen Lichtes‹ bezeichnet. Und so wie die Sonne, der Mond und die Sterne im Wasser erscheinen, so formen sich mir und erglänzen mir die Schriften, Gespräche, Tugenden und mancherlei Werke der Menschen in ihm.
> Und was ich in diesen Gesichten schaue und erfahre, behalte ich lange im Gedächtnis, so daß ich, wenn ich dies Licht sehe und höre, ich mich erinnere und zugleich sehe, höre, weiß und gleichsam in einem Augenblicke, was ich weiß, lerne. Was ich aber nicht schaue, das weiß ich nicht, denn ich bin ungelehrt, man hat mich nur unterwiesen, in aller Einfachheit die Buchstaben zu lesen. Und was ich in meinen Visionen niederschreibe, das sehe und höre ich. Ich schreibe auch keine anderen Worte als die, welche ich höre, nieder und bringe sie in ungefeilten lateinischen Worten vor, wie ich sie eben in der Vision höre; denn ich lerne in den Gesichten nicht, wie ein Philosoph zu schreiben, auch sind jene Worte nicht wie Worte, die von Menschenmund ertönen, es ist viel mehr wie eine blitzende Flamme und wie eine Wolke, die sich in reiner Luft bewegt.
> Die Gestalt dieses Lichtes vermag ich in keiner Weise zu erkennen, wie ich ja auch nicht voll in die Sonnenscheibe schauen kann. In diesem Lichte sehe ich zuweilen, freilich nicht oft, ein anderes Licht, das mir als ›das lebende Licht‹ bezeichnet wird; wann und wie ich es sehe, kann ich nicht angeben; solange ich es aber schaue, wird jede Traurigkeit und Beängstigung von mir genommen, so daß ich dann wie ein einfältiges Jungmädchen und nicht wie eine alte Frau bin.« (5)

Der Sündenfall

Im Mittelpunkt des Weltbildes der Hildegard von Bingen steht ein erhabener Gottesbegriff. Der Schöpfer des Universums steht über allem Geschaffenen, das aus ihm wurde und nur durch ihn Bestand haben kann. Hildegard sieht ihren Gott größer, als die gewöhnlich vermittelten kirchlichen Lehren ihn schildern. Der ihr gekündete Schöpfer ist mehr als ein machtvoller König im himmlischen Reiche, der mit willkürlichen Entscheidungen in das menschliche Leben eingreift:

> »Gott aber, der all das vorher Erwähnte geschaffen hat, ist das alleinige Leben, aus dem alles Leben atmet, wie ja auch der Sonnenstrahl aus der Sonne stammt, und Er ist das Feuer, von dem jedes Feuer, das sich auf die Seligkeit richtet, angezündet wird, gleichwie die Funken vom Feuer ausgehen.« (14)

Auch ist in ihr der Begriff lebendig, daß Gott unabhängig, ewig in sich selbst ruhend ist. Alles außer Ihm, jegliche Kreatur kann nur durch Ihn sein, ist also von Ihm abhängig:

> »Gott ist ein Einziger und durch sich selbst und in sich selbst. Von keinem anderen erhielt Er das Sein. Vielmehr hat jede Kreatur das Dasein von Ihm.« (14)

Die von dem vollkommenen Schöpfer erschaffene Welt kannte zunächst kein Übel, da vom Ursprung allen Seins nur Edles, Förderndes, Reines ausgeht. Der biblischen Tradition entsprechend, sieht auch Hildegard von Bingen den Ursprung des Bösen im Versagen Luzifers:

> »Luzifer, der ob seines Hochmutes aus der himmlischen Herrlichkeit verstoßen wurde, war im Anfang seiner Erschaffung so vollendet, so groß, daß er seiner Schönheit und Kraft keinen Mangel verspürte. Doch er sah seine Schönheit und erwog bei sich die Gewalt seiner Kräfte und – verfiel dem Stolz. Der redete ihm zu, er solle nur alles beginnen, was er wolle. Er werde schon fertigbringen, was er beginne. So erspähte der stolze Engel den Platz, den er erreichen zu können glaubte, an dem seine Kraft und Schönheit zur vollen Geltung kommen würde, und er sprach zu sich selber: ›Dort will ich glänzen wie dieser hier.‹* Und seine ganze Streitschar stimmte ihm

* Gemeint ist wohl, daß Luzifer in der Schöpfung glänzen wollte, »wie dieser« (Gott) im ewigen himmlischen Reiche.

bei und sagte: ›Was *du* willst, wollen auch *wir*‹. Kaum aber gedachte er, vom Stolze aufgeblasen, diesen Wahnwitz auszuführen, da erhob sich wie eine feuerspeiende schwarze Wolke der Eifer des Herrn. Die Teufelsbrut zerstob.« (13)

Das ist ein Bild vom Erzengel Luzifer, der aus himmlischen Höhen in die Welt gesendet ist, um dort aufbauend, fördernd zu wirken. In der Welt – also weit entfernt von Gott – wird er sich seiner Kräfte bewußt und beginnt in Hochmut und Stolz zu schwingen. Das muß ihn vom Schöpfer entfernen und zuletzt seinen Sturz auslösen. Dieser gefallene Erzengel pflanzte das »Böse«, das »falsche Prinzip« in die Menschenwelt:

»Doch woher das Übel solcher Irrtümer?
Die alte Schlange ist voll Schlauheit und trügerischer List, voll des mordenden Giftes der Bosheit. Schlau, wie sie ist, flößt sie mir den trotzigen Mut zur Sünde ein. Sie lenkt meine Erkenntnis ab von der Furcht des Herrn, so daß ich mich nicht scheue das Böse zu tun, da ich mir sage: ›Wer ist denn Gott? Ich weiß nicht, wer Gott ist.‹« (13)

Damit schildert Hildegard von Bingen das Erleben eines zweifelnden Menschen, der in seinem Denken Gott nicht erkennen kann und zu der bequemen Ansicht neigt, daß ein Schöpfer nicht existiere; daß man auf die Annahme der Hypothese, daß Gott die Welt erschaffen habe, verzichten dürfe. Dieses Erleben ist zeitlos, jeder suchende Mensch hat es erfahren, heute so gut wie vor Jahrtausenden. Keiner, der nach religiöser Erfahrung sucht, kann dieser inneren Auseinandersetzung entfliehen. Vielleicht sprechen uns die aus mittelalterlicher Religiosität geborenen Antworten der Äbtissin Hildegard nicht mehr an; doch die Frage ist nach wie vor aktuell.

Die Weltenzeiten

Folge des Sündenfalls ist in Hildegard von Bingens Weltschau das Jüngste Gericht. Dieses wird durch vielfältige Katastrophen eingeleitet, und es endet mit der endgültigen Reinigung der Schöpfung von allem Übel, sowie der Vernichtung Luzifers mit seinem Anhang.

Vor dem Ende der Welt sieht Hildegard noch fünf Zeitabschnitte:

»Du blickst nach Nordosten, und siehe, da stehen fünf wilde Tiere.
Sie versinnbildlichen den wilden, wider sich selbst rasenden Lauf von fünf zeitlichen Reichen.
Eines dieser Tiere sieht aus wie ein Hund, der feurig glüht, aber nicht brennt. Menschen von bissigem Charakter werden diesem Zeitenlauf angehören. Sie selber dünken sich feurig, aber in der Gerechtigkeit Gottes brennen sie nicht.
Das nächste Tier erscheint als gelber Löwe.
In diesem Zeitalter werden kampfeslustige Menschen leben, die viel Kriegstumult erregen, aber dabei nicht auf die Gerechtigkeit Gottes schauen. Wie in gelber Farbe werden die Reiche dieser Zeit allmählich verblassen und in Schwäche zerfallen.
Ein fahles Pferd ist das folgende Tier.
Diese Zeit wird Menschen zeugen, die sich zuchtlos in eine Flut von Sünden stürzen und in der Regsamkeit ihrer Begierden über das Wirken der Tugenden hinwegspringen. Doch das Herz dieser Reiche wird in fahle Ruinen zusammenbrechen, weil es die Röte seiner Kraft verloren hat.
Das folgende Tier gleicht einem schwarzen Schwein.
Die führenden Menschen jener Zeit werden die tiefe Schwärze der Traurigkeit in sich tragen und sich im Kot der Unreinheit wälzen. Das göttliche Gesetz werden sie auf die Seite schieben, ihm in Unzucht und ähnlichen Abscheulichkeiten vielfach zuwiderhandeln, und in heuchlerischer Heiligkeit die Gebote Gottes spalten.
Das letzte Tier ist ein grauer Wolf.
Zu jenen Zeiten werden die Menschen untereinander viel Raub verüben, an Machthabern und anderen, denen das Glück günstig war. Wegen ihrer Verschlagenheit erscheinen sie in diesen Kämpfen nicht schwarz und nicht weiß, sondern grau. Sie stürzen die Häupter der Reiche und teilen ihre Länder auf. Darum wird die Zeit kommen, in der die Seelen vieler irre werden. Der Irrtum türmt sich von der Hölle bis zum Himmel empor. Die Kinder des Lichtes werden in die Kelter des Martyriums geworfen, weil sie den Sohn Gottes nicht verleugnen, aber den Sohn des Verderbens, der mit Teufelskünsten seine Pläne durchzusetzen versucht, verwerfen.« (13)

Es gibt Versuche, diese fünf Zeitalter mit historischen Epochen oder religionsgeschichtlichen Entwicklungen in Einklang zu bringen, die aber zu keinem überzeugenden Ergebnis führten. Meist wird angenommen, daß Hildegards Leben noch in die erste dieser Zeiten fällt. Es war die Epoche der Kreuzzüge, eine der interessantesten und dramatischsten Perioden abendländischer Geschichte, zu der die symbolhafte Darstellung durch »einen Hund, der feurig glüht« nicht schlecht passen würde. Von dieser Annahme ausgehend, kann man den »gelben Löwen« der Renaissance zuordnen und das »fahle Pferd« auf das Barockzeitalter beziehen. Die Aufklärung würde sich dann durch das »schwarze Schwein« vertreten finden; ganz im Sinne mittelalterlicher Frömmigkeit, der jedes Zweifeln oder gar »Beiseiteschieben der göttlichen Gesetze« ein Greuel war. Unsere Zeit müßte es sich gefallen lassen, als »grauer Wolf« zu erscheinen. Nicht schwarz und nicht weiß, sondern grau; nicht heiß und nicht kalt, sondern lau. Keine ganz unpassende Qualifikation, sofern man unser Jahrhundert mit mittelalterlichen Augen zu betrachten versucht.
Ich kann mich des Eindruckes nicht verschließen, daß alle derartigen Auslegungen zu eng gesehen sind. Denn Hildegards Visionen lassen höhere Einblicke, weltumspannende Schauungen vermuten, die sich kaum in den engen Kreis von ein paar Jahrhunderten irdischer Geschichte pressen lassen.

Der Jüngste Tag

Bei weitem eindringlicher noch als die Vision der fünf Weltenzeiten ist Hildegard von Bingens Schau der Endzeit. Hier geht sie in Details und regt dazu an, aufgrund ihrer Gesichte ein deutliches Bild der letzten Tage zu entwerfen. Doch sehen wir uns zunächst ihre eigenen Worte an:

> »Nach Vollendung der fünf Weltenzahlen stieg er hinab, als die Welt ihrem Untergang zueilte.
> Und was geschah?
> Er erschloß das Mark des Gesetzes und verwandelte dadurch das Wasser des Gesetzes in den Wein des Evangeliums und machte Ströme von Kräften fließen.« (13)

Christlichen Traditionen folgend werden diese Worte auf die Sendung von Jesus bezogen, auf die der »Wein des Evangeliums« hin-

weist, in den das »Wasser des Gesetzes« des Alten Testamentes verwandelt wurde.
Mit gleichem Recht kann man auch die Worte »nach Vollendung der fünf Weltenzahlen« und vor allem »als die Welt ihrem Untergang zueilte« betonen, und diese Kündung auf das Erscheinen des Weltenrichters am Ende der Tage beziehen, von dem Hildegard noch an anderer Stelle spricht.
Diese Entscheidung fällt nicht leicht. Mit den »fünf Weltenzahlen« sind nämlich nicht unbedingt die eben erwähnten »fünf Zeiten« nach einer Vision Hildegards gemeint. Denn einer mittelalterlichen Tradition zufolge, läßt sich die Heilsgeschichte vom Sündenfall bis zum Jüngsten Gericht in »sieben Zeiten« oder »Zahlen« einteilen. Nach der fünften Zeit wäre demnach Jesus erschienen, nach der sechsten der Jüngste Tag zu erwarten, und die siebente Zeit wäre, in Anlehnung an die sieben Tage der Schöpfungsgeschichte, eine Periode der Ruhe. Wir können diese Frage hier offenlassen, da sie auf die weiteren Folgerungen kaum Einfluß hat.
Eine besondere Bedeutung hat in den Visionen Hildegards das Auftreten des »Sohnes der Bosheit« oder »Sohnes des Verderbens«*, der sich »vor dem Jüngsten Tag dem Sohne Gottes gleichmachen« will. Diese Aussagen erinnern an den »falschen Propheten« der Großen Apokalypse (Off. 19,20). Hildegard schildert ausführlich die Geburt, den Aufstieg und zuletzt den Untergang des »Sohnes der Bosheit«, so daß man bei wörtlicher Auslegung ein Bild entwickeln kann, von einem von Satan geleiteten Erdenmenschen, der sich Macht über die Erde erringt und durch Zauberei die Menschheit verführt:

> »Die Menschen, die ihn nicht anerkennen, tötet er. Könige, Herzöge, Fürsten und Reiche wird er sich verbinden, die Demut unterdrücken, den Stolz erheben und sich den Erdkreis mit Teufelslist unterwerfen. Seine Macht erstreckt sich bis auf den Ursprung der Winde, so daß er scheinbar die Luft in Bewegung bringt, Feuer vom Himmel ruft, Blitze, Donner und Hagel herniederfahren läßt. Berge stürzt er zum Scheine, Wasser trocknet er aus, den Wäldern nimmt er das frische Grün und gibt ihnen aufs neue treibende Säfte. Solche Gaukeleien wird er mit den

* Ähnliche Bezeichnungen verwendet Paulus im 2. Brief an die Thessalonicher, in dessen 2. Kapitel er »Mensch der Sünde«, »Kind des Verderbens« und »Widersacher« sagt.

verschiedensten Geschöpfen veranstalten in ihrer Feuchtigkeit, Grüne und Trockenheit.« (13)

In vieler Hinsicht erinnert dieser »Sohn der Bosheit« an moderne, materialistische Prinzipien und Praktiken, wie sie seit Jahrhunderten an Einfluß gewinnen:

»Alles nämlich, was der Sohn der Bosheit tut, das vollbringt er mit Gewalt, Stolz und Grausamkeit. Barmherzigkeit, Demut und Diskretion besitzt er nicht, sondern mit Befehlen und barschem Ton führt er die Menschen an, daß sie ihm folgen sollen.
Sehr viele gewinnt er dadurch, daß er sie auffordert, frei nach ihrem Willen zu handeln. Sie möchten, sagt er ihnen, sich doch nicht mit Wachen und Fasten Gewalt antun, sondern sie sollten nur ihren Gott, als den er sich selber hinstellt, lieben. Dann würden sie vor der Hölle bewahrt bleiben und zum Leben gelangen.
Viele lassen sich dadurch täuschen und sagen: ›Wie unglücklich waren doch die Menschen, die sich in den vergangenen Zeiten mit harten Peinigungen das Leben schwer machten, weil sie, ach! die Güte unseres Gottes nicht kannten.‹ Er zeigt ihnen nämlich Schmausereien, so viel sie wollen, und bekräftigt durch trügerische Zeichen seine Lehre.« (13)

Doch der »Sohn der Bosheit« trifft auch auf Widerstand. Dieser geht aus von den auch in der Offenbarung (Offb. 11,3–12) erwähnten »zwei Zeugen«:

»Doch werde ich meine beiden Zeugen senden, Henoch und Elias, die ich im Geheimnis meines Willens für diese Zeit aufbewahrt habe, damit sie als Gegenkämpfer hervortreten und die Irrenden auf den Weg der Wahrheit zurückführen.
Gewaltige, machtvolle Kräfte werden sie unter den Gläubigen entfalten.« (13)

Hier bietet sich eine Erklärung an in Übereinstimmung mit mittelalterlichen Traditionen. Zur Zeit des Endgerichtes wird nämlich die Wiederkunft von Henoch und Elias erwartet. Diese sollen in der verhängnisvollsten Zeit, welche der Parusie Christi vorhergeht, 1260 Tage weissagen (Offb. 11,3), dann von dem Tiere des Abgrundes getötet und nach dreieinhalb Tagen wiederbelebt werden und zum Him-

mel auffahren. Henoch und Elias sind die beiden Propheten, die »in den Himmel entrückt wurden«, wie das für den Elias im zweiten Buch der Könige (2. Kön. 2,11) und im Falle des Henoch von Jesus Sirach (Sir. 44,16) und im Hebräer-Brief (Hebr. 11,5) berichtet wird. An die Wiederkunft dieser beiden, von Gott ins Paradies entrückten Propheten, glaubten übrigens nicht nur Kirchenväter und mittelalterliche Mystiker, sondern auch die jüdische Überlieferung. So ist im Talmud die Rede von »Elias als dem Vorläufer des Messias«, und die an Jesus gerichtete Frage »Bist du Elia?« (Joh. 1,21) erhält vor dem Hintergrund dieser jüdischen Lehre Gewicht. Nach anderen Überlieferungen soll anstelle von Henoch zur Zeit des Gerichtes Moses erscheinen, während als einer der beiden Zeugen stets Elias gilt.
Ganz im Sinne der Aussagen der Großen Apokalypse werden diese beiden Zeugen von Hildegard bestätigt in ihrer Vision vom »Sohn des Verderbens«, und vorübergehend scheint das Falsche die unangefochtene Herrschaft zu erlangen:

> »Nachdem Henoch und Elia durch den Sohn des Verderbens den körperlichen Tod erlitten haben, wird sich dessen Gefolge besonders freuen, weil diese nun vernichtet zu sein scheinen. Aber der Geist des Lebens wird die beiden erwecken und wieder in die Wolken erheben und das Frohlocken jener in Furcht, Trauer und Bestürzung verwandeln.« (14)

Dann aber ist das Ende des »Sohnes des Verderbens« nicht mehr aufzuhalten:

> »Wenn er allen Willen des Teufels erfüllt haben wird, so daß ihm nach dem gerechten Urteile Gottes fürderhin so große Macht der Ungerechtigkeit und Grausamkeit nicht mehr gestattet werden soll, wird er seine ganze Rotte versammeln und wird seinen Anhängern sagen, daß er in die Himmel aufsteigen wolle.
> Doch wie der Teufel nicht wußte, daß der Sohn Gottes zur Erlösung und zum Heile der Seelen geboren werde, so wird auch dieser Gottlose nicht erkennen, während er sich in das todbringende Übel aller Übel verwickelt, daß der gewaltige Schlag der Hand Gottes über ihn kommt. Und siehe, ein Donnerschlag trifft plötzlich das Haupt mit solcher Wucht, daß er von dem Berge herabstürzt und seinen Geist im Tode aushaucht. Das ist die Offenbarung göttlicher Macht, die den Sohn des Verderbens mit einer solchen Wucht des Eifers nie-

derstreckt, daß er von dem Stolze, mit dem er sich wider Gott emporgereckt hatte, in die Untiefen seiner Vermessenheit stürzt und im Tode ewiger Verdammnis seinen Lebensodem ausspeit und so endet.
Und siehe, nun erscheinen die Füße der Jungfrau* blendend weiß und geben einen Glanz, der strahlender leuchtet als der Glanz der Sonne. Das ist die Kraft, in der die Braut meines Sohnes gegründet steht. In der hell-glänzenden Weiße des Glaubens wird sie aufbrechen, wenn nach dem Sturze des Sohnes der Verderbnis viele von denen, die sich verirrt hatten, zur Wahrheit zurückkehren, in jener Schönheit, die alle Schönheit irdischer Herrlichkeit überstrahlt.« (13)

Es ist verlockend, aufgrund der ausführlich überlieferten apokalyptischen Gesichte der Hildegard von Bingen ein Bild der Ereignisse der »letzten Tage« zu entwerfen, anschaulich zu schildern, wie sich dieses noch nie dagewesene Geschehen auf unserer Erde auswirken wird. Nimmt man andere Prophezeiungen hinzu, so läßt sich dem Wortlaut entsprechend ein beeindruckendes Gemälde entwerfen, wie das z. B. Hans Theodor Brick getan hat**. In dessen Deutung hat Hildegard Ereignisse vorhersehen dürfen, die tatsächlich – und möglicherweise in nicht ferner Zukunft – irdisches Geschehen werden.
Einer solchen Ausdeutung kann man nicht gut widersprechen, denn sie hat den Wortlaut auf ihrer Seite. Wenn man sich nicht mit derart direkten Auslegungen anfreunden kann, aber in den Visionen das Gleichnishafte des Geschehens empfindet, werden logische Erklärungen schwieriger. Man muß dann diese Schauungen als bildhafte Entsprechungen von Geschehen auffassen, welche sich dem Begriffsvermögen irdischen Denkens entziehen und darum auch nicht ausschließlich nach den Gesetzen der kausalen Logik zu deuten sind.
Trotz dieser Schwierigkeit ziehe ich es vor, in dem »Sohn des Verderbens« weniger eine Person, einen bestimmten auf unserer Erde lebenden Menschen zu suchen, als in ihm eine Geisteshaltung zu vermuten, die in der Endzeit die Erde beherrschen wird. Für eine solche An-

* Aus dem gesamten Text kann man entnehmen, daß die erwähnte »Jungfrau« das Symbol ist für Kirche, Religion, Gottverehrung.

** Hans Theodor Brick, »Die Vision der letzten Tage«, Paul Pattloch Verlag, Aschaffenburg 1979.
Eine dichterische Version findet man in Wladimir Solowjews Novelle »Kurze Erzählung vom Antichrist«, Erich Wewel Verlag, München 1968.

nahme sprechen auch Worte Hildegards, die auf unsere Zeit gemünzt sein könnten:

»Vom Teufel also erhält der Antichrist die Eingebung, seinen Mund zu verkehrter Lehre zu öffnen und alles was Gott im alten wie im neuen Gesetz festgelegt hat, zu zerstören.
Er wird lehren, daß Blutschande und ähnliche Laster keine Sünde seien. Er wird weiter behaupten, es sei in keiner Weise eine Sünde, wenn Fleisch sich am Fleisch erwärme, wie es sich ja auch der Mensch ganz natürlich am Feuer behaglich sein läßt. Er wird dem Menschen klar machen, daß alle Gebote der Keuschheit keine wissenschaftliche Grundlage hätten...
Mit solchen und ähnlichen Worten wird der unselige Sohn des Verderbens die Menschen verführen, indem er sie lehrt, nach dem brennenden Triebe des Fleisches zu leben und jeden fleischlichen Wunsche durchzuführen, während das alte wie das neue Gesetz die Menschen zu keuschem Leben einladen, so freilich, daß die Keuschheit nicht ihr natürliches Maß übersteigt.« (14)

Von dem Sündenfall ausgehend, bietet sich die Deutung an, daß der seit Jahrtausenden eingeschlagene Weg des von Gott abgewendeten Wollens und Denkens am »Ende der Zeiten« seinen Höhepunkt erreichen wird. Eine entsprechende Bewußtseinshaltung würde dann mehr oder weniger die ganze Menschheit in ihren Bann ziehen. In dieser verfehlten geistigen Einstellung darf man den Materialismus und die mit ihm parallel laufende immer stärker werdende Reduzierung ethischer Werte (frei nach dem Motto »Erlaubt ist, was gefällt«) vermuten, die auffallendste Frucht irdischen Denkens. Dieser Gedanke ergibt sich auch aus einem weiteren Wort von Hildegard von Bingen, die ja viele heutige Zeiterscheinungen überraschend präzise, wenn auch aus der mittelalterlichen Perspektive, beschreibt:

»Mit gebeugtem Körper und Geist werden diejenigen das Untier der Bosheit anbeten, die das Zelt ihres Herzens fest an irdische Dinge geheftet haben...« (14)

Im starren Festhalten an seinen zerstörerischen Wegen bereitet sich dieses weltliche Denken und Wollen, das sich stolz »Materialismus« nennt, seinen Untergang. Sollte ein kräftiger Anstoß höherer Kräfte die Entwicklungen beschleunigen, so ist der schlagartige Zusammen-

bruch unvermeidlich. Eine der Begleiterscheinungen dieser Katastrophe wird eine globale Wirtschaftskrise sein, wie die Offenbarung des Johannes (Offb. 18,11) kündet.
Auch Hildegard von Bingen läßt entsprechende Vorstellungen anklingen. Wir entsinnen uns der beiden »Zeugen«, die durch den »Sohn des Verderbens« den »körperlichen Tod erleiden und dann wieder auferstehen« werden. Sollte es sich bei diesen verkündeten Zeugen um Personen handeln und nicht um Symbole, so kann man sich vorstellen, daß diese Persönlichkeiten durch Verleumdungen mundtot gemacht werden, und damit wirkungslos scheinen. In der Folge aber läßt sich die von ihnen gekündete Wahrheit unter dem Drucke der Ereignisse nicht länger verbergen:

> »Dann wird die alte Schlange durch die Erweckung jener beiden Männer in grimmigsten Zorn versetzt werden und den verdorbenen Menschen zu veranlassen suchen, jenen Thron wieder zu besetzen, von dem sie vertrieben ward, damit durch diese Tat die Erweckung der Männer und das Gedächtnis des Gottessohnes vollends unter den Menschen getilgt werde.« (14)

Darf man unter »der alten Schlange«, im Anklang an die Genesis, die Weltklugheit oder auch die Hybris des Menschen vermuten, der glaubt, nur aus sich, nur aufgrund seines Wissens alles erklären, alles leisten, alles beherrschen zu können? Ein kläglicher Schiffbruch wird dieser Ideologie bevorstehen:

> »Völlig fassungslos wird die alte Schlange wider sich selbst knirschen und zugeben:
> ›Nun sind wir zuschanden geworden. Jetzt wird es uns nicht mehr möglich sein, uns die Menschen zu unterjochen, wie wir es bisher getan.‹« (14)

Das wäre der Augenblick, in dem die Menschheit erkennt, wohin das beengte, nur Irdisches berücksichtigende Denken und Handeln führt. Niemals wieder wird sie in die Versuchung geraten, erneut ähnliche Wege einzuschlagen:

> »Auf diese Weise ist der Kampf des Sohnes des Verderbens zu Ende gegangen, und er wird in der Folge nie mehr in einer Kultur in Erscheinung treten.« (14)

Die falschen Wege, das gegen Gottgesetze wirkende Wollen der Menschheit ist entlarvt und wird in Zukunft keinen Einfluß mehr gewinnen. Nun erst wird ein Aufstieg der Menschheit möglich, und ein Aufbau im Einklang mit den Gottgesetzen kann auf der Erde beginnen:

> »Wenn der Teufel besiegt und sein Sohn, der Antichrist, zu Boden geschmettert ist, dann ist durch Gottes Ratschluß das Heil gekommen. Keine teuflische Gefahr ist mehr zu befürchten; ganz und gar ist jene Macht aufgerieben. Das Reich herrscht über alle, die unter der Herrschaft unseres Gottes stehen.« (14)

Hildegard läßt offen, ob dieses »Reich« das sagenumwobene »Tausendjährige Reich« sein werde, die geistige Schule für alle Menschen, die lernen wollen, die rechten Wege zu wandeln. Doch sagt die Seherin deutlich, daß mit der Vernichtung des Satans noch nicht das Ende der Welt gekommen sei, sondern dieses »Ende aller Tage« noch bevorstehe:

> »Doch wann nach dem Falle des Gottlosen mit der Auflösung der Welt der Jüngste Tag anbrechen wird, danach soll der sterbliche Mensch nicht forschen. Er kann diesen Tag nicht wissen, denn der Vater hält ihn verborgen im Geheimnis seines Ratschlusses. Bereitet euch, ihr Menschen, zum Gericht!« (13)

Damit entdecken wir einen neuen Gesichtspunkt. Das Aufkommen des »Antichristen« (Verstandesgebundenheit?), der mit dem »Sohn des Verderbens« (Materialismus) als seinem Werkzeug gegen das Ende der Zeiten seine größte Macht entfalten wird, leitet nicht unbedingt das Jüngste Gericht oder das Ende der Welt ein. Sondern zunächst steht eine harte geistige Auseinandersetzung bevor, zwischen lichtstrebenden Menschen und solchen, die nur Irdisches für wertvoll erachten. Dieser geistige Kampf muß damit enden, daß die Schwächen des bisher dominierenden einseitigen materiellen Strebens allen Menschen offenbar werden.
Nach diesem gewaltigen endzeitlichen Geschehen, in dem viele Menschen nochmals eine Chance erhalten, die rechten Wege zu erkennen und sich von falschen Vorstellungen abzuwenden, wird nicht sofort das »Ende aller Tage« kommen. Nach dem Sturz des Übels, vielleicht erst nach vielen Jahrtausenden eines Friedensreiches auf Erden, auf

das auch die bereits erwähnte »Siebente Zeit« mittelalterlicher Vorstellung hinweist, kommt der »Tag der großen Offenbarung«. Dieser dürfte das Ende unserer Erde einleiten:

»Ich schaute weiter.
Und siehe, alle Elemente und jegliches Geschöpf wurden von einer durchdringenden Bewegung erschüttert. Feuer, Luft und Wasser brachen hervor, so daß die Erde wankte. Blitze und Donner krachten, Berge und Wälder stürzten, und alles, was sterblich war, hauchte das Leben aus. Alle Elemente wurden gereinigt, so daß, was immer an ihnen beschmutzt war, verschwand und fürderhin nicht mehr erschien.« (13)

Mit dem Untergang der Erde ist nach Hildegards Visionen die Auferstehung der Toten und das Gericht durch den Gottessohn in Menschengestalt verbunden.

»Dann schweigt sich das Lob des Himmels lautlos aus, wenn der Sohn Gottes den Richterspruch auf Gerechte und Ungerechte herabsendet.
Nach Beendigung des Gerichtes hören die Schrecken der Elemente, die Blitze, Donner, Winde und Stürme auf, und alles verschwindet, was hinfällig und vorübergehend war. Geradeso wie der Schnee, der von der Sonnenhitze geschmolzen wird, aufhört zu sein. Tiefe Ruhe steigt jetzt nach göttlicher Bestimmung auf.
Nachdem dies alles geschehen ist, werden die Elemente in größter Klarheit und Schönheit aufleuchten, denn aller behindernder Schmutz und Dunkelheit ist von ihnen abgefallen. Dann leuchtet das Feuer ohne Glanz wie die Morgenröte. Die Luft ist ohne Dichte und leuchtet ganz rein. Das Wasser steht klar und ruhig, weil es nicht hin und her bewegt wird, und die Erde erscheint ohne Vergänglichkeit und Ungleichheit stark und eben. Größte Ruhe und Schönheit herrschen dann. Sonne, Mond und Sterne sind wie kostbarste Steine aus Gold und schimmern am Firmament mit großer Klarheit und viel Licht. Die Nacht der Finsternis weicht sodann dem ewig jungen Tag.« (5)

In solchen Visionen hat die Seherin vermutlich das Ende der Erde schauen dürfen. Denn auch unser Planet ist ja eingesponnen in den großen Kreis des Werdens und Vergehens, dem alles Stoffliche unterliegt. Auch für ihn wird die Zeit seines Endes kommen, das Ende allen Lebens auf diesem Erdenplan. Längst haben Astronomen dies erkannt und bestätigen damit im Grunde auch die Schauungen vergangener Jahrhunderte. Dieses Ende der Erde kann eine Explosion der Sonne sein. Denn unsere Sonne leuchtet zwar seit fast fünf Milliarden Jahren, doch eines noch fernen Tages wird ihr Energievorrat zum großen Teil aufgebraucht sein, und sie gerät dann in eine unstabile Phase, die nach unserem derzeitigen Wissen zu einer »Nova-Explosion« führen wird. Ein Ende der Erde auf diese Weise kann man nach dem zweiten Petrus-Brief (2. Petr. 3,10) erwarten. Hildegards Visionen lassen mehr auf eine andere kosmische Katastrophe, wie den Zusammenstoß unserer Erde mit einem anderen Himmelskörper schließen.

Die Schauungen der Hildegard von Bingen umspannen einen gewaltigen Rahmen, dessen Umfang hier bei weitem nicht erfaßt werden konnte, so wenig wie die gebotenen Auszüge aus ihren Schriften und die angebotenen Deutungsversuche mehr sein können als erste Hinweise für den interessierten Leser, sich selbst in die Schriften der größten deutschen Prophetin zu vertiefen. Diese spannt einen weiten Bogen vom Sündenfall des Menschen bis zum Jüngsten Gericht. Sie gibt in ihrer Sprache, eingebunden in die Vorstellungswelt ihrer Zeit, Gesichte wieder, die weiter gehen, die mehr bedeuten als nur mittelalterliche Mystik. Sie lassen mehr erahnen als nur Visionen über die Zukunft der Erde. Die Seherin durfte in ihrem Geiste Kunde empfangen aus ähnlichen Höhen wie Johannes, der Verfasser der Großen Apokalypse. Sie hat allem Anschein nach auch den »Ersten und den Letzten« (Offb. 2,8) schauen dürfen, und sie steht zu ihren Visionen mit derselben Überzeugung, wie ihr weit berühmterer Vorgänger Johannes.

Hildegard von Bingen konnte zwar ihre Visionen nur in der Sprache ihrer Zeit aufzeichnen, sie mit den Begriffen ihrer Religion ausdrükken, doch darf man daraus nicht schließen, daß sie ganz oder teilweise die vorhandenen Überlieferungen nachempfunden habe. Ihr Werk gilt auch in den Augen kritischer Forscher als eigenständige Leistung; ihr Weltbild steht für sich und kopiert keine zeitgenössischen Vorbilder. Auch hatte die ungelehrte Klosterfrau und Äbtissin keine so fundierte Kenntnis der Überlieferungen, daß sie daraus ein so weitgespanntes, oft wunderbares, nicht selten überzeugendes und fast immer originelles Bild geistiger Geschehen hätte konstruieren können. Der ihr als Helfer bei den Niederschriften an die Seite gestellte Priester aber hat mit Einfühlungsvermögen die Texte der Seherin soweit

wie möglich ungeändert gelassen und sich z. B. mit dem bescheidenen lateinischen Wortschatz der hellsichtigen Nonne begnügt. Wir dürfen Hildegard also glauben, daß sie nur beschrieben hat, was sie sah.
Ein Kapitel über Hildegard von Bingen sollte nicht schließen, ohne darauf hinzuweisen, daß sie – gleich dem Apokalyptiker Johannes (Offb. 22,18) – davor warnt, ihr Wort zu verändern. Im Epilog zu ihrem Buch »De Operatione Dei« (Von den Werken Gottes), aus dem auch ein großer Teil der vorgestellten Zitate stammt, erklärt sie:

> »Das Buch des Lebens aber, das eine ›Schrift des Wortes Gottes‹ ist, durch das alle Welt zum Dasein kam und alles Leben nach dem Willen des ewigen Vaters und Seiner Vorsehung aus sich heraushauchte, hat diese Schrift nicht durch eine Lehre menschlicher Erkenntnis herausgegeben, sondern wunderbar durch eine einfältige und ungebildete Frau. So hat es Ihm gefallen.
> Deshalb möge kein Mensch so verwegen sein, den Worten dieser Schrift etwas hinzuzufügen, indem er sie vermehrt, oder auch etwas hinwegzunehmen, indem er sie einschränkt, damit er nicht aus dem Buch des Lebens und aus allem Glück, das es unter der Sonne gibt, ausgetilgt werde – mit einer Ausnahme: daß dies nämlich wegen der Ausfüllung der Buchstaben oder Sätze geschehe, die bei der Inspiration des Heiligen Geistes so einfältig vorgetragen worden sind. Wer sich aber anderes herausnimmt, sündigt wider den Heiligen Geist. Deshalb kann es ihm nicht in dieser und auch nicht in der künftigen Welt vergeben werden.« (14)

Wir hoffen, daß unser Bemühen um ein modernes Verständnis ihrer Gesichte nicht zu einer solchen Verfälschung führt.

Joachim von Fiore

Von den umfangreichen mystischen und theologischen Werken des Abtes und Klostergründers Joachim von Fiore (Joachim von Floris) ist bis in unsere Zeit seine »Drei-Zeiten-Lehre« beachtet worden. So wird bis heute auch sein Name vor allem in diesem Zusammenhang erwähnt.
Vorstellungen von verschiedenen Zeitaltern waren im Mittelalter

nichts Außergewöhnliches. Wir entsinnen uns der Visionen der Hildegard von Bingen von »Fünf Weltenzeiten«, die keinesfalls als eine einmalige Idee angesehen werden dürfen. Entsprechende Lehren von verschiedenen Zeitaltern findet man schon in der Bibel. Am bekanntesten ist der Traum des Nebukadnezar, den Daniel als ein Gesicht von »Vier Reichen« auslegt (Dan. 2,31–43). An anderer Stelle des Buches Daniel wird von einer Vision des Propheten berichtet, die ebenfalls auf vier Reiche hinweist (Dan. 7,1–17). Auch das ersehnte Friedensreich, das »Reich der Tausend Jahre« des Neuen Testamentes, kündigt sich schon im Buche Daniel an (Dan. 2,44–45). Selbst Joachim von Fiore spricht ganz im mittelalterlichen Sinne von »Sieben Zeitaltern«, die nicht zu verwechseln sind, mit den von ihm selbst prophezeiten »Drei Weltzuständen«.
Diese drei Weltzustände (er nennt sie lat. »status«) sind das Neue in Joachims Lehre, das bis heute immer wieder zu Diskussionen Anlaß gibt. Seine Lehre wirkte auf die Zeitgenossen revolutionär, fast ketzerisch. Denn Joachim stellte damit die verbreitete Meinung des Augustinus in Frage, daß mit dem Sieg der Kirche schon das Friedensreich verwirklicht sei:

»Auf drei Weltzustände weisen uns die Geheimnisse der Heiligen Schrift: Auf den ersten, in dem wir unter dem Gesetz waren, auf den zweiten, in dem wir unter der Gnade sind, auf den dritten, welchen wir in Bälde erwarten, in noch reicherer Gnade...
Der erste bezieht sich auf den Vater, der zweite auf den Sohn, der dritte auf den Heiligen Geist.
Der erste Status war in der Wissenschaft, der zweite in der Macht der Weisheit, der dritte in der Vollkommenheit der Erkenntnis. Der erste in der Knechtschaft der Sklaven, der zweite in der Dienstbarkeit der Söhne, der dritte in der Freiheit. Der erste in der Furcht, der zweite im Glauben, der dritte in der Liebe...
Der erste steht im Sternenlicht, der zweite im Licht der Morgenröte, der dritte im vollen Tageslicht...
Der erste bringt Nesseln hervor, der zweite Rosen, der dritte Lilien. Der erste bringt Gras, der zweite Halme, der dritte Weizen.« (21)

Und an anderer Stelle kündet er:

»In diesem dritten Reich wird sich die große Wandlung vollziehen. Die Mächtigen dieser Welt werden fallen, den Armen und Schwachen wird Erlösung werden, und Friede wird auf der Welt einkehren, wenn das Tausendjährige Reich auf Erden erscheint...« (21)

Diese Lehre des Joachim von Floris wurde schon zu seinen Lebzeiten unterschiedlich beurteilt. Sie erweckte Begeisterung und Hoffnungen in den wirtschaftlich und politisch schwierigen Zeiten des 12. und beginnenden 13. Jahrhunderts; denn Joachim kam aufgrund einer etwas gekünstelten Exegese zu der Meinung, das Zeitalter des Heiligen Geistes werde schon im Jahre 1260 beginnen.
Von offizieller kirchlicher Seite mußte es Widerstände geben. Denn Joachim erwartete nicht unbedingt die Wiederkehr von Jesus am Jüngsten Tag, sondern er kündete das Erscheinen des Heiligen Geistes, welcher ein Friedensreich errichten werde.
So scheint es fast selbstverständlich, daß Joachim von Fiores Lehre von der zu erwartenden Zeit des Heiligen Geistes im Jahr 1260 auf der Kirchensynode zu Arles verurteilt wurde. Allerdings erstreckte sich dieses Urteil nicht auf das gesamte Werk des Calabresers, der zu seinen Lebzeiten keineswegs schlechte Beziehungen zu den Päpsten hatte, und der auch von Rom aus nie völlig abgelehnt wurde. Diese großzügige Einstellung des Heiligen Stuhles zu Joachim ist um so erstaunlicher, wenn man erfährt, wie jener sich geäußert haben soll. So wird von englischen Chronisten über eine Begegnung von Joachim mit dem König Richard Löwenherz im Jahre 1191 in Messina folgendes berichtet:

»Da alle sich wunderten über das, was sie von ihm (Joachim) hörten, sagte der König zu ihm: ›Wo ist der Antichrist geboren und wo wird er regieren?‹
Joachim antwortete ihm vor den Erzbischöfen von Apponia und Gerard von Auxerre und den Bischöfen Johannes Eboracensis und Bernard Boaniensis und vor vielen anderen Männern, sowohl Klerikern wie Laien, daß jener Antichrist schon in der Stadt Rom geboren sei und daß er dort den Sitz der Apostel innehabe.« – (21)

Allerdings muß man auch berücksichtigen, daß die meisten der Schriften Joachims erst nach seinem Tode veröffentlich wurden, und somit seine ketzerischen Ideen zu seinen Lebzeiten kaum einem größeren Kreis genau bekannt waren.
Von der regionalen Kirchensynode zu Arles, wie später vom 4. Laterankonzil, wurde übrigens noch eine weitere Lehre des Joachim von

Fiore feierlich verdammt: die vom »Ewigen Evangelium«. Dieses soll in dem von Joachim erwarteten »Dritten Weltzustand« vom Heiligen Geist gepredigt werden:

»Erkenne darum im Buchstaben des Alten Testamentes, das, wie ich schon sagte, die Wissenschaft des Anfanges ist, das Bild des Vaters; im Buchstaben des Neuen... das Bild des Sohnes; in der geistigen Erkenntnis, die aus beiden zusammen hervorgeht, das Bild des Heiligen Geistes.« (21)

Aufgrund derartiger Aussagen mochte der Eindruck entstehen, Joachim würde den Heiligen Geist über Gottvater und Jesus stellen; ein sicher falscher Eindruck, den auch ein nicht sofort verständliches Bibelwort anzudeuten scheint:

»Darum sage ich euch: Alle Sünde und Lästerung wird den Menschen vergeben; aber die Lästerung wider den Geist wird den Menschen nicht vergeben.« *(Matth. 12,31)*

Dieses Wort ist nur zu verstehen, wenn man den Heiligen Geist als den Willen Gottes bzw. die Gesetze Gottes begreift. Dieser Wille wäre dann auch der Ausgangspunkt der Schöpfungsgesetze, gegen die niemand ungestraft sündigen kann. So ähnlich scheint auch Joachim empfunden zu haben, wie aus weiteren seiner Erklärungen hervorgeht:

»Aber jetzt handelt es sich schon um das fünfte Zeitalter*, in dessen Anfang wir uns befinden, in dem der vom Sohn gesandte Heilige Geist seine Werke wirken muß, um Vieles stärker, als er bis anhin gewirkt hat, damit alle den Heiligen Geist wie den Vater und den Sohn verehren lernen.
In was?
Ohne Zweifel in seinem Evangelium.
Wer aber sein Evangelium nicht fromm und demütig aufnimmt, ehrt ihn nicht, wie es ihm gebührt.
Und welches ist sein Evangelium?

* Dieses »fünfte Zeitalter« stammt aus einer auch von Joachim übernommenen Einteilung der Menschheitsentwicklung in die bereits erwähnten Sieben Zeiten. Diese Einteilung ist zu unterscheiden von den durch Joachim gepredigten »Drei Reichen« oder »Drei Weltzuständen«.

Das, von dem Johannes in der Apokalypse gesagt hat: ›Ich sah einen Engel durch die Mitte des Himmels fliegen, und ihm ist das ewige Evangelium gegeben‹ *(Offb. 14,6)*.
Welches ist sein Evangelium?
Jenes, welches aus dem Evangelium Christi hervorgeht. Denn der Buchstabe tötet, der Geist aber macht lebendig *(2. Kor. 3,6)*.
Darum sagt die Wahrheit selbst: ›Wenn aber der Geist der Wahrheit kommen wird, wird er euch alle Wahrheit lehren‹ *(Joh. 16,33)*.« (21)

In solchen Worten lehrte Joachim eine weitere ketzerische Idee, die sich von der offiziellen Lesart bis heute unterscheidet. Denn schon die Ansicht, daß eine notwendige Neuwerdung nicht von einer Institution ausgehen könne, sondern im Dritten Weltzeitalter aus dem Geist, also durch eine Offenbarung von Oben erfolgen werde, war für die Kirche unannehmbar. Nach deren Auslegung der Apokalypse sollte das Evangelium Christi bis zum Ende der Welt herrschen, und es verstand sich von selbst, daß die Römisch-Katholische Kirche bis zum Ende aller Zeiten fortdauern werde, als die einzige rechtmäßige Verkörperung des Gotteswillens auf Erden.
Doch wirkte Joachims Lehre trotz offizieller Skepsis und teilweise auch entschiedenster Ablehnung weiter und beeinflußte das Denken späterer Menschen bis in den politischen Bereich, in dem die Idee von den »Drei Reichen« ihre Rolle spielte. Ein Höhepunkt dieser Bewegung wurde im Jahre 1254 erreicht, als in Paris ein Buch mit dem Titel »Liber introductoris ad Evangelium aeternum« (Einführung in das Ewige Evangelium) erschien. Darin verkündete sein Verfasser, Gerhard von Borgo San Donnino, daß die »Ära des Ewigen Evangeliums« oder die »Ordnung des Heiligen Geistes« schon im Jahre 1260 beginnen werde. Dieses Buch erschütterte die Dogmatiker, erweckte Hoffnungen bei den Reformern und erzwang einen Wechsel in der Führung des Franziskanerordens. Dem jungen Lektor der Theologie zu Paris, Gerhard von Borgo, brachte es die Verurteilung zu lebenslänglicher Haft.
Der Vollständigkeit halber wäre noch zu erwähnen, daß sich die Lehre des Joachim von Fiore von den »Drei Weltzuständen« auch aus astrologischer Sicht deuten läßt.
Astrologen sprechen auch von »Weltzeiten« oder »Weltzeitaltern«, welche durch die Präzessionsbewegung der Erdachse zustande kommen. Die Drehachse unserer Erde steht nicht senkrecht zur Erdbahn,

sondern ist gegenüber der Bahnebene oder Ekliptik um 23°27′ geneigt. Die Anziehungskräfte von Sonne und Mond bewirken eine langsame Verschiebung der Drehachse der Erde. Diese Drehachse beschreibt einen Kegel, dessen Spitze im Erdmittelpunkt liegt, und sie vollendet innerhalb von etwa 28 500 Jahren einen Umlauf. Ein solcher Umlauf der Erdachse wird »Platonisches Jahr« oder »Großes Jahr« genannt. Dieses »Große Jahr« teilen Astrologen in »Zwölf Zeitalter« ein, welche sich aus der jeweiligen Lage des Frühlingspunktes des Tierkreises gegenüber dem Himmelsäquator ergeben. Der mit der Ekliptik (der scheinbaren Sonnenbahn) verbundene Tierkreis ändert also seine Lage gegenüber den Fixsternbildern, welche seinen zwölf Abschnitten, den »Tierkreiszeichen«, einst ihre Namen gaben.
Jedes der zwölf Zeitalter des großen Jahres dauert im Durchschnitt 2150 Jahre und steht unter dem Einfluß eines anderen kosmischen Kraftzentrums, das sich aus der Lage des Frühlingspunktes zum Fixsternhimmel ergibt. Leider konnten Astrologen zwar den ekliptikalen Tierkreis, nicht aber die Lage der für das »Große Jahr« maßgeblichen zwölf Kraftzentren des »Super-Tierkreises« am Fixsternhimmel definieren, so daß während eines Wechsels von einem Zeitalter zum anderen Zweifel bestehen, wann das eine Zeitalter abgelaufen sei, und das andere beginnen werde.
Etwas gemildert wird diese Unsicherheit allerdings dadurch, daß man mit einer fließenden Übergangsperiode rechnet und nicht mit einer »Sprungfunktion« wie beim Wechsel der Sonne von einem Tierkreiszeichen in das nächste.
Zieht man Vergleiche mit den »Drei Weltzuständen« des Joachim von Fiore, so würde der erste Status dem Zeitalter des Widder entsprechen, welches etwa zur Zeit von Jesus zu Ende ging. Der »Zweite Status« fiele mit dem Fischezeitalter zusammen, das sich in unserer Zeit seinem Ende zuneigt, und vom Zeitalter des Wassermanns abgelöst wird, mit dem auch das Reich des Heiligen Geistes zu erwarten wäre.
Das ist übrigens eine Vorhersage, die in ähnlicher Form öfter wiederholt wurde. Beykirch berichtet z. B. in seinen »Prophetenstimmen« von der alten Prophezeiung eines Einsiedlers Antonius, der gesagt haben soll:

> »Sechstausend Jahre wird die Welt stehen, dann wird sie zerstört werden:
> 2000 Jahre vor dem Gesetz;
> 2000 Jahre das Gesetz;

2000 Jahre die Zeit Christi;
und werden jene Jahre nicht erfüllt, so werden das unsere Sünden bewirken.« (4)

Derselbe Autor bemerkt dazu:

»Ebendieselbe Prophezeiung findet man in den jüdischen Büchern Sanhedrin und Abodazara, und im 4ten Teile des Talmud, im 2ten Buche...
Hiermit stimmt eine alte Sage überein, daß die Welt nach Christi tausend Jahre, aber nicht noch einmal tausend Jahre bestehen werde, und vor der Erfüllung des zweiten Jahrtausends nach der Vernichtung des Antichristen in Trümmer fallen werde.« (4)

So kann man in den Schriften des Joachim von Fiore einen Hinweis entdecken auf einen in unserer Epoche zu Ende gehenden Weltabschnitt. Allerdings muß man sich dazu von den eigenwilligen typologischen Exegesen des mittelalterlichen Abtes lösen, mit denen er einen viel früheren Zeitpunkt für den Beginn des »Dritten Reiches« zu erkennen meinte.

Birgitta von Schweden

Diese von ihrer Kirche heilig gesprochene Ordensgründerin war von Kind an mit Hellsichtigkeit begabt und hatte Gesichte und Visionen, die sich besonders auf das Erdenleben von Jesus beziehen, über das sie viele Aufschlüsse, angeblich durch Maria von Nazareth, erhielt. Ihre Visionen bewegen sich meist auf dem Boden mittelalterlichen Religionsverständnisses, sind erfüllt von klösterlicher Frömmigkeit und erheben sich nur ausnahmsweise über den Rahmen, in dem sich die Vorstellungswelt einer frommen Nonne bewegt. Ihre Schilderungen des Lebens Jesu regen zu Vergleichen mit der Neuoffenbarung von Jakob Lorber an, sowohl im Stil wie auch dem Umfange nach; nur daß bei Birgitta die irdische Mutter des Gottessohnes sehr im Vordergrund steht, und die Leiden von Jesus stark betont werden. Sie befindet sich damit im Einklang mit dem katholischen Religionsverständnis, das den Erdenmenschen Maria von Nazareth mit der Himmelskönigin gleichsetzt und dieser in der himmlischen Hierarchie einen der

höchsten Plätze nach Gottvater, Jesus und dem Heiligen Geist zuteilt.
Anders als die Welten umspannenden Schauungen einer Hildegard von Bingen, bleiben die Offenbarungen der Birgitta von Schweden oft in einem gedanklichen Rahmen, den sie mit vielen Frommen ihrer Zeit teilt, so daß auch ihre Visionen wenig über bereits bekannte Lehren Hinausführendes enthalten.
Anerkennen muß man die Überzeugung und den Mut der schwedischen Heiligen. Die Worte, die sie hören durfte (Birgitta war vermutlich eine Art Sprach-Medium; sie hörte meist Worte, empfing kaum Bilder, hatte also keine Visionen im eigentlichen Sinne), stammten sicher nicht von ihr selbst, wenn auch vielleicht häufiger aus dem Bereich unserer nahen jenseitigen Umgebung, als aus himmlischen Höhen.
Im Stile alttestamentlicher Propheten nahm sie Stellung zu Tagesereignissen. Ihre Kritik an Päpsten, Königen, Bischöfen, weltlichen und geistlichen Würdenträgern ist treffend und deutlich, und es gehörte auch für eine als Seherin anerkannte Ordensgründerin in der damaligen Zeit Courage zu solchen Äußerungen.
Birgitta von Schweden hatte Endzeit-Visionen vom Erscheinen des Antichristen und dem Jüngsten Gericht, die inhaltlich den ausführlicheren Gesichten der Hildegard von Bingen gleichen. Das zeigt sich z. B. in dem folgenden Zitat:

> »Am Ende dieses Zeitalters wird der Antichrist geboren werden. Denn wie aus einer geistlichen Ehe Kinder Gottes geboren werden, so wird der Antichrist von einem verfluchten Weibe geboren werden, das da vorgibt, das Geistliche zu verstehen; und von einem verfluchten Manne, aus dessen Samen mit Meiner Zulassung der Teufel sein Werk gestalten wird.
> *Die Zeit dieses Antichrist wird sein, wenn die Ungerechtigkeit das Maß überfließen läßt und die Ruchlosigkeit ins Unermeßliche gewachsen sein wird.*« (1)

Mit Hildegard von Bingen und vielen anderen Heiligen des Mittelalters teilt auch Birgitta die Abneigung gegenüber weltlichem Wissen, das nach damaliger Überzeugung von Gott wegführen muß:

> »Ein jeglicher, welcher weise ist nach der Welt, ist blind in bezug auf Mich, seinen Gott.« (1)

Die apokalyptischen Erwartungen des Mittelalters basieren also nicht nur auf biblischen Überlieferungen, sondern werden durch viele Visionen belebt, von denen hier nur ein kleiner, aber charakteristischer Teil angesprochen werden konnte.

Der Blinde Jüngling aus Böhmen

Seit sechs Jahrhunderten kreisen angeblich Berichte von den Gesichten eines sagenumwobenen blinden Hirten in böhmischen und mährischen Landen. Über den Verfasser weiß man so gut wie nichts, außer daß er – wie zwei Schriften aus den Jahren 1660 und 1700 berichten sollen – im Jahre 1356 vor den Kaiser Karl IV. gebracht wurde, dem er wenige, aber inhaltsschwere Sätze verkündete. Angeblich versuchte der Kaiser die Weitergabe dieser Prophezeiungen zu verhindern, aber offensichtlich vergebens. Jahrhundertelang blieben diese Vorhersagen unverständlich, bis sie von 1914 an sich in überraschender Weise zu erfüllen begannen:*

> »1. Eine und noch eine und eine halbe Zeit werden über Böhmen fremde Herrscher sein.«

Eine unklare Zeitangabe, die nicht zu deuten ist. Allenfalls könnte man Vergleiche ziehen mit dem Buche Daniel:

> »Sie werden aber in seine Hand gegeben werden eine Zeit und zwei Zeiten und eine halbe Zeit.« *(Dan. 7,25)*

Es ist wenig wahrscheinlich, daß der blinde Jüngling diese Worte von einem Prediger gehört hat und dann bewußt an prophetische Traditionen anknüpfen wollte. Sofern man in dieser Zeitangabe nicht einen späteren Zusatz vermuten will, muß man sie wohl als den verschwommenen Begriff für »mehrere Jahrhunderte« werten.

> »2. In einer Zeit, da einer länger denn 60 Jahre Herr über Böhmen war, wird durch einen Fürstenmord ein großer Krieg entstehen.« (10)

* Zitiert nach Max Erbstein, Der blinde Jüngling (10).

Noch nie war ein Fürst »länger denn 60 Jahre Herr über Böhmen«, bis auf Kaiser Franz-Josef I., mit seiner einmalig langen Regierungszeit von 68 Jahren.
Die Ermordung des österreichischen Thronfolger-Paares Franz-Ferdinand und Sophie am 28. 6. 1914 war Anlaß für den Ausbruch des ersten Weltkrieges.

»3. Dann werden die gekrönten Häupter wie reife Äpfel von den Bäumen fallen.«

Die Revolution von 1918 und die Abschaffung der Monarchie.

»4. Der Böhmische Löwe wird nicht mehr untertan sein, sondern selber herrschen.«

Im Zuge des Vertrages von Versailles entstand ein neuer Staat: die Tschechoslowakei.

»5. Zwei Völker werden in Böhmen leben.
6. Das Herrschervolk wird dem anderen nach dem Leben trachten und ihm keine Freiheit gönnen.«

Tschechen und Deutsche lebten in Böhmen leider nicht friedlich zusammen und lieferten Hitler den Vorwand zum Eingreifen. Allerdings sehen heutige Historiker die »Unterdrückung der Deutschen in der Tschechei« bei weitem nicht so drastisch, wie der »blinde Jüngling«.

»7. Bis ein Mächtiger kommt.
8. Dann werden die Herren in Prag dem zweiten Volk die Freiheit aus dem Fenster zuwerfen, aber zu spät.«

Staatspräsident Benesch konnte den Anschluß des Sudeten-Gebietes an das Deutsche Reich im Oktober 1938 nicht verhindern. Sein Nachfolger, Präsident Hácha, mußte dem Druck Hitlers zuletzt vollständig nachgeben und vermochte nicht einmal mehr die Rest-Tschechei als selbständigen Staat zu retten.

»9. Es kommt abermals ein großer Krieg zwischen allen Völkern der Erde.«

Der zweite Weltkrieg.

»10. Deutschland wird ein großer Trümmerhaufen und nur die Gebiete der blauen Steine werden verschont bleiben.«

Die Zerstörung Deutschlands im Zweiten Weltkrieg. Mit den »blauen Steinen« dürften die Alpen gemeint sein.

»11. Der große Krieg wird zu Ende gehen, wenn die Kirschen blühen.«

Deutschland kapituliert am 8. Mai 1945, zur Zeit der Kirschenblüte.

»12. Solange die Kirschen reifen, möchte ich kein Deutscher sein.«

Die brutale Vertreibung der deutschen Bevölkerung aus Böhmen.

»13. Wenn aber die Kirschen geerntet sind, dann möchte ich kein Tscheche sein.«

Die Verfolgung der »National-Tschechen« durch die Kommunisten. Sozialistisches Regime bis heute.

»14. Zweimal wird das Böhmerland gesiebt werden; das erste Mal bleiben nur soviel Deutsche, wie unter einer Eiche Platz haben.«

Ein symbolhafter Hinweis auf die Vertreibung der Sudetendeutschen. Von mehr als 3 Millionen Deutschen, die bei Kriegsende in der Tschechoslowakei lebten, befanden sich 1950 noch rund 260000 in ihrer Heimat.

»15. Wieder wird der tschechische Löwe über Böhmen herrschen, aber sein Glanz ist zu Ende.
16. In Böhmen wird nur noch ein Volk leben.
17. Ein neuer Krieg wird ausbrechen, dieser wird der kürzeste sein.«

Nun beginnen Prophezeiungen, die sich noch nicht erfüllt haben. Der »neue Krieg« wäre der dritte Weltkrieg.

»18. Das Volk in Böhmen wird durch den Krieg vernichtet und alles im Lande verschüttet werden.«

Das ist eine von mehreren Voraussagen über die Zerstörung der Tschechoslowakei und die Vernichtung Prags, die erst in unserer Zeit verständlich werden.

»19. Zweimal wird das Böhmerland gesiebt werden: das zweite Mal werden nur soviel Tschechen übrig bleiben, wie auf einer Hand Platz haben.
20. Aber es wird nicht eher Frieden in Europa sein, ehe nicht Prag ein Trümmerhaufen ist.
21. Abermals zur Kirschblüte wird Prag vernichtet werden.
22. Eine Sonne wird stürzen und die Erde beben.«

Dieses Bild wird als Atombomben-Explosion gedeutet. Atomare Sprengkörper werden über dem Erdboden gezündet und erscheinen aus der Ferne als helleuchtendes Licht. Eine andere Möglichkeit wäre der Einschlag eines großen Meteors.

»23. Die Rache kommt übers große Wasser.«

Ein Gegenschlag der USA?

»24. Wenn zum zweiten Male die Kirschen reifen, werden die Vertriebenen aus Böhmen traurig wieder zu ihren Herrn, ihren Webstühlen und Feldern zurückkehren.
25. Aber nur wenige werden es noch sein.
26. Und diese Wenigen werden einander fragen: Wo hast du gesteckt und wo Du?
27. Die Bauern werden hinter dem Pflug mit der Peitsche knallen und sagen: hier hat Prag gestanden.
28. Über die Welt wird ein neues Zeitalter kommen, das man das Goldene nennen wird.«

Zunächst sei auf diese Prophezeiungen nicht weiter eingegangen. Später werden sie wieder aufgegriffen und im Zusammenhang mit weiteren Überlieferungen helfen, ein Bild von der zu erwartenden Zukunft zu entwerfen.

Manche Leser mag es befremden, in diesem Buche die Prophetie über die zukünftigen Päpste zu finden, welche mit dem Namen Malachias in Verbindung gebracht wird. Es spricht nämlich nichts dafür, daß diese Weissagung von dem irischen Bischof Malachias (um 1095–1148) stammt, von dessen prophetischer Gabe berichtet wird.
Auch die Form der Malachias-Prophetie deutet auf eine Entstehung gegen Ende des 16. Jahrhunderts hin, und ihr Inhalt ist unklar und dunkel. Wenn wir sie trotzdem erwähnen, so deshalb, weil sie eine der bekanntesten Prophezeiungen ist, über die viel gesprochen und geschrieben wird, so daß es viele Leser als ein Versäumnis empfinden müßten, wenn gerade eine der verbreitetsten Vorhersagen unerwähnt bliebe.
Die »Malachias-Prophetie« wurde zum ersten Male im Jahre 1595 in Venedig veröffentlicht, nachdem vorher nichts darüber bekannt war. Sie besteht aus 112 kurzen lateinischen Schlagworten für jeweils einen Papst, beginnend mit Cölestin II. (1143–44) und endend mit der »letzten Verfolgung der Römischen Kirche«. Einem kritischen Betrachter muß ein Stilbruch in diesen Sprüchen auffallen. Die ersten 77 Denksprüche, welche für Päpste gelten, die vor der Veröffentlichung der »Malachias-Prophetie« wirkten, unterscheiden sich von den darauffolgenden Vorhersagen. Die ersten 77 Sinnsprüche charakterisieren mehr äußerlich die betreffenden Päpste; zum Beispiel durch Anspielungen auf Namen, Wappen oder Geburtsort des jeweiligen Papstes. Vom 78. Schlagwort an werden die Aussagen vieldeutiger. Neben Andeutungen, die sich auf die Abstammung des Papstes, sein Wirkungsfeld vor seiner Berufung zum Pontifex oder sonstige Äußerlichkeiten beziehen, stehen nun der Charakter des Papstes oder besondere Ereignisse während seines Pontifikates im Vordergrund. Auch die Sprache läßt eher auf einen barocken Verfasser schließen als auf einen hochmittelalterlichen Mönch.
Wer es mit der Malachias-Weissagung gut meint, kommt zu dem Schluß, es handle sich um eine Prophetie des 16. Jahrhunderts, welche durch Aussagen über frühere Päpste ergänzt wurde, um ihre Glaubwürdigkeit zu erhöhen. Die Nennung von Malachias als Autor könnte der im Mittelalter verbreiteten Unsitte entsprechen, einer Arbeit dadurch erhöhtes Gewicht zu verleihen, daß man sie

unter dem Namen eines längst verstorbenen, berühmten Verfassers herausgibt. Was weniger wohlwollende Kritiker von dieser Prophezeiung halten, kann sich jeder Leser selbst denken.
Allerdings enthalten die »Malachias-Vorhersagen« einige überraschende Angaben, so daß sie immer wieder ernst genommen und vor jedem Enklave neu diskutiert werden. Wir wollen uns hier die Aussagen über die letzten 20 Päpste ansehen (22):

»Animal rurale« (Das Landtier), Benedikt XIV., 1740–1758
Der Tiername kann als Hinweis auf eine dem Papst feindliche Zeitströmung verstanden werden: die Aufklärung.

»Rosa Umbriae« (Rose Umbriens), Klemens XIII., 1758–1769
Von diesem Papst werden Frömmigkeit, Demut, Güte und Sanftmut überliefert.

»Ursus velox« (Der schnelle Bär), Klemens XIV., 1769–1774
Der »Bär« als »wildes Tier« kann als ein Symbol für den geistigen Umbruch der Zeit aufgefaßt werden. Die französische Revolution als deutlichster Ausdruck dieser Entwicklung war allerdings erst 1789.

»Peregrinus apostolicus« (Apostolischer Wanderer), Pius VI., 1775–1799
Reiste wiederholt und starb als Gefangener in Valence.

»Aquila rapax« (Der räuberische Adler), Pius VII., 1800–1823
Der Adler ist das Symbol Napoleons, zu dessen Zeit die Kirche große Schwierigkeiten hatte, u.a. durch die Auflösung von Klöstern (Säkularisation).

»Canis et coluber« (Hund und Schlange), Leo XII., 1823–1829
Pflichttreue und Klugheit sollen diesen Papst ausgezeichnet haben.

»Vir religiosus« (Der fromme Mann), Pius VIII., 1829–1830
Pius bedeutet »der Fromme«.

»De balneis Ethruriae«, Gregor XVI., 1831–1846
Stammt aus einem etrurischen Badeort.

»Crux de cruce« (Kreuz von Kreuze), Pius IX., 1846–1878
Die Kirche hatte Schwierigkeiten mit dem Hause Savoyen, das Italien einte. Im Wappen der Savoyer wird ein Kreuz geführt.

»Lumen in coelo« (Licht am Himmel), Leo XIII., 1878–1903
Das Wappen dieses Papstes war ein Gestirn auf blauem Himmel. Er soll zudem ein überragender Papst gewesen sein.

»Ignis ardens« (Brennendes Feuer), Pius X., 1903–1914
Soll auf den Ausbruch des ersten Weltkrieges hindeuten und zudem diesen eifrigen Papst gut charakterisieren.

»Religio depopulata« (Religion ohne Volk), Benedikt XV., 1914–1922

Das Christentum verliert weltweit an Einfluß durch den ersten Weltkrieg, die Revolution in Rußland und das zunehmende materialistische Denken.

»Fides intrepida« (Unerschrockener Glaube), Pius XI., 1922–1939

Soll auf die Verteidigung des Glaubens in den totalitären Regimen hinweisen, bei der allerdings das Papsttum unterschiedlich beurteilt wird.

»Pastor angelicus« (Engelähnlicher Hirte), Pius XII., 1939–1958

Diese Charakterisierung paßt nur bei großzügiger Auslegung auf diesen als gut, aber nicht als überragend beurteilten Papst.

»Pastor et nauta« (Hirte und Seefahrer), Johannes XXIII., 1958–1963

Nauta kann bedeuten, daß dieser Papst Patriarch von Venedig war.

»Flos florum« (Blume der Blumen), Paul VI., 1963–1978

Dieser Papst hatte drei Lilien im Wappen.

»De mediata Lunae« (Vom halben Mond), Johannes-Paul, 1978

Johannes Paul hatte den Familiennamen Luciani. In diesem Namen wäre also mit der Silbe »Lu« der »halbe Name des Mondes«, italienisch und lateinisch »luna« enthalten. Eine andere Erklärung sagt, daß während des besonders kurzen Enklaves, in dem er gewählt wurde, also am 25. August 1978, gerade Halbmond war.

»De labore solis« (Von der Arbeit der Sonne), Johannes-Paul II., 1978–

Eine Deutung ist heute noch kaum möglich. Eigentlich kann die »Arbeit«, die »Mühe« oder auch die »Verfinsterung der Sonne« nur Bedrohliches bedeuten, sofern man sich nicht darauf berufen will, daß während der Geburt des Papstes eine Sonnenfinsternis gewesen sein soll.

»Gloria olivae« (Von der Glorie des Ölbaumes)

Der Olivenbaum oder Ölbaum läßt viele Deutungen in Anlehnung an die Bibel zu.

»Petrus Romanus« (Petrus der Römer)

Der »Römische Petrus« ist nach Malachias der letzte Papst und auch der einzige, dem nicht nur ein Stichwort, sondern ein vollständiger Satz gewidmet ist:

»Während der letzten Verfolgung der heiligen römischen Kirche wird der Römer Petrus regieren und seine Schafe in vielen Trübsalen weiden. Wenn diese vorüber sind, wird die Siebenhügelstadt zerstört, und der schreckliche Richter wird sein Volk richten.«

Die Vorhersage der Wahl eines Römers zum Papst läßt sich für die Endzeit übrigens auch bei Nostradamus finden:

»Wenn der hochbetagte Papst entseelt,
Römer wird von mittlerem Alter gewählt,
Wird gebrechlich für den Stuhl genannt,
Führt er Schweres durch und hält lang Stand.«
(5,56 nach Dr. Max de Fontbrune)

Die in der Malachias-Prophetie gezogene Parallele zwischen dem ersten Petrus, mit dem man das Papsttum beginnen läßt und dem letzten Petrus, unter dessen Herrschaft die Bedeutung der Päpste zu Ende gehen soll, ist in der prophetischen Literatur keineswegs einmalig, sondern es sind etliche solcher an einen Ringschluß erinnernde Vorhersagen bekannt.
Nach einer von Pausanius überlieferten Weissagung eines sibyllinischen Orakels sollte das von einem Philipp (Philipp II., 336–323 v. Chr.) geschaffene Makedonische Reich durch einen letzten Philipp zugrunde gehen. In der Tat erlitt Philipp IV. im Jahre 197 v. Chr. eine schwere Niederlage gegen Rom und mußte sich auf sein Stammland Makedonien zurückziehen, das ein halbes Jahrhundert später Römische Provinz wurde.
Der letzte Kaiser des Weströmischen Reiches wurde im Jahr 476 von dem germanischen König Odoakar abgesetzt. Dieser letzte Kaiser, der in den Stammlanden des Reiches herrschte, hieß »Romulus Augustulus«; er trug also den Namen des sagenhaften Gründers der Stadt Rom. Und der letzte byzantinische Kaiser (Konstantin XII. Palailogos-Dragases, 1449–1453) hatte den gleichen Namen wie der berühmte Gründer des Byzantinischen Reiches, Konstantin I., der Große.
Von Paracelsus soll die Aussage stammen, daß das deutsche Kaiserreich, welches unter Karl dem Großen entstanden war, unter einem Karl wieder zu verfallen beginne. Streng genommen brach das Römische Reich Deutscher Nation auseinander, als Franz II. im Jahr 1804 die Deutsche Kaiserwürde ablegte. Allerdings nahm er dafür den erblichen Titel »Kaiser von Österreich« an, und der letzte Träger eines europäischen Kaisertitels war der Österreicher Karl I., der von 1916 bis 1918 regierte.

Eine ähnliche Situation kann man für Großbritannien sehen.
Der Aufstieg des Britischen Empire begann mit Elisabeth I. (1558–1603). Unter Elisabeth II. gingen so gut wie alle überseeischen Besitzungen und die Weltgeltung Englands verloren.
Sofern die Malachias-Prophetie einen tieferen Hintergrund hat, müßte man die Endzeit bereits unter dem übernächsten Papst erwarten. Dieser Papst würde dann auch der letzte sein. Nach dem vielfach vorhergesagten Welt-Gericht gäbe es keine Päpste mehr, da sich die wahren Gläubigen aller Völker dann in einer neuen Weltreligion zusammenfinden sollen.
Das Ende der Herrschaft der Päpste hat übrigens auch Elisabeth Canori-Mora vorhergesagt, eine fromme Katholikin, von der man eine derartige Prophetie nicht erwarten möchte:

> »Der Herr ließ um diese Zeit seine Dienerin (Elisabeth Canori-Mora) die Treulosigkeit einiger Diener des Heiligtums sehen. ›Anstatt die Kirche zu verteidigen, übten sie Verrat an ihr, indem sie festhielten an den falschen Grundsätzen der Welt und sich durch weltliche Klugheit leiten ließen. Erzürnt über ihre Untreue hatte Gott beschlossen, den unfehlbaren Lehrstuhl der Wahrheit an einen anderen Ort zu übertragen.‹« (19)

Michel de Notredame

Historisch gesehen lebte Michel de Notredame oder Nostradamus bereits in der Neuzeit. Doch ist sein prophetisches Werk so deutlich von mittelalterlichem Gedankengut beeinflußt, daß wir ihn hier als den letzten der großen mittelalterlichen Seher betrachten. Kaum ein Prophet ist bekannter als Nostradamus, und keiner hat ein schwieriger zu erschließendes Werk hinterlassen als Nostradamus mit seinen berühmten »Centurien«. Was also hat es mit diesem rätselhaften Hellseher und Astrologen auf sich?

Das prophetische Werk des Nostradamus

Außer den biblischen Schriften wird man kaum ein prophetisches Buch finden, das so häufig zitiert wird und über das eine solche Fülle an Literatur erschienen ist, wie über die Centurien des Nostradamus, die in vieler Hinsicht eine Ausnahmeerscheinung sind. Es gibt zehn

eigentliche Centurien, von denen jede aus hundert gereimten Vierzeilern in altfranzösischer Sprache besteht. Eine Ausnahme bildet die 7. Centurie, die nur 42 vierzeilige prophetische Verse enthält. Das sind also insgesamt 942 vierzeilige Verse oder »Quatrains«, die nach des Sehers eigenen – hoffentlich nicht auch verschlüsselten – Angaben eine prophetische Vorschau auf die Zeit von 1552 bis 3797 n. Chr. enthalten, also über einen Zeitraum von 2246 Jahren. Der erste Teil der Centurien (die Nummern 1–7) ist im Jahre 1555, deren zweiter Teil (die Centurien 8–10) im Jahre 1558 erschienen.
Zu den Centurien gehören noch zwei ausführliche Vorreden. Die erste ist an den Sohn des Nostradamus gerichtet, die zweite an den französischen König »Heinrich den Glücklichen« (Heinrich IV. oder Heinrich von Orléans). Beide Vorreden enthalten Erläuterungen zu den Centurien und weitere prophetische Hinweise, die möglicherweise für das Verständnis der Centurien unerläßlich sind.
Dieser Teil der Werke des Nostradamus gilt als unbestreitbar von seiner Hand. Die erste Gesamtausgabe erschien bereits zwei Jahre nach des Nostradamus Tod im Jahre 1568 in Lyon, während Teilausgaben, wie eben gesagt, schon zu seinen Lebzeiten gedruckt wurden. Bald folgten auch viele Nachdrucke, die teilweise lückenhaft sind, so daß im Einzelfall der genaue Wortlaut der einen oder anderen Zeile zweifelhaft sein und somit zu Diskussionen Anlaß geben kann.
Neben diesen unwidersprochen von Nostradamus verfaßten Teilen seines Werkes sind noch weitere Schriften überliefert. Sie sollen aus dem Nachlaß des Sehers stammen. So wurden im Jahre 1605 zum ersten Male die »elfte« und die »zwölfte« Centurie sowie die »Présages« veröffentlicht. Die elfte Centurie besteht aus 58 sechszeiligen (»Sixains« genannten) und zwei vierzeiligen Strophen. Die »zwölfte Centurie« enthält nur elf Vierzeiler. Die »Présages« werden als Jahres- oder Monats-Orakel für die Zeit von 1555–1567 angesehen und enthalten insgesamt 141 vierzeilige Verse.
Außerdem gibt es in verschiedenen älteren Nostradamus-Ausgaben Ergänzungen – z. B. Zusätze zur 7., 8. und 10. Centurie. Über den Wert dieser Erweiterungen sind die Meinungen geteilt. Die 11. und 12. Centurie sowie die Présages weichen im Stil von den ersten 10 Centurien z. T. deutlich ab und sind nach Angaben von Übersetzern noch schwerer zu übersetzen als die Centurien 1–10. Es ist daher eine kaum zu klärende Frage, inwieweit auch diese Schriften von Nostradamus selbst verfaßt wurden. In der Regel konzentriert sich das Studium des Nostradamus auf die originellen zehn Centurien und seine

von ihm dazu verfaßten Vorreden, während die elfte und zwölfte Centurie oder die Présages nur ergänzend mit herangezogen werden.
Besonders schwierig ist die Deutung der einzelnen Verse; denn Nostradamus hat sich nach eigenen Angaben bemüht, seine Prophetie in eine Form zu bringen, die erst nach dem Eintreffen des jeweiligen Ereignisses eine sichere Einordnung erlauben soll. Das wird besonders deutlich bei der Lektüre älterer Nostradamus-Forscher. So hat z. B. C. Loog im Jahre 1921 in dem berühmten »Kapitän« einen zu erwartenden Führer des Deutschen Reiches zu erkennen gemeint (inzwischen wird dieser Kapitän ziemlich übereinstimmend als Hitler gedeutet), war aber nicht in der Lage, das in den nächsten Jahrzehnten über Deutschland hereinbrechende Unheil nur entfernt zu ahnen, das sich *nach* 1945 recht gut aus den Centurien herauslesen ließ.

Wie hat Nostradamus gearbeitet?
Wie Überlieferungen wissen wollen, hat Nostradamus viele Nachtstunden in einer Dachstube seines Hauses verbracht, von der aus er den gestirnten Himmel sehen konnte. Er saß auf einem Hocker, hielt eine Wünschelrute in den Händen, die Füße anscheinend in einem Wasserbecken, und versuchte sich jenseitigen Schwingungen zu öffnen. Er selbst beschreibt diesen Vorgang in den ersten Versen der ersten Centurie:

»Sitz ich des Nachts, zu forschen in geheimen Dingen,
Allein, zurückgelehnt auf ehernem Gestühl,
Dann läßt die Einsamkeit und ihre kleine Flamme das gelingen,
Was für den Glauben nimmer ist zu viel. *(1,1)*

Faß' ich die Wünschelrute an den Zweigen,
So dringt's wie eine Welle mir durch Kleid und Glieder,
Furcht, eine Stimme heißt mich schweigen,
Göttlicher Glanz. Göttliches schwebt hernieder.« *(1,2)**

Er selbst ist überzeugt, daß er auf diese Weise Einblicke erlangen kann, wie sie den meisten Menschen verschlossen sind, und er kennt keine Zweifel an der Qualität seiner Gesichte:

* Zitiert nach der freien, aber poetisch geglückten Übersetzung von C. Loog (18). Die sonstigen Zitate sind meist der Gesamt-Ausgabe von Dr. Centurio entnommen (6).

»Die Weissagungen geschehen durch den Mund des Heiligen Geistes, der die höchste Macht in der Ewigkeit besitzt, verbunden mit der himmlischen Gewalt. Daher haben einige aus der Zahl der Söhne und Töchter große und wunderbare Ereignisse vorausgesagt. Ich lege mir nicht den Titel eines Propheten zu, da sei Gott vor, bekenne aber, daß alles von Gott kommt.«

(Aus der Vorrede an Heinrich IV.)

Die Eingebungen, zu denen er auf diese Weise kam, prüfte Nostradamus dann mit astrologischen Methoden nach:

»... die meisten sind komponiert und abgestimmt aufgrund astronomischer Berechnungen und entsprechen den Jahren, Monaten und Wochen der Regionen, Gegenden vieler Orte und Städte in ganz Europa.« *(Aus der Vorrede an Heinrich IV.)*

Dafür sprechen auch astrologische Angaben, die an verschiedenen Stellen in seine Vorhersagen eingearbeitet sind, wie z. B. in 10,67, einem Vierzeiler, auf den wir noch eingehen werden.

So kann man davon ausgehen, daß das Besondere des Nostradamus darin zu vermuten ist, daß er ein begnadeter Seher und ein hervorragender Astrologe war; ein Zusammentreffen von zwei Fähigkeiten, das in der Geschichte eine Ausnahme ist. Hellsichtigkeit, die höhere Einblicke eröffnet, und nüchterne Nachprüfung der Gesichte durch astronomisch-astrologische Untersuchungen, könnte demnach das Erfolgsgeheimnis des rätselhaftesten aller Seher und Astrologen sein. Für diese Annahme sprechen auch des Nostradamus eigene Worte:

»Die Sterne weissagen, angehaucht vom Wesen Gottes, sie haben Teil am Geist der Prophetie. Gott läßt durch diese feurigen Boten mit ihren leuchtenden Sendschreiben vor unseren Augen und Sinnen die Ursachen der Weissagungen für die Zukunft deutlich werden.« *(Aus der Vorrede an Heinrich IV.)*

Es sei nicht verschwiegen, daß eine solche Deutung des berühmten französischen Arztes umstritten ist. Nicht alle Nostradamus-Forscher sehen in ihm den »König der Astrologen«, sondern einige halten ihn eher für einen hellsehenden Astronomen. Solche Forscher verweisen darauf, daß Nostradamus in der 6. Centurie ausruft:

»... und alle Astrologen, Strohköpfe und Barbaren sollen fernbleiben ...«

und sich weit mehr für Astronomie interessiert hätte als für die Astrologie. So sagt er angeblich in 8,71 für das Jahr 1607 die Erfindung des Fernrohres voraus und erwähnt in 4,33 die Entdeckung des Neptun, und zwar in der Konstellation, in der dieser tatsächlich von Leverrier und Galle im Jahre 1846 entdeckt wurde.
Alles in allem klingt aber doch die Erklärung am überzeugendsten, die in Nostradamus einen Seher erkennt, der seine Gesichte mit astrologischen Mitteln überprüfen und einordnen konnte. Eine solche Arbeitsweise würde am ehesten die außerordentliche Qualität erklären, die man den Weissagungen des Michel de Notredame zuspricht.

Was macht die Centurien so schwer verständlich?
Allem Anscheine nach hatte Nostradamus Bedenken, seine Vorhersagen in verständlicher Form weiterzugeben. Zunächst hatte er als Astrologe, Alchemist und Arzt die Inquisition zu fürchten, in deren Hände er keine leicht faßliche Prophetie fallen lassen wollte. Diese Vorsicht war nicht unbegründet. Denn Nostradamus hatte zwar einen legendären Ruf und stand z. B. am Königshof in hoher Gunst, doch in seinem Wohnort Salon wurde er als heimlicher Calvinist angefeindet und galt sogar als Schwindler.
Er mußte also vorsichtig sein. Daher warf er die Reihenfolge der einzelnen Verse durcheinander, so daß sich eine chaotische Anordnung ergab. Nach seinen eigenen Worten soll zwar ein Schlüssel existieren, der es erlaubt, die richtige Reihenfolge wiederherzustellen; aber dieser Schlüssel hat sich trotz der Bemühungen zahlreicher Nostradamus-Forscher über Jahrhunderte hinweg nicht finden lassen. Es ist daher sehr schwierig, einen bestimmten Vers vorab einer bestimmten historischen Epoche zuzuordnen; es sei denn, das vorhergesagte Geschehen wäre schon eingetreten, also der entsprechende Vierzeiler durch einen Vergleich mit einem geschichtlichen Ereignis endgültig entschlüsselt. Allerdings muß man selbst dann mit der Aussage »endgültig entschlüsselt« vorsichtig sein, da es unter den Nostradamus-Experten nicht in allen Fällen die gleiche Meinung gibt.
Neben einer totalen Verwirrung im historischen Ablauf wählte der Seher auch noch eine vieldeutige, symbolhafte Sprache, die sehr fundierte Geschichts- und Ortskenntnis, Spürsinn und Phantasie erfordert, um ihren Sinn zu erfassen. Ganz abgesehen davon, daß Nostra-

damus nur solchen rät, sich mit den Centurien zu befassen, die gute Kenntnisse der lateinischen Sprache mitbringen. Nicht selten sind seine Aussagen alles andere als klar, und verschiedene Forscher kommen dementsprechend zu recht unterschiedlichen Ergebnissen.
Wie es sich für einen hochkarätigen Propheten gehört, welcher der Nachwelt kompliziert verschlüsselte Vorhersagen vererbt, hat Nostradamus natürlich angegeben, wann man die Bedeutung seiner Vorhersagen erkennen wird. Allerdings ist auch diese Angabe vieldeutig und möglicherweise an mehreren Stellen seiner Werke versteckt. Ein Beispiel dazu wäre:

> »Nach mehr als 500 Jahren wird man Rechnung legen für den, der die Zierde seiner Zeit war. Dann wird einer mit einem Schlage große Klarheit geben und wird in diesem Zeitalter alle sehr zufrieden stellen.« *(3,94)*

Folgt man der Deutung von C. Loog, so ist der eine, der mit »einem Schlage große Klarheit geben wird«, Nostradamus. Das wird nach »mehr als 500 Jahren« vom Jahre 1555 an gerechnet sein, also etwa 2075. Das wäre vermutlich nach dem Tode des von Nostradamus angekündigten großen europäischen Herrschers, »Heinrich dem Glücklichen«, dem »Sieger«.
»Der die Zierde seiner Zeit war« wird entweder auf »Heinrich den Glücklichen« oder auf Nostradamus selbst bezogen; wie oft, so sind auch hier die Nostradamus-Forscher uneins.
Eine weitere Antwort auf die gleiche Frage kann man auch aus einem anderen Quatrain in unterschiedlicher Form herauslesen:

> »Wenn dem Mond das Licht zurückgegeben wird,
> wo werden dann Geben und Nehmen auf der fremdartigen Erde geblieben sein?
> Um die unverdienten Früchte wird es einen großen Eklat geben.
> Große Empörung – und für einen großes Lob.« *(9,65)*

Man nimmt an, daß Nostradamus damit den Zustand der Erde nach der von ihm vorhergesagten Weltkatastrophe schildert. Und der eine, für den großes Lob prophezeit ist, sollte der Prophet selber sein.
Damit stehen wir vor einem reizenden Widerspruch. Entweder wir glauben an das prophetische Genie des Nostradamus, das in der Lage war, die Geschicke der Welt über einen Zeitraum von 22 Jahrhunder-

ten bis ins Detail vorherzusehen; dann sollten wir ihm auch glauben, daß er gewußt hat, wann die Menschheit seine Weissagungen verstehen und ihn selbst richtig würdigen würde. Hat unter diesen Voraussetzungen die Nostradamusforschung viel Sinn? Suchen wir nicht etwas, von dem wir eigentlich wissen müßten, daß es erst in Jahrzehnten oder gar erst in Jahrhunderten gefunden werden kann?
Vielleicht brauchen wir gar nicht so lange zu warten, sondern dürfen hoffen, des Rätsels Lösung noch selbst zu erleben. Denn neuere Nostradamus-Forscher bieten genauere Daten für den Beginn der zu erwartenden erdweiten Katastrophe, und wir haben u. a. die Wahl zwischen den Jahren 1988 und 1999. Eine besonders präzise Entschlüsselung glaubt Konrad Klee bieten zu können, der meint, den Ausbruch des 3. Weltkrieges für August 1990 ermittelt zu haben.
Doch das muß uns im Moment noch nicht interessieren, denn der kleine Exkurs sollte nur veranschaulichen, wie schwierig gerade das Kapitel Nostradamus in den Griff zu bekommen ist. Schon viele Nostradamus-Forscher haben jeden Buchstaben der Centurien auf die Goldwaage gelegt, ohne die wirkliche Bedeutung des prophetischen Werkes des Michel de Notredame ausloten zu können, geschweige denn allgemein akzeptierte Erklärungen für die einzelnen Quatrains oder Sixains zu finden.

Erfüllte Prophezeiungen

Die Frage, welcher Teil der Centurien bereits in Erfüllung gegangen ist, dürfte schon schwer genug zu beantworten sein, obwohl es einige Paradebeispiele für erfüllte Nostradamus-Prophezeiungen gibt, die wir dem Leser nicht vorenthalten wollen:

> »Der junge Löwe wird den alten überwinden.
> Auf dem Kampfplatz in einem Einzelturnier.
> In einem goldenen Käfig wird er ihm die Augen spalten.
> Von zwei Schicksalsschlägen der erste.
> Dann stirbt er, grausamer Tod.« *(1,35)*

Im Jahre 1559 beteiligte sich der französische König Heinrich II. (der alte Löwe) an einem Turnier, in dem er von dem Grafen Montgomery versehentlich mit der Lanze durch das goldene Helmvisier (goldener Käfig) ins rechte Auge getroffen wird. Nach 10 Tagen stirbt der König an den Verletzungen. Montgomery wird hingerichtet. Der von Nostradamus vorhergesagte »zweite Schicksalsschlag« war vermutlich

die Ermordung des Königs Heinrich III. im Jahre 1589, mit dem das Haus Valois ausstarb.
Dieser Vierzeiler wurde im Jahre 1555 zum ersten Male publiziert und machte durch sein promptes Eintreffen Nostradamus berühmt. Dieser soll übrigens 1556 den König vor einem Turnier gewarnt haben, da seine Augen gefährdet seien.

»Wenn der wilde König seine blutige Hand durch Feuer,
Eisen und gespannten Bogen betätigt, dann wird
das gesamte Volk erschreckt darüber sein, daß es
die Größten an Hals und Füßen aufgehängt sehen wird.«
(4,47)

Im Original-Text heißt es »noir« (der Schwarze), übersetzt wurde von Centurio »roi« (der König); der Übersetzer muß also wissen, wann er welches Wortspiel des Nostradamus wie übersetzen soll. Der »wilde König« ist Karl IX., von dessen Grausamkeiten berichtet wird. Während der Bartholomäusnacht soll er selbst aus dem Louvre auf Flüchtende geschossen haben. Die Leiche des ermordeten Admirals Coligny wurde vom Straßengesindel an einem Fuß am Galgen von Montfaucon aufgehängt.

»Soviel Blut wird angesichts des Volkes vergossen werden,
daß sich dieser Schandfleck niemals mehr tilgen läßt.
Diese Begebenheit wird einmalig sein.
Der Geist des Einzigen wird es bezeugen.« *(4,49)*

Auch dieser Vers dürfte sich auf die Bartholomäusnacht beziehen. Mit dem »Geist des Einzigen« kann der Papst gemeint sein. Denn Gregor XIII. ließ eine Gedenkmünze prägen, anläßlich der Ermordung der Hugenotten.

»Für einen Größeren wird er im Kampf und im Kriegsgeschehen
den Preis davongetragen haben.
Nachts im Bett. Sechs werden ihn mit der Picke erstechen.
Nackt, ohne Harnisch. Plötzlich wird er überrascht.« *(3,30)*

Wohl ein Hinweis auf die Ermordung Wallensteins im Jahre 1634. Wallenstein hatte für den Kaiser im Dreißigjährigen Krieg viel erreicht, geriet aber in den Verdacht des Landesverrates und wurde –

wahrscheinlich mit kaiserlicher Billigung – von sechs seiner Soldaten ermordet.
Ein Teil der Verse der Centurien hat auf solche oder ähnliche Art ihre Deutung bereits gefunden. In der umfangreichen Literatur, von der einige Werke im Literaturverzeichnis angegeben sind, kann man viele Erklärungen dazu finden. Allerdings sind die Nostradamus-Forscher sich keineswegs einig. Wie unterschiedlich die Ansichten sein können, mag das folgende Beispiel zeigen. Es handelt sich um die Centurie 10,67, deren Originaltext folgendermaßen angegeben wird:

»Le tremblement si fort au mois de May,
Saturne, Caper, Iupiter, Mercure au boef,
Venus aussi, Cancer, Mars en Nonnay,
Tombera gresle lors plus grosse qu'un œuf.«

Dazu gibt Rudolf Putzien in seinem Nostradamus-Buch die folgende Übersetzung:

»Die Erde wird sehr stark im Monat Mai erzittern,
Saturn im Steinbock, Jupiter, Merkur im Stier,
ebenso Venus und Mars im Krebs. Dann wird im
November Hagel fallen größer als ein Ei.«

Eine Auswertung der astrologischen Daten in diesem vierzeiligen Vers ergäbe als Zeitpunkt für diese Konstellation das Jahr 3755 n. Chr. Als früherer Termin wäre nur noch das Jahr 1929 in Frage gekommen.
Auf den ersten Blick nur geringfügig anders lautet die Übersetzung, die Kurt Allgeier angibt:

»Das mächtige Zittern im Monat Mai ereignet sich,
wenn Saturn im Steinbock, Jupiter und Merkur im Stier sind.
Ebenso Venus. Krebs steht zu Mars im 90-Grad-Winkel.
Es fällt Hagel, größer als ein Hühnerei.«

Für diese Konstellation wird der Zeitraum zwischen Februar und Juni 1988 genannt.
Ein zweites Beispiel mag zeigen, daß es derartige Unterschiede im Verständnis bei vielen der 1013 Quatrains und Sixains gibt:

»Viele Götterbilder aus einem silbern schimmernden
Metall, ähnlich den Bildern der Diana und des Merkur,
werden in einem See gefunden werden.
Ein Künstler wird sie entdecken, der nach neuer
Tonerde suchte. Er und seine Angehörigen werden
im Golde schwimmen.« *(9,12)*

Eigentlich eine vergleichsweise klare Ankündigung eines Schatzfundes durch einen Künstler? Lassen wir die Nostradamus-Forscher kommentieren.
Rudolf Putzien meint dazu:

»Es ist oft die Vermutung ausgesprochen worden, daß die heutigen Azoren-Inseln einst zu *Atlantis* gehörten. Auf den Azoren gibt es viele Kraterseen. Die Möglichkeit, daß in einem dieser Seen *Bildwerke aus atlantischer Zeit* gefunden werden, kann nicht ohne weiteres abgeleugnet werden.«

Eine abweichende Übersetzung des gleichen Vierzeilers gibt A. Voldben an:

»Die Götzenbilder des reichlichen Silbers von Diana und Merkur
wird man im See finden.
Der Figurenmacher auf der Suche nach neuer Tonerde, er und
seine Anhänger werden mit Gold getränkt werden.«

Und die ebenfalls von A. Voldben mitgeteilte Erklärung dazu lautet:

»Hochwürden Pater I. Rissaut sagt in seinem Kommentar, die Götzenbilder von Diana in dem reichlichen Silber seien in Bargeld und Wertpapieren die Einlagen der Kirche, die von Merkur der Gewinn der Geschäfte des Vatikans...
All das wird im See gefunden werden. Der Figurenmacher dürfte der Seelenbildner sein, der neue Tonerde suchen will, um die Gesetze Gottes zu ändern und dabei mit Gold überhäuft wird, er, der Gegenpapst, und seine Anhänger.« –

Man kann sich die Arbeit machen, alle für die Zukunft noch in Betracht kommenden Verse mit ihren unterschiedlichen Übersetzun-

gen und widersprüchlichen Deutungen zusammenzustellen und zu vergleichen. Aber wie will man dann werten?
Jeder Nostradamus-Forscher nennt gute Gründe für seine persönliche Interpretation, und in der Wissenschaft kann – anders als in der Demokratie – nicht unbedingt die von der Mehrheit vertretene Meinung als die zutreffendste gelten.
Die erwähnten Beispiele dürfen nicht als Kritik an dem einen oder anderen Autor verstanden werden; sie sollen lediglich illustrieren, wie schwierig die Übersetzung und vor allem ein Verständnis der Worte des Nostradamus sein kann.

Was bringt die Zukunft?
In den vielen Versen der Centurien, die sich vermutlich noch nicht erfüllt haben, kann man die verschiedensten Vorhersagen für die Zukunft finden. Wie schon gesagt, ist die Einordnung wie die Deutung gleichermaßen schwierig; wir möchten aber dem Leser einige Proben aus des Nostradamus Prophetie für unsere Zukunft bieten. Dabei wird auf eine Kommentierung so weit wie möglich verzichtet; wer sich für Deutungen interessiert, kann solche in den entsprechenden Werken finden. Wir wollen hier nur festhalten, daß Nostradamus fast alles bestätigt, was auch biblische Propheten für die Endzeit vorhergesagt haben.

Abfall vom Glauben

»Das göttliche Wort wird vom Himmel verflucht,
So daß es nicht weiter vordringen kann:
Das Geheimnis der Offenbarung wird so verstopft,
Daß man in jeder Weise darüber marschieren (darauf treten) kann.« *(2,27)*

Wiedererrichtung des Staates Israel

»Die Synagoge, unschöpferisch und ohne jeden Gewinn,
Wird unter den Ungläubigen Aufnahme finden:
Von der Tochter Babylons droht ihr Verfolgung,
Elend und traurig wird sie ihr die Flügel abschneiden.« *(8,96)*

»Durch das Weltschicksal wird ein Monarch geschaffen,
Der im Frieden und am Leben nicht lange bleiben wird,
Die Fischerbarke steht dann vor dem Untergang,
Weil sie mit besonderem Unglücke gesteuert wird.« *(1,4)*

Dieser Vers brachte die Centurien auf den Index der katholischen Kirche, die darin ihren Untergang prophezeit sah. Heute wird angenommen, daß er sich auf die Kirchenpolitik von Napoleon bezieht, unter dessen Herrschaft die Päpste Pius VI. und VII. größte Schwierigkeiten hatten.

»Während er noch segelt, wird der große Priester (Papst) ergriffen und gefangen,
Große Machenschaften werden die aufgeregte Priesterschaft zum Nachgeben zwingen;
Ein zweiter wird in Abwesenheit gewählt, der sein Gut verschwendet,
Sein Günstling, ein Bastard, wird getötet.« *(5,15)*

»Durch die Einöden des Landes, frei und ungesellig,
Wird der Nachfolger des größten Papstes irren;
Erschlagen wird er zwischen sieben (Nationen) zusammen mit einem alten Stamm,
Und zwar von denen, welche nachher den Pokal (die Priesterherrschaft) besitzen.« *(6,82)*

»Es wird ihnen ihre Macht genommen werden und eine so große Verfolgung wird in der Kirche stattfinden, wie sie noch niemals da war. In der Zwischenzeit wird eine so große Seuche entstehen, daß zwei Drittel der Menschheit dahingerafft werden. Diese Not wird sich so gewaltig auswirken, daß man nicht mehr die Lage der Felder und Häuser erkennen kann, Gras wird auf den Straßen wachsen bis zu den Knien. Eine totale Verwüstung wird man unter dem Klerus anrichten.« *(Aus der Vorrede an Heinrich IV.)*

Wirtschaftskrisen

»Aus derselben Quelle, aus der, wie man sich denken kann, der Hunger entsteht,
Wird auch kommen die Sättigung;
Statt mit hündischer Gier das Auge auf das Meer zu richten,
Soll einer dem anderen Öl und Brot geben.« *(4,15)*

»Die Preise für den sabäischen Tropfen steigen immer mehr,
Menschenfleisch wird während des Sterbens zu Asche verbrannt;
Auf der Insel Pharos entsteht durch Kreuzer Verwirrung,
Dann, wenn in Rhodos sich ein böses Gespenst zeigen wird.« *(5,16)*

Der »sabäische Tropfen« wird als Erdöl interpretiert, dessen Preissteigerung Nostradamus-Kenner schon seit längerer Zeit erwarten. Die Zeile »Menschenfleisch wird während des Sterbens zu Asche verbrannt« kann man als Hinweis auf einen atomaren Schlag auffassen und im Zusammenhang sehen mit dem bereits zitierten Vers 14,12 des Sacharja.

Naturkatastrophen

»Ganz in der Nähe von Auch, Lectourne und Mirande
Fällt drei Nächte lang Feuer vom Himmel;
Danach passiert eine solch staunenswerte und verwunderliche Sache,
Kurz danach wird die Erde beben.« *(1,46)*

»Das große Gebirge wird in einem Umkreis von 7 Stadien
Nach Frieden, Krieg und Wassernot
Weit wegrollen und weite Gegenden zerstören,
Selbst antike Stätten, eine große Neugründung findet statt.« *(1,69)*

»Nach einem großen Äon des Menschengeschlechtes naht sich ein viel größerer;
Der große Beweger erneuert die Jahrhunderte:
Regen, milchiges Blut, Hunger, Schwert und Seuchen,

Am Himmel sieht man Feuer, wie es in langen Funken dahinströmt.« *(2,46)*

»Wenn die Sonne im 20. Grad des Stieres steht, wird die Erde stark beben,
Das große Theater, von Besuchern überfüllt, stürzt zusammen:
Luft, Himmel und Erde werden verdunkelt und geraten in Aufruhr,
Dann wird selbst der Ungläubige zu Gott und den Heiligen hinrudern (schreien).« *(9,83)*

»Auch finde ich, daß die Wissenschaften eine große und unvergleichliche Einbuße erleiden werden, weil ich entdeckte, daß die Menschheit vor dem großen Brand des Universums von einer Sintflut und großen Überschwemmungen heimgesucht wird, die so gewaltig sind, daß sich kaum noch ein Land findet, das nicht von Wogen bedeckt ist.
Auf lange Zeit wird die Niederschrift der Mondkonjunkturen und Ortsbeschreibungen unterbleiben müssen, falls nicht überhaupt alles zugrunde geht. Auch werden vor und nach diesen Überflutungen in verschiedenen Gegenden die Niederschläge sehr gering sein, dagegen wird vom Himmel Feuer von solcher Fülle vermischt mit Steinen fallen, so daß man an keinem Ort bleiben kann, wenn man nicht erschlagen werden will.«

(Aus der Vorrede an Caesar Nostradamus)

Erscheinungen am Himmel

»Wenn der Mond in tiefen Finsternissen verdunkelt wird,
Dann schreitet sein Bruder rostfarben vorbei:
Lange bleibt der Große verborgen unter Finsternissen,
In der blutenden Wunde wird das Eisen lauwarm.« *(1,84)*

»Der große Stern wird sieben Tage lang brennen,
Eine Wolke wird zwei Sonnen erscheinen lassen:
Der dicke Mastin wird die ganze Nacht heulen,
Wenn der große Priester das Land verläßt.« *(2,41)*

»Wenn lange die zwei Himmelslichter ausbleiben,
Was (unvermutet) zwischen April und März eintreten wird:

O welche Teuerung droht! Aber es gibt zwei große Hilfsbereite.
Über Land und Meer eilen sie jedermann zu Hilfe.« *(3,5)*

»Wenn eine Sonnenfinsternis sein wird,
Dann wird man (nachher) bei hellem Tageslicht ein Monstrum sehen.
Freilich, ganz anders wird man dieses Zeichen deuten,
Vor der Teuerung gibt es keinen Schutz, weil niemand sie hat voraussehen können.« *(3,34)*

»Im Jahre 1999 im siebenten Monat
Wird am Himmel ein großer Schreckenskönig erscheinen:
Er wird auferstehen lassen den großen König von Angoulême,
Vor und nach einem Weltkrieg wird er aufgrund seines guten Horoskops regieren.« *(10,72)*

Verlagerung der Erdachse (Polsprung)

»Vorher aber wird eine Sonnenfinsternis vorausgehen, die dunkelste und finsterste, die es je seit der Schöpfung der Welt und seit dem Leben und Sterben Jesu Christi bis heute gegeben hat. Es wird im Monat Oktober sein, wo man eine große Verlagerung beobachten wird, so daß jedermann glaubt, die Schwerkraft der Erde habe ihre natürliche Bewegung verloren und die Welt sei in ewige Finsternis geschleudert.« *(Aus der Vorrede an Heinrich IV.)*

Auftreten des Antichristen

Nostradamus spricht von mindestens drei Antichristen, die vermutlich nacheinander auftauchen sollen:

»Unter mehreren nach den Inseln Verbannten
Wird einer sein, der geboren ist mit zwei Zähnen in der Gurgel:
Die Menschen werden vor Hunger sterben, wenn die Bäume abgeerntet sind,
Ihnen wird der neue König eine neue Verfassung schmieden.«
(2,7)

»Das Kind wird geboren mit zwei Zähnen im Rachen,
Ein mit Steinen gemischter Regen geht in Toskana nieder:

Wenige Jahre danach wird es weder Korn noch Gerste geben,
Um diejenigen zu laben, die vor Hunger umfallen.« *(3,42)*

Nach mittelalterlichen Vorstellungen hat der Antichrist »zwei Zähne im Halse«.

»Der dritte Antichrist wird bald vernichtet sein.
Siebenundzwanzig Jahre wird sein blutiger Krieg dauern,
Die ihm nicht anhängen werden getötet und die Gefangenen in die Verbannung geschickt:
Die Menschheit ist ein blutiger Torso, das Wasser blutrot und die Erde geborsten.« *(8,77)*

»Das Haupt über London wird durch Amerika eingesetzt,
Die schottische Insel wird über das Eis hinweg regiert:
In Eborac (York) wird man einen so falschen Antichristen haben,
Daß es diesem gelingt, alle in ein Chaos hineinzuziehen.«
(10,66)

»Dann aber wird das große Reich des Antichristen beginnen im Gebiet des Attila und Xerxes (Rußland).«
(Aus der Vorrede an Heinrich IV.)

Kommen des Messias

»Der Wechsel wird mit starken Schwierigkeiten verbunden sein,
Für Stadt und Land wird diese Änderung einen Gewinn bringen:
Trotz seiner Hochherzigkeit wird der Weise, der vom Himmel gesandt ist, vertrieben, als er sich niederlassen will,
Meer, Land und Volk werden ihren Zustand ändern.« *(4,21)*

»In einer unabsehbar großen Zahl werden die Anhänger des Antichristen herabsteigen, so daß das Kommen des heiligen Geistes, der auf dem 48. Breitengrad heraufsteigt, Auswanderung machen wird. Er (der heilige Geist) flieht vor den Greueln des Antichristen, der den Krieg gegen die Monarchie eröffnen wird, und zwar gegen den König, der dann der große Stellvertreter Christi auf Erden ist und gegen seine Kirche.« *(Aus der Vorrede an Heinrich IV.)*

Mit dem »Heiligen Geist« dürfte der »Geist der Wahrheit« (Joh. 14,25 und 16,14) angesprochen sein, also der am Ende der Tage erwartete Messias. Damit weicht auch Nostradamus von der christlichen Tradition ab, die Jesus als Weltenrichter zum Jüngsten Gericht erwartet. Verbindet man die Angabe

»... der auf dem 48. Breitengrad heraufsteigt...«

mit dem 31. Vers der 10. Centurie:

»Das heilige Reich wird in Deutschland erstehen...«

so darf man – laut Nostradamus – das Auftreten des Wahrheitsbringers in Deutschland erwarten.

Weltweite Verbreitung der Wahrheit

»Das göttliche Wort wird der Substanz, die Himmel und Erde in sich schließt,
Verborgenes Gold in mystischer Milch verleihen:
Wenn der Körper, die Seele und der Geist alle Macht haben,
Dann wird es unter den Füßen (der Menschen) ebenso sein, wie droben auf dem Himmelsthron.« *(3,2)*

»Dicht beim Orion, in der Nähe des bleichen Mondes,
Sehe ich Widder, Stier, Krebs, Löwe und Jungfrau,
Mars und Jupiter; die Sonne wird weite Ebenen verbrennen,
Wälder und Städte, die Wissenschaft verbirgt sich vor der Kerze.« *(6,35)*

In diesem Vers ist die letzte Zeile besonders interessant:

»... die Wissenschaft verbirgt sich vor der Kerze.«

Die Kerze wird als Symbol von Kirche, Religion, Gottverehrung angesehen. Das wäre dann die auch in der Bibel vorhergesagte Zeit, in der sich die Wissenschaften unter dem Drucke der Ereignisse dem Höheren beugen und einsehen müssen, daß ihre Möglichkeiten nicht unbegrenzt sind.

Das Friedensreich auf Erden

»Führer der Welt wird der große Heinrich sein,
Über den Tod hinaus von der Nachwelt geliebt, verehrt und gefürchtet:
Sein Ruf und sein Ruhm wird seine Zeit überdauern,
Und mit einem einzigen Titel ›Sieger‹ wird er sich begnügen.« *(6,70)*

»Das heilige Reich wird in Deutschland entstehen,
Die Araber werden offene Orte finden,
Auch die Seelen wollen ihre Wiedergeburt,
Die Stützen der Erde werden alle bedeckt sein.« *(10,31)*

»Das menschliche Reich von himmlischer Herkunft,
Wird seine Führergewalt dafür einsetzen, um Frieden und Einigkeit zu erhalten:
Der Krieg sitzt während der zweiten Hälfte seiner Herrschaft gefangen,
Lange Zeit wird er den Frieden für die Welt aufrecht erhalten.« *(10,42)*

Die geistige Aufwärtsentwicklung des Menschen
In dem kommenden Friedensreiche wird dann endlich eine ungehemmte geistige Aufwärtsentwicklung des Menschen einsetzen können:

»Der Körper ohne Seele wird nicht mehr ein Opfer sein,
Der Todestag wird in einen Geburtstag verwandelt:
Der göttliche Geist läßt die glückliche Seele
Das Wort in seiner ewigen Bedeutung erschauen.« *(2,13)*

Mit diesem Auszug aus Prophetien, die sich vermutlich auf die vor uns liegende Zeit beziehen, wollen wir das Thema Nostradamus verlassen. Es war das Ziel dieses Kapitels, dem Leser eine erste Information über das Phänomen dieses berühmtesten aller mittelalterlichen Seher oder Astrologen zu geben, einen Eindruck von der Art seiner Vorhersagen und der Schwierigkeit, sie recht zu erkennen. Den Abschluß mag ein Vers aus der 6. Centurie bilden, der auch das einleitende Motto sein könnte:

»Wer diese Verse liest, der prüfe sie gründlich.
Gottloses, albernes Volk soll sich nicht mit ihnen beschäftigen,
Und alle (Wahrsage-)Astrologen, Strohköpfe und Barbaren sollen fernbleiben.
Wer zuwiderhandelt, der sei rechtmäßig verflucht!« *(6,100)*

Die Bilder werden deutlicher

Aus Schauungen neuzeitlicher Seher

»Du hörst ein Wort und kannst es nicht verstehen,
Du siehst ein Bild und weißt es nicht zu deuten,
Und erst, wenn was geschieht, besinnst du dich,
Daß dir's die Norne schon vor Jahr und Tag
In Schattentänzen vorgegaukelt hat.«

Hebbel, Krimhilds Rache

Mittelalterliche Propheten standen meist auf dem Boden der christlichen Überlieferungen. Ihre endzeitlichen Gesichte waren mehr oder weniger Ergänzungen biblischer Prophetie. Sie sahen das Übergeordnete, das geistige Geschehen als Mittelpunkt, ganz wie es der mittelalterlichen Vorliebe für das Allgemeine, das Prinzipielle entspricht.
In der Neuzeit werden die Bilder deutlicher, die Sprache ist nicht mehr so mystisch, und die zu erwartenden Geschehnisse werden in ihrer äußeren Form, ihrem, den Erdenaugen sichtbar werdenden Ablauf geschildert. Denn die Neuzeit sucht das Besondere, die Einzeltatsache, und diese Grundeinstellung der Epoche strahlt auch auf die Seher aus. Neuzeitliche Propheten sagen, was moderne Menschen interessiert, die weniger allgemeingültige Aussagen als den tatsächlichen Vorgang erfahren möchten. Denn auch die Gesichte sind nicht immer unabhängig von dem Denken und Wollen des Visionärs und seiner Umgebung. In den Visionen spiegelt sich z. B. das mittelalterliche Streben nach übergeordneten Einsichten, nach der Erkenntnis der großen Zusammenhänge ebenso wieder, wie die analytische Denkweise der Neuzeit, welche vor allem die Einzeltatsache erforschen, den äußeren Ablauf der Ereignisse vorherwissen möchte.
Hinzu kommt noch, daß wir uns der erwarteten Endzeit zu nähern scheinen; je kürzer aber der Zeitraum zwischen einem Vorgesicht und dem Ereignis wird, um so präziser liegt fest, was zu erwarten ist.
Diese Aussage bedarf einer Erklärung. Ein jedes Ereignis besteht nicht nur aus dem uns sichtbaren Ablauf, sondern wirft seinen Schatten voraus in Form von Empfindungen und Gedanken, bevor es zur Tat kommen kann. An wichtigen, vielleicht sogar weltumspannenden

Geschehen sind unzählige Menschen mit ihrem Wollen beteiligt, bereiten die geistige Atmosphäre, die für einen bestimmten Vorfall fördernd, vielleicht sogar unerläßlich ist. Ich erinnere in diesem Zusammenhang an die Spannung, die dem Ersten Weltkrieg vorausging, die sich dann bei Kriegsbeginn löste und ihren makabren Ausdruck in den Freudenbekundungen junger, ins Feld ziehender Soldaten fand.
Ein jeder Mensch kann an sich selbst erleben, wie sich seine Einstellung ändert, wenn er sich mit einem für ihn neuen Gedanken beschäftigt; wie eine intensiv verfolgte Idee zur Tat drängen kann und eine Verwirklichung manchmal geradezu erzwingen will. Sind es aufbauende, hebende Gedanken, die man pflegt, so wird man dadurch gefördert. Das Gegenteil gilt, wenn man sich niederen Bestrebungen öffnet und von abwärtsweisendem Wollen beeinflussen läßt. Nicht umsonst verlangen alle ernsthaften religiösen Lehren die Selbstkontrolle der Gedanken. Dazu ein Bibelzitat:

> »Ihr habt gehört, daß zu den Alten gesagt ist: ›Du sollst nicht ehebrechen.‹
> Ich aber sage euch: Wer ein Weib ansieht, ihrer zu begehren, der hat schon mit ihr die Ehe gebrochen in seinem Herzen.«
> *(Matth. 5,27–28)*

Gedanken sind keineswegs »zollfrei«, sie bilden verborgene Formen, die weiter wirken und zur auslösenden Tat drängen. Je mehr sich solche Gedankengebilde verdichten und mit Energie genährt werden, um so näher rückt der Augenblick, wo sie dafür empfängliche Menschen auch zu Taten drängen.
Man möchte zur Veranschaulichung einen Vergleich mit einem Blitz ziehen. Ein Physiker, der die Spannung zwischen einer Wolke und dem Erdboden fortlaufend messen könnte, wäre in der Lage anzugeben, daß ein Blitz zu erwarten ist. Je stärker die Spannungen ansteigen, um so sicherer wird seine Vorhersage, und er wird auch sagen können, aus welchem Teil der Gewitterwolke der Blitz sich lösen, und in welcher Gegend er einschlagen dürfte. Allerdings wird eine solche Voraussage mit gewissen Unsicherheiten behaftet sein; insbesondere der genaue Weg des Blitzes durch die Luft kann nur ungefähr vorausberechnet werden. Denn die exakte Entladungsspur hängt von der Luftdichte, der Feuchtigkeitsverteilung und anderen Unwägbarkeiten ab, die sich im Gewittersturm mit großer Geschwindigkeit ändern. Auch eine noch so genaue Messung wird also nur einen Bereich nen-

nen können, aus dem die Entladung ausgehen, einen Raum, durch den sie schlagen und eine Fläche, auf die sie treffen wird. Und diese Zonen sind um so genauer einzugrenzen, je näher der Augenblick des Blitzschlages rückt.

In entsprechender Form kann man sich Vorgesichte von irdischen Geschehnissen vorstellen. Im uns Unsichtbaren ist vieles vorgeformt – vergleichbar der elektrischen Ladung der Wolke – und drängt zur Auswirkung. Der genaue Weg des Geschehens aber bleibt bis zum letzten Augenblick unbestimmt, hängt auch von den zum Zeitpunkt des Ereignisses gegebenen äußeren Bedingungen ab.

Darin liegt keine Verneinung der Willensfreiheit. Denn ein Mensch kann frei sein in seinen Entscheidungen, ist jedoch den Folgen seiner Entschlüsse (auch der unbewußten) unterworfen. Unsere Zukunft besteht aus den durch frühere Entschlüsse und Handlungen bereits geschaffenen Verhältnissen, aus dem in Gedanken und Empfindungen verankerten Wollen, und den – nicht absolut vorhersehbaren – zukünftigen Entscheidungen. Die Zukunft ist insofern offen, als wir die Chance haben, uns jederzeit zu ändern, andere Wege einzuschlagen als bisher und somit die Zukunft in anderer Weise zu gestalten, als man erwarten mußte.

Plötzliche Richtungswechsel sind bei einem Einzelmenschen immer möglich; sie belasten jede Vorhersage für das persönliche Schicksal – gleich auf welcher Basis – mit einer gewissen Unsicherheit. Handelt es sich allerdings um viele Menschen, wie bei Völker-Schicksalen, so ist es fast ausgeschlossen, daß ein großer Teil oder gar alle Menschen einer Nation sich für einen überraschenden Richtungswechsel entscheiden werden. Daher sind – wegen des Trägheitselements der Masse – Vorhersagen für größere Gruppen, Völker, Nationen, die gesamte Menschheit mit größerer Zuverlässigkeit möglich, sofern sie von einer Stelle ausgehen, die das Menschheitsgeschehen zu überblicken vermag.

Die meisten Gesichte erfassen allerdings nur einen Teil des Geschehens, bringen also unvollständige Informationen und können dementsprechend nicht die gleiche Zuverlässigkeit beanspruchen wie Schauungen der »Himmelskönigin« oder die biblische Prophetie. Von untergeordneten Visionen, die sich vielleicht nur im Rahmen des selbst Erdachten bewegen, wollen wir gar nicht erst sprechen.

Ein Visionär kann nur Bilder des in jenseitigen Ebenen vorgeformten Geschehens aufnehmen. Die jenseitigen Zeitbegriffe aber sind nicht ohne weiteres auf unseren Kalender übertragbar. Um bei dem einmal

gewählten Vergleich mit einem Blitzschlag zu bleiben: Die Messung der elektrischen Ladung wird dem Fachmann zwar zeigen, daß in Bälde eine Entladung zu erwarten sei; doch wird es keinen eindeutigen Zusammenhang zwischen der gemessenen Spannung oder Spannungszunahme und der Hundertstel Sekunde geben, in der der Blitz einschlagen wird. Die zeitliche Vorhersage wird also ungenauer sein als die Aussage, daß in Bälde ein Blitz in einem begrenzten Gebiet niedergehen würde.
Berücksichtigt man diese Zusammenhänge, so ist es einesteils nicht überraschend, daß die Aussagen neuzeitlicher Seher genauer, präziser werden können und in Einzelfällen – z. B. die Vorhersagen des Propheten aus dem Elsaß – geradezu sensationell erscheinen. Andererseits wird auch verständlich, daß zeitliche Angaben mit Vorsicht zu betrachten sind und insbesondere Jahreszahlen nur selten getroffen werden.

Die Seherin von Prag

Der bayerisch-böhmische Raum gehört wie das westfälische Land zu den Gebieten, in denen immer wieder Seher auftreten. Eine der interessantesten Gestalten ist die sagenumwobene »Sibylle von Prag«. Glaubt man den Überlieferungen, so war sie von Adel und hatte als Komtesse ihren Verlobten auf dem Schlachtfeld verloren. Nach dem Verlust ihrer Eltern soll sie mit einer Gruppe von Zigeunern durch den Balkan gezogen sein. Über die Türkei hätte sie dann das Heilige Land erreicht, um von dort über Ägypten, Nordafrika, Spanien, Frankreich und Italien schließlich wieder nach Prag zurückzukehren. Dort lebte sie als ältere, gutmütige Frau in einer kleinen Wohnung; sie war nicht unvermögend und konnte ein zurückgezogenes, doch nicht ärmliches Leben führen. Fast erblindet, starb sie neunzigjährig im Jahre 1658, wobei ihr bis zuletzt geistige Klarheit erhalten blieb.
Ihre Prophezeiungen soll ein in der Nachbarschaft wohnender Gärtner aufgeschrieben haben. Ein Teil der Aufzeichnungen dürfte verlorengegangen sein, so daß uns wohl nur ein Fragment überliefert ist. Wir bringen daraus einige interessante Auszüge nach einer von Franz Cisar vorgenommenen Übersetzung aus dem Tschechischen, die Marcus Varena (21) publiziert hat, und hoffen, daß die

Angaben unserer Gewährsleute über das Alter der Prophetie zuverlässig sind, deren Ursprung im übrigen im Dunkel der Zeiten verschwindet.
Die Gesichte, die sich auf den Niedergang der französischen Aristokratie in den Jahrzehnten vor der Revolution, die Französische Revolution, die Bauernbefreiung oder Napoleons Aufstieg und seine Niederlage in Rußland beziehen, können wir übergehen. Beginnen wir mit Prophezeiungen, die unserer Zeit schon näher sind:

»Und der Verstand der Menschen wird sich schärfen, endlich wird ihr Geist auch dem Frieden nützen. Sie machen große Kessel, die sie mit Wasser und Feuer füllen, die sie dann auf Räder und in Boote stellen. Mit ihnen werden sie sich am Lande und im Wasser fortbewegen und nicht die Hilfe der Muskeln oder des Windes beanspruchen müssen.«

Das ist eine Vorhersage der Dampfmaschine als Kraftquelle für Schiffe und Lokomotiven. Fast noch deutlicher beschreibt unsere Seherin die Eisenbahn und den Tunnel oder vielleicht sogar die U-Bahn:

»In Blitzeseile werden sie von Land zu Land eilen und ein einziger dampfender Kessel, der die Menschen selbst durch die Erde führen wird, wird hundert Postkutschen ziehen.«

Wenn diese Vorschau wirklich aus dem 17. Jahrhundert stammt, so gehört sie zu den konkretesten Prophetien. Das zeigen auch die weiteren Worte der Seherin:

»Die Menschen sind aber nicht glücklicher, nicht besser geworden. Die Leute hungern, und wieder ist Bruder dem Bruder feind. Wieder fließt Blut durch die Gassen, sie toben und kämpfen um ein Stück Brot. Fremdes Eigentum wird geplündert, und den Hausrat werfen sie auf die Straßen, um hinter ihnen ihren Leib zu schützen.
Helden werden aus der Mitte des Volkes aufstehen und wollen versuchen, den Brüdern die Augen zu öffnen. Doch falsche Freundschaft und Verrat werden sie dem grausamen Feinde ausliefern.«

Eine Beschreibung der revolutionären Strömungen des 19. Jahrhunderts, in der man auf Straßenkämpfe, Barrikaden, Demagogen schließen kann.

»Im Nebelland wird ein jungfräuliches Mädchen Königin und ihrem Lande Reichtum und Größe geben. Lange werden die Segnungen ihrer Hand erhalten bleiben, doch die nachkommenden Geschlechter werden sich ihrer nicht wert zeigen, und ehe sich das dritte Jahrhundert nach ihrem Tode vollendet, wird das Land des Nebels im Meere versinken.«

Mit dem »Land des Nebels« könnte England gemeint sein. Die Vorhersage, daß England ganz oder teilweise im Meere versinken werde, findet sich in verschiedenen Prophetien. Das »Mädchen, das Königin wird« ist sicher Victoria I., die von 1837 bis 1901 regierte.

»Wunder über Wunder werden sich ergeben, denn die Menschheit wird ruhelos sein und sinnen. Künstliche Flüsse werden die Länder durchschneiden, um der Zeit die Zeit abzujagen.
Worte laufen auf dünnen Drähten, die über alle Lande gespannt sind, von Mund zu Mund. Nicht mehr ins Angesicht siehst du deinem Freunde, wenn er zu dir spricht, und die Lüge wird zum Beherrscher der Welt.
Auf der Straße wird ein Wagen fahren, nicht von Pferden gezogen, sondern getrieben von einem seltsamen Wasser, aber ebenso schnell. Angst und Schrecken wird dieses Gebilde hervorrufen, doch bald wird es den Menschen gute Dienste leisten.
Ein kleines Kistchen mit runden Knöpfen wird der Menschheit Freude und Lust bis in die kleinste Kammer bringen. Musik und frohes Lachen entquillt dem sonderbaren Ding, und lauschen werden die Menschen seinen guten und bösen Worten.
Häuser werden sie bauen, die höher sind als die Türme des Hradschin. Sie wollen Gott nahe sein und sind ihm doch immer ferner.
Ein großer Arzt wird der Menschheit viel Gutes tun, denn er wird eine Maschine ersinnen, deren Auge durch den menschlichen Körper sieht und die Krankheit im Keime erstickt.
Silberne Vögel werden durch die Lüfte fliegen, aber nicht Gott hat sie zu Freude und Nutzen geschaffen, sondern der Geist der Menschen, um neue Pein zu ersinnen.«

Es ist kaum nötig, zu diesen Beschreibungen unserer technischen Geräte noch viel zu sagen. Jeder wird Kanäle, Telefon, Kraftfahrzeug, Rundfunk, Wolkenkratzer, Roentgengerät und Flugzeug erkannt haben, wie sie hier – angeblich 250 Jahre vor ihrer Erfindung – beschrieben werden. Doch die Gesichte gehen weiter und schildern politische Entwicklungen des 20. Jahrhunderts:

»Zwischen den großen Ländern entsteht ein neuer Krieg und Prag liegt in der Mitte. Söldner kommen über das Meer, Stürme brechen aus allen Windrichtungen, und die Menschen werden wie die Fische unter dem Meere schwimmen. Aber aller menschlicher Geist nützt nichts, die Stunde kommt tausendfach, wo die Menschen die Stunde ihrer Geburt verdammen. Kaiser und Könige verlieren ihr Ansehen, und dennoch bleiben die Menschen Sklaven.«

Damit kann eigentlich nur der erste Weltkrieg gemeint sein, der von den »über das Meer kommenden« amerikanischen Truppen entschieden wird und Wirtschaftskrisen, Revolution, Inflation zur Folge hat. Eines der Ergebnisse des ersten Weltkrieges ist auch die Gründung eines tschechischen Staates:

»Die Wellen der Moldau ziehen dahin, die goldene Stadt wird Sinnbild und Mittelpunkt eines freien Landes. Große Länder zerfallen, kleine gehen unter, doch Prag mit seinen hundert Türmen bleibt als Zeichen der überwundenen Zeit.
Ruhelos eilt die Zeit dahin. Der Streit um die Macht durchfröstelt die Menschheit und mordet mit blutigen Händen. Glanz und Reichtum wohnen neben Armut und Not. Vieles wird versprochen, doch müde ist die Menschheit.«

Das ist eine treffende Schilderung der Zeiten, in denen wir in Deutschland die »Weimarer Republik« durch Parteienhader zerstörten. Die Folgen dieser sinnlosen Streitereien ließen auch nicht lange auf sich warten:

»Im Nachbarland spricht ein Mann, dessen Wappen ein seltsames Kreuz trägt, zu seinem Volke und verspricht ihm Macht und Ruhm. Das Volk jubelt ihm zu, sie alle wollen kämpfen, um einen großen Sieg feiern zu können. Er will die Welt beherrschen und verbündet sich mit dem Beilträger der ewigen Stadt, der ihm aber kein Glück bringen wird.«

Hitler mit dem »seltsamen Kreuz im Wappen« und Mussolini mit dem Liktorenbündel als Symbol, lassen sich in wenigen Worten kaum treffender charakterisieren.

»Seine Söldner mit eisernen Häusern, die auf Kufen und Ketten laufen und die Tod und Verderben ausspeien, kommen auch nach Prag. Das Volk der Moldaustadt sinnt mit haßvollem Herzen auf Rache. Der Kreuzträger aber fühlt sich sicher und schaut stolz vom Hradschin über die schöne Stadt.«

Eine Beschreibung der Panzerwagen, die im März 1939 in die Tschechoslowakei einfallen und auch Prag besetzen. Selbst Hitlers kurzer Aufenthalt auf dem Hradschin ist richtig erwähnt, ebenso wie die Verbitterung der Tschechen über die Zerschlagung ihres kleinen, jungen Staates. Fast nicht zu glauben, daß es eine derart exakte Vorhersage geben kann?

»Aber noch hat er zu wenig Macht und eilt weiter in die Welt. Er gibt den Befehl, und seine Söldner ziehen tausend Meilen nach Nord, Süd, Ost und West. Auch sie werden unter der schwarzen Sonne verschmachten, auch sie werden in der Schneewüste des Bärenlandes erfrieren.«

Hier ist Hitler als Anstifter des zweiten Weltkrieges richtig gesehen, ebenso wie die Niederlagen in Afrika (schwarze Sonne) und Rußland (Bärenland); zugleich werden Parallelen zwischen Napoleon und Hitler gezogen, die beide in Afrika wie in Rußland ihre Heere verloren.

»Kein Ende will dieser Krieg nehmen, und furchtbar ist die Zeit. Pech und Schwefel regnet es in Strömen vom blauen Firmament. Aber dennoch lebt die Welt weiter und ersinnt neue Greueltaten und Grausamkeiten. Große Städte sehe ich in Rauch und Flammen aufgehen, und nichts als Schutt und Asche bleibt zurück. Unter der Erde wohnt die Menschheit und erlebt alle Qualen der Hölle. Aber jener Kreuzträger findet ein seltsames Ende, und tausend Jahre noch werden sie seine Leiche suchen.«

Eine Beschreibung der Zerstörungen im zweiten Weltkrieg, sowie Hinweise auf den »seltsamen« Tod Hitlers und die Verbrennung seiner Leiche.

> »Die Menschheit ist vermessen. Sie wollen Gott übertrumpfen. Grausamen Herzens säen sie einen Pilz, dessen Samen sie vom Himmel auf die Erde werfen. Groß wird die Furcht und reicht bis zu den Wolken und der Pilz überschattet weites Land. Aber der Pilz ist giftig, und Tausende sterben einen qualvollen Tod.«

Mit dem »Pilz« kann ein Atom-Pilz, also die bei der Explosion einer Kernbombe erzeugte Vernichtungswolke gemeint sein.

> »Finsternis ist in die Herzen eingezogen. Die Menschen sind so seltsam. Jeder kennt das Unheil, das der Menschheit und der Welt droht. Alle hassen, keiner will Gottes Allmacht glauben.«

Dieser Absatz ist offensichtlich auf unsere Zeit gemünzt. Wir wissen zwar alle, daß es mit unserer technisch-wissenschaftlichen Zivilisation nicht wie bisher weitergehen kann – die Gründe wurden in diesem Buch dargelegt – doch wir wollen die Tatsachen nicht zur Kenntnis nehmen und versuchen lustig weiterzuleben wie bisher.

> »Sie bauen einen Turm aus Stahl und Wasser und glauben damit das All zu erobern. Die Menschen werden ob ihrer Vermessenheit schwer zu büßen haben.
> Unter dem Meere wühlen sie wie Würmer.«

Der »Turm aus Stahl und Wasser« ist eine zutreffende Beschreibung z. B. einer Saturn-Rakete, wie sie für die amerikanischen Mond-Expeditionen verwendet wurde.

> »Seltsame Zeichen, seltsame Menschen füllen die Welt. Niemand ist wahrlich glücklich. Die Natur wird geschändet und der Menschen Geist fühlt sich erhaben über das All.«

Damit ist unsere Zeit gut erfaßt. Auf die »Schändung der Natur« wurde in diesem Buch deutlich hingewiesen; und daß wir uns erhaben fühlen über die Natur, glauben alle Probleme aus eigener Kraft meistern zu können, ist auch keine unbeweisbare Behauptung mehr.

Die nun folgenden Vorhersagen der Prager Seherin beziehen sich wohl auf noch vor uns liegende Geschehen, und sind daher nicht mehr so leicht zu deuten, obwohl sie in der gleichen bildhaften Sprache zu uns sprechen und vermutlich ebenso präzise Bilder vermitteln:

»Eine Kugel, getrieben von Wasser, rollt über die Erde. Sie könnte Segen bringen, doch bringt sie nur Not.
Ein kleines Land wird groß, denn wieder wird ein Mensch geboren, der groß ist in der Macht des Alls. Millionen werden ihre Hände nach ihm ausstrecken, und er wird stark sein, die Not zu bannen. Aber auch ihm wird eine dunkle Macht ein Ende setzen, und eine Platte aus schwerem Eisen wird den Wurm zerdrücken.
Nochmals besinnt sich die Menschheit, und sie kämpft einen verzweifelten Kampf, doch auch ihnen ist die Ungerechtigkeit heiliges Mittel. Spät, aber doch gelangen sie zur Einsicht.
Im Osten steigt ein stolzer Adler in den blauen Himmel. Goldene Felder wiegen sich im Winde und glückliche Menschen bewohnen die Häuser. Frohes Kinderlachen erfüllt den weiten Raum.
Ein Mensch durcheilt die Luft, wie von Engelsflügeln gehalten, und er spendet Segen mit beiden Händen den Ländern, die er überfliegt.
Stäbe werden sie in den Händen halten, die Nutzen und Freude, gewandelt aber auch Tod und Verderben spenden können.
Kugeln werden sie formen, die sie schlucken, wenn sie hungrig sind. Dennoch aber werden sie nicht satt, denn die Strahlen machen ihren Leib noch hungriger.
Eine farbige Kiste wird der Menschheit helfen, ihr den Schoß der Erde zu öffnen. Aber Gift und Feuer wird ihre Ernte sein, und schwer wird es ihnen ankommen, den Schoß wieder zu schließen.
Glühende Luft werden sie sich nutzbar machen, und das Eis des Nordens wird zerfließen und das Land urbar sein.
Ich sehe sie ein kleines kantiges Ding in den Händen halten, das ihnen Auskunft gibt über alles, was sie wissen wollen.
Auf einer weißen Fläche, entsprungen einem kleinen Kasten, sieht man Mensch und Tier, Berg und Tal. Liebliche Musik begleitet die Bilder und die Menschen freuen sich herzlich.
Aber all die Freude nützt ihnen nichts. Tränen werden wieder aus ihren Augen fließen und sich zu einem reißenden Strom vereinen. Gottes Stimme wird aus der Luft ertönen und zitternd wird die Menschheit ihre Knie beugen.

Froher und freier wird die Menschheit werden, aber um vieles ärmer. Die Schafe werden lernen, ihren Geist zu brauchen und werden Lüge und Dogma verdammen. Und die Arbeit ihres Geistes wird die Arbeit ihrer Hände vertreiben. Die Felder werden ein Vielfaches dessen tragen, was heute großer Segen ist, und die Menschheit wird ihr Tagwerk in vier Stunden verbringen.«

Der letzte Teil dieser Schau enthält eindringliche apokalyptische Visionen, die sich mit anderen Gesichten ergänzen und allem Anschein nach ernstzunehmen sind. Leider scheint die Reihenfolge der Gesichte zeitlich nicht richtig geordnet, denn in den nächsten Zeilen folgen – neben Zukunftsvisionen – auch Gesichte von Gegenständen, die wir schon kennen:

»Wieder wird es Überraschungen geben, denn ganz eigenartige Sachen werden sie ersinnen, um den Menschen zu helfen. Auf der Straße wird es Wagen geben, die schneller als alles andere sind und doch keine Räder tragen. Die Kleider werden sie aus Glas und Erde weben und diese werden halten ein ganzes Leben lang. Die Nacht werden sie zum Tage machen, denn geschlungene Glasröhren werden taghelles Licht spenden.
Doch die Menschen werden noch immer nicht zufrieden sein und da sie die Erde erobert haben, werden sie sich nach den Sternen sehnen.
Freveln werden sie wider Gott, denn selbst die Menschen werden sie künstlich erzeugen. Diese künstlichen Menschen sind aber arm an Geist... denn sie haben nur wenig Hirn, aber sie sind stark und widerstandsfähig, so daß eine neue Zeit der Sklaverei kommen wird.
Neue Religionen werden sie ersinnen, und dort, wo heute die Statue des heiligen Wenzel steht, wird ein hoher Turm einen neuen Tempel krönen. Prächtig wird dieser Tempel sein, aus Gold und Silber erbaut.
Wieder hüllen dunkle Wolken die Erde in Frost und Schauer. Am Tage der heiligen Veronika (4. Februar) des Jahres 1962 wird die Menschheit einen Schrei der Angst und des Schauerns ausstoßen. Gewalt wird der Erde angetan, und Gott wird furchtbares Gericht halten. Ein Nichts waren alle Leiden der vergangenen Zeiten, zu diesen Schlägen des Schicksals.«

In dieser Endzeit-Vision muß man das Datum 4. Februar 1962 nicht als bindend erachten. Wie schon ausgeführt wurde, sind Zeitangaben in allen Gesichten mit größter Zurückhaltung zu betrachten. Die umfangreiche apokalyptische Schau unserer Seherin geht weiter und kommt zu einem ähnlichen Ende, wie die Gesichte des »Blinden Jünglings«:

»Noch dauert deine Herrschaft, mein geliebtes Prag, aber auch dir schlägt einst die letzte Stunde. Aus dem Osten wird ein Drachen kommen, schrecklich anzusehen, denn aus seinen neunmal neunundneunzig Augen werden tödliche Blitze sprühen, und seinem weit geöffneten Maule entströmt giftiger Odem.
Prag, mein liebes Prag, du wirst ein selten grausames Ende finden. Ein Hauch durcheilt deine Gassen, süß und warm; erstaunt werden ihn die Menschen fühlen. Mit grausig verzerrten Gesichtern legen sich Tausende zur Ruhe und frösteln trotz der Wärme.
Es geht dem Ende zu.
Zehn dumpfe Schläge der letzten Kirche dröhnen in der Luft. Langsam und trübe wälzen sich die Fluten der Moldau dahin, – ein furchtbarer Orkan braust über das Land, über die Stadt. Gelbgraue Staubwolken und schwere, giftige Schwaden nehmen Mensch und Vieh den Atem. Der Hradschin steht in Flammen, in der Stadt bersten die Mauern, überall wütet das Feuer. Die Erde bebt, geschüttelt vom dumpfen Beben, tiefe Klüfte öffnen sich und verschlingen Totes und Lebendiges. Die Gräber öffnen sich, wie von Geisterhänden durchwühlt, und die Skelette lächeln ein grausames Lachen. Alles versinkt in der unergründlichen schwarzen Tiefe. Vom Vysehrad kommt ein ungeheurer Feuerball daher. Felsen fliegen durch die Luft und über alles lodert das Feuermeer. Alles, was der Fleiß der Menschen geschaffen hat, liegt in Schutt und Asche, man hört nur mehr das Brausen des Sturmes. Das Leben ist erloschen, ich sehe nur Trümmer und Leichen. Langsam verziehen sich die Wolken, nur dort, wo einst der stolze Dom stand, sehe ich einen blutigroten Feuerball. Es ist vorbei! Prag, dein Schicksal hat sich erfüllt! Wo sind deine Häuser, stolze Stadt?
Warum spülen trübe Fluten die Gestade öder Heide? Grausig Gewürm läßt Leib und Geist erschauern. Unkraut und Sumpf, voll giftigen Odems, beherrscht die Landschaft. Ist das die Ernte der menschlichen Saat?«

Nach einer anderen Quelle, von der Rudolf Putzien berichtet, ist auch der Zeitpunkt des Unterganges von Prag von der Seherin genannt:

»In dem Jahr, in welchem zwei Fünfen der Neunzehn gegenüberstehen, naht das Ende Prags.«

Eine Deutung dieser mysteriösen Angabe wäre nach dieser Literaturstelle die »zwei Fünfen« als »UDSSR« und »CHINA«, deren Namen aus je 5 Buchstaben bestehen, während die 19 »UNITED STATES AMERICA« bedeuten soll. Diese Erklärung paßt allerdings nicht zu anderen Prophetien, nach denen China eher gegen Rußland in den Krieg ziehen werde.
Man braucht diesen ernsten, warnenden Gesichten nichts hinzuzufügen, denn die Worte der Seherin sprechen für sich. Ihr Gewicht erhalten deren Vorhersagen nicht einwandfrei geklärten Ursprunges allerdings erst, wenn man sie mit neueren Visionen vergleicht. Irlmaier und der Seher aus dem Waldviertel sagen in ihren Worten sehr Ähnliches über das zu erwartende Schicksal der Stadt Prag und erklären ihr »selten grausames Ende« mit einer durch einen gewaltigen Atomschlag ausgelösten Katastrophe.

Anna Maria Taigi

Um die Wende vom 18. zum 19. Jahrhundert lebte Anna Maria Taigi in bescheidenen Verhältnissen in Rom. Sie war eine Seherin und Visionärin, deren Gesichte von einem in ihrer Nähe wohnenden Priester aufgezeichnet wurden. Unter diesen Schauungen befinden sich auch eindrucksvolle endzeitliche Visionen:

»... Die Bosheit werde triumphieren. Viele, die man für gut gehalten, würden ihre Maske ablegen. Gott wolle das Unkraut aufdekken, er wüßte dann auch, was er fortan damit zu machen habe. Die Verhältnisse würden sich so gestalten, daß der Mensch sie nicht mehr zu ordnen vermöchte. Sein (Gottes) allmächtiger Arm würde alles wieder in Ordnung bringen.« (9)

Dann sprach sie von einer Geißel, welche nicht durch die Menschen selber komme, sondern direkt von Gott über die Erde verhängt werde:

»Die irdische Geißel wird gemildert durch Gebete und Opfer, nicht aber die himmlische.
Diese wird schrecklich, schauderhaft und allgemein sein. Der Herr hat ihr Eintreffen keiner auch noch so teueren Seele geoffenbart, sie wird ganz unvermutet hereinbrechen. Die Gottlosen werden dann vernichtet. Vor dem Beginn dieser Züchtigung werden alle jene, welche jetzt zu meiner Zeit als heiligmäßig gelten, gestorben sein.« (9)

Dann sah Anna Maria Millionen und Millionen von Menschen durch Kriege umkommen, andere Millionen eines unvorhergesehenen Todes sterben.

»Am Ende der Kriege, Revolutionen und anderer Heimsuchungen schaute sie ein gewaltig furchtbares Bild. Sie erblickte die Hand des Herrn, wie sie den Himmel in Bewegung setzte und die Menschen durch schreckhafte Meteore in schaurige Verwirrung brachte, und wiederum sah sie Millionen sterben.« (9)

Dieses Strafgericht beschrieb sie folgendermaßen:

»Es wird über die ganze Erde eine dichte Finsternis kommen, die drei Tage und drei Nächte dauern wird. Diese Finsternis wird es ganz unmöglich machen, etwas zu sehen. Ferner wird die Finsternis mit Verpestung der Luft verbunden sein, die zwar nicht ausschließlich, aber hauptsächlich die Feinde der Religion hinwegrafft. Solange die Finsternis dauert, wird es unmöglich sein, Licht zu machen. Nur geweihte Kerzen werden sich anzünden lassen und ihr Licht spenden. Wer während dieser Finsternis aus Neugierde das Fenster öffnen und hinausschauen oder aus dem Hause gehen wird, wird auf der Stelle tot hinfallen. In diesen drei Tagen sollen die Leute vielmehr in ihren Häusern bleiben, den Rosenkranz beten und Gott um Barmherzigkeit anflehen.« (9)

Das sind die wichtigsten endzeitlichen Visionen der seliggesprochenen Römerin, die sich mit anderen Schauungen zu einem geschlossenen Bild fügen.

Eine der bekanntesten Visionärinnen des 19. Jahrhunderts ist die Nonne Anna Katharina Emmerich oder Emmerick. Von Kind an hatte sie Gesichte, die das Alte und das Neue Testament betrafen.
Sie erschaute den Engelsturz wie den Sündenfall und berichtete Details aus den in den Büchern Moses geschilderten Ereignissen; ihre Visionen konzentrierten sich jedoch auf das Erdenleben, auf Tod und Auferstehung von Jesus Christus. Eine besondere Bedeutung hat auch in ihren Schauungen Maria von Nazareth, über deren Leben von Kindheit an, bis über den Tod von Jesus hinaus, Anna Katharina Emmerich viele unbekannte oder unsicher überlieferte Details sah. Insofern lassen sich ihre Gesichte mit den Visionen anderer vergleichen; als Beispiel seien nur Birgitta von Schweden oder Maria von Agreda genannt.
Anna Katharina war auch eine berühmte Stigmatisierte. Sie gehört zu den rätselhaften Fällen, von denen bezeugt ist, daß sie viele Jahre fast ganz ohne Nahrung lebten, wie das eindrucksvoll auch in unserem Jahrhundert bei Therese Neumann von Konnersreuth nachgewiesen wurde. Anna Katharina Emmerich wurde von einer Kommission – und zwar in schikanöser Weise – überprüft, mit dem Ziel, ihre Stigmata als Schwindel zu entlarven; doch mußten auch hartnäckige Zweifler vor diesem unerklärlichen Phänomen kapitulieren.
Da sich die Gesichte der Anna Katharina Emmerich ganz im kirchlichen Denken ihrer Zeit bewegen, ist eine Wertung schwierig, und man kann kaum sagen, ob sie vorwiegend von zwar edlen, doch von Menschen ausgehenden Gedanken- und Empfindungsformen beeindruckt wurde, oder auch weit über den uns näheren jenseitigen Bereich hinausgehende Visionen empfangen durfte. Damit stehen wir vor einem Problem, das sich bei der Betrachtung jeder Schauung für den Beurteiler ergibt. Wir Menschen sind ja immer von Gedanken und Empfindungen umgeben. Beschäftigen wir uns intensiv mit einer bestimmten Vorstellung, so fließen dieser von uns erzeugten Gedankenform gleichartige Kräfte zu, verstärken unsere erste Idee und beeinflussen sie auch. Auf diesem Wege der Inspiration werden so gut wie alle ernsthaften Gedanken eines Menschen ergänzt und verbessert, so daß kein Mensch von seinen Gedankenprodukten behaupten kann, sie wären einzig und allein seine persönliche Leistung. Diesen Vorgang kann jeder an sich selbst beobachten.
Besonders sensible Menschen, die mit dem »zweiten Gesicht« begabt

sind, sehen derartige Gedankengebilde gelegentlich wie lebendige Geschehnisse, und erleben dann historische oder zukünftige Abläufe so ähnlich, wie wir einen Farbfilm. Ein solcher Seher ist von seinen Schauungen überzeugt, und es wäre auch dann nicht richtig, von falschen oder erfundenen Gesichten zu sprechen, wenn diese als unzutreffend zu erkennen sind.

Das zeigt sich z. B. in den vielen visionären Schilderungen aus dem Leben Jesu, in denen man geradezu eine Tradition verfolgen kann, die von mittelalterlichen Seherinnen bis in die Neuzeit reicht. Man muß auch von der Kirche nicht anerkannte Schauungen – wie die von Jakob Lorber – nicht einfach übergehen. Vergleicht man die verschiedenen Schilderungen des Lebens Jesu, so kann man sich des Eindrucks nicht entziehen, daß ein nicht unbedeutender Teil davon aus dem gedanklichen Umfeld des jeweils Aufnehmenden stammt. Denn die häufig recht ausführlichen, bisweilen sogar tagebuchartigen Berichte gleichen sich zu wenig, enthalten neben Widersprüchen auch unzutreffende Darstellungen und übernehmen Lehren wie die leibliche Himmelfahrt Mariens, von denen wir heute wissen, daß sie – Dogma hin, Dogma her – in dieser direkten Form nicht möglich sind.

Wie also darf man solche Visionäre einstufen?

Wahrscheinlich handelt es sich in der Regel um Menschen, die mit dem Erdenleben von Jesus in irgendeiner Weise verbunden sind, wofür die öfter vorkommenden Stigmata sprechen. Eine solche Verbundenheit ließe sich z. B. zwanglos damit erklären, daß der betreffende Mensch zu der Zeit von Jesus gelebt hat, diesem damals auf der Erde begegnet ist, und von den Worten des Gottessohnes beeindruckt war. Es ist nicht auszuschließen, daß es sich um Menschen handeln kann, die sich seinerzeit gegen Jesus wendeten.

Diese Verbindung mit der Mission Jesu schafft in späteren Erdenleben Brücken zu dem Erdenwirken des Gottessohnes, weckt vielleicht sogar Erinnerungen an vom Seher miterlebte Ereignisse, die sich in den Schauungen mit neueren Vorstellungen und fremden Gedankengebilden vermischen, ohne daß diese Vorgänge dem Schauenden bewußt werden.

Daß derartige Menschen von der Echtheit ihrer Gesichte überzeugt sind, ist nur verständlich. Wer sie als Schwindler oder Betrüger apostrophiert, tut ihnen Unrecht und beweist seine eigene Unkenntnis der Zusammenhänge. Denn selbst wenn das eine oder andere Gesicht nachweislich falsch wäre, könnte man daraus nicht schließen, daß es der betreffende Visionär nicht als echt erlebt hat. Jedem von uns kann es geschehen, daß er in einem Film unmögliche Dinge vorgeführt bekommt, die er ahnungslos als Tatsachen akzeptiert; ihn als »Lügner« oder »Schwindler« zu bezeichnen, wenn er harmlos davon berichtet, wäre nicht recht.

Diese etwas ausführlichere Stellungnahme hat sich im Zusammenhang mit A. K. Emmerich angeboten; dadurch sollen aber weder sie selbst noch ihre Schauungen abgewertet werden. Nur ein Hinweis erschien angebracht, wie schwer die Deutung von Gesichten sein kann, wie unsicher Urteile über einen Visionär in der Regel sein mögen, und wie wenig beneidenswert die Aufgabe einer Kommission ist, die mit »wissenschaftlichen Mitteln« sich ein Urteil bilden soll über Zusammenhänge, die unsere Wissenschaft noch nicht einmal ahnt, geschweige denn im Detail zu verfolgen versteht.

Bekannt wurden die Gesichte der Anna Katharina Emmerich besonders dadurch, daß der Dichter Clemens Brentano von 1818 an ihre Vision in Tagebuchform aufzeichnete und es dann bis zu seinem Lebensende als Aufgabe sah, die unzusammenhängenden Schilderungen der Visionärin geordnet herauszugeben. Somit erhielten die von der Seherin in westfälischem Platt wiedergegebenen Gesichte neben ihrer historischen Ordnung auch eine literarisch ansprechende Form. Brentano konnte dieses umfangreiche Werk allerdings nur zum Teil ausführen und mußte dessen Vollendung dem Pater C. E. Schmöger überlassen, der die erste vollständige Ausgabe der Gesichte der Anna Katharina Emmerich herausgab.

Wir dürfen dieser Nonne jedenfalls glauben, daß sie nur schilderte, was sie auch sah, und keine Bilder ihrer eigenen Phantasie einfließen ließ. Wie bei manch anderem Visionär reichte auch ihr Einblick in die biblische Geschichte kaum aus, solche umfangreichen Schauungen aus sich heraus zu erfinden. Gleich vielen Sehern glaubte auch sie an die Gesichte, die sie überkamen und denen sie sich auch nicht entziehen konnte. Es ist aufschlußreich, zu lesen, wie sie selbst den Beginn ihrer Laufbahn als Visionärin erlebte:

> »Als ich in meinem fünften bis sechsten Jahre den ersten Artikel des katholischen Glaubensbekenntnisses betrachtete: ›Ich glaube an Gott Vater den allmächtigen Schöpfer Himmels und der Erde‹, da kamen mir allerlei Bilder von der Erschaffung des Himmels und der Erde vor die Seele. Ich sah den Sturz der Engel, die Erschaffung der Erde und des Paradieses, Adams und Evas und den Sündenfall.« (17)

Nur ein geringer Teil der mehrere Bände füllenden Schauungen der Anna Katharina Emmerich ist der endzeitlichen Prophetie zuzurechnen; ihre diesbezüglichen Gesichte sind auch weniger aufschlußreich als solche anderer Seher, doch wollen wir die mit Hellsehen begabte Nonne nicht übergehen, da sie weithin bekannt ist und zu den wichtigsten Visionärinnen des 19. Jahrhunderts gerechnet wird.
Ein besonders ausdrucksvolles Gesicht hatte sie über den Rationalismus, der schon zu ihrer Zeit alle Wissenschaften zu beherrschen begann:

»Mein Führer* brachte mich vor ein großes Gebäude und sagte: Tritt herein! Ich will dir die *Lehren der Menschen* zeigen. Wir traten in einen weiten Saal, der mit Lehrern und Zuhörern angefüllt war. Es wurde mit Hitze gestritten und des Schreiens und Tobens war kein Ende. Wunderbar kam es mir vor, daß ich bei den Lehrern bis ins Herz sah, in welchem ich bei allen ein schwarzes Kästchen bemerkte. In der Mitte des Saales aber stand ein vornehmes, großes Weib, welches mit disputierte und eigentlich den Ton angab. Ich hörte mit meinem Führer eine Weile zu, sah aber mit Staunen, wie die Zuhörer nach und nach verschwanden, und der Saal selbst so unmerklich veraltet und baufällig wurde, daß der Fußboden nicht mehr sicher zu betreten war. Die Lehrer fanden es für ratsam, einen anderen Saal zu suchen. Sie zogen ein Stockwerk höher und setzten hier den Streit in gleicher Hitze fort. Allein auch hier nahm die Veraltung und Baufälligkeit des ganzen Gebäudes so schnell überhand, daß ich mich am Ende mit Schrecken auf einem halb verfaulten Brett erblickte und meinen Führer um Rettung vor einem jähen Sturz in die Tiefe bat. Er beruhigte mich und führte mich mit Sicherheit. Als ich nach der Bedeutung des schwarzen Kästchens fragte, sagte er: das ist der Dünkel und die Rechthaberei; das Weib aber ist die Philosophie, oder wie sie es nennen, die reine Vernunft, die alles über ihren Leisten schlagen will. An sie halten sich die Lehrer, nicht an die goldene Wahrheit der reinen Überlieferung.« (17)

* Mit dem »Führer« ist der geistige Führer oder Helfer gemeint, der jedem Menschen zur Seite steht, aber nur ausnahmsweise von Hellsehenden wahrgenommen wird. Das Wissen um einen »geistigen Helfer« ist in der Esoterik verbreitet und in religiösen Lehren enthalten. In der Tradition der katholischen Kirche wird er z. B. als »Schutzengel« bezeichnet; nach mittelalterlichen Vorbildern, die jedes jenseitige Wesen, das – gleichviel auf welcher Ebene – zwischen Gott und Mensch wirkt, als »Engel« apostrophierten.

Die sprechende, wenn auch bildhafte Kritik des rationalen Denkens könnte zum Schmunzeln anregen, wenn sie ohne ernsteren Hintergrund wäre. Denn die »Ratlosigkeit der Verantwortlichen« ist inzwischen eine viel beklagte Erscheinung unserer Zeit – wir haben schon davon gesprochen – und man fühlt sich durch das Gesicht der Anna Katharina Emmerich geradezu an Karl Popper gemahnt, der als Wissenschaftler sagt:

> »Es ist der größte Skandal der Philosophie, daß, während um uns herum die Natur – und nicht nur sie – zugrunde geht, die Philosophen weiter darüber streiten ... ob diese Welt existiert.« (14)

In diesem Wort bringt ein Wissenschaftstheoretiker und Philosoph in seiner Sprache etwas ähnliches zum Ausdruck wie die Visionärin in ihrer Sprache. Denn wie sollte man in bildhafter Form treffender veranschaulichen, daß um uns die Basis unseres Lebens im Zusammenbrechen ist, während wir über wissenschaftliche Theorien, politische Programme und ökonomische Aktionen diskutieren, die kein einziges Menschheitsproblem lösen.
Eine typische Endzeit-Vision hatte Anna Katharina Emmerich im Anschluß an ein Gesicht über das Gleichnis vom verlorenen Sohn:

> »Als ich die Bilder der verlorenen Söhne in unserer Zeit sah, sah ich Bilder eines Weltgerichtes, einer Sichtung über sie ausgehen. Ich sah Kriegsheere sich ergießen, sah hier und dort Bilder von Streit, sah viele getötet. Ich sah Pfarrer mit Mägden und Kloppen (ledige Frauenspersonen) aus Häusern getrieben und Heilige an ihre Stelle treten, bis andere Priester sie einnehmen konnten. Es war ein wunderbares Ausmustern. Die Menschen wurden ordentlich dünn, und ich wunderte mich, als ich viele kräftige, starke Männer niedergeschlagen und weggenommen werden sah, während alle schwachen Krüppel verschont blieben. Ich schaute aber eine ferne Jugend heranwachsen, um die Lücken zu ersetzen. Ich sah das alles in bezug auf das Hirtenamt. Aber ich schaute auch, daß viele sich durch das Elend besannen und zum Vater zurückkehrten, die mehr Freude und Heil brachten als die älteren Söhne, die aus ihrem Schlaf und Genügen geweckt, reichlich ausgemustert wurden. Ich sah das ganze Bild nahender Kriegsstrafen mehr in den Bildern ihrer strafenden Wirkung, als in ihrem Gange selbst.« (17)

Das ist keine außergewöhnlich aufschlußreiche Schau, sofern man den Ablauf des äußeren Geschehens zu erfahren wünscht. Doch kann man darin einen Hinweis mehr auf die Reinigung der Erde finden, wie die Erklärung, daß das zu erwartende Geschehen als Folge menschlichen Fehlverhaltens immer unvermeidlicher wird. Außerdem liegt hier eine Prophezeiung vor, die einwandfrei dokumentiert ist und über deren Echtheit wie über ihr Alter kaum Zweifel bestehen.

In weiteren Gesichten empfing Anna Katharina Bilder von den Schwierigkeiten der Kirche zur Zeit des Gerichtes, der notwendigen Reinigung von Priestertum und Laien, wie vom entscheidenden Kampf zwischen Licht und Dunkel, die aber gegenüber anderen hier wiedergegebenen Visionen nichts entscheidend Neues bringen.

Johannes Bosco

Johannes Bosco oder Don Bosco ist der bekannte Gründer des Ordens der Salesianer, welcher sich die Betreuung der Jugend zur Aufgabe gesetzt hat. Don Bosco war ein begnadeter Erzieher, der die Probleme der verwahrlosten Jugend in den Großstädten des 19. Jahrhunderts erkannte und sich tatkräftig für eine Behebung der traurigen Zustände einsetzte.

Der heiliggesprochene katholische Ordensgründer war hellsehend und hatte auch endzeitliche Visionen. Seine Weissagungen sind nur teilweise veröffentlicht und nicht immer leicht zugänglich. Es wird vermutet, daß zahlreiche der von ihm in seinen Tagebüchern aufgezeichneten Gesichte von der Kirche geheimgehalten werden, weil sie schreckliche Zukunftsvisionen bringen. Das wäre um so bedauerlicher, als man in Don Bosco nicht nur einen bedeutenden Seher, sondern auch eine Persönlichkeit von unantastbarer Redlichkeit erkennen darf, deren Visionen sicher von allgemeinem Interesse sind. Wir bringen ein Gesicht vom 5. Januar 1870 nach einer Übersetzung von Friedrich Ritter von Lama (8):

> »Gott allein kann alles, kennt alles, sieht alles. Gott hat weder Vergangenheit noch Zukunft, sondern Ihm ist alles wie in einem einzigen Punkt gegenwärtig. Vor Gott gibt es nichts Verborgenes, noch gibt es bei Ihm Entfernungen von Ort oder Personen. Er al-

lein in Seiner unendlichen Barmherzigkeit und zu Seinem Ruhm kann die zukünftigen Dinge den Menschen offenbaren.
Am Vorabend von Epiphanie des laufenden Jahres 1870 entschwanden alle stofflichen Gegenstände der Kammer, und ich befand mich in der Betrachtung der übernatürlichen Dinge. Es war eine Sache von kurzen Augenblicken, aber man sah viel. Obschon der Gestalt nach, dem Anschein nach sinnlich wahrnehmbar, kann man sie doch nur mit großer Schwierigkeit anderen durch äußere und vorstellbare Zeichen mitteilen. Man hat eine Idee dessen, was folgt. Dort ist das Wort Gottes dem Wort des Menschen angepaßt.
Vom Süden kommt der Krieg, vom Norden kommt der Friede.
Die Gesetze Frankreichs erkennen den Schöpfer nicht mehr an, und der Schöpfer wird Sich zu erkennen geben und es dreimal mit der Geißel seines Zornes heimsuchen.
Beim ersten Mal wird Er seinen Stolz niederschlagen durch die Niederlagen, die Plünderungen und durch die Verwüstungen der Ernten, der Tiere und Menschen.
Beim zweiten Mal wird die große Hure Babylons, sie, die die Guten seufzend das Bordell Europas nennen, des Hauptes beraubt, zur Beute der Unordnung werden.
Paris... Paris! Anstatt dich mit dem Namen des Herrn zu bewaffnen, umgibst du dich mit Häusern der Unsittlichkeit. Sie werden von dir selbst zerstört werden. Dein Götze, das Pantheon, wird eingeäschert, auf daß sich bewahrheite mentiens iniquitas sibi*. Deine Feinde werden dich in Angst versetzen, in Hunger und Entsetzen zum Abscheu der Nationen. Aber wehe dir, wenn du die Hand nicht erkennst, die dich schlägt! Ich will die Unsittlichkeit, das Abgehen von Meinem Gesetz und seine Verachtung bestrafen, spricht der Herr.
Beim dritten Mal wirst du in fremde Hand fallen: deine Feinde werden von ferne deine Paläste in Flammen, deine Behausungen zu einem Trümmerhaufen geworden sehen, benetzt vom Blut seiner Tapferen, die nicht mehr sind.
Doch siehe, *ein großer Krieger aus dem Norden* trägt ein Banner, und auf der Rechten, die es hält, steht geschrieben: Unwiderstehliche Hand des Herrn. In jenem Augenblick ging ihm der ehrwürdige Greis von Latium entgegen, indem er eine brennende Fackel schwang. Darauf entfaltete sich das Banner, und nachdem es

* Die Ungleichheit erweist sich als Lüge.

schwarz gewesen wurde es weiß wie Schnee. In der Mitte des Banners stand in Goldbuchstaben der Name dessen geschrieben, der alles kann.
Der Krieger mit den Seinen machte dem Greis eine tiefe Verbeugung, und sie drückten sich die Hand.
Nun ist die Stimme des Himmels, des Hirten der Hirten. Du bist auf der großen Beratung mit deinen Beisitzern, aber der Feind des Guten ist keinen Augenblick in Ruhe: er sinnt und übt alle Künste gegen dich. Er wird Zwietracht unter deine Beisitzer säen; er wird Feinde unter Meinen Söhnen erwecken. Die Mächte des Diesseits werden Feuer speien und möchten, daß die Worte in der Kehle der Hüter Meines Gesetzes erstickt würden. Das wird nicht sein. Sie werden Übles tun, Übles sich selbst. Du eile dich! Wenn sich die Schwierigkeiten nicht lösen, mögen sie durchhauen werden. Wirst du in Bedrängnis sein, dann halte dich nicht auf, sondern fahre fort, bis das Haupt der Hydra des Irrtums erschlagen ist. Dieser Schlag wird die Erde und die Hölle erbeben machen, die Welt aber wird beruhigt werden, und alle Guten werden jubeln. Sammle also um dich auch nur zwei Beisitzer, aber wohin du auch gehst, fahre fort und beende das Werk, das dir anvertraut wurde. Die Tage eilen schnell, deine Jahre schreiten der vorbestimmten Zahl entgegen; aber die *Große Königin* wird immer deine Hilfe sein, und wie in den vergangenen Zeiten wird sie auch in Zukunft immer magnum et singulare in Ecclesia praesidium sein*.
Aber du, Italien, Land der Segnungen, wer hat dich in die Trostlosigkeit getaucht? . . . Sag nicht, die Feinde, sondern deine Freunde. Hörst du nicht, daß deine Kinder nach dem Brot des Glaubens verlangen und nicht finden, der es ihnen bricht? Was werde ich tun? Ich werde die Hirten schlagen und die Herde zerstreuen, damit die auf dem Lehrstuhl Moses Sitzenden gute Weideplätze suchen und die Herde gelehrig zuhöre und sich nähre.
Aber auf der Herde und auf den Hirten wird meine Hand schwer liegen; die Teuerung, die Pest, der Krieg werden machen, daß die Mütter das Blut der Söhne und der in fremdem Land verstorbenen Gatten beweinen.
Und mit dir, o Rom, was wird sein? Undankbares Rom, entnervtes Rom, stolzes Rom! Du bist so weit gekommen, daß du nicht anderes suchst noch anderes bewunderst in deinem Herrscher als den Luxus, indem du vergißt, daß dein und sein Ruhm auf Golgatha ist.

* Groß und einzigartig als Schutz der kirchlichen Gemeinde.

Jetzt ist er alt, hinfällig, wehrlos und entblößt, und dennoch macht er durch sein sklavisches Wort die ganze Menschheit erzittern.
Rom!... Viermal werde ich zu dir kommen!
Beim ersten Mal werde Ich deine Ländereien und die Bewohner schlagen.
Beim zweiten Mal werde Ich den Greuel der Verwüstung bis an deine Mauern tragen. Öffnest du die Augen noch nicht?
Ich werde das dritte Mal kommen, werde die Verteidigungswerke und dic Verteidiger niederschlagen, und an die Stelle der Herrschaft des Vaters wird das Reich des Schreckens, des Entsetzens und der Verzweiflung treten.
Aber meine Weisen fliehen. Mein Gesetz wird noch immer mit Füßen getreten, daher werde Ich die vierte Heimsuchung bewirken.
Wehe dir, wenn Mein Gesetz dir noch ein eitler Name sein wird!
Bei den Gelehrten und Unwissenden werden Übertretungen vorkommen. Dein Blut und das Blut deiner Söhne wird die Flecken abwaschen, die du dem Gesetz deines Gottes zufügst.
Der Krieg, die Pest, der Hunger sind die Geißeln, mit denen der Hochmut und die Bosheit der Menschen geschlagen werden. Wo sind, ihr Reichen, eure Herrlichkeiten, eure Villen, eure Paläste? Sie sind zum Kehricht der Plätze und Straßen geworden!
Aber ihr, o Priester, weshalb eilt ihr noch nicht, zu weinen zwischen dem Vorhof und dem Altar, indem ihr um die Einstellung der Geißeln bittet? Weshalb nehmt ihr den Schild des Glaubens nicht und geht nicht über die Dächer, in die Häuser, in die Straßen und auf die Plätze, an jeden selbst unzugänglichen Ort, um den Samen meines Wortes zu bringen? Wisset ihr nicht, daß dies das schreckliche, zweischneidige Schwert ist, das Meine Feinde niederwirft und den Zorn Gottes und der Menschen zerbricht?
Diese Dinge werden unerbittlich kommen müssen, eines nach dem andern.
Die Dinge folgen einander nur zu langsam.
Aber die erhabene Königin des Himmels ist gegenwärtig.
Die Macht des Herrn ist in Seinen Händen. Er zerstreut wie Nebel seine Feinde. Er bekleidet von neuem den ehrwürdigen Greis mit allen seinen alten Gewändern.
Noch ein heftiger Sturm wird kommen.
Die Bosheit ist vollendet, die Sünde wird zu Ende sein, und ehe zwei Vollmonde des Blütenmonats vergehen, wird der Regenbogen des Friedens auf der Erde erscheinen.

Der große Diener wird die Braut seines Königs zum Fest gekleidet sehen.
Auf der ganzen Welt wird eine so leuchtende Sonne erscheinen, wie sie seit den Flammen des Abendmahlsaals bis heute nie gesehen wurde, nicht bis zum letzten der Tage mehr gesehen werden wird.«

Zu Beginn dieses Zitates beschreibt Don Bosco, wie schwierig es für einen Visionär ist, die ihm gezeigten Bilder in eine für uns verständliche Sprache zu übertragen. Wir haben auf dieses Problem schon hingewiesen; doch ist es interessant, die Schilderung aus dem Munde eines Sehers zu hören, der über eine ausgezeichnete Bildung verfügte und fähig war, seine Empfindungen ohne fremde Hilfe ausdrucksstark niederzuschreiben. Auf eine zergliedernde Kommentierung der nicht einfach zu deutenden Prophetie sei verzichtet. Man muß mehr die Schwingung auf sich wirken lassen, als sich an einzelne Worte zu klammern, vorhergesehene historische Ereignisse zu erkennen oder die Teile der Prophetie zu suchen, welche vor uns liegende Zeiten betreffen. Stärkere Beachtung findet eine Zeitangabe:

»... und ehe zwei Vollmonde des Blütenmonats ...«

In der Regel wird sie so verstanden, daß in *einem* Blütenmonat *zwei* Vollmonde vorkommen müssen; eine Interpretation, die durch den Text nicht eindeutig zu belegen ist.
Eine ähnliche Aussage enthält auch die von Markus Varena zitierte Vorhersage eines ungenannten zeitgenössischen »Schwarzmagiers und Kabbalisten«, der demnach gesagt hätte:

»Wenn im Mai der Vollmond doppelt, das heißt zweimal vorkommen wird, so beginnt die Menschenvernichtung.« (20)

Auch der Begriff des »Blütenmonats« ist nicht exakt zu fassen. Zwei Vollmonde in einem Frühlings- oder Sommermonat sind kein häufiges Ereignis, und nach einem Blick in die Ephemeride kämen für unser Jahrhundert nur noch die folgenden Daten in Betracht:
Juli 1985
Mai 1988
September 1993
Juli 1996
März 1999

Vielleicht könnte man diese Angaben mit weiteren prophetischen Hinweisen in Verbindung bringen, um so vielleicht doch den Eintritt der entscheidenden Zeit zu entschlüsseln?

Das Lied der alten Linde

Im Jahre 1950 veröffentlichte Conrad Adlmaier das »Lied der Linde«.
Es ist ein prophetisches Gedicht, das im Stamm einer uralten Linde nahe dem Friedhof von Staffelstein gefunden worden sein soll, und das sich bis zur Jahrhundertwende zurück in Familienbesitz befand. Untersuchungen des Originals lassen auf eine Entstehungszeit um 1850 schließen.
Die erste Veröffentlichung war nicht die vollständige Fassung; erst durch die Zuschrift einer Leserin wurde Conrad Adlmaier darauf aufmerksam gemacht, daß es weitere dazugehörige Verse gibt.
Das Lindenlied ist eine zusammenfassende Vorherschau, die von einem unbekannten Verfasser stammt, der aber zu den bedeutendsten bayerischen Hellsehern gerechnet werden muß. Die meisten der in den bekannten endzeitlichen Visionen geschauten Ereignisse sind auch im Lindenlied angedeutet (zitiert nach 2):

»Alte Linde bei der heiligen Klamm,
Ehrfurchtsvoll betast' ich deinen Stamm,
Karl den Großen hast du schon gesehn,
Wenn der Größte kommt, wirst du noch stehn.

Dreißig Ellen mißt dein grauer Stamm,
Aller deutschen Lande ält'ster Baum,
Kriege, Hunger schautest, Seuchennot,
Neues Leben wieder, neuen Tod.

Schon seit langer Zeit dein Stamm ist hohl,
Roß und Reiter bargest einst du wohl,
Bis die Kluft dir sacht mit milder Hand
Breiten Reif um deine Stirne wand.

Bild und Buch nicht schildern deine Kron',
Alle Äste hast verloren schon
Bis zum letzten Paar, das mächtig zweigt,
Blätter freudig in die Lüfte steigt.

Alte Linde, die du alles weißt,
Teil uns gütig mit von deinem Geist,
Send ins Werden deinen Seherblick
Künde Deutschlands und der Welt Geschick!

Großer Kaiser Karl, in Rom geweiht,
Eckstein sollst du bleiben deutscher Zeit,
Hundertsechzig, sieben Jahre Frist,
Deutschland bis ins Mark getroffen ist.*

Fremden Völkern front dein Sohn als Knecht,
Tut und läßt, was ihren Sklaven recht,
Grausam hat zerrissen Feindeshand
Eines Blutes, einer Sprache Band.**

Zehre, Magen, zehr vom deutschen Saft,
Bis mit einmal endet deine Kraft,
Krankt das Herz, siecht ganzer Körper hin,
Deutschlands Elend ist der Welt Ruin.

Ernten schwinden, doch die Kriege nicht,
Und der Bruder gegen Bruder ficht,
Mit der Sens' und Schaufel sich bewehrt,
Wenn verloren Flint' und Schwert.

Arme werden reich des Geldes rasch,
Doch der rasche Reichtum wird zu Asch',
Ärmer alle mit dem größern Schatz.
Minder Menschen, enger noch der Platz.

* Karl der Große ist am 28. 1. 814 gestorben. Zählt man zu diesem Jahre 7mal einhundertsechzig hinzu, so kommt man auf 1934.

** Andeutung der deutschen Teilung?

Da die Herrscherthrone abgeschafft,*
Wird das Herrschen Spiel und Leidenschaft,
Bis der Tag kommt, wo sich glaubt verdammt,
Wer berufen wird zu einem Amt.

Bauer heuert, bis zum Wendetag,
All sein Müh'n ins Wasser nur ein Schlag,
Mahnwort fällt auf Wüstensand,
Hörer findet nur der Unverstand.

Wer die meisten Sünden hat,
Fühlt als Richter sich und höchster Rat,
Raucht das Blut, wird wilder nur das Tier,
Raub zur Arbeit wird und Mord zur Gier.

Rom zerhaut wie Vieh die Priesterschar,
Schonet nicht den Greis im Silberhaar,
Über Leichen muß der Höchste fliehn
Und verfolgt von Ort zu Orte ziehn.

Gottverlassen scheint es, ist er nicht,
Felsenfest im Glauben, treu die Pflicht,
Leistet auch in Not er nicht Verzicht,
Bringet den Gottesstreit vors nah' Gericht.

Winter kommt, drei Tage Finsternis,
Blitz und Donner und der Erde Riß,
Bet' daheim, verlasse nicht das Haus!
Auch am Fenster schaue nicht den Graus!

Eine Kerze gibt die ganze Zeit allein,
Wofern sie brennen will, dir Schein.
Gift'ger Odem dringt aus Staubesnacht,
Schwarze Seuche, schlimmste Menschenschlacht.

* Die Vorhersage der Abschaffung der Herrscherthrone war um die Jahrhundertwende – als so alt gilt das Lied mit Sicherheit – Prophetie.

Gleiches allen Erdgeborn'nen droht,
Doch die Guten sterben sel'gen Tod.
Viel Getreue bleiben wunderbar
Frei von Atemkrampf und Pestgefahr.

Eine große Stadt im Schlamm versinkt,
Eine andre mit dem Feuer ringt,
Alle Städte werden totenstill,
Auf dem Wiener Stephansdom wächst Dill.

Zählst du alle Menschen auf der Welt,
Wirst du finden, daß ein Drittel fehlt,
Was noch übrig, schau in jedes Land,
Hat zur Hälft' verloren den Verstand.

Wie im Sturm ein steuerloses Schiff,
Preisgegeben jedem Riff,
Schwankt herum der Eintags-Herrscherschwarm,
Macht die Bürger ärmer noch als arm.

Denn des Elends einz'ger Hoffnungsstern
Eines bessern Tags ist endlos fern.
›Heiland, sende den du senden mußt‹
Tönt es angstvoll aus der Menschen Brust.

Nimmt die Erde plötzlich andern Lauf,
Steigt ein neuer Hoffnungsstern herauf?
›Alles ist verloren‹ hier's noch klingt,
›Alles ist gerettet‹, Wien schon singt.

Ja, von Osten kommt der starke Held,
Ordnung bringend der verwirrten Welt.
Weiße Blumen um das Herz des Herrn,
Seinem Rufe folgt der Wackre gern.

Alle Störer er zu Paaren treibt,
Deutschem Reiche deutsches Recht er schreibt,
Bunter Fremdling, unwillkommner Gast,
Flieh die Flur, die du gepflügt nicht hast.

Gottes Held, ein unzertrennlich Band
Schmiedest du um alles deutsche Land.
Den Verbannten führest du nach Rom,
Große Kaiserweihe schaut ein Dom.

Preis dem einundzwanzigsten Konzil,
Das den Völkern weist ihr höchstes Ziel,
Und durch strengen Lebenssatz verbürgt,
Daß nun reich und arm sich nicht mehr würgt.

Deutscher Nam', du littest schwer,
Wieder glänzt um dich die alte Ehr',
Wächst um den verschlung'nen Doppelast,
Dessen Schatten sucht gar mancher Gast.

Dantes und Cervantes welscher Laut
Schon dem deutschen Kinde ist vertraut,
Und am Tiber- wie am Ebrostrand
Liegt der braune Freund von Hermannsland.

Wenn der engelgleiche Völkerhirt'
Wie Antonius zum Wandrer wird,
Den Verirrten barfuß Predigt hält,
Neuer Frühling lacht der ganzen Welt.

Alle Kirchen einig und vereint,
Einer Herde einz'ger Hirt erscheint.
Halbmond mählich weicht dem Kreuze ganz,
Schwarzes Land erstrahlt im Glaubensglanz.

Reiche Ernten schau' ich jedes Jahr,
Weiser Männer eine große Schar,
Seuch' und Kriegen ist die Welt entrückt,
Wer die Zeit erlebt, ist hochbeglückt.

Dieses kündet deutschem Mann und Kind
Leidend mit dem Land die alte Lind',
Daß der Hochmut mach' das Maß nicht voll,
Der Gerechte nicht verzweifeln soll!

Das Lindenlied ist eine eigenartig anmutende Prophetie, deren Aussagekraft und überzeugende Wirkung möglicherweise dadurch gelitten hat, daß sie in die Form des Reimes gezwungen wurde. Vergleicht man die Vorhersagen des Liedes der Linde mit denen späterer Hellseher – wie Irlmaier oder dem Propheten aus dem Waldviertel – so entdeckt man, daß in dem Lindenliede in sehr knapper Form fast alle wichtigen Vorstellungen endzeitlicher Prophetie enthalten sind; allerdings auf Deutschland bezogen und aus einer Sicht, die vorwiegend die äußeren Erscheinungen betrachtet.

Ein Prophet aus dem Elsaß?

Zu den interessantesten prophetischen Dokumenten der jüngeren Zeit gehören zwei Feldpostbriefe aus dem ersten Weltkrieg, die von den Gesichten eines Franzosen sprechen, der erstaunliche Vorhersagen machte.
Der Hellseher selbst ist unbekannt; man nennt ihn gelegentlich den »prophetischen Franzosen«, den »seltsamen Kriegsgefangenen« oder spricht von den »Feldpostbriefen«.
Ein bayerischer Soldat berichtet in zwei Briefen aus dem Jahre 1914 von Vorhersagen eines »spinnaden« (verrückten) Franzosen. Dieser war ein Zivilist, der von den deutschen Truppen festgehalten und verhört wurde. Da er fließend Deutsch sprach, darf man einen Elsässer in ihm vermuten. Außer den beiden Briefen ist über den Wahrsager nichts bekannt, doch ist der Inhalt der Briefe, die von Experten wie dem Professor Bender vom Freiburger Institut für Grenzgebiete der Psychologie und Psychohygiene, ernst genommen werden, außerordentlich interessant.
Man darf davon ausgehen, daß die Briefe echt sind und tatsächlich zu der genannten Zeit geschrieben wurden. Einen Bericht über die Vorgeschichte, den Verbleib und die angestellten Untersuchungen findet der interessierte Leser bei Wolfgang Johannes Bekh, der in seinen beiden Büchern über die bayerischen Hellseher* diesem Thema mehrere Kapitel gewidmet hat. Wir geben hier Auszüge aus den beiden Briefen wieder. Man muß von eindrucksvollen Beispielen für nachweis-

* Wolfgang Johannes Bekh, Bayerische Hellseher,
Wolfgang Johannes Bekh, Das dritte Weltgeschehen,
beide W. Ludwig Verlag, Pfaffenhofen

lich erfüllte Prophetie sprechen, die teilweise sogar die zeitlich richtige Einordnung bringen. Eine genau zutreffende präzise Zeitangabe gehört ja zu den seltensten Leistungen der Seher.
Aus dem Brief vom 24. August 1914:

»... Ein sonderbarer Heiliger, denn es ist nicht zum glauben, was der alles gesagt hat. Wenn wir wüßten was alles bevorsteht, würden wir heute noch die Gewehre wegwerfen, und wir dürfen ja nicht glauben, daß wir von der Welt was wüßten. Der Krieg sagt er, ist für Deutschland verloren, er wird ins fünfte Jahr gehen, dann kommt Revolution, aber kommt nicht recht zum Ausbruch, der eine geht und der andere kommt, und reich werden wir, alles wird Millionär und soviel Geld gibts, daß mans beim Fenster nauswirft und niemand klaubts auf. Lächerlich! Der Krieg geht unter der Fuchtel weiter und es geht den Leuten nicht schlecht, aber sie sind nicht zufrieden. In dieser Zeit, sagt er, wird der Antichrist geboren im äußersten Rußland, von einer Jüdin, er tritt aber erst in den fünfziger Jahren auf. Dann sagt er, an dem Tage, wo Markustag auf Ostern fällt. Wann das sein soll weiß ich nicht.«

»Wenn Markustag auf Ostern fällt« ist ein relativ seltenes Ereignis. Markustag ist der 25. April. Ostern ist nur ausnahmsweise so spät, und dann muß der 25. April noch zwischen Gründonnerstag und Ostermontag liegen. Das war das letzte Mal 1943 der Fall und wird sich in diesem Jahrhundert nicht wiederholen. Oder ist der »Antichrist« von uns unbemerkt schon 1943 geboren worden?

»Vor dem kommt ein Mann aus der niederen Stufe, und der macht alles gleich in Deutschland, und die Leute haben nichts mehr zu reden, und zwar mit einer Strenge, daß es uns das Wasser bei allen Fugen raustreibt. Denn der nimmt den Leuten mehr, als er gibt, und straft die Leute entsetzlich, denn um diese Zeit verliert das Recht sein Recht, und es gibt viel Maulhelden und Betrüger. Die Leute werden wieder ärmer, ohne daß sie es merken. Jeden Tag gibts neue Gesetze, und viele werden dadurch manches erleben oder gar sterben. Die Zeit beginnt zirka 32 (1932) und dauert neun Jahre, alles geht auf eines Mannes Diktat – sagte er – dann kommt die Zeit 38, werden überfallen und zum Kriege gearbeitet. Der Krieg selbst endet schlecht für diesen Mann und seinen Anhang. Das Volk steht auf mit den Soldaten. Denn es kommt die ganze Lumperei auf und es geht wild zu in den Städten. Er sagt, man soll in dieser Zeit kein Amt oder sonst dergleichen annehmen, alles kommt an den Galgen oder wird unter der Haustüre aufgehängt, wenn nicht an Fensterblöcken hingenagelt, denn die Wut unter den Leuten sei entsetzlich, denn da kommen Sachen auf, unmenschlich. Die Leute werden sehr arm, und die Kleiderpracht hat ihr höchstes erreicht und die Leute sind froh, wenn sie sich noch in Sandsäcke kleiden können.

Vom Krieg selbst sagt er, daß keiner was bekommt vom anderen, und wenn sich die Schweiz an Deutschland anschließt, dann dauerts nicht mehr lange, und der Krieg ist aus. Deutschland wird zerrissen, und ein neuer Mann tritt zutage, der das neue Deutschland leitet und aufrichtet. Wer dann das fleißigste Volk besitzt, erhält die Weltherrschaft. England wird dann der ärmste Staat in Europa, denn Deutschland ist das fleißigste Volk der Welt. Am Schluß kommt noch Rußland und fällt über Deutschland her, wird aber zurückgeschlagen, weil die Natur eingreift, und da wird in Süddeutschland ein Platz sein, wo das Ereignis sein sollte, wo die Leute von der ganzen Welt hinreisen, um zu schauen.

Dann sagte er, daß der regierende Papst dabei sei beim Friedensschluß, er muß aber zuvor aus Italien fliehen, da er als Verräter hingestellt wird. Er kommt nach Köln, wo er nur einen Trümmerhaufen findet, alles ist kaputt. Und im Jahre 43 kommt erst der Aufstieg, dann kommten gute Zeiten.

Auch von Italien sagt er, daß es gegen uns geht und in einem Jahr* den Krieg erklärt, und beim zweiten Krieg mit uns geht. Italien wird furchtbar zugerichtet und viele deutsche Soldaten finden dort ihr Grab...«

Und aus dem zweiten Brief vom 30. August 1914:

»... Steht an der Jahreszahl vier und fünf, dann wird Deutschland von allen Seiten zusammengedrückt, und das zweite Weltgeschehen ist zu Ende. Und der Mann verschwindet, und das Volk steht da und wird vollständig ausgeraubt und vernichtet bis ins unendliche... aber die Feinde stehen auch nicht gut miteinander... die Dunklen werden es leiten und bestrebt sein, die Völker mit großen Versprechungen zu beruhigen, und die Sieger kommen in das gleiche Ziel wie die Besiegten.

* Am 23. Mai 1915 erklärte Italien Österreich-Ungarn den Krieg. Im zweiten Weltkrieg gehörte Italien unter Mussolini zu den Verbündeten Hitlers.

In Deutschland kommen dann Regierungen, aber können ihr Ziel nicht ausführen, da ihr Vorhaben immer wieder vereitelt wird. Der Mann und das Zeichen verschwinden, und es weiß niemand wohin, aber der Fluch im Innern bleibt bestehen, und die Leute sinken immer tiefer in der Moral und werden schlechter. Die Not wird noch viel größer und fordert viele Opfer. Die Leute bedienen sich sogar mit allen möglichen Ausflüchten der Religionen, um die Schuld an dem teuflischen Verbrechen abzuwälzen. Aber es ist den Leuten alles gleich, denn der gute Mensch kann fast nicht mehr bestehen während dieser Zeit und wird verdrängt und verachtet. Dann erheben sich die Leute selbst gegeneinander, denn der Haß und Neid wachsen wie das Gras, und die Leute kommen noch immer weiter in den Abgrund.
Die Besatzungen lösen sich voneinander und ziehen ab mit der Beute des Geraubten, was ihnen auch sehr viel Unheil bringt, und das Unheil des dritten Weltgeschehens bricht herein. Rußland überfällt den Süden Deutschlands, aber kurze Zeit, und den verfluchten Menschen wird gezeigt, daß ein Gott besteht, der diesem Geschehen ein Ende macht. Um diese Zeit soll es furchtbar zugehen, und es soll den Leuten nichts mehr helfen, da sie die Ermahnungen nicht gehört haben. Dann werden die Leute die noch da sind, ruhig, und Angst und Schrecken wird unter ihnen weilen. Denn jetzt haben sie dann Zeit, nachzudenken und gute Lehren zu ziehen, was sie zuvor nicht gewollt haben.
Am Schluß dieser Teufelszeit werden dann die geglaubten Sieger an die Besiegten kommen um Rat und Hilfe, denn auch ihr Los ist schrecklich, denn es liegt alles am Boden wie ein Ungeheuer. Er sagt, das soll im Jahre 1949 sein. 47 und 48 sollen die Jahre dieser milden Einkehr sein...
Beim dritten Geschehen soll Rußland in Deutschland einfallen und zwar im Süden bis Chiemgau, und die Berge sollen von da Feuer speien, und der Russe soll alles zurücklassen an Kriegsgerät. Bis zur Donau und Inn wird alles dem Erdboden gleichgemacht und vernichtet. Die Flüsse sind alle so seicht, daß man keine Brücke mehr braucht zum Hinübergehen.«

Seit kurzem könnte es für die angekündigten »seichten Flüsse« eine Erklärung geben.
Der Deutsche Alpenverein sieht die Bergwälder im saueren Regen sterben und entwarf dazu ein Katastrophen-Szenario, dessen wichtig-

ster Inhalt im Münchner Merkur vom 13. Okober 1983 folgendermaßen beschrieben wurde:

»Der Bergwald ist bis in zehn Jahren gestorben, die Wurzeln der toten Bäume können den Humus nicht länger festhalten, der wird dann von nachfolgenden Wolkenbrüchen samt riesigen Mengen Schutt und Felsbrocken zu Tal gespült. In der zugeschütteten Partnachklamm stauen sich die Wasser, bis sie die Barriere aus Schlamm und Geröll durchbrechen und als reißende Flut Unheil bis München und Passau bringen. Nach dem Hochwasser trocknen die Flußläufe aus, denn den Wasserspeicher Wald gibt es ja nicht mehr – und wird es nie mehr geben, denn auf nacktem Fels ist Aufforstung unmöglich.«

Die Vorhersagen des prophetischen Franzosen gehen dann folgendermaßen weiter:

»Von der Isar an wird den Leuten kein Leid mehr geschehen, es wird nur Not und Elend hausen. Die schlechten Menschen werden zugrunde gehen als wie wenns im Winter schneit, und auch die Religion wird ausgeputzt und gereinigt.

In Rußland werden alle Machthaber vernichtet. Die Leichen werden dort nicht begraben und bleiben liegen. Hunger und Vernichtung ist in diesem Lande zur Strafe für ihre Verbrechen...«

Leider handelt es sich bei diesen Briefen um unvollständige und wahrscheinlich auch fehlerhafte Wiedergaben der Prophetie des Franzosen. Denn der ungebildete Schreiber der beiden »Feldpostbriefe« muß von der Fülle von Aussagen des Franzosen geradezu überschüttet worden sein und war kaum in der Lage, die Reihenfolge der Geschehen, die genannten Daten und sonstige Einzelheiten alle richtig aufzuzeichnen. Doch ist der verbleibende Rest noch erstaunlich genug.
Wir stehen vor einer Vorhersage, die den Verlauf des ersten Weltkriegs, das Auftreten Hitlers, den ungefähren Ausbruch des zweiten Weltkrieges, das Jahr seines Endes, den Untergang Hitlers und die unter seiner Führung begangenen Verbrechen ebenso richtig schildert, wie die Inflation und die Teilung Deutschlands.
Da braucht man sich nicht an die zu früh angesetzte Zeit für den Auf stieg der Nachkriegsjahre (1943) klammern, oder an die nicht zutref-

fenden Jahresangaben 47, 48 und 49. Selbst wenn der Franzose sich hier geirrt hätte – ebenso gut kann der Verfasser der Feldpostbriefe einiges verwechselt haben – wäre die Vorhersage noch immer von einer fast einmaligen Qualität.
Nicht weniger überraschend sind übrigens die Übereinstimmungen der Vorhersagen für den dritten Weltkrieg mit den Aussagen von Alois Irlmaier oder dem Mühlhiasl. Das geht so weit, daß Irlmaier und der Franzose den russischen Einfall in gleicher Weise schildern, bis hin zu den Gebieten, die verschont werden. Von der Entwicklung in Rußland sagen beide dasselbe und die vielfach angekündigte »Reinigung der Erde«, die nur gutwollende Menschen überleben können, sieht der Franzose ähnlich wie andere Seher.

Anton Johansson

Der in vielen prophetischen Sammlungen erwähnte »Eismeerfischer« aus der norwegischen Finnmark hatte vielleicht eine der umfangreichsten Zukunftsvisionen der Seher unseres Jahrhunderts. Allerdings war er nicht imstande, alle auf ihn einstürmenden Bilder aufzunehmen und wiederzugeben. Am deutlichsten konnte er den ersten Weltkrieg beschreiben. Dann werden seine Erinnerungen unscharf und die uns interessierenden Visionen über endzeitliche Geschehen oder den dritten Weltkrieg sind leider nur undeutlich überliefert.
Die nachfolgend wiedergegebenen Auszüge aus den Gesichten des Anton Johansson sind daher mit Zurückhaltung zu betrachten, obwohl an der Redlichkeit des Visionärs selbst nicht zu zweifeln ist. Seine wichtigste Vision hatte er in der Nacht zum 14. November 1907, kurz nach Mitternacht:

> »Im Geiste wurde ich zu den Schauplätzen der verschiedenen Ereignisse geführt, die ich so deutlich erkennen konnte, als säße ich wie damals als Schuljunge über der Landkarte meines Onkels. Während mir die Geschehnisse in Worten berichtet wurden, sah ich gleichzeitig ihren Verlauf vor mir...« (6)

Es folgen Schilderungen des ersten Weltkrieges, die den Kriegsverlauf insgesamt erstaunlich genau wiedergeben, und die Aufforderung an den Seher, Kaiser Wilhelm zu warnen.

Für Zeiten nach dem ersten Weltkrieg sind folgende Vorhersagen bemerkenswert:

»Der Sozialismus und seine Abarten gewinnen in der ganzen Welt riesige Ausbreitung, und ich hörte wiederholten Malen die Worte des *Herrn* von dem Voranschreiten des Sozialismus und seinen Anteil an den revolutionären Umwälzungen in allen Ländern. Um 1953 hatte der Sozialismus in vielen Ländern den Sieg errungen und eine Machtstellung erreicht. Zu dieser Zeit hatte er aber schon große Menschenmassen zur Gottlosigkeit verleitet...« (6)

Dann wird von Revolution und Unruhen in vielen Teilen der Welt gesprochen:

»...daß England vor dem Abgrund stehe und auf dem Wege sei hinabzustürzen...«
»Über Amerika hörte ich..., daß diesem Lande in Zukunft fünf große Kriege, darunter zwei erbitterte Bürgerkriege, bevorstünden, die damit endeten, daß Amerika in vier oder fünf kleinere Bundesstaaten zersprengt würde.« (6)

Johansson sieht auch Naturkatastrophen, Seuchen, Kriege in vielen Teilen der Erde. So schaute er gewaltige Orkane, die von Amerika über Europa bis nach Asien weite Landstriche verwüsten und einen Vulkanausbruch in der Nordsee, der die angrenzenden Küsten verheert, am katastrophalsten England und Schottland.
Als besonders entsetzlich schildert er kommende, unbekannte Krankheiten:

»Alle Seuchen... forderten in so fürchterlichem Ausmaße Opfer, daß, falls ich mich nicht irre, ein Viertel der Gesamtbevölkerung der Erde zugrunde gehen werden...« (6)

Interpretiert man die Gesichte des Eismeerfischers weitergehend – sein Verleger Gustafsson hat das getan – so kann man noch eine Reihe von Ereignissen des dritten Weltkrieges herauslesen:

»Eine Kettenreaktion von Kriegen wird vom Osten heraufbeschworen...«

»Persien und Türkei werden – vermutlich von russischen Truppen – erobert und gehen ihrer Ölquellen und Reichtümer verlustig...«
»Ein neuer Balkankrieg werde ausbrechen, der für die Balkanstaaten unglücklich ausgehe.«
»Durch das nördliche Italien wie Österreich-Ungarn wird die rote Sturmflut gegen die Schweiz und Frankreich vorrollen.«
»Deutschland wird vom Osten und wahrscheinlich auch vom Westen her, nachdem der Bolschewismus in Frankreich Herr geworden ist, angegriffen werden...
Der Angriff soll nach diesen Gesichten im Herbst erfolgen.« (6)

Der Gewährsmann für diese Gesichte ist der Verleger Gustafsson, dessen Vertrauenswürdigkeit wir nicht beurteilen können; sein Buch über Johansson ist allerdings als Reißer aufgemacht. Hoffentlich hat diese Aufmachung nicht dazu verführt, die Gesichte des biederen Eismeerfischers sensationell aufzuputzen. Außerdem kommt in Gustafssons Kommentaren ein überzogener Nationalismus zum Durchbruch, dessen Einfluß auf die Wiedergabe der Visionen höchst unerwünscht erscheint.
Sehr ergiebig sind die auf jeden Fall ernstzunehmenden Visionen des Anton Johansson für die vor uns liegende Zeit also nicht. Wir mußten diese eindrucksvolle Seher-Gestalt aber wenigstens erwähnen.

Edgar Cayce

Dieser »schlafende Prophet« ist wohl der berühmteste amerikanische Seher. Er wurde durch seine zahlreichen »Readings« (Trance-Wahrnehmungen) bekannt. Cayce konnte in medialen Schlaf sinken und dann die ihm gestellten Fragen über verschiedenste Gebiete beantworten.
Seine Hauptbefähigung als Seher lag vermutlich in der Heilkunde. In seinen in Trance gegebenen Readings stellte Edgar Cayce Diagnosen mit verblüffender Sicherheit und zeigte die Wege zur Heilung der betreffenden erkrankten Person. Nicht selten empfahl er dazu ausgefallene, sogar kaum bekannte Arzneien oder Heilwege, die aber auch in hoffnungslos scheinenden Fällen fast immer in überraschender Weise halfen.

Die meisten der an Cayce gestellten Fragen betrafen persönliche Probleme der Fragesteller, so daß nur gelegentlich Informationen von allgemeinem Interesse durch ihn übermittelt wurden. Immerhin hat er die beiden Weltkriege, die Weltwirtschaftskrise und deren Ende, sowie viele wirtschaftliche und politische Ereignisse in den USA treffend vorhergesagt. Endzeitliche Prophetien sind dagegen nur vereinzelt in seinen zahlreichen Readings zu finden und betreffen oft nur Teilaspekte.
Erwähnenswert sind einige allgemeingültige Aussagen von Cayce, die in unserer Zeit von besonderer Aktualität scheinen:

> »Stellt nicht Demokratie oder irgendein anderes Wort über die Brüderlichkeit des Menschen, die Vaterschaft Gottes.« (16)

> »Ihr könnt nicht immer wieder um *Frieden* beten, wenn in eurem eigenen Herzen und in eurer Seele kein Frieden ist.« (16)

Dann gibt es verschiedene Vorhersagen von Naturkatastrophen, die als Teil eines endzeitlichen Geschehens aufgefaßt werden können:

> »Die Erde wird an vielen Stellen aufbrechen. Der erste Teil wird eine Veränderung mit sich bringen in der physikalischen Gestalt der Westküste Amerikas. Es werden offene Wasser in den nördlichen Teilen von Grönland erscheinen. Man wird neues Land sehen in der Karibischen See...
> Südamerika wird erschüttert werden vom höchstgelegenen Teil bis zur äußersten Spitze, und in der Antarktis vor Tierra del Fuego wird es Land und tosende Wasser geben.«
> »Große Teile der Ostküste (der USA) werden betroffen sein, ebenso weite Gebiete der Westküste und auch im mittleren Teil der Vereinigten Staaten. In den allernächsten Jahren wird Land erscheinen ebenso im Atlantik wie im Pazifik. Und die heutige Küstenlinie so manch eines Landes wird zum Bett des Ozeans werden.
> Teile der heutigen Ostküste von New York, oder die Stadt New York selbst, werden größtenteils verschwinden; dagegen die südlichen Teile von Carolina und Georgia, diese werden verschwinden. Dies wird viel früher geschehen.«
> »Die Wasser der Seen (der großen Seen) werden sich in den Golf (von Mexiko) ergießen noch vor der Wasserstraße, über die kürz-

lich so viele Diskussionen entstanden sind (Sankt-Lorenz-Seeweg).«

»Im ganzen Land wird es physikalische Veränderungen kleineren wie größeren Ausmaßes geben. Wir werden sehen, daß die größeren Veränderungen an der nordatlantischen Küste stattfinden werden. Achten Sie auf New York, Connecticut usw.« (16)

Es gibt in den »Readings« auch Hinweise, wann diese Katastrophen für die USA in etwa zu erwarten sind:

»Wenn es zu größerer Tätigkeit des Vesuvs oder des Mont Pelée kommt, dann ist für die Südküste Kaliforniens – und für das Gebiet zwischen dem Salt Lake und den südlichen Teilen von Nevada – innerhalb der drei folgenden Monate eine Überflutung durch Erdbeben zu erwarten.« (16)

Ebenso solle man nach den Vorhersagen Cayces auf den Ätna achten.

So unwahrscheinlich derartige Vorhersagen auch klingen mögen, sie finden durch neueste Forschungsergebnisse eine gewisse Bestätigung. Wie man erst seit vergleichsweise kurzer Zeit erkannt hat, werden die USA nicht nur durch den San-Andreas-Graben bedroht, dessen Verschiebung das berüchtigte Erdbeben von San Franzisko des Jahres 1906 ausgelöst hat. Eine ähnliche Reibungsfuge zwischen kontinentalen Teilplatten zieht sich auch durch den mittleren Westen, eines der am dichtest besiedelten Gebiete Amerikas. Dort hat sich im Winter 1811/12 ein verheerendes Erdbeben ereignet, das allerdings in der damals noch unbesiedelten Region kaum Menschen zu Schaden kommen ließ. Ein ähnliches Naturereignis würde in unseren Tagen Zerstörungen anrichten, die sich mit einem Atomschlag vergleichen ließen. Wissenschaftler sind der Ansicht, daß sich ein entsprechendes Beben wiederholen könnte.

Hoffentlich fällt nicht eine solche Naturkatastrophe, die in den hochtechnisierten und entsprechend verletzlichen USA ein unübersehbares Chaos anrichten müßte, in eine politische Weltkrise. Denn dann könnte es einen potentiellen Angreifer dazu verleiten, diese Schwächung der USA für ein militärisches Abenteuer zu nutzen.

In verschiedenen Readings hat Edgar Cayce auch von Atlantis gesprochen, das nach seiner Schilderung ein Land mit hoher, der unsrigen vergleichbarer Zivilisation war. Er erwartet das Auftauchen von Teilen von Atlantis noch in diesem Jahrhundert:

> »Poseida wird unter den ersten Teilen von Atlantis sein, die wieder auftauchen.« (16)

Poseida soll die wichtigste Insel des Reiches von Atlantis gewesen sein, mit einer Hafenstadt gleichen Namens.
Für sein eigenes Land, die Vereinigten Staaten, sieht Cayce nicht nur Naturkatastrophen, sonderen auch innere Wirren kommen:

> »Wenn viele der Inseln im Meer und viele Länder unter das Joch derjenigen gekommen sind, die weder Mensch noch Teufel fürchten, sondern sich eher mit dem verbinden, in dessen Namen sie *Macht* und Stärke als Recht proklamieren können...
> dann wird dein eigenes Land Blut fließen sehen wie in jenen Zeiten, als der Bruder gegen den Bruder kämpfte.« (16)

Dann findet sich noch eine schwer zu deutende Vorhersage, von der nur zu vermuten ist, daß sie ein endzeitliches Ereignis betrifft:

> »Aus Rußland kommt die Hoffnung der Welt; nicht als das, was manchmal als Kommunismus, als Bolschewismus, bezeichnet wird, nein. Aber die Freiheit, als eine Freiheit, in der jeder einzelne Mensch für seinen Mitmenschen leben wird!
> Das Prinzip ist geboren. Es wird Jahre dauern, bis es konkrete Formen annimmt, aber aus diesem Rußland heraus kommt wieder die Hoffnung der Welt.
> Wovon wird es geleitet?
> Von Freundschaft zu der Nation, die sogar auf ihre jetzige Währung die Worte gesetzt hat ›In God We Trust‹«. (16)

Außerdem prophezeite Edgar Cayce noch Kriege, Umwälzungen im Inneren der Erde, eine Verlagerung der Pole, sowie umfassende Veränderungen auf der Erde, darunter Katastrophen in den westlichen Vereinigten Staaten sowie das Versinken großer Teile Japans im Meer.

Auch eine der bekanntesten zeitgenössischen Seherinnen, die Amerikanerin Jeane Dixon, hatte endzeitliche Visionen. Bekannt geworden ist sie allerdings mehr durch politische Prognosen, welche vor allem die amerikanische Politik betreffen. Ihr Gesicht von der Ermordung des Präsidenten Kennedy wurde sogar zu einer Sensation. Zahlreiche ihrer Versionen sind eingetroffen, so daß man an der prophetischen Begabung der Amerikanerin kaum zweifeln kann, auch wenn ihr etliche Fehlprognosen unterlaufen sind. Jeane Dixon gehört übrigens zu den Seherinnen, die eine Kristallkugel benützen, das »klassische« Gerät der Hellseher.

Wir beschäftigen uns hier nicht mit ihren Vorhersagen, welche die amerikanische Innen- und Außenpolitik betreffen; wer sich darüber informieren will, kann in der Literatur über Jeane Dixon entsprechende Angaben* finden. Denn der Schwerpunkt unserer Betrachtung liegt ja bei solchen Schauungen, die Aufschlüsse über das vor uns liegende endzeitliche Geschehen erhoffen lassen.

Zu den Visionen der Jeane Dixon, welche die Endzeit betreffen sollten, gehört z. B. eine Erscheinung aus dem Jahre 1958 in der St.-Matthew-Kathedrale:

> »Das Antlitz der Mutter Gottes wurde lebendig und ein Sonnenschein, so prächtig, wie ihn mein Auge niemals zuvor erblickt hatte, flutete von der Kuppel der Kirche hernieder. Es war ein dämmriger, stürmischer Morgen, und die Kirche war völlig leer, doch mit einemmal ergoß sich ein Strahlen über alle nur erdenklichen Menschen und ihre Religionen. Die Kathedrale war gedrängt voll mit Bauernfrauen, die Kopftücher trugen, mit Königen und Königinnen in königlicher Gewandung, mit Reichen und Armen aller Nationalitäten und jeden Glaubens. Ich konnte nicht einen leeren Kirchenstuhl entdecken. Alle waren in Sonnenlicht getaucht, und ich selbst stand so weich wie auf frisch gefallenem Schnee. Frieden überkam mich, und ich wußte, daß ein Konzil unserer Kirche bald die Religionen und Nationen der ganzen Welt unter einem Dach vereinigen würde.« (11)

* Deutschsprachige Werke über Jeane Dixon sind im Literaturverzeichnis am Ende dieses Buches aufgeführt.

Die von der Seherin in ihrem letzten Satz gegebene Deutung erscheint mir zu begrenzt; denn zu einer Vereinigung aller Nationen in einer umfassenden Weltreligion – die auch andere Visionäre erwarten – wird es mehr bedürfen als eines Konzils der katholischen Kirche.
Ende des gleichen Jahres hatte Jeane Dixon am selben Ort das folgende Gesicht:

> »Mit einmal war die Luft seltsam dünn. Und aus der Kuppel der Kathedrale erstrahlte es hell, und vor mir erstand die Heilige Mutter. Sie war in Purpur und Blau gehüllt und von weißen und goldenen Strahlen umgeben – gleich einem Heiligenschein.
> In einem wolkenähnlichen Gebilde zu ihrer Rechten und unmittelbar über ihr entzifferte ich das Wort *Fatima* und spürte, daß mir die rätselhafte Bedeutung des Wunders von *Fatima* offenbart werden sollte. Ich erblickte den Thron des Papstes, doch er war leer. Seitlich im Bilde zeigte sich mir ein Papst, dem das Blut übers Gesicht lief und über die linke Schulter tropfte. Grüne Blätter der Erkenntnis kamen von oben herabgeschwebt und verstreuten sich im Niederfallen. Ich sah, wie sich Hände nach dem Thron ausstreckten, aber dort saß niemand; ich schloß daraus, daß im Verlauf dieses Jahrhunderts ein Papst einem tätlichen Angriff ausgesetzt sein kann. Nachdem dies geschehen ist, wird das Oberhaupt der Kirche andere Insignien haben als die des Papstes. Da das überirdische Licht immer noch so hell auf den päpstlichen Thron schien, folgerte ich daraus, daß die Macht bleiben, wenn auch nicht mehr in der Person eines Papstes gegründet sein würde. Überdies wird die katholische Kirche den Gläubigen aller Religionen bahnbrechend vorangehen, die Allmacht Gottes zu beweisen und unser Wissen zu erweitern. Das war, dessen war ich gewiss, die Prophezeiung von *Fatima*.« (11)

Inwieweit auch hier der Kommentar, den die Visionärin selbst zu ihrer Schauung beisteuert, von ihrer Zugehörigkeit zu der katholischen Kirche beeinflußt ist, sei dahingestellt.
Ein weiteres, vermutlich die Endzeit betreffendes Gesicht der Jeane Dixon aus dem Jahre 1962 wird von Ruth Montgomery folgendermaßen geschildert:

> »Als sie – Jeane Dixon – ihren Blick nach draußen wandte, saß sie nicht etwa die entlaubten Bäume und die Straße unter sich, sondern

einen klaren blauen Himmel über einer unfruchtbaren Wüste. Direkt über dem Horizont aber stand die Sonne, und es ging eine Helligkeit davon aus, wie sie sie noch nie zuvor erlebt hatte, sie glühte wie ein goldener Ball. Nach allen Seiten versprühte der Himmelskörper seine glänzenden Strahlen, und es war, als würde die Erde magnetisch davon angezogen. Hand in Hand aber traten aus dem grellen Licht der Sonne ein Pharao und Königin Nofretete. Im anderen Arm wiegte die Königin ein kleines Kind, dessen zerlumpte und schmutzige Kleidung im krassen Gegensatz zu der prunkvollen Aufmachung des königlichen Paares standen. ›Die Augen des Kindes waren allwissend‹, sagte Jeane zärtlich, ›sie waren voller Weisheit und Erkenntnis.‹
Ein wenig abseits von der Königin konnte Jeane eine Pyramide erkennen. Überwältigt betrachtete sie das Bild: Da schritt das Paar auf sie zu und hielt ihr das Kind hin mit einer Geste, als sollte es der ganzen Welt als Geschenk dargeboten werden. Im Inneren des Sonnenballes aber entdeckte Jeane Joseph: er lenkte gleichsam das Bild, das sie soeben erblickt hatte, gleich einem Puppenspieler, indem er an Fäden zog. Jetzt gingen auch von dem Kinde Strahlen aus, die mischten sich mit denen der Sonne und wischten die Gestalt des Pharao aus ihrem Blickfeld. Zur Linken sah sie die Königin Nofretete davonschreiten, tausende von Meilen hinweg in die Vergangenheit. Die Königin verhielt im Dahinschreiten neben einem großen braunen Wasserkrug; und als sie sich bückte, um mit den Händen Wasser zu schöpfen und zu trinken, stieß jemand ihr einen Dolch in den Rücken. Jeane sagt, daß sie ›deutlich ihren Todesschrei hörte, als sie verschwand‹.
Abermals wandte Jeane ihren Blick dem Kinde zu: Es war mittlerweise zum Mann herangewachsen, und das schmale Kreuz, das sich über ihm herauskristallisierte, nahm immer größere Gestalt an, bis es die gesamte Erde in allen Richtungen umspannte. Zu gleicher Zeit aber knieten um ihn Menschen jeglicher Rasse, Religion und Hautfarbe (Schwarze, Rote, Braune und Weiße) nieder und hoben in ehrfürchtiger Anbetung die Arme. Und alle waren sie eins miteinander. Völlig anders als die vorangegangenen Visionen, die nach und nach vor Jeanes Augen verblaßt waren, rückte diese immer näher auf sie zu, bis sie selbst zuletzt in der Mitte des sich ihr darbietenden Bildes stand und sich ebenfalls der ehrfürchtigen Anbetung einfügte. ›Ich kam mir vor wie ein winziges Samenkorn, das sproß und wuchs‹, sagte sie, ›doch war ich nur eines unter Millio-

nen ähnlicher Samenkörner. Und ich fühlte instinktiv: Dies ist der Beginn aller Weisheit.‹

Im Raum wurde es wieder dunkel, und obwohl Jeane noch ganz im Bann der Vision stand, warf sie unwillkürlich einen Blick auf die Uhr neben ihrem Bett. Es war 7.17.« (11)

Nach Jeane Dixons Ansicht wurde ihr im Empfinden auch eine Erklärung zu diesem schwer zu verstehenden Bild gegeben:

»Ein Kind, dessen Geburt kurz nach 7 Uhr morgens im Mittleren Osten erfolgte, und zwar am 5. Februar 1962, wird die Welt revolutionieren. Noch vor dem Ausgang des Jahrhunderts wird es die gesamte Menschheit in einem allumfassenden Glauben vereinigen. Es wird ein neues Christentum erstehen, denn dieser Mann wird alle Sekten und Glaubensrichtungen vereinen und unter den Menschen einhergehen, um die Weisheit des Allmächtigen zu verbreiten.

Dieser Mann, wenngleich einfacher bäuerlicher Herkunft, ist ein Abkömmling der Königin Nofretete und ihres Gemahls; des bin ich gewiß. Seine Geburt war keineswegs königlich – weder Könige noch Hirten haben dem Neugeborenen gehuldigt –, aber er verkörpert die Antwort auf die Gebete einer besorgten Welt. Die Menschheit wird die Macht dieses Mannes in den achtziger Jahren unseres Jahrhunderts zu spüren bekommen, und in den darauffolgenden zehn Jahren wird die Welt eine Neugestaltung und Verbesserung erfahren. Und die Macht dieses Mannes wird noch wachsen bis zum Jahre 1999, und bis zu dieser Zeit werden die Völker dieser Erde auch die Bedeutung dieser Vision begreifen.« (11)

Diese prophetische Schau scheint klar und eindeutig. Allerdings wurde sie von Jeane Dixon selbst noch ergänzt und revidiert; denn in dem später erschienenen Buch von René Noorbergen sagt sie dazu:

»Gegebenheiten bei der Geburt dieses ›Kindes aus dem Osten‹ und die Ereignisse seines bisherigen Lebens, die ich mitverfolgen konnte, sind so ähnlich all den Gegebenheiten von Christi Geburt und unterscheiden sich dennoch so stark von ihnen, daß eines immer klarer wird: dieses ›Kind‹ ist der eigentliche Antichrist, der die Welt in Satans Namen irreführen wird.« (12)

Jeane Dixon zieht dann Vergleiche zwischen der Geburt und dem bisherigen – von ihr wohl geschauten – Leben dieses Kindes mit dem Leben von Jesus und glaubt, viele Parallelen zu erkennen. Sie vermutet, daß dieser »Antichrist« sein Wirken im kleinen Kreis – wahrscheinlich unerkannt von der Welt – etwa an der Schwelle seines zwölften Lebensjahres, also 1973–74, beginnen werde, und in ihm auch das Bewußtsein seiner satanischen Mission zu erwachen beginne. Über das große Wirken dieses »Antichristen« sagte Jeane folgendes:

»Gleich Jesus wird auch der Antichrist seine Arbeit auf die Stadt Jerusalem konzentrieren. Ich habe das eindringliche Ahnen in mir, als würden die bedeutendsten Religionen auf irgendeine Weise mit der Philosophie des Ostens verschmelzen. Ich sehe, wie ihm die Jugend in Scharen zuströmt und ihren Anteil an der Kraft seiner Weisheit hat, fast auf die gleiche Art, wie die Jugend von heute ihre Pilgerfahrten zu ihren Gurus unternimmt.

Die Welt in ihrer Ganzheit ist auf sein Kommen vorbereitet worden; Millionen auf dieser Erde werden mit ihm in Kontakt treten, denn unsere Kommunikationsmöglichkeiten sind inzwischen weit vorangeschritten. Die Heilige Stadt wird ihm als Hauptquartier dienen, aber das Feld seines Wirkens wird die weite Welt sein.

Enge Zusammenarbeit mit den derzeit herrschenden Mächten in den Vereinigten Staaten und dem neuen ›geistigen‹ Herrscher, wird ihm persönlich die Amerikaner nahebringen: denn er besucht dieses Land häufig und ausgiebig.

Viele Seelen führt er in die Irre. Ich erblicke eine riesige Menge, die ihm ergeben auf seiner langen Wanderung folgt. Dieser lange Weg zeichnet sich als Ende seiner Regentschaft ab. Sie folgen ihm in Furcht und blinder Verehrung und unterließen es, auf die innere Stimme des Herrn zu hören, die sie dazu aufrief, Buße zu tun.

Ich sah, wie er innehielt und sich umwandte... er umfing die ihn verehrende Menschheit in ihrer Masse mit einem Blick von hypnotischer Kraft und Überlegenheit und verlockte sie dazu, daß sie ihm weiter auf dem Wege folgten bis zu seinem Ende. Noch ein weiteres Mal schaute er sich um; dann fuhr er – ähnlich wie der Rattenfänger von Hameln – fort, ihnen vorauszugehen, und die Menge folgte ihm mit innerster Überzeugung und in dem Gefühl einer endlichen Erfüllung.

Dennoch, Gott ließ sie auch jetzt noch nicht allein, sondern gab ihnen eine letzte Chance. Ich sah, wie die Menschheit am ›Tal der

Entscheidung‹ ankam, einer Weggabelung, an der das ›Kind aus dem Osten‹ gleichsam in tiefen Gedanken versunken hinabwallte und mit leisem Wehen seines Gewandes eine scharfe Wendung nach links machte. Das war der Zeitpunkt der Entscheidung, denn hier konnte jeder für sich seine Wahl treffen: entweder nach links abzuzweigen und dem Kinde auf seinem Weg zu folgen, oder den Weg dort fortzusetzen, wo er geradeaus verlief und zum engen Pfad wurde.

Der ›Rattenfänger‹ hatte seine Arbeit gut verrichtet, denn endlose Massen folgten ihm in stiller Anbetung.

Ich sah weit in die Zukunft, und die Vision löste sich in tiefe Dunkelheit und Einsamkeit auf, denn beides wartete auf sie am Ende des Weges.

Dann spähte ich auf den anderen Weg: eine kleine Reihe gläubiger Pilger zog ihren Weg; sie hatten es schwer mit dem Bergangehen und mußten über Hindernisse steigen, die sich auf dem engen Pfade türmten. Müde und zerschlagen, dennoch im tiefen Glauben an Christus, meisterten sie die letzte Hürde und durchdrangen zu guter Letzt den ›Schild der Sünde‹, der sie so lange Zeit an ihrer Verbundenheit mit Gott gehindert hatte.

Endlich waren sie daheim – endlich und endgültig. Satan und die große Täuschung des ›Kindes aus dem Osten‹ bleiben nichts als eine leere Seite in den Annalen des langen Krieges zwischen Christus und seinem Gegenspieler. Des Sieges gewiß lebte nun das Universum aufs neue in Harmonie mit seinem Schöpfer.« (12)

Es ist schwierig, diese Prophetie zu kommentieren, mit der sich Jeane Dixon einreiht in die lange Liste der Seher, die das endzeitliche Auftreten des Antichristen prophezeiten. Da der zweite Teil dieser Zukunftsvision zweifellos eine symbolische Darstellung des zu erwartenden Gerichtsgeschehens bringt, darf man fragen, ob es sich auch bei dem ersten Teil um die Schilderung einer tatsächlich in dieser Form auf der Erde zu erwartenden Entwicklung handeln muß. Jeder Leser sollte sich seine eigenen Gedanken machen, ob er das Auftreten des Antichristen als Person auf unserer Erde erwarten will, oder ob er in diesem die symbolhafte Darstellung eines von uns Menschen gelebten falschen Prinzips erkennen muß.

Über die Zukunft Amerikas, die kaum zu trennen sein wird von dem Schicksal der übrigen Welt, sagt die Seherin das Folgende:

»Vor kannelierten Marmorsäulen saß auf einem Thorn ein römischer Kaiser, von unermeßlicher Helligkeit angestrahlt. Er schleuderte mit viel Energie und Kraft Nahrungsbrocken in Richtung einer in weiter Ferne harrenden Schar zerlumpter Barbaren. Die Horden kamen allmählich näher und griffen die zerstreuten Lekkerbissen auf; immer noch prangte der Palast in strahlendem Licht. Jeane, die voller Spannung den Vorgang verfolgte, bemerkte, daß der Kaiser nicht mehr so bedacht und schwungvoll warf, so daß einiges sogar zu seinen Füßen niederfiel; schließlich fielen die Barbaren wie ein Heuschreckenschwarm über den Palast her und vernichteten radikal alle Spuren von Kultur und Bildung, die er verkörpert hatte.
Als alles wieder in Dunkel gehüllt war, wußte Jeane, daß ihre Vision nicht nur eine symbolische Darstellung des Unterganges und Verfalls des Römischen Reiches sowie des darauffolgenden kulturlosen frühen Mittelalters gewesen war, sondern daß ihr damit eine Warnung zugegangen war des Inhalts, daß Amerika in ähnlicher Form die Kräfte verzehre, die es so dringend brauchte, indem es andere Völker unterstütze.« (11)

Im Anschluß an diese Schau hatte die Seherin eine weitere sehr eigenartige Vision, die von ihr als eine Glorifizierung, fast als Apotheose des Präsidenten Kennedy aufgefaßt wird. Wir wollen dieses schwer verständliche Gesicht übergehen, um den Umfang des Kapitels über Jeane Dixon nicht zu sehr anwachsen zu lassen, dürfen aber Schlußfolgerungen nicht außer acht lassen, welche die Amerikanerin aus diesem, und vermutlich auch aus weiteren Gesichten für die Entwicklung ihres Landes zog:

»... daß die Amerikaner teuer für all die ›Verwirrung, die Schlechtigkeit und unmoralische Haltung sowohl im politischen und geschäftlichen wie auch im familiären Leben bezahlen müssen‹; für die Versessenheit nach materiellem Werte und unsere Kompromisse gegenüber hohen ethischen Grundsätzen. Ähnlich wie die Römer, die ihre führende Stellung in kulturellen und politischen Dingen mit dem Grundsatz ›Brot und Spiele‹ untergruben, so haben wir ebenfalls einen Trümmerhaufen geschaffen, der von reinigendem Feuer verzehrt werden muß, bevor wieder Frieden über die durcheinandergeratene Welt kommen kann.« (11)

Dann schildert sie, was nach ihrer Ansicht in den nächsten Jahrzehnten auf ihre Heimat zukommen müsse:

> »Ich sah, daß die Trümmer des Lebens unserer Nation über ganz Amerika verstreut waren, aber unser Land war umgeben von einem Meer grünen Grases, das von klar sprudelndem Wasser überschwemmt wurde, ohne daß die Trümmer davon berührt wurden. Dies verkörpert die Gegenwart, und als gar die grauen Wolken sich am Himmel ballten, kam mir die Ahnung, daß sie den Rassenkampf darstellen sollten, der die Jahrzehnte zwischen 1960–1980 beherrschen wird. Danach kamen noch schwärzere Wolken, die einen fürchterlichen Krieg darstellten, in dem viele asiatische und afrikanische Völker, denen wir Entwicklungshilfe gegeben haben, sich mit Rotchina gegen uns verbünden und uns zu vernichten trachten werden – genau wie die Barbaren es in der Vision mit dem alten Rom gemacht haben. Das wird sich in den achtziger Jahren unseres Jahrhunderts abspielen, und da dieser Krieg mit Nuklearwaffen geführt wird, werden viele Menschen wie die Fliegen sterben.
> Dann aber – gleich einer Vision der Hoffnung – wird die Auraflamme die Kriegswolken zerstreuen, und danach wird uns ewiges Licht scheinen.« (11)

Auf eine weitere Kommentierung der Gesichte der Jeane Dixon sei verzichtet, denn die Seherin legt ihre Schauungen selbst aus. Wenn der Autor dieses Buches auch in manchen Punkten anderer Ansicht ist und die Bilder abweichend von den Erklärungen der Visionärin verstehen möchte, so müßte man es doch als Anmaßung empfinden, wollte er der Schau der Hellseherin seine eigenen Auslegungen gegenüberstellen. Jeder Leser sei dazu aufgerufen, selbst nachzuempfinden, welche Erkenntnisse er aus diesen Prophetien gewinnen kann und welche Schlußfolgerungen für ihn persönlich daraus zu ziehen sind.

Josef Stockert

Im Jahre 1947 hatte Josef Stockert in München endzeitliche Visionen, die in ihren dramatischen Bildern an die Offenbarung des Johannes oder die Gesichte der Hildegard von Bingen erinnern, Stockert sah

bildhaft ein endzeitliches Geschehen, das ihn zutiefst erschütterte. Die Erstveröffentlichung Stockerts (19) in kleiner Auflage ist längst vergriffen und es ist nicht einfach, ein Exemplar davon aufzufinden. Doch haben Bekh in »Das dritte Weltgeschehen« und Stocker in »Der dritte Weltkrieg« die wichtigsten Passagen übernommen, wo man sie leicht nachlesen kann.
Wir verzichten hier auf die vollständige Wiedergabe der Visionen Josef Stockerts und bringen nur die von ihm gegebenen Erklärungen:

»1. Altäre umgestürzt und viele Priester tot.
Die Welt ist in Revolution und im Chaos, die Liebe zum Nächsten ist entschwunden und es wütet nur der Haß, den die Gegner Gottes zeigen. Jeder sorgt nur für sich. Priester werden unter sich uneins, selbst Bischöfe wissen nicht mehr, wo aus und ein. Die gegenseitige Achtung ist geschwunden. Altäre werden umgestürzt, die heilige Eucharistie wird geschändet, viele Kirchen demoliert und Gläubige ziehen sich zurück. Mord und Totschlag sind an der Tagesordnung. In den Kirchen wird Blut fließen und die Stufen zu den Altären werden vom Blut hingemordeter Priester und Gläubiger befleckt sein...

2. Panzer überrollen Deutschland.
Diese Panzer werden von Osten kommen und mit großer Schnelligkeit gegen Westen fahren. Wo sich ihnen Hindernisse in den Weg stellen, machen sie mit großer Übermacht alles dem Erdboden gleich. In drei Zügen ziehen sie nach Westen, an der Nordsee, nach Mitteldeutschland und im Süden entlang den Alpen, soweit ich mich erinnern kann. Vor Angst fliehen die Menschen nach Westen. In Frankreich werden die Straßen von Flüchtenden und von Autos verstopft sein und es wird kein Vor und kein Zurück geben. Männer und Frauen werden gewaltsam ins feindliche Heer eingezogen; wer sich weigert, wird erschossen. Oh, wieviel Leid kommt nach Deutschland. Viel Blut wird in den Straßen fließen. Lebensmittel und alles, was das feindliche Heer braucht, wird der Bevölkerung enteignet.
Die Panzerzüge der Russen werden bis zum Rhein kommen.
Das ganze Land wird wimmeln von fremden Soldaten und jeder wird morden und die Frauen vergewaltigen, wie er will. Das Volk wird weder Eigentum noch sonst was besitzen, viele werden keine Wohnungen mehr haben und in Verstecken hausen.

3. Todesengel und ihre Giftschalen.
Erhob ich meinen Geist in die Lüfte, so sah ich Todesengel ausziehen und ihre Giftschalen über die gesamte Menschheit ausleeren. Ganze Völker werden sterben.
Von Osten her flog über die Nordsee ein Flugzeug gegen Westen. Als es sich England näherte, sah ich, wie aus dem Flugzeug etwas abgeworfen wurde. Das Flugzeug flog mit großer Geschwindigkeit weiter. Gleich darauf erfolgte eine furchtbare Detonation. Das Wasser des Meeres wurde hoch in die Lüfte geschleudert und ich sah unter mir nur noch Gischt und schäumendes, dampfendes Wasser. Weit wurde es in das Land hineingetragen und begrub alles unter sich. Vom Land sah ich keine Spur mehr; ich glaubte, es sei untergegangen.
Dann sah ich Raketen mit gewaltiger Schubkraft dahinsausen, begleitet von Dämonen und Verwünschungen, um am Zielpunkt alles zu pulverisieren.

4. Übernatürlich wird die Weltkatastrophe enden:
Die große Katastrophe wird natürlich beginnen und übernatürlich enden. Denkt daran, was das heißt; natürlich und übernatürlich! Gott wird selbst eingreifen.
Die Erde wird aus ihrer Bahn geworfen und die Sonne wird ihr keinen Schein mehr geben: Finsternis wird auf dem ganzen Erdball 72 Stunden lang. In dieser Finsternis wird kein Licht brennen, außer dem Licht des Glaubens und geweihter Kerzen, das jedem erhalten bleibt, der die Bitte der Gottesmutter treu erfüllt hat. Die wahren Christen werden in dieser Zeit Fenster und Türen schließen und verhängen und sich um das Kreuz und das Bild der seligsten Jungfrau im Gebete versammeln. Sie werden Gott bitten um das baldige Ende der unerträglichen Finsternis. Die geweihten Kerzenlichter erhellen nicht nur die Räume, sondern auch ihre gläubig im Gebet vereinten Herzen. Schauet nicht hinaus und seid nicht neugierig, was draußen vorgeht, sonst müßt ihr sterben!
Wehe den Unbußfertigen, die glauben, mit Gott selbst ihre Rechnung machen zu können. Sie werden von den Teufeln – die wegen ihrer Sündenschuldscheine Macht über sie haben – in die Lüfte getragen, gequält und bei lebendigem Leibe entseelt. Ein furchtbares Geschrei wird die Luft erfüllen, bis Satan mit all seiner Beute zur Hölle gefahren sein wird.
Dann erhellt die Sonne alles wieder mit neuer Schönheit und es

wird nach diesem Siege mit den Auserwählten ein Hirte und eine Herde werden. Die Sünden des Menschengeschlechtes sind wieder durch Märtyrerblut getilgt und der Teufel mit seinem Anhang ist fortan für eine Zeit in die Hölle verbannt.
Zwei Drittel der Menschheit wird von der Erde genommen sein. Es wird nun eine fruchtbare Friedenszeit sein, bis die Menschen von neuem Gott verlassen werden und der Antichrist auftreten wird.
Achten wir darauf, wenn der Posaunenschall an unser Ohr dringt; es wird das letzte Zeichen des Himmels an uns Menschen sein. Das Zeichen des Kreuzes wird am Himmel erscheinen und blutrote Strahlen aus den Wunden des gekreuzigten Heilands werden alle Menschen treffen. Ein großer Teil der Menschen wird sich zum Glauben bekehren. Die Guten werden das Zeichen des Heiligen Kreuzes leuchtend auf ihrer Stirne tragen und von Gleichgesinnten erkannt werden. Sie werden sich freuen, daß die Erlösung nahe ist. Die Bösen als Anhänger des Tieres werden wie besessen sein und die Christen verfolgen, sie martern und töten. Wehe den Unbußfertigen, sie werden ewig verbannt aus der Anschauung Gottes, die Gerechten aber zur ewigen Freude eingehen.«

Die Worte des Sehers bedürfen wohl keiner weiteren Erklärungen. Doch sollte man noch das Nachwort des Visionärs, das zugleich sein Zeugnis für die Echtheit der Schauung ist, nicht unterschlagen:

»Als ich das furchtbare Strafgericht Gottes geschaut hatte, war ich innerlich gebrochen. Es vergingen Tage, Wochen und Jahre und so oft ich an jene furchtbare Nacht dachte, war ich aufs neue gebrochen.«

Wann zucken die Blitze?

»Bauern«-Propheten und ihre Gesichte

»Kennst du die Blassen im Heideland,
Mit blonden, flächsernen Haaren,
Mit Augen so klar, wie am Weihersrand
Die Blitze der Wellen fahren?
O sprich ein Gebet inbrünstig, echt,
Für die Seher der Nacht, das gequälte Geschlecht.«

Annette von Droste-Hülshoff

Wenn es um ländliche Prophetien geht, fällt schnell auch das Wort von den »Bauern-Propheten«, das als abwertend verstanden werden kann. Denn die Landbevölkerung wird häufig unterschätzt.
In unserer Zeit laufen die großen Linien in den Städten zusammen, welche sich zu Knotenpunkten aller Bestrebungen entwickelt haben. Daher lebt man in dem Eindruck, daß nur in der Stadt etwas geschieht, daß dort der Brennpunkt des Lebens zu suchen sei, und daß aller Fortschritt von der Stadt ausgehe.
Sicher ist diese Sicht insofern zutreffend, als Zusammenballungen von Menschen ein intensiveres Erleben bieten können, viele Einrichtungen kultureller Art nur in Großstädten denkbar sind, und die Stadt damit zum Inbegriff der Zivilisation wurde, sich zum liebsten Kind des Wachstums, des Konsums, der Industrie entwickelte.
Man sollte aber nicht übersehen, daß die moderne Großstadt keine in jeder Hinsicht erfreuliche Blüte unserer Kultur ist. Menschliche Qualitäten können gerade in der Stadt unter die Räder kommen, so daß sich tiefere Werte, das eigentlich Menschliche, in abgelegenen Orten oft besser entwickeln als im Neonlicht von Boulevards. Allerdings sind die Vorzüge bäuerlicher Menschen meist unter einer rauhen Schale verborgen, verdeckt durch Mangel an Ausdrucksfähigkeit und eine plumpe Diktion in mundartlicher Sprache, die sich nur dem Einheimischen in ihren Feinheiten erschließt.
So ist es kein Zufall, daß in abgelegenen Gebieten die Menschen offener sind für unsichtbare Zusammenhänge. Eine naturnahe Bevölkerung ist aufgeschlossener für das Übersinnliche und hat daher bessere

Chancen, mit Schwingungen in Kontakt zu treten, welche einem Städter meist verschlossen sind, der kaum noch einen Sonnenaufgang erlebt und fast nur noch aus dem Schulunterricht weiß, daß über ihm ein gestirnter Himmel strahlt. Auch das Wort »konservativ« ist richtig verstanden nichts Negatives.

Wer offenen Auges um sich blickt, erkennt in den Konservativen teilweise eine Gruppe, die auf der abschüssigen Bahn etwas zurückgeblieben ist, auf der die Mehrzahl voll Stolz dem Abgrund entgegeneilt.

Natürlich leben auf dem Lande neben ehrwürdigen Überlieferungen, Märchen und alten Mythen auch abergläubische Vorstellungen, die man belächelt, nicht wissend, daß in Märchen, Mythen und Sagen alte Weisheiten verborgen sind – abgeschliffen zwar, trübe geworden, nicht selten auch entstellt durch die mündliche Weitergabe über die Jahrhunderte – aber eben doch Reste uralter Einsichten.

Auch alte Prophezeiungen haben sich erhalten. Sie gingen von Mund zu Mund, wurden von der Phantasie der Erzähler aufgeputzt, durchmischt mit sagenhaften Berichten aus früheren Zeiten und dem einen oder anderen populären Visionär zugeschrieben, von dem man zwar viele Histörchen zu berichten weiß, der aber für einen Heimatforscher meist verschwimmt im Nebel der Lokalgeschichte. Doch selbst Volkssagen wie die Prophetie von der »Schlacht am Birkenbaume« oder die Mühlhiasl- oder Stormberger-Gesichte sind vielleicht nicht weniger wahr als die Ilias, die einen von ihr Überzeugten nach Troja führte.

Neben alten Überlieferungen, deren Ursprung unsicher, vielleicht sogar zweifelhaft ist, stehen auch andere Visionen, die vergleichsweise gut dokumentiert sind, deren Autoren man kennt und deren Entstehungszeit einzugrenzen ist. Sie künden Geschehnisse, die in der näheren Zukunft, vielleicht sogar noch während unserer persönlichen Lebenszeit zu erwarten sein sollen. Solche Voraussagen bewirken bei modernen Lesern vom Spott bis zum Gruseln die unterschiedlichsten emotionellen Regungen.

Betrachtet man alle diese Weissagungen »rational«, also mit dem heute so hochgelobten »wissenschaftlichen Sachverstand«, so verschwimmen sie, zerfließen uns unter den Händen. In dieser Hinsicht können sie sich sogar mit der Bibel vergleichen, die auch nur wenige Aussagen enthält, die einer »wissenschaftlichen Nachprüfung« standhalten, bis hin zu der Tatsache, daß in den Augen einzelner Wissenschaftler noch nicht einmal erwiesen ist, daß Jesus gelebt habe und mehr Realität besitze als ein Produkt der Phantasie. Läßt man aber die tieferen Inhalte einer Botschaft auf sich wirken – in dieser Hinsicht sei der an sich unzutreffende Vergleich zwischen der Bibel und den Bauernpropheten gewagt –, dann erschließen sich die prophetischen Worte und werden zu ernstzunehmenden Warnungen.

Die Schlacht am Birkenbäumchen

Wenn von ländlichen Propheten gesprochen wird, dann sollten der Niederrhein und das westfälische Land nicht fehlen. Schließlich ist hier das »Land der Propheten«, denn in keinem zweiten deutschen Land gibt es mehr Seher und mehr Vorhersagen als in dieser Region. So ist auch das aus dem westfälischen Platt stammende Wort »Spökenkieker« in ganz Deutschland zu einem Begriff geworden.

Einer Volkssage gleich wird in diesem Gebiet seit Jahrhunderten die Geschichte von der »Schlacht am Birkenbäumchen« kolportiert als Ankündigung der letzten großen Entscheidungsschlacht mitten im Herzen Europas. Erst nach diesem großen Kampf sollen sich die Verhältnisse wenden und die seit langem erhofften »goldenen Zeiten« kommen.

Der merkwürdige Birkenbaum wird von der einen Quelle zwischen Kirchenhemmerde und Holtum (also zwischen Werl und Unna) lokalisiert, nicht allzuweit von dem heutigen Autobahnkreuz Werl, während andere vom »Birkenwäldchen nahe bei Bodberg« sprechen. Für ein großes Schlachtfeld sind beide Angaben genau genug, denn eine entscheidende Schlacht wird sich kaum auf ein kleines Gebiet beschränken. Vermutlich reicht schon die Angabe aus, daß es im Nordwesten von Köln sein werde.

Von der »Schlacht am Birkenbaume« berichtet übrigens nicht nur die wohl bekannteste von zahlreichen ähnlichen Sagen. Wie Volkskundler feststellten, gibt es noch viele andere Plätze, an denen die sagenhafte große Entscheidungsschlacht stattfinden werde. Das sind z. B. Straßburg im Elsaß, Bornhöved oder die Kroppener Heide in Holstein, Osterkoppeln bei Hannover, die Wahner Heide (ein altes Grabfeld im Rheinland), der Untersberg bei Berchtesgaden, Teck in Schwaben oder auch auf dem Guggenollen in der Schweiz, um nur einige zu nennen.

Auch um den Baum im Mittelpunkte des Schlachtfeldes ranken sich Sagen. Einmal ist es eine Esche, dann eine Eiche, ein Birnbaum oder

eine Linde und schließlich das berühmte »Birkenbäumchen« der Westfalen.
Der Raum Köln wird als Ort einer Entscheidungsschlacht schon früh genannt, so z. B. in den »Prognostica« von Johannes Lichtenberger aus dem Jahre 1488:

»Darum sagt Methodius:
Es wird die Zeit kommen, daß die Agareni (Söhne der Hager, Wüstensöhne) noch einmal in deutschen Landen versammelt aus der Wüstenei gehen werden, und werden der Welt Kreis einnehmen, im Lande des Mondes, acht Jahr lang, und ihre Reise wird die Agarener Reise genannt werden. Denn sie werden Städte und Reiche umkehren und die Priester werden sie in den geweihten Stätten erwürgen...
Aber bei dem goldenen Apfel zu Cöln werden sie umkommen und vertilget werden.«*

Natürlich sind die Überlieferungen einer solch sagenhaften Prophetie alles andere als eindeutig oder gar zuverlässig; man kann jedoch Übereinstimmungen in den vielfältigen Ankündigungen entdecken. Sie gleichen sich in der Warnung vor einer großen, entscheidenden Schlacht im westfälischen Raum, die dem Anscheine nach mit einem endzeitlichen Geschehen in Verbindung zu bringen ist. Diesen Kern der Überlieferungen faßt eine vom Volksmund überlieferte Vorhersage zusammen, die von Clericus berichtet wird:

»Es wird einmal eine große Schlacht sein am Birkenbaum, das wird geschehen, wenn die Menschen durch die Luft kommen, wenn die Frauen Hosen tragen und sich die Haare wie eine Perücke ins Gesicht kämmen.
Die Schlacht ist so blutig, daß man bis an die Knie im Blut geht.
Die vier feindlichen Mächte kommen am Birkenbäumchen zusammen und die Schlacht findet dort statt. Der Sieger kann zuletzt das kleine Häufchen der noch bleibenden Soldaten unter dem Birkenbäumchen versammeln.« (7)

Von den verschiedensten Spökerkiekern sind dazu ausführlichere Gesichte überliefert, von denen wir einige erwähnen wollen. Es sind

* Nach Arthur Hübscher, Die große Weissagung

keine prägnanten Schauungen, die sich leicht in einen Zusammenhang einordnen lassen, doch sind sie weit verbreitet und finden seit mehr als einem Jahrhundert ihre Beachtung.

Die Spielbähn-Prophetie

Umfangreiche Prophezeiungen werden dem Siegerländer »Spielbähn« zugeschrieben. Nach den Überlieferungen handelt es sich um einen Klosterboten der ehemaligen Benediktinerabtei Siegburg, Bernhard Rembort mit Namen, der um 1689 in Eschmar an der Sieg geboren wurde. Den Namen »Spielbähn« soll er seiner Begeisterung für das Geigenspiel verdanken; dieser Name bedeutet soviel wie der »Spiel-Bernhard« (Bähn = Bernhard). Gestorben soll dieser Spökenkieker im Jahre 1783 zu Köln sein. Er war mit dem »zweiten Gesicht« begabt und lieferte angeblich Zeit seines Lebens viele Beispiele für seine Gabe der Weissagung, die in unzähligen Anekdoten berichtet werden und deren Wahrheitsgehalt wohl kaum mehr zu belegen ist. Auch über die Art, wie seine Gesichte der Nachwelt erhalten blieben, ist nichts Näheres bekannt, so daß man nicht einmal sicher sagen kann, ob es sich um Schauungen eines bestimmten Visionärs handelt, oder um im Volksmund überlieferte allgemeine Vorahnungen.
Wir halten uns hier an den von Clericus angegebenen Text und bringen nur den Teil der Vorhersage des Spielbähn, der für unsere Zeit von Interesse sein könnte. Die Prophezeiungen, die das 17., 18. und beginnende 19. Jahrhundert betreffen, wollen wir übergehen. Diese enthalten zwar treffende Vorhersagen, z. B. über Napoleon und seine Zeit, doch läßt sich das Alter dieser Prophetien nicht belegen. Clericus entnahm seinen Text nach eigenen Angaben einem im Jahre 1849 erschienenen Buch, das sich auf weit ältere Quellen beruft, die allerdings unsicher sind, so daß der Ursprung der Spielbähn-Prophetie im dunkeln bleibt.
Begnügen wir uns also mit Angaben über die uns näher liegenden Zeiten:

> »... Also werden die Geistlichen stolze Kleider tragen, und wollen nicht mehr zu Fuß gehen, wie doch ihr Herr und Meister ihnen vorgetan.« (7)

Noch vor 100 Jahren hätte man sich nicht vorstellen können, daß ein Priester Zivilkleidung trägt und mit einem PKW seinen Dienst versieht.

»Und weil der Hirte nachlässig, wird die Herde verderben.
Man kann zu selbiger Zeit einen Bauern nicht von dem Grafen unterscheiden.
Die Hoffart und Welteitelkeit werden ihresgleichen nicht kennen.
Ja, es kommt so weit, daß man Gott nicht mehr danken wird für die Speisen.
Doch soll dir das ein Zeichen sein: Wenn die schwersten Schiffe den Rhein hinablaufen ohne Pferd und Wind, wenn man auf der Frankfurter Straße den Käsberg ebenen wird, dann wird man das Oberhaupt der Kirche gefangennehmen.« (7)

Wir müssen es Kennern der westfälischen Heimatgeschichte überlassen, zu entscheiden, ob die »Ebnung des Käsbergs« schon geschehen ist und im Zusammenhang mit der »Gefangennahme des Oberhauptes der Kirche« gesehen werden kann. Mit dem »Kirchenoberhaupt« muß nicht unbedingt der Papst gemeint sein, es könnte sich auch um ein Ereignis von regionaler Bedeutung handeln. So vermutet Arthur Hübscher, daß eine Straßenverlegung des Jahres 1837 und die Verhaftung des Erzbischofes Klemens August II. von Köln am 20. 11. 1837 gemeint seien.

»Und der Menschen Witz wird Wunder schaffen, weshalb sie Gott immer mehr vergessen werden. Sie werden Gottes spotten, weil sie allmächtig zu sein wähnen. Von wegen der Wagen, so durch alle Welt laufen, ohne von lebendigen Geschöpfen gezogen zu werden, also daß man die Wegstrecken nach der Vögel Flug ausrechnet.« (7)

Dieser Hinweis auf Kraftwagen könnte prophetisch sein, denn diese waren 1849 noch nicht vorhersehbar; allerdings kann man auch an die Eisenbahn denken, die damals längst bekannt war, und darauf hinweisen, daß nicht zu beweisen sei, daß die dem Spielbähn zugeschriebenen Vorhersagen sehr viel älter sind als 130 Jahre.

»Das ist der Stolz der Erde, daß sie über die Zeichen lachen so ihnen der Himmel gibt. An der Luft und an der Erde wird man diese Zeichen sehen und nicht sehen wollen.

Es wird ein Mann aufstehen, der die Welt aus ihrem Schlafe weckt.
Da er schlägt die Stolzen mit starker Stimme und die Spötter stürzt.
Und weil die Hoffart, Wollust und Kleiderpracht so groß sind, wird Gott die Welt strafen.
Es wird Gift regnen auf das Feld, wodurch ein großer Hunger in das Land kommt.
Also daß viele Tausende über dem Gewässer eine bessere Heimat suchen.« (7)

Hier darf man annehmen, daß zwischen endzeitliche Prophetien eine für frühere Zeiten gültige Aussage eingeschoben wurde. Die Auswanderungswelle nach Übersee, speziell in die USA, hatte in Deutschland in der Mitte des 19. Jahrhunderts voll eingesetzt. Der »giftige Regen« dagegen ist kaum mit landwirtschaftlichen Problemen im vergangenen Jahrhundert zu erklären, sondern läßt Schlimmeres befürchten als den »sauren Regen« von heute.

»Die Menschen werden den Vögeln nachahmen und in die Lüfte fliegen wollen. Doch wird Gott ihren stolzen Sinn verwirren, gleichwie Babylon. Und es wird ein großes Klagen sein im bergischen Lande zu dieser Zeit.
Ein kleines Volk wird aufstehen und den Krieg ins Land bringen.« (7)

Auch der Hinweis auf die Luftfahrt muß nicht unbedingt eine Prophetie sein, da zwar noch keine Flugzeuge, doch Ballone in der Mitte des letzten Jahrhunderts bekannt waren. Der letzte Satz der Vorhersage kann auf den Ausbruch des Ersten Weltkrieges gemünzt sein, der durch den Mord von Sarajewo, also durch Serbien ausgelöst wurde. Doch ist die Vorhersage insgesamt nicht so klar, die Reihenfolge der einzelnen Abschnitte zu unsicher, als daß man so weitgehend interpretieren möchte.

»Wenn man aber bei Mondorf eine Brücke über den Rhein bauen wird, alsdann mag es ratsam sein, mit den Ersten hinüber zu gehen ans andere Ufer. Doch soll man nur so lange dorten verweilen, bis man ein siebenpfündiges Brot aufgezehrt hat, alsdann wird es Zeit sein zum Umkehren.« (7)

Die Brücke bei Mondorf (im Norden von Bonn, gegenüber Siegburg) soll von deutschen Truppen geschlagen worden sein, die gegen Ende des Ersten Weltkrieges* sich zurückzogen. Inwieweit damit dieser Teil der Prophetie seine Erfüllung gefunden hat, mag dahingestellt bleiben.

»Und Tausende werden sich in einer Wiese zwischen den sieben Bergen verstecken, woselbst sie das Würgerschwert verschonen wird.
Ich sehe der Mütter Jammer. Ich höre das Gewimmer von Waisenkindern. Ich vernehme die Klagen der Hungrigen. Also sehe ich auch den Hohn der Gottesschänder. Und erkenne den Untergang der Ketzer mit derber Strafe, die mit frevlem Mute sich an Gott wagten, und da glaubten, ihr winziger Verstand möchte die Ratschlüsse des höchsten Gottes ergründen. Denn während sie Gott auf ihren Lippen trugen, bargen sie den Teufel im Herzen.
Obwohl die Menschen sie Engel nannten, so kam doch gar bald der Teufel nach oben.
Sie wollten ein neues Reich Christi gründen und aller Glaube soll verbannt werden, es ist den Leuten einerlei, ob sie zur Kirche gehen oder nicht. Und sie stifteten eine Pflanzschule aller Lastertaten. Sie nannten sich Gottesdiener und waren Bauchdiener. Sie dienten der Wollust und machten eine Religion für ihre böse Fleischeslust.
Dieweilen sie freiten und ein Weib nahmen, und darnach zwei Weiber... (hier ist eine Lücke im Text)... sprechend: unserem Stande gebühren der Weiber drei: Das eine muß das Haus besorgen, das andere die Kinder lehren, das dritte die Kranken pflegen.
Aber Petrus wird sich endlich entrüsten, weil die Langmut des Himmels ein Ende nimmt. Nicht weiter gehen die Marken ihrer Bosheit.
Ihr bergischen Länder merket auf! Euer Regentenhaus, als welches abstammt von einem Markgrafentum, wird von seiner Höhe plötzlich herabsinken und wird kleiner als ein Markgrafentümchen werden.« (7)

Der letzte Absatz sieht vermutlich den Sturz des Hauses Hohenzollern, das von dem Burggrafen Zollern von Nürnberg sich herleitet;

* Nach Clericus. Bruno Grabinski (12) spricht von einem Brückenschlag im Frühling 1945. Ich konnte nicht feststellen, ob *beide* Brückenschläge stattfanden, oder ob einer der Autoren sich irrte.

außerdem waren die Hohenzollern Markgrafen von Ansbach und Kulmbach (Bayreuth). Im Jahre 1849, bei der ersten nachzuweisenden Drucklegung des Textes, war dies Prophetie!

»Es bluten die Gläubigen im fremden Lande.
Darum untergehen wird ein großes Barbarenreich, weil es solche Frevel zugelassen. Und nicht beschützet hat die Kirche Christi. Und nicht gerettet hat ihre Diener. Mit ihm sinken die falschen Propheten, als deren sich viele mit Weib und Kind selbst verbrennen werden.
Und man vierhundert mit den Eingeweiden erwürgen wird. Um, die übrig, von einem Felsen am Rhein zu stürzen. Das ist der Blutzeit Anfang.
Die heilige Stadt Köln wird sodann eine fürchterliche Schlacht sehen. Viel fremdes Volk wird hier gemordet, und Männer und Weiber kämpfen für ihren Glauben. Und es wird von Köln, bis dahin noch eine Jungfrau, eine fürchterliche Verheerung nicht abzuwenden sein. Und man wird allda bis ans Fußgelenke im Blute waten.
Zuletzt wird ein fremder König aufstehen und den Sieg für die gerechte Sache erstreiten.
Des Feindes Rest entflieht zum Birkenbäumchen. Hier wird die letzte Schlacht gekämpft für die gute Sache.
Die Fremden haben den schwarzen Tod mit ins Land gebracht. Was das Schwert verschont, wird die Pest fressen. Das bergische Land wird menschenleer sein und die Äcker herrenlos. Also daß man ungestört von der Sieg bis zu den Bergen wird pflügen können. Die in den Bergen verborgen sind, werden die Äcker wieder anbauen.« (7)
»Alle Konfessionen, selbst alle Religionen werden sich vereinigen, wobei jedoch die Juden ihre alte Hartnäckigkeit zeigen werden.
Um diese Zeit wird Frankreich zerspaltet sein.
Das deutsche Reich wird einen Bauer zum Kaiser wählen. Der wird ein Jahr und einen Tag Deutschland regieren.
Der nun die Kaiserkrone nach ihm trägt, das wird der Mann sein, auf den die Welt lange gehofft hat. Er wird römischer Kaiser heißen und der Menschheit den Frieden geben.« (7)

Hier trifft sich die Vorhersage des Westfalen mit vielen weiteren Gesichten, z. B. von Kugelbeer, Irlmaier oder dem Seher aus dem Waldviertel.

»Siegburg und Heisterbach wird er wieder aufrichten, wie es weiland gewesen und von Anfang an bestimmt war.
Um diese Zeit werden in Deutschland keine Juden mehr sein und die Ketzer schlagen an die Brust.
Und darnach wird eine gute und glückliche Zeit sein. Und das Lob Gottes wird auf der Erde wohnen. Und ist kein Krieg mehr, denn über den Gewässern. Darum werden die entflohenen Brüder von dannen zurückkehren mit ihren Kindeskindern.
Das sollen die Menschen wohl acht haben, was ich gesagt habe. Denn vieles Ungemach kann gewendet werden durch Gebet zu Gott, dem allerbarmenden Vater der Menschen und Jesus Christus, hochgelobt in Ewigkeit.
Wenn auch die Menschen mich verhöhnen, indem sie sagen, ich sei nur ein Spielmann, so wird dennoch eine Zeit kommen, wo sie meine Worte wahr finden.« (7)

Insgesamt also eine etwas verworrene Prophetie, wie das bei einer so unsicher überlieferten, vielleicht sogar vor der ersten Aufzeichnung schon viele Jahrzehnte von Mund zu Mund weitergegebenen Vorhersage kaum anders zu erwarten ist. –
Die Ankündigung der großen »Schlacht am Birkenbaume« wurde natürlich noch in weiteren Formen übermittelt, und es dürfte schwierig bis unmöglich sein, den wahren Ursprung der einen oder anderen Aussage zu ermitteln. Zur Abrundung seien noch weitere Schilderungen gebracht, die das erste Bild ergänzen können.

Der Mönch von Werl

In dem »Buch der Wahr- und Weissagungen« von Truelle wird von den Gesichten eines Mönches aus Werl berichtet, die nach dieser Quelle bereits im Jahre 1701 im Druck erschienen wären:

»Es wird ein fürchterlicher Krieg entstehen.
Auf der einen Seite werden alle Völker des Westens, auf der anderen alle des Ostens stehen. In fürchterlichen Scharen werden jene herankommen. Lange wird man mit unentschiedenem Glücke kämpfen, bis man endlich in die Gegend des Rheines kommt. Dort wird man kämpfen drei Tage lang, so daß das Wasser des Rheines

rot gefärbt sein wird, bis es bald nachher zur Schlacht am Birkenbäumchen kommt.
Da werden weiße, blaue und graue Soldaten kämpfen und mit solcher Macht und Wut, daß jene Scharen vollkommen aufgerieben werden, und dann wird Ruhe und Frieden sein.
Jene Zeit wird eintreten, wenn allenthalben Unzufriedenheit, Mißachtung der Religion eintreten wird. Wenn niemand mehr gehorchen, niemand mehr Untertan sein will, wenn man Reiche und Arme nicht mehr unterscheiden kann, dann glaubt, daß jene Zeit nahe ist.
Mitten in Deutschland werden sie aufeinandertreffen, nachdem die Einwohner gezwungen sind, sich in die Berge und Wälder zu flüchten. In den Gegenden Niederdeutschlands wird dieser schreckliche Kampf entschieden werden. Daselbst werden Heere Lager schlagen, wie sie der Erdkreis noch nie gesehen hat. Am Birkenwäldchen nahe bei Bodberg, wird dieses schreckliche Treffen beginnen... Dort wird jene Macht vernichtet, ihre Kraft zerbrochen, so daß kaum einige übrig bleiben, um die unerhörte Nachricht zu verkünden.« (21)

Auch die Gesichte des »Mönchs von Werl« werden in verschiedenen Fassungen angegeben, von denen wir nur eine im Auszug brachten. Diese fügen sich übrigens gut mit den Prophezeiungen eines unbekannten Kapuziner-Paters aus Düsseldorf, aus dem Jahre 1762, von denen Beykirch berichtet:

»... wenn die Frauensleute nicht wissen, was sie vor Üppigkeit und Hochmut für Kleider tragen wollen, bald kurz, bald lang, bald eng, bald weit:
Wenn die Männer auch ihre Trachten ändern, und man allgemein die Bärte der Kapuziner trägt:
Dann wird Gott die Welt züchtigen. Ein schwerer Krieg wird im Süden entbrennen, sich nach Osten und Norden verbreiten. Die Monarchen werden getötet werden. Wilde Scharen werden Deutschland überschwemmen und bis an den Rhein kommen. Sie werden aus Lust morden, sengen und brennen, so daß Mütter aus Verzweiflung, weil sie überall den Tod vor Augen sehen, sich mit ihren Säuglingen ins Wasser stürzen werden. Da, wenn die Not am größten ist, wird ein Retter kommen von Süden her; er wird die Horden der Feinde schlagen, und Deutschland glücklich machen.

Dann werden an manchen Orten die Menschen so selten sein, daß man auf einen Baum steigen muß, um Menschen in der Ferne zu suchen.« (3)

Ähnliche Vorhersagen, deren Verfasser nicht mehr zu ermitteln sind, kennt man im ganzen westfälischen Lande. Prof. Zurbonsen bringt einige Ergänzungen, die weiteres über den Zeitpunkt sagen, zu dem die sagenhafte Entscheidungsschlacht zu erwarten sei. So hieß es schon in der Mitte des 19. Jahrhunderts in der Gegend von Düren:

»Es wird einmal eine große Schlacht sein beim Birkenbaum – das wird geschehen, wenn die Menschen durch die Luft kommen, wenn die Frauen Hosen (Humpelröcke) tragen und sich die Haare wie eine Perücke ins Gesicht kämmen.« (23)

Und aus dem Sauerlande konnte man hören:

»Wenn die Zeit nahe sein wird, dann wissen die Menschen vor Hoffart nicht, wie sie sich kleiden sollen. Die Frauen tragen Hüte wie die Männer. Abends wird man sagen: Friede! Friede! und morgens steht der Feind schon vor der Tür.
Der Krieg folgt auf einen Winter, der wie kein Winter ist, wo nur lappen- d.h. sohlenhoher Schnee fällt. Die Schlüsselblumen blühen in diesem Jahre sehr früh, und die Kühe gehen schon im April im Grase bis an die Knie.
Die ersten Soldaten, die kommen, tragen Kirschenblüten auf den Hüten. Der Roggen wird vor der Schlacht am Birkenbaum erst eingefahren, der Hafer aber nicht. Die Soldatenpferde fressen von den Hafergarben im Felde.
Wenn die Büdericher auf Krautweih* aus dem Hochamte kommen, steht rings um die Kirche alles voll Soldaten.« (23)

* Krautweih ist das Fest Mariä Himmelfahrt (15. August), an dem nach alter Sitte Heilkräuter geweiht werden.

Die Weissagung des »elsischen Jungen«

Der »elsische Junge« war vermutlich ein Bauer aus Elsen bei Paderborn, von dem wir kaum mehr wissen als seinen Vornamen Anton. Wir bringen einen Auszug aus einem von ihm überlieferten Gesicht in der Form, wie sie Beykirch in seinen »Prophetenstimmen« (3) 1849 veröffentlicht hat:

»Wenn man am Bocke* Gerste säet, dann ist's die höchste Zeit. Dann wird der Feind im Lande sein und alles umbringen und verwüsten. Sieben Stunden Weges wird man gehen müssen, um einen Bekannten zu finden. Die Stadt** wird acht schwere Tage haben, wo der Feind drin liegen wird. Am letzten Tage wird er die Stadt plündern wollen, aber dann trage jeder sein Bestes von unten nach oben, denn der Feind wird nicht Zeit haben, seine Schuhriemen loszubinden, so nahe wird der Helfer sein.
Vom Libori-Berg aus wird man die Stadt beschießen wollen; doch nur eine Kugel wird treffen und ein Haus auf dem Kampe in Brand stecken, das Feuer wird jedoch bald getilgt werden.
Die Franzosen werden als Freunde kommen. Solche mit blanker Brust reiten zum Westertore herein und binden ihre Pferde an die Bäume des Domhofes.
Zum Gierstore hinein werden Soldaten kommen in grauen Röcken mit hellblauen Aufschlägen. Sie werden aber nur hineinblicken und dann sogleich wieder zurückkehren.
Am Bocke steht ein großes Heer mit doppelten Zeichen, das die Gewehre zu Haufen gestellt hat.
Der Feind wird fliehen nach Salzkotten zu und nach der Heide hin. An beiden Stellen wird eine große Schlacht geschlagen, daß man bis an die Knöchel im Blute waten wird.
Die ihn aus der Stadt verfolgen, mögen sich hüten, über die Alme-Brücke zu gehen, denn keiner, der hinübergeht, wird lebend zurückkommen.
Der siegreiche Fürst wird in dem Schlosse zu Neuhaus, das wieder in Stand gesetzt werden wird, seinen Einzug halten, begleitet von vielem Volk mit grünen Zweigen auf den Hüten. Auf der Johannis-

* Auf der Anhöhe »am Bocke« wurde in alten Zeiten nur Hafer angebaut. Der erste Versuch, Gerste zu säen, wurde laut Beykirch 1849 unternommen.

** Paderborn

Brücke vor Neuhaus wird ein solches Gedränge sein, daß ein Kind erdrückt wird.
Während dem wird in dem Rathause und vor demselben eine große Versammlung gehalten werden; man wird einen Mann vom Rathause herabgeschleppt bringen, und ihn vor demselben an einem Laternenpfahle aufhängen.
Wenn das alles wird geschehen sein, dann wird eine gute Zeit sein im Lande. Das Kloster* wird wieder hergestellt, und es wird besser sein, hier im Lande Schweinehirt sein, als dahinten im Preußenlande Edelmann.« (3)

Auch dieses Gesicht ist vieldeutig und wird sich kaum einwandfrei einordnen lassen. Wenn der Seher die Soldaten »mit blanker Brust« (vermutlich Kürassiere im Harnisch) und mit »Pferden« auftreten läßt, so mag man das als einen bildhaften Ausdruck werten, der nicht unbedingt beweisen muß, daß es sich um eine längst überholte Prophetie handeln müsse, die nicht eingetroffen ist.
In dem großen Heer mit »doppeltem Zeichen« kann man eine russische Armee sehen, denn die Kriegsflagge der Sowjetunion trägt tatsächlich »zwei Zeichen« nebeneinander: den fünfzackigen roten Stern und Sichel und Hammer; das Kriegsgerät allerdings ist vor allem mit dem roten Stern markiert.
Dann folgt eine detaillierte Schilderung eines lokalen Ereignisses, und zuletzt noch ein Hinweis auf die nach den Katastrophen folgende »gute Zeit«, die es nahelegen könnte, von einer endzeitlichen Prophetie zu sprechen.
Insgesamt kann man nur vermuten, daß dem Seher eine Fülle von Eindrücken in Bildern zugeflossen sind, die er weder selbst begreifen konnte, noch über die sprachliche Ausdruckskraft verfügte, um sie in verständlicher Form weiterzugeben.

Wessel Dietrich Eilert

Weitaus klarer sind die Gesichte des Kleinbauern Wessel Dietrich Eilert, der nach den Angaben von Arthur Hübscher identisch wäre mit dem Spökenkieker Jasper aus Huckarde, der nach den Quellen von 1764 bis 1833 gelebt hat. Dessen Prophezeiungen sind in verschiede-

* Abdinghof

nen Fassungen veröffentlicht; wir halten uns hier an den von Beykirch angegebenen Text:

»Aus Osten wird dieser Krieg losbrechen.
Vor Osten habe ich bange.
Dieser Krieg wird sehr schnell ausbrechen. Abends wird man sagen Friede, Friede, und es ist kein Friede, und Morgens stehen die Feinde schon vor der Türe; doch geht's schnell vorüber, und sicher ist, wer nur einige Tage ein gutes Versteck weiß.
Auch die Flucht wird sehr schnell sein. Man werfe Karren und Rad in's Wasser, sonst nehmen die fliehenden Feinde alles Fuhrwerk mit.
Vor diesem Kriege wird eine allgemeine Untreue eintreten, die Menschen werden Schlechtigkeit für Tugend und Ehre, Betrügerei für Politesse ausgeben.
In dem Jahre, wo der Krieg losbricht, wird ein so schönes Frühjahr sein, daß im April die Kühe schon im vollen Grase gehen. Das Korn wird man noch einfahren können, aber nicht mehr den Hafer.
Die Schlacht wird am Birkenbaume zwischen Unna, Hamm und Werl stattfinden. Die Völker der halben Welt werden dort sich gegenüberstehen. Gott wird mit schrecklichem Sturme die Feinde schrecken. Von den Russen werden von da nur wenige nach Hause kommen, um ihre Niederlage zu verkünden.
Die Polen kommen anfangs unter. Sie werden aber gegen ihre Bedränger mitstreiten und endlich einen König erhalten.
Frankreich wird innerlich in drei Teile zerspalten sein.
Spanien wird nicht mitkriegen. Die Spanier werden aber nachkommen und die Kirchen in Besitz nehmen.
Österreich wird es gut gehen, wenn es nicht zu lange wartet.
Der römische Stuhl wird eine Zeitlang ledig stehen.« (3)

Es folgen weitere Vorgesichte, die fast wörtlich mit denen des Spielbähn übereinstimmen, z. B.:

»Es wird eine Religion werden.
Am Rhein steht eine Kirche, da bauen alle Völker dran. Von dort wird nach dem Kriege ausgehen, was die Völker glauben sollen.
Alle Konfessionen werden sich vereinen, nur die Juden werden ihre alte Hartnäckigkeit zeigen...« (3)

Schließlich findet sich auch noch ein Hinweis auf den Beginn dieses großen Krieges:

> »Die Soldaten werden erst zum Kampfe ziehen, dann aber mit Kirschenblüten wiederkommen. Und alsdann wird es erst recht losgehen.« (3)

Die Kirschblüten könnten sich also auf die eigenen Truppen beziehen, die nach einer vorsorglichen Mobilmachung beruhigt wieder nach Hause kommen, »mit Kirschblüten an den Tschakos«.
Die Vorhersage des Wessel Dietrich Eilert ist vergleichweise deutlich und läßt sich kaum auf ein schon hinter uns liegendes Geschehen beziehen; außerdem fügt sie sich mit den Gesichten von Mühlhiasl, Irlmaier und dem Propheten aus dem Waldviertel, auf die wir noch zu sprechen kommen. –
Allen diesen Vorgesichten aus dem niederrheinisch-westfälischen Raume ist der Gedanke gemeinsam an eine große Entscheidungsschlacht im Großraume von Köln, in der eine – vermutlich aus dem Osten – überraschend eindringende Armee zurückgeschlagen und weitgehend vernichtet wird. Insoweit lassen sich diese Visionen gut mit neueren Gesichten verbinden.
Wir hielten es für richtig, einige mit der »Schlacht am Birkenbäumchen« zusammenhängende Vorhersagen zu erwähnen, weil es sich um sehr verbreitete Prophetien handelt, die in ihren Heimatgebieten seit vielen Jahrzehnten bekannt sind. Die »Schlacht am Birkenbaume« hat Eingang in die Literatur gefunden und sogar in einem Drama wird die »Völkerschlacht am Birkenbaum« poetisch verklärt.*

Mühlhiasl, der »Waldprophet«

Vor eineinhalb Jahrhunderten soll im Bayerischen Wald ein fast schon legendärer Prophet gelebt haben, dessen Name als »Stormberger« überliefert ist. Aufgrund seines Berufes als Müller wurde er angeblich auch der »Mühlhiasl« genannt.
Nicht alle Heimatforscher, die sich mit ihm beschäftigen, sind der Auffassung, daß es sich bei dem »Stormberger« und dem »Mühlhiasl« um dieselbe Person handeln müsse; gelegentlich wird auch die Ansicht vertreten, es kämen zwei verschiedene Hellseher in Betracht,

* von Hans Marx, Essen 1915

deren Gesichte dann im Volksmund vermischt und schließlich als Aussagen ein und derselben Person ausgegeben wurden.
Da gab es einmal den Mathias (oder Mathäus) Lang, der 1753 als Sohn des Klostermüllers von Apoing geboren wurde. Von 1799 an bewirtschaftete er als Nachfolger seines Vaters die dem Kloster Windberg gehörende Mühle, wurde aber Mitte des Jahres 1801 seines Amtes enthoben, da man mit ihm unzufrieden war. Von da an führte der »Mühlhiasl« ein unstetes Wanderleben, ohne geregelte Arbeit und ohne dauernde Bleibe. Seine Vorhersagen wären demnach zwischen 1780 und 1840 entstanden. Sie enthalten viele Details, die damals noch niemand ahnen konnte; auch ein weitgereister Akademiker hätte sich kaum träumen lassen, was der einfache Mann aus dem Volk vorhersagte. Allerdings kann auch niemand beweisen, daß dieser Mühlhiasl der gesuchte Hellseher war, und die von ihm überlieferten Gesichte aus dem endenden 18. und dem beginnenden 19. Jahrhundert stammen.
Die »Mühlhiasl«-Prophetien können nämlich ebensogut auf den »Mühlenarzt« Mathias Pregl zurückgehen, der im 18. und in der ersten Hälfte des 19. Jahrhunderts von Mühle zu Mühle zog, um Mahlsteine zu schärfen und sonstige Reparaturarbeiten auszuführen.
Weniger gut dokumentiert scheint die Person des zweiten (oder dritten?) Waldpropheten mit Namen Mathias Stormberger (Stromberger, Starnberger, Sturmberger). Er soll Anfang oder Mitte des 18. Jahrhunderts als Findelkind in Rabenstein bei Zwiesel aufgewachsen sein. Glaubt man dem Volksmund, so ist er über hundert Jahre alt geworden und 1806 verstorben. Sein hohes Alter wird angezweifelt und auf die sagenhafte Verklärung der Überlieferungen zurückgeführt. Von Beruf war er vermutlich Viehhüter und Aschenbrenner der alten Glashütte von Rabenstein.
Wir wollen die Frage nach der historischen Einordnung der oder des Waldpropheten den Heimatforschern überlassen, die sich dieses Themas mit viel Akribie angenommen haben, und die neuerdings mehr zu der Auffassung neigen, daß es sich bei dem »Stormberger« und dem »Mühlhiasl« wohl doch um zwei verschiedene Personen handeln werde. Eine neuere Arbeit dieser Art stammt z. B. von Dr. Reinhard Haller, der diesen Fragen als versierter Volkskundler nachgegangen ist und dessen Werk dem interessierten Leser empfohlen sei.
Auch die Überlieferung der Gesichte des »Mühlhiasl« und des »Stormberger« ist verschwommen, wenngleich einige Aufzeichnungen bereits aus der ersten Hälfte des 19. Jahrhunderts stammen. Da

die betreffenden Prophetien seit weit über einem Jahrhundert in vielfältiger Form im Bayerischen Wald verbreitet sind, von Mund zu Mund weitergegeben werden, und man sich erst in den letzten Jahrzehnten intensiver um eine Sammlung und Deutung dieser Überlieferungen bemüht, sind manche Kritiker geneigt, in den Vorhersagen von Mühlhiasl und Stormberger eher eine Volkssage als eine echte Prophetie zu vermuten.
In dem von uns zu betrachtenden Zusammenhang ist es kaum sinnvoll, über den Wortlaut des einen oder anderen Satzes zu diskutieren, oder gar eine Zuschreibung zu dem einen oder anderen Autor zu versuchen. Läßt man die gesamte Weissagung auf sich wirken, so ist man vielleicht doch geneigt, auf nur einen Verfasser zu schließen, dessen prophetische Worte sich in vielfältiger Überlieferung abgeschliffen haben, ohne ihren Gehalt dabei zu verlieren. Ob dieser Verfasser nun »Mühlhiasl« oder »Stormberger« hieß, oder ob beide Namen sich auf dieselbe Person beziehen, mag für unseren Zweck ruhig offen bleiben. Auch spätere Zusätze würden diesen Gesamteindruck nicht radikal verändern, denn zumindest einige Kernsätze sind schon aus einer Zeit überliefert, zu der sie Prophetie waren.
Die eigentliche Bedeutung dieser Vorhersagen scheint man erst in unseren Tagen zu erkennen, und wir sollten zumindest die Möglichkeit nicht ausschließen, daß darin auch für unsere Zukunft Bedeutsames gesagt ist.
In der nachfolgenden Zusammenstellung wird versucht, alle wesentlichen Aussagen aufzuführen, die dem Stormberger wie dem Mühlhiasl zugeschrieben werden. Die einzelnen Sätze wurden so gut wie möglich in eine chronologische Ordnung gebracht; doch ist eine völlig richtige Reihenfolge kaum mehr herzustellen. Nach Ansicht von Paul Friedl, dem Nestor der Stormberger-Forschung, enthält seine kleine Schrift »Die Stormberger Prophezeiung« schon alle Kernsätze, die man mit einiger Sicherheit zu den alten Überlieferungen rechnen kann, wie sie vor allem durch die Familie Buchinger in Rabenstein der Nachwelt erhalten wurden. Manche weiteren, dem »Mühlhiasl« oder dem »Stormberger« zugeschriebenen Aussprüche könnten demnach auch späteren Ursprunges sein. Wir haben hier die mit einiger Wahrscheinlichkeit als alt anzusehenden Aussagen durch eine Fußnote gekennzeichnet und verfolgen nicht weiter, welche Sätze wie alt sind.
Der speziell interessierte Leser findet in den Schriften von Paul Friedl und Reinhard Haller die wichtigsten schriftlich erhaltenen Fassungen und eine Auflistung der in den einzelnen Regionen verbreiteten

mündlichen Überlieferungen. Dr. Haller bringt seine Texte meist im niederbayerischen Dialekt, während wir Übersetzungen ins Hochdeutsche wählen, die nicht immer ohne Verlust an Saft und Kraft gelingen konnten.

»Im Walde werden eiserne Straßen gebaut und der eiserne Hund wird durch die Öde bellen.*
Nachher fahren die Wagen ohne Rosse und Deichsel.*
Die Leute werden fliegen wie die Vögel.*
Diese Veränderung der Wirtschafts- und Verkehrsverhältnisse wird nicht ohne Einfluß auf das Volksleben bleiben. (19)
Sie macht die Leute immer mürrischer und gescheiter. (19)
Die Mannsbilder werden statt der Waldlertracht rote und farbige Hüte tragen und mit gewichsten Stiefeln in der Miststatt stehen. (17)
Die Weibsleute werden wie die Rabenköpfe daherkommen und werden sich gespüren mit ihren Schuhen wie die Ziegen oder Geißen.« (17)

Die »Rabenköpfe« sind die schwarzen Kopftücher der Landfrauen. Die Beschreibung der Schuhe mit hohen Absätzen ist ebenso humorvoll wie treffend.

»Die Donau herauf werden eiserne Hunde bellen.« (1)

Die Dampfschlepper mit ihren Schleppkähnen, die viele Jahrzehnte das Bild der Donau beherrschten. Heute sind sie von den modernen Schubverbänden abgelöst worden, die man ebensogut als »eiserne Hunde« sehen kann.

»Wenn der silberne Fisch über den Wald kommt, steht's nimmer lang an.« (1)

Das Zeppelin-Luftschiff soll im Frühjahr 1914 den Bayerischen Wald überflogen haben.

»Wenn die Rabenköpfe aus der Mode kommen und die Weiberleute Hüte tragen wie die Mannsbilder, dann ist die erste Zeit vorbei und es kommt die andere mit dem großen Krieg.

* Dürfte zum Kern der Überlieferungen gehören. (10)

An dem Tag, an dem zum ersten Mal der eiserne Wolf auf dem eisernen Weg durch den Vorwald bellen wird, an dem Tag wird der große Krieg anheben.« (1)

Die Eisenbahn von Deggendorf nach Kaltenegg, mitten durch den »Vorwald«, fuhr zum ersten Mal am 1. August 1914.

»Durch einen Kleinen geht der Krieg an und durch einen Großen, der übers Wasser kommt, wird er gar.« (10)

Für den »Kleinen« paßt Serbien, das durch den Mord von Sarajewo den Anlaß zum Ausbruch des ersten Weltkrieges lieferte; der »Große«, der ihn beendete, wären die USA.

»Das Gold geht zu Eisen.«*

Im Ersten Weltkrieg wurde die Bevölkerung aufgefordert, alles Gold abzuliefern und bekam als Ersatz eiserne Eheringe, eiserne Gedenkmünzen usw.
Der als Sonderling bekannte Pfarrer Weber von Schwarzbach bei Hengersberg hat damals, unter Berufung auf die Weissagung des Stormbergers, von der Kanzel herab die Leute aufgefordert, ihr Gold zu behalten, da sie es noch dringend brauchen würden. (19)

»Gleich nach dem Krieg kommt eine Zeit, da wird das Geld keinen Wert mehr haben.*
Um 200 Gulden wird man nicht einen Laib Brot bekommen, aber es wird keine Hungersnot sein.*
Das Geld wird aus Eisen gemacht und Gold wird so wertvoll sein, daß man um ein Stück einen Bauernhof kaufen kann.*
Geld wird gemacht, so viel, daß man's nimmer kennen kann. Wenn's gleich lauter Papierflanken sind, kriegen die Leute noch nicht genug daran. Auf einmal gibt's keins mehr. (1)
Nachher wird das Geld wieder sehr großen Wert haben, aber es wird etwas nütze sein, wegen seiner großen Seltenheit.« (19)

Inflation und Währungsreform (Einführung der Rentenmark) nach dem Ersten Weltkrieg.

* Dürfte zum Kern der Überlieferungen gehören. (10)

»Kein Mensch wird den anderen mehr mögen. (1)
Den Hergott werden sie aus dem Winkel reißen und in den Kasten stecken.«*

Früher hatte jedes Bauernhaus seinen »Herrgottswinkel« mit dem Kruzifix, den man heute nur noch gelegentlich finden wird.

»Der Glaube wird so klein, daß man ihn kann unter einen Hut stekken.*
Dann wird ein strenger Herr kommen und ihnen die Haut abziehen.«*

Adolf Hitler.

»Die Kleinen werden groß und die Großen werden klein.*
Wenn aber der Bettelmann aufs Roß kommt, kann ihn der Teufel nimmer derreiten.*
Wenn sie in Straubing über die Donau die große Brücke bauen, so wird sie fertig, aber nimmer ganz; dann geht's los.« (1)

Im September 1939 fehlte an der neuen Straubinger Donaubrücke nur noch die Fahrbahndecke.

»Auf 'n Kirchturm in Zwiesel wird ein Baum wachsen. Wenn der Baum so lang ist wie ein Fahnenschaft, dann ist die Zeit da.«**

Nach Angaben von Dr. C. Adlmaier scheint gut verbürgt, daß auf dem Turmvorbau eine (oder mehrere) Linde gewachsen ist, die im Jahre 1939 bei Kriegsausbruch etwa 2 m hoch war.

»Der strenge Herr wird nicht lange regieren.*
Vorher wird noch ein Geld aufkommen, da ist eine Fledermaus darauf, die läßt die Flitschen (Flügel) recht traurig hängen.« (1)

* Dürfte zum Kern der Überlieferungen gehören. (10)

** Lange Zeit meinte man, daß sich der Stormberger hier geirrt habe, denn der Zwieseler Kirchturm hatte eine Kuppel, auf der keine Bäume wachsen können. Bis im Jahre 1896 die Kirche abbrannte und mit einem gotischen Turm neu aufgebaut wurde. Nun konnten die besagten Bäume wachsen; die ersten angeblich 1912/13.

Im Jahre 1944 kam ein neuer 20-Mark-Schein in Umlauf. Dieser trug ein Ornament, das einer Fledermaus ähnlich sah, mit traurig hängenden Flügeln. Eine Abbildung dieses Geldscheines hat Dr. Adlmaier veröffentlicht.

»Dann wird das Bayerland verheert und verzehrt, das Böhmerland mit eisernem Besen ausgekehrt.*
Die neuen Herren können nichts als Gesetze machen, die kein Mensch halten und Steuern, die niemand zahlen wird, und das Recht wird nimmer Recht sein.*
Leute die aus der Stadt aufs Land kommen, um den Bauern zu sagen, geh, laß mich ackern, werden von den Bauern mit der Pflugscheitel erschlagen werden.*
Groß wird das Mißtrauen und die Angst unter den Mitmenschen sein. (19)
Die Bauern werden ihre Häuser mit hohen Zäunen umgeben und aus den Fenstern auf die Leute schießen.*
In dieser Zeit holen die Leute den Herrgott wieder aus dem Kasten und hängen ihn in die Stuben, aber es hilft nichts mehr.«*
»Jeder wird einen anderen Kopf haben.*
Der Glaube wird so klein werden, daß man ihn mit einem Geißelschnalzen vertreiben kann.*
Sieben geistliche Herren werden in Zwiesel eine Messe lesen und bloß sieben Leut werden's anhören.*
In der Stadt wird alles drunter und drüber gehen und der Bruder wird seinen Bruder nicht mehr kennen, die Mutter ihre Kinder nicht.*

Inwieweit diese Vorhersagen auf die Nachkriegszeit zu beziehen sind, ist umstritten. Möglicherweise müßte man sie einer späteren Zeit zuschreiben, die noch vor uns liegt.

»Nach dem Krieg meint man, Ruh ist's, ist aber keine. (1)
Zuerst kommen die vielen Jubiläen, überall wird über den Glauben gepredigt, überall sind Missionen, aber kein Mensch schert sich mehr darum, die Leute werden recht schlecht. (1)
Über den katholischen Glauben wird am meisten gespottet von den eigenen Christen. (1)

* Dürfte zum Kern der Überlieferungen gehören. (10)

Männlein und Weiblein wird man schließlich nicht mehr auseinander kennen.
Dann werden Häuser gebaut, nichts wie Häuser, Schulhäuser wie Paläste, aber zuerst für die Soldaten. (4)
In den Städten bauen sie Häuser, hohe Häuser, und davor kloane Häusl wie Impenstöcke oder Pilze, eins am anderen, schneeweiße Häuser mit glänzenden Dächern. (4)

Eine sprechende Schilderung der Bauwut der sechziger und siebziger Jahre. Der Mühlhiasl kannte fast nur Schindel- und Strohdächer; nur besondere Bauten wie Kirchen, Klöster oder Schlösser hatten mit Kupfer oder Ziegeln gedeckte Dächer.

»Und dann ist es aus, dann kommt der große Krieg.« (4)

Der dritte Weltkrieg?

»Wenn aber alles baut, nix wie baut wird, überall gebaut, ganze Reihen wern baut. Der Gäuboden prangt mit schneeweiße Häuser. (1)
Die Leut werden immer mehr statt weniger.*
Die Leut richten sich ein, als ob sie nimmer fort wollten.
Aber dann wird abgeräumt. (1)
Kurze Sommer werden kommen. Winter und Sommer wird man nicht mehr auseinanderkennen. (13)
Die alte Kleidertracht wird abkommen.
Der Bürger wird sich vom Bauern und der Edelmann von Bürger nicht mehr unterscheiden. (1)
Die Bauernleut werden sich gewanden wie die Städtischen und die Städtischen wie die Narren und Affen. (1)

Solche Aussagen über die Lebensweise, die Bauwut, die Kleidung erscheinen auf unsere Zeit gemünzt. Diese Beschreibungen wiederholen sich teilweise, was bei der Vielfalt der Überlieferungen nicht verwunderlich ist. In einigen Fällen wurden hier Wiederholungen in Kauf genommen, wenn sie zusätzliche Informationen beinhalten.

»Alle Grenzraine werden umgeackert und die Hecken ausgehauen.« (1)*

* Dürfte zum Kern der Überlieferungen gehören. (10)

Diese Beschreibung von »Flurbereinigung« und Beseitigung der ökologisch wichtigen Hecken nennt eine für unsere Zeit typische Erscheinung, die vor hundert Jahren für einen Bauern sehr fern lag.

> »Wenn es Licht wird am Arber, wenn der Arber Spiegel kriegt, dann ist es vorbei.«*

Auf dem Arber, dem höchsten Berg des Bayerischen Waldes, wurde eine Radarstation gebaut.

> »Auf der Straße von Cham über Stallwang nach Straubing kommen sie einmal heraus, die Rotjankerl.« (1)

Als diese Voraussage gemacht wurde, lachte man angeblich über den Mühlhiasl, der als Anzeichen des dritten Weltkrieges den Bau einer Straße von Straubing nach Pilgramsberg genannt hatte. Vor einem oder gar zwei Jahrhunderten konnte sich niemand vorstellen, daß es dort jemals eine Straße geben werde. Inzwischen ist längst eine Straße von Cham nach Straubing über Stallwang gebaut; sie trägt die Bundesstraßen-Nummer 20.
Auf die Frage, ob die Angreifer Franzosen seien, soll der Mühlhiasl gesagt haben:

> »Nein, Franzosen sind's nicht, rote Hosen haben's auch nicht an, aber die Roten sind's.« (1)

Auch das ist eine Aussage, unter der sich vor der Revolution in Rußland niemand etwas vorstellen konnte, die aber inzwischen Aktualität und Anschaulichkeit erlangt hat.
Ich entsinne mich persönlich, daß gegen Ende des Zweiten Weltkrieges diese Vorhersage im Bayerischen Wald hinter der vorgehaltenen Hand besprochen wurde, und man ernste Besorgnis hatte, ob die Russen nicht doch noch vor den Amerikanern den Bayerischen Wald erreichen könnten.

> »Aber es währt nicht lange – in einer Nacht wird's geschehen. (19)
> Wenn sie kommen, muß man davonlaufen, was man kann, und als Mundvorrat Brot mitnehmen. (1)

* Wurde am 30. 8. 82 im 1. Programm der ARD in der Sendung »Gut Land« gebracht. In älteren Veröffentlichungen fehlt diese Aussage.

Wer drei Laib Brot dabei hat, und beim Laufen einen verliert, darf sich nicht bücken darum: so eilig ist es.
Und wenn man den zweiten verliert, muß man ihn auch hinten lassen, denn man kann's auch mit einem Laib aushalten, weil es nicht lange dauern wird.« (1)

Eine dringende Mahnung, die Flucht nicht zu verzögern, findet man in verschiedenen Prophetien; besonders eindringlich in Matth. 24,15–22 (vergl. S. 143), einen Vers, auf den in diesem Zusammenhang ein zweites Mal hingewiesen sei.

»Der erste Rauch wird im Ried** aufsteigen. Dort wird später eine große Kirche gebaut, und von weit und breit werden die Leute kommen.*
Die Berge werden ganz schwarz von Soldaten.*
In einem Wirtshaus an einer Brücke werden viele Menschen beieinander sein, und draußen werden die Soldaten vorbeireiten.*
Die Leut, die sich am Fuchsenriegel verstecken oder am Falkenstein, werden verschont bleiben.*
So viel Feuer und Eisen hat noch kein Mensch gesehen. (11)
Wer's überlebt, muß einen eisernen Schädel haben.*
Die Gescheitheit wird nichts nutz sein, und sie ist vergessen. (4)
Das große Aufräumen geht richtig an: Ein Himmelszeichen wird's verkünden. (1)
Himmel und Erde brennen, dann erst ist die Zeit da, wo alles ein Ende nimmt.
Und diese Zeit ist da, wenn die wilde Jagd mit Feuer und Schwefel über alle Länder braust. (4)
Von allen Schrecken wird der Bankabräumer der letzte sein.
Wenn die Leute von der Bank fallen wie die Fliegen von der Wand, beginnt die letzte Zeit, sie wird furchtbar sein.« (4)

Die Ursache für das vom Mühlhiasl vorhergesagte »Massensterben« ist nicht angegeben; es könnte Krankheit, atomare Verseuchung, eine biologische Waffe oder eben ein noch unbekanntes Geschehen sein. Beim »Bankabräumer« handelt es sich um eine der eindringlichsten und zugleich am schwersten verständlichen Vorhersagen des Waldpropheten.

* Dürfte zum Kern der Überlieferungen gehören. (10)
** Innenried bei Zwiesel

»Die Leute werden krank, und kein Mensch kann ihnen helfen.*
Es wird erst vorbei sein, wenn kein Totenvogel mehr fliegt. (11)
Dann schaut euch den Wald an! Er wird Löcher haben wie des Bettelmanns Rock.*
Wenn man jenseits der Donau noch eine Kuh findet, der soll man ein silbernes Glöckerl umhängen.*
Die Wenigen, die übrig bleiben, werden sich schutzsuchend aus der ganzen Umgebung innerhalb der Windberger Klostermauern sammeln. (1)
Wenn einer den anderen trifft, sagt er: ›Grüß dich Gott, Bruder, Grüß dich Gott, Schwester! Wo hast dich denn du versteckt?‹ (19)
Auf d'Nacht schaut einer vom Berg über den Wald hin und sieht kein einziges Licht mehr.*
Wenn einer in der Dämmerung eine Kranawittstauden (Wacholderbusch) sieht, geht er darauf zu, um zu sehen, ob's nicht ein Mensch ist, so wenig sind noch da. (1)
Ein Fuhrmann haut mit dem Geißelstecken auf den Boden und sagt: ›Da ist einmal d'Straubinger Stadt** gestanden.‹*
Im Wald drinnen krähen noch d'Gockerl. (1)
Wenn der Bankabräumer dagewesen ist, werden die bösen Geister und die, wo weizen (umgehen) gebannt.« (4)

Das ist eine nicht sofort einleuchtende Endzeit-Prophetie. Vielleicht ist eine Deutung erlaubt in Anlehnung an Matth. 10,1:

»Und der rief seine zwölf Jünger zu sich und gab ihnen Macht über die unsauberen Geister, daß sie die austrieben...«

Mit der in vielen endzeitlichen Voraussagen angekündigten »Reinigung der Erde«, der Vernichtung allen Übels, würde die Vernichtung auch der »bösen Geister« und der »Dämonen« verbunden sein.

»Danach gibt's im Waldland so viel Grund, daß sich jeder ein Haus wählen kann und Land so viel er will.*
Auch jenseits der Donau ist alles wüst und leer.
Dort werden sich die Waldleute ansiedeln, trotzdem es im Wald auch wieder ganz schön ist. (1)

* Dürfte zum Kern der Überlieferungen gehören.
** Oder »Rabenstein«, »Zwiesel«, »ein Dorf«.

Danach ist alles Schlimme vorbei und alles Böse überstanden. (19)
Dann werden große Glaubensprediger aufstehen und heilige Männer werden Wunder tun.
Die Leute haben wieder den Glauben und es wird eine lange Friedenszeit. (14)
Die Berg- und Waldleute werden ins Flachland ziehen und in den Dörfern im Wald werden die Brennesseln aus den Fenstern wachsen. (19)
Und so wird der Wald wieder öd' und leer, ohne Krieg und Sterb'.
Lacht's nur, ihr braucht's es ja nicht aushalten, aber eure Kindeskinder und die, wo nachher kommen, die werden's schon glauben müssen.
Teats beten, daß der Herrgott auf Bitten unserer Lieben Frau 's Unglück abwend'd.
Mir glaubt's niemand, und doch ist's wahr.« (1)

Neben seiner Befähigung zum Hellseher war der Mühlhiasl auch sonst ein Sonderling, wie z. B. aus einer von Paul Friedl notierten Überlieferung hervorgeht:

»So soll er ein großer Gegner der Weibsleut gewesen sein, die, wie er sagte, an dem großen Weltgeschehnis weit mehr Schuld haben werden wie die Männer.« (10)

Wir dürfen den Leser nicht darüber im Zweifel lassen, daß diese Prophetien keineswegs gut dokumentiert sind. Auch ist oft nicht oder nur vage zu beweisen, daß die bereits erfüllten Vorhersagen tatsächlich schon vor dem Eintreten des betreffenden Ereignisses bekannt waren und nicht erst nachträglich erfunden wurden.
Ob Volkssage oder Prophetie, die tieferen Gehalte der Wahrsagung des »Mühlhiasl« eröffnen sich erst, wenn man seine Aussagen mit anderen Prophezeiungen vergleicht, von denen man annehmen darf, daß sie im Bayerischen Wald nicht bekannt waren und daher auch nicht Pate gestanden haben dürften zu den Geschichten, Anekdoten, Erzählungen, die sich um den sagenhaften Waldpropheten und seine Gesichte ranken.

Franz Kugelbeer

Dieser Visionär war ein Bauer in Lochau bei Bregenz. Er hatte im Jahre 1922 wiederholt endzeitliche Visionen, zunächst im Traume, später auch bei vollem Tagbewußtsein. Letztere liefen nach seinen Beschreibungen wie ein Farbfilm vor ihm ab, und eine Stimme mahnte ihn, das Geschaute aufzuschreiben. Die Visionen dieses Sehers aus Vorarlberg wurden von Pater Ellerhorst festgehalten (9):

»1. Ein symbolisches Bild:
Ein schönes Knäblein im weißen Kleide zieht sich vor gewaltigen Überschwemmungen zurück.«

Dieses Bild wird als der »Rückzug Christi« vor der Schlechtigkeit der Menschen gedeutet, die sich selbst und dem »Fürsten der Finsternis« überlassen bleiben müssen.

»2. Es herrscht eine große Sittenverderbnis.
Mädchen und Frauen werden öffentlich vergewaltigt und auch mit dem Tode bedroht. An manchen Orten ist eine solche Hungersnot, daß die Leute Baumrinde zu Mehl mahlen, um daraus Brot zu bakken, und daß sie Gras essen.

3. Über Nacht kommt die Revolution der Kommunisten, verbunden mit den Nationalsozialisten, der Sturm über Klöster und Geistliche. Die Menschen wollen es zuerst nicht glauben, so überraschend tritt es ein. Viele werden eingekerkert und hingerichtet. Alles flieht in die Berge, der Pfänder* ist ganz voll Menschen.
Wie ein Blitz von heiterem Himmel kommt der Umsturz von Rußland her zuerst in Deutschland; darauf in Frankreich, Italien und England. Allerorts ist Aufruhr und Zerstörung. Der Seher sieht an einem Ort eine lange, breite Straße, von Soldaten umsäumt, darin Jung und Alt, Frauen, Kinder, Greise. Am Straßenrande steht eine Köpfmaschine, die der Oberhenker durch einen Druckknopf in Tätigkeit setzt, zu beiden Seiten von je zwei Henkern unterstützt. Alle diese Menschen werden enthauptet. Es fließt so viel Blut, daß die Köpfmaschine 2- bis 3mal versetzt werden muß.«

Dieses schauerliche Bild gibt die Greuel der Juden-Vernichtung im

* Ein Aussichts-Berg in der nächsten Nähe von Bregenz

Dritten Reich symbolhaft gut wieder. Auch die plötzliche Revolution, die der Visionär schauen durfte, könnte eine Warnung vor der Machtergreifung durch Hitler gewesen sein; auch wenn der äußere Ablauf am 30. Januar 1933 anders war. Wir müssen ja nicht zu sehr an Äußerlichkeiten kleben, welche in der grauenhaften Wirklichkeit anders aussahen; denn das geschaute Bild trifft als solches zu.

»Die Rheinlande werden zerstört, mehr durch Flugzeuge als durch Heere. Die Flugzeuge schwärmen wie die Schwalben und lassen Bomben gleich Regentropfen fallen.«

Dieses Bild scheint auf den Zweiten Weltkrieg zu passen, wäre also keine Endzeit-Vision.

»Ebenso wird Münster mitgenommen.
Brand von Paris. Marseille wird in der Finsternis von einer Meeresflut in einen tiefen Graben, der sich um es gebildet hat, geschwemmt.

5. Aufstand in Österreich.
Kein Geld mehr, Abfall der Beamten, Polizei, Gendarmerie. Kein Gericht. Gefängnis voll Bürger und Priester. Erschießungen im Hof zu Bregenz. Dann schaffen die Bauern aus dem Gebirge Ordnung. Jene Bürger, die den Nächsten lieben, werden wunderbar verschont; wer ihn hart behandelte, wird bestraft.

6. Mord in Rom.
3–4 m hohe Berge von Leichen von Geistlichen und Bürgern. Der Papst... flieht mit 2 Kirchenfürsten auf Nebenwegen zu einer alten Kutsche und in ihr über Genua in die Schweiz. Später kommt er nach Köln, wo er im Dom den neuen Kaiser salbt.
In den Dom wird ein junger Herr in Zivil geführt, er kleidet sich in der Sakristei in eine Offiziersuniform ähnlich der ungarischen um. Im Chore stehen zwei Throne. Dem neuen Monarchen werden Haupt und Hände gesalbt. Er erhält den Ritterschlag mit einem breiten Schwert, die alte Kaiserkrone, den Krönungsmantel aus Weiß mit goldenen Lilien, das Zepter und den Reichsapfel. Das Zepter wird ihm gegen ein Kreuz umgetauscht. Er schwört den Treueid und den Schutz gegenüber der Kirche. Te Deum unter dem Jubel des Volkes. Der große Monarch schwingt sein Schwert nach

allen Himmelsrichtungen als Zeichen, daß er die Kirche beschützen will. Abdankung eines alten Herrn auf seine Rechte, des Hohenzollern. Den großen Monarchen begleitet ein Heer von Engeln unter Anführung des hl. Michael, der vom Seher in prächtiger Waffenrüstung und hoher Gestalt geschaut wird. Der Monarch besiegt alle seine Feinde. Den Übriggebliebenen wird mit einem heißen Eisen das Hakenkreuz auf die Stirne eingebrannt, wobei sie vor Schmerz aufschreien. Der neue Kaiser ist Otto von Habsburg. Auf dem Rückzug nach Italien kommen Papst und Kaiser nach Lochau, wo der Seher ihnen die Hand drückt.

7. Finsternis von drei Tagen und Nächten.
Beginnt mit einem furchtbaren Donnerschlag mit Erdbeben. Kein Feuer brennt. Man kann weder essen noch schlafen, sondern nur beten. Nur geweihte Kerzen brennen. Blitze dringen in die Häuser, gräßliche Flüche von Teufeln sind zu hören. Erdbeben, Donner, Meeresrauschen. Wer neugierig zum Fenster hinausschaut, wird vom Tode getroffen. Man verehre das kostbare Blut Jesu und rufe Maria an. Die Teufel holen die Gottlosen bei lebendigem Leibe. Vergebens flehen diese um Verlängerung ihres Lebens. Es herrscht die Pest, große schwarze Flecken am Arm sieht man. Schwefeldämpfe erfüllen alles, als wenn die ganze Hölle los wäre.

8. Ein Kreuz erscheint am Himmel.
Das ist das Ende der Finsternis. Die Erde ist ein Leichenfeld wie eine Wüste. Die Menschen kommen ganz erschrocken aus den Häusern. Die Leichen werden auf Wägen gesammelt und in Massengräbern beerdigt. Es fahren weder Eisenbahn, noch Schiffe, noch Autos in der ersten Zeit. Die Fabriken liegen still, denn es gibt keine Leute zur Bedienung der Maschinen. Das rasende Tempo früherer Zeit hat aufgehört.

9. Die übriggebliebenen Menschen sind wie Heilige.
Gott beruft neue Priester wie Christus seine Apostel, die in schnellerer Weise auf ihr Amt vorbereitet werden. Nur Gottes Lob und Heiligenlieder sind zu hören. Die Erde ist ein Paradies. Die Liturgie wird einfach gefeiert wie zu Zeiten der Apostel, das Volk antwortet ähnlich wie in der Gemeinschaftsmesse. – Gemeinschaftskommunion. Der Seher hört manche Teile von Prie-

stern laut in Deutsch gebetet, auch die Konsekrationsworte. Abends findet ein Dankgottesdienst statt.

10. Die Engel werden den Menschen in Rat und Tat in ihrer Not beistehen.
Es wird in 8 Tagen mehr gebetet als früher in einem Jahr. Beim Hören der Glocken läßt man die Arbeit liegen und eilt in die Kirche.

11. Die herrenlosen Güter werden neu verteilt.
In einer Völkerwanderung werden die Menschen dorthin geschickt, wo sie nötig sind. Die Berggemeinden werden als Alpen genützt. Die Menschen ziehen in die Täler und Ebenen hinab, wo die Arbeit leichter ist.«

Leider ist diese Prophetie insgesamt etwas verworren. Es dürften Bilder aus verschiedenen Zeiten durcheinandergeraten sein, und man kann nicht trennen, ob es sich um eine symbolhafte Darstellung oder um Schilderungen eines realen Geschehens handeln soll.
Man darf jedoch dem Visionär glauben, daß er diese Bilder so gesehen hat; selbst wenn man davon ausgeht, daß ihm auch einmal die eigene Phantasie einen Streich gespielt hat. Z. B. wenn er in dem »großen Monarchen« Otto von Habsburg zu erkennen glaubt – einen anderen, vielleicht gar von Gott Eingesetzten konnte er sich nicht vorstellen –; oder wenn er sich selbst sieht, wie er dem Monarchen die Hand reichen darf. Trotz dieser unübersehbaren Schwächen wäre es nicht fair, die ganze Schauung in das Gebiet der Phantasie zu verweisen, oder an der Redlichkeit des visionären Bauern zu zweifeln. Immerhin scheinen einige seiner eindrücklichen Bilder durchaus ernst zu nehmen, und nicht zuletzt liegt hier eine Vorausschau vor, die verhältnismäßig gut dokumentiert ist, über deren Entstehungsort und -zeit, wie über den Schauenden selbst keine Zweifel bestehen.
Übrigens hatte etwa zur gleichen Zeit ein unbekannter katholischer Pfarrer eine Vision ganz ähnlichen Inhaltes. Wie Ellerhorst berichtet, hatte dieser Pfarrer im Jahre 1923 das folgende Gesicht:

»Der Norden Deutschlands wird bolschewistisch werden. Auch Westfalen wird in die Hände der Bolschewiki gelangen. Es werden dann schwere Kämpfe mit den Franzosen am Niederrhein stattfinden, wobei Köln hart heimgesucht wird. Aus dem Süden Deutschlands wird ein aus Süddeutschen und Österreichern gebildetes

Ordnungsheer anrücken, das, anfangs klein, immer mehr Zuzug bekommen wird. Im Verein mit den rheinischen und französischen Truppen wird es die Bolschewiken, Russen und Preußen vollständig niederwerfen. Die letzte Schlacht wird zwischen Essen und Münster stattfinden. Hierauf wird zu Köln am Rhein die Krönung des neuen Kaisers, der das Heer geführt hat, stattfinden durch den Papst, der bei der Revolution in Rom nach der Schweiz entflohen war. Dann wird der Kaiser den Papst nach Rom zurückführen und in Italien Ordnung schaffen« (9).

Alois Irlmaier aus Freilassing

Dieser Brunnenbauer mit dem »Zweiten Gesicht« soll schon von Kind an ein Sonderling gewesen sein, dessen paranormale Fähigkeiten aufbrachen, nachdem er im ersten Weltkrieg in einem Bunker verschüttet worden war. Seitdem hatte er viele Visionen, die ähnlich wie ein Film in allen Einzelheiten vor seinen Augen abliefen.
Seine außergewöhnliche Begabung ist vielfach bezeugt. So war er der vermutlich einzige Brunnenbauer, der garantierte, daß seine Brunnen fündig würden; denn er war auch ein hervorragender Rutengänger. Er spürte Wasser alleine mit seinen Händen, ohne weiterer Hilfsmittel zu bedürfen, und verwendete zur Wassersuche allenfalls eine primitive Drahtschlinge, um die Neugier der Zuschauer zu befriedigen, die sich einen Wassersucher nicht ohne Wünschelrute vorstellen konnten. Auch von den Leistungen Irlmaiers als Hellseher liegen unzählige Beweise vor, so daß man die besondere Befähigung dieses Mannes nicht in Zweifel ziehen kann.
Wahrscheinlich ist er auch der einzige Hellseher, der den Beweis für sein Können vor Gericht antreten konnte. Als er aufgrund des »Gaukelei-Paragraphen« vor den Richter zitiert wurde – ein unverständlicher Vorfall, denn Irlmaier hat für seine Gesichte nie Geld genommen – mußte sich das Amtsgericht Laufen durch beeidete Zeugenaussagen von Irlmaiers Befähigung zu außersinnlichen Wahrnehmungen überzeugen lassen.
Viele der Visionen Irlmaiers sind auch verhältnismäßig gut dokumentiert. In Dr. Conrad Adlmaier hat er seinen Chronisten gefunden, der viele Gesichte des Brunnenbauers aufzeichnete und zum Teil auch veröffentlichte. Entsprechende Berichte liegen auch von ande-

ren seriösen Zeugen vor, so daß wir es hier mit ausgesprochen zuverlässig beurkundeten Prophetien zu tun haben.
Unzählige Menschen aller Stände haben Irlmaier um Rat gefragt. Den schwierigen Nachkriegszeiten entsprechend, ging es meist um das Schicksal vermißter oder in Gefangenschaft geratener Angehöriger. Irlmaier gab fast immer Auskunft nach bestem Wissen – auch wenn der Menschenandrang für ihn oft zur Qual wurde – und die weitaus überwiegende Zahl seiner Aussagen ist mit teilweise verblüffender Präzision eingetroffen. In der Literatur finden sich viele belegte Beispiele. Auch die Polizei bat gelegentlich um seine Hilfe zur Aufklärung rätselhafter Kriminalfälle, und es ist verbürgt, daß er in mehreren hoffnungslos scheinenden Fällen durch seine Gesichte zur Lösung beigetragen hat.
Der nachfolgende Text bringt die wichtigsten prophetischen Visionen Irlmaiers, soweit sie aus den verschiedenen Veröffentlichungen zu ermitteln waren. Es sind in erster Linie Gesichte über den Ausbruch und den Verlauf des dritten Weltkrieges:

»Zwei Männer bringen einen dritten, ›einen Hochgestellten‹, um. Sie sind von anderen Leuten bezahlt worden. Der eine Mörder ist ein kleiner schwarzer Mann, der andere etwas größer, mit heller Haarfarbe. Ich denke, am Balkan wird es sein, kann es aber nicht genau sagen. (4)
Dem Krieg geht voraus ein fruchtbares Jahr mit viel Obst und Getreide. (4)
Nach der Ermordung des Dritten geht es über Nacht los.
Die Mörder kommen ihnen aus, aber dann staubt es. Ich sehe ganz deutlich drei Zahlen, zwei Achter und einen Neuner. Was das bedeutet, weiß ich nicht, eine Zeit kann ich nicht sagen. (4)
Anfangen tut der von Sonnenaufgang.
Er kommt schnell daher. Die Bauern sitzen beim Kartenspielen im Wirtshaus, da schauen die fremden Soldaten bei den Fenstern und Türen herein.
Ganz schwarz kommt eine Heersäule herein von Osten, es geht aber alles sehr schnell. (4)
Von der goldenen Stadt geht es aus.
Der erste Wurm geht vom blauen Wasser nordwestlich bis an die Schweizer Grenze.
Bis Regensburg steht keine Brücke mehr über die Donau, südlich vom blauen Wasser kommen sie nicht. (4)

Über die Donau geht der Feind nicht, sondern biegt nach Nordwesten ab; im Naabtal in der Oberpfalz ist sein Hauptquartier. (2)
Die Stadt Landau an der Isar leidet schwer durch eine verirrte Bombe. (2)
Der zweite Stoß kommt über Sachsen westwärts gegen das Ruhrgebiet zu, genau wie der dritte Heerwurm, der von Nordosten westwärts geht über Berlin. (4)
Von der Donau bis zur Küste herrscht das Grauen.
Zwei Flüchtlingszügen gelingt es noch, den Fluß zu überqueren. Der dritte ist verloren und wird vom Feind eingekreist. (14)
Ich sehe die Erde wie eine Kugel vor mir, auf der nun die weißen Tauben heranfliegen, eine sehr große Zahl vom Sand herauf. (4)
Und dann regnet es einen gelben Staub in einer Linie.
Die Goldene Stadt wird vernichtet, da fangt es an. Wie ein gelber Strich geht es hinauf bis zu der Stadt in der Bucht. Eine klare Nacht wird es sein, wenn sie zu werfen anfangen. (4)
Die Panzer fahren noch, aber die darin sitzen, sind schon tot. Dort, wo es hinfällt, lebt nichts mehr, kein Baum, kein Strauch, kein Vieh, kein Gras, das wird welk und schwarz. Die Häuser stehen noch.
Was das ist, weiß ich nicht und kann es nicht sagen. Es ist ein langer Strich. Wer darüber geht, stirbt. Die herüben sind, können nicht hinüber, und die drenteren können nicht herüber, dann bricht bei den Heersäulen herüben alles zusammen. Sie müssen alle nach Norden. Was sie bei sich haben, schmeißen sie alles weg. Zurück kommt keiner mehr. (4)
Auch hier werfen die Flieger ihre kleinen schwarzen Kästen ab. Sie explodieren, bevor sie den Boden berühren, und verbreiten einen gelben und grünen Rauch oder Staub. Was darunter kommt, ist hin, ob Mensch, Tier oder Pflanze. Ein Jahr darf kein Lebewesen dieses Gebiet mehr betreten, ohne sich größter Lebensgefahr auszusetzen.« (14)

Die Vision von dem »gelben Staub« könnte sich auf einen chemischen Kampfstoff oder auch auf die Neutronen-Bombe beziehen. Für beide Waffen würde die Angabe zutreffen, daß sie zwar alles Leben vernichten, aber Sachen unzerstört lassen.

»Am Rhein wird der Angriff endgültig abgeschlagen.
Von den drei Heereszügen wird kein Soldat mehr nach Hause kommen. (14)
Während oder am Ende des Krieges seh' ich am Himmel ein Zeichen: Der Gekreuzigte mit den Wundmalen. Und alle werden es sehen. Ich habe es schon dreimal gesehen, es kommt ganz gewiß.
Die Leute rufen entsetzt aus: ›Es gibt einen Gott!‹ (2)
Aufs Hauptquartier schmeißen's was runter, eine Kirche seh' ich auf einem Berg, der Altar schaut nach Norden; die Kirche seh' ich brennen. (4)
Welche Jahreszeit ist es?
Das kann ich nur aus den Zeichen ablesen.
Auf den Gipfeln der Berge liegt Schnee. Es ist trüb und regnerisch und Schnee durcheinander. Herunten ist es aper. (18)
Gelb schaut es her.
Ich sehe vorher noch ein Erdbeben. (2)
Finster wird es werden an einem Tag unterm Krieg.
Dann bricht ein Hagelschlag aus mit Blitz und Donner, und ein Erdbeben schüttelt die Erde.
Dann geht nicht hinaus aus dem Haus!
Die Lichter brennen nicht, außer Kerzenlicht, der Strom hört auf. (4)
Wer den Staub einschnauft, kriegt einen Krampf und stirbt. Mach die Fenster nicht auf, häng sie mit schwarzem Papier zu. Alle offenen Wasser werden giftig und alle offenen Speisen, die nicht in verschlossenen Dosen sind. Auch keine Speisen in Gläsern, die halten es nicht ab. (4)
Draußen geht der Staubtod um, es sterben sehr viel Menschen. Nach 72 Stunden ist alles wieder vorbei. Aber noch einmal sage ich: Geh nicht hinaus, schau nicht beim Fenster hinaus, laß die geweihte Kerze oder den Wachsstock brennen. Und betet.
Über Nacht sterben mehr Menschen als in den zwei Weltkriegen. (4)

Es ist verlockend, diese Worte von Alois Irlmaier mit einer Prophetie der Anna Maria Taigi zu vergleichen, die bereits zitiert wurde.
Und Franziska Maria Beliante schrieb:

»Ganz Europa wird in einen gelben Dunst gehüllt.
Die Häuser und Kirchen werden niederbrennen, und das Vieh auf den Weiden wird an diesem Dunst sterben.« (9)

Bei Alois Irlmaier heißt es dann weiter:

»Kauf ein paar verlötete Dosen mit Reis und Hülsenfrüchten.
Brot und Mehl hält sich, Feuchtes verdirbt, wie Fleisch, außer in blechernen Konservendosen.
Wasser aus der Leitung ist genießbar, nicht aber Milch.
Recht viel Hunger werden die Leute so nicht haben, während der Katastrophe und Finsternis.« (4)
»Macht während der 72 Stunden kein Fenster auf.
Die Flüsse werden so wenig Wasser haben, daß man leicht durchgehen kann.
Das Vieh fällt um, das Gras wird gelb und dürr, die toten Menschen werden ganz gelb und schwarz.
Der Wind treibt die Todeswolken nach Osten ab.« (4)

Die Frage, wie lange dieser Krieg dauern werde, wurde von Irlmaier folgendermaßen beantwortet:

»Ich sehe deutlich einen Dreier, aber ob es drei Tag, drei Wochen oder drei Monate sind, weiß ich nicht.« (1)
»Am Rhein sehe ich einen Halbmond, der alles verschlingen will. Die Hörner der Sichel wollen sich schließen. Was das bedeutet, weiß ich nicht.« (4)

Die »Hörner der Sichel«, die sich »schließen« wollen, werden von Konrad Klee als das Ende einer Mondfinsternis gedeutet. Träfe diese Interpretation zu, wäre eine zeitliche Eingrenzung möglich. In unserem Jahrhundert wird es noch folgende Mondfinsternisse geben:

4. 5. 85 total*
28. 10. 85 total*
24. 4. 86 total
17. 10. 86 total*
7. 10. 87 partiell*
3. 3. 88 partiell
27. 8. 88 partiell

20.	2.	89	total
17.	8.	89	total*
9.	2.	90	total*
6.	8.	90	partiell*
21.	12.	91	partiell
15.	6.	92	partiell
9.	12.	92	total*
4.	6.	93	total
29.	11.	93	total*
25.	5.	94	partiell*
15.	4.	95	partiell
4.	4.	96	total*
27.	9.	96	total*
24.	3.	97	partiell*
16.	9.	97	total*
28.	7.	99	partiell
21.	1.	00	total

In dieser Aufstellung sind die kaum sichtbaren »Halbschattenfinsternisse« nicht aufgeführt; in Mitteleuropa sichtbar sind nur die mit einem Stern (*) versehenen Finsternisse.

Konrad Klee entschied sich aufgrund seiner Interpretation des Nostradamus für den 6. August 1990, obwohl er weiß, daß diese Finsternis vom Rhein aus nicht zu sehen ist.
Wir müssen hier offenlassen, ob diese Deutung zutreffen kann, und berücksichtigen, daß eigenartige Erscheinungen im Zusammenhang mit dem Mond nicht nur von Irlmaier gesehen wurden, sondern auch von Nostradamus und anderen Visionären. So sagt z. B. die Ottilien-Prophezeiung:

> »Die Ära des Friedens ohne Gewalt wird gekommen sein, wenn sich die beiden Hörner des Mondes in diesen Tagen auf diesem Frieden vereinigt sehen werden. Denn in diesen Tagen werden die Menschen den Gott der Wahrheit anbeten, und die Sonne wird in ungetrübtem Glanz erstrahlen.« (9)

Und Schwester Nativitas:

»Ein Ding wie eine Mondsichel von rötlicher Farbe bewegte sich unter dem Gewölke hin und her. Dies erregte die Hoffnung auf Hilfe von oben. Plötzlich stürzte jedoch der Gegenstand hinab und entpuppte sich als furchtbarer Drache, der alles... zu vernichten drohte.« (7)

Über das Schicksal Bayerns in den schweren Kämpfen ist von Irlmaier zu erfahren, daß die »Feuerzungen« (Raketen?, Cruise Missiles?) über das Gebiet südlich der Donau hinwegfliegen würden:

»Nur einmal geht eine Zunge zu kurz, dann brennt eine kleine Stadt nördlich von ›Saurüssel‹* ab. (14)
Aber über das blaue Wasser kommen's nicht herüber.
Da breitet die liebe Frau von Altötting den Mantel aus über den Saurüssel. Da kommt keiner her. (18)
Die Bevölkerung zwischen Watzmann und Wendelstein bleibt verschont.
Auch den Münchnern wird nicht viel geschehen, nur ein wenig unruhig wird's sein.
Wer südlich und westlich der Donau lebt, braucht keine Angst zu haben. (14)
Zuerst ist noch eine Hungersnot, aber dann kommen soviel Lebensmittel herein, daß alle satt werden. (2)
Die Städter gehen aufs Land zu den Bauern und holen das Vieh aus dem Stall bei denen, die keine Bauern sind und keine Händ zur Arbeit haben. (2)
Wenn's herbsteln tut, sammeln sich die Leut in Frieden.
Aber mehr Menschen sind tot, als in den ersten zwei Weltkriegen zusammen.« (2), (18)
»Die landlosen Leut ziehen jetzt heim, wo die Wüste entstanden ist, und jeder kann siedeln, wo er mag, und Land haben, soviel er anbauen kann.
D' Leut sind wenig, und der Kramer steht vor der Tür und sagt: ›Kaufts mir was ab, sonst geh i drauf‹. (2)

* Der »Saurüssel« ist die Landschaft zwischen Inn und Salzach und umfaßt ein von der Salzachmündung nicht zu fernes Gebiet, das sich nicht genau eingrenzen läßt.

Das Land östlich und nördlich der Donau wird neu besiedelt. (2)
Das Klima ändert sich.
Bei uns wird wieder Wein baut, und Südfrüchte wachsen, es ist viel wärmer als jetzt.« (2)

Zu der Zukunft Europas ist von Alois Irlmaier zu erfahren:

»Im Stiefelland bricht eine Revolution aus, ich glaube, es ist ein Religionskrieg, weil sie alle Geistlichen umbringen. Ich sehe Priester mit weißen Haaren tot am Boden liegen.
Hinter dem Papst ist ein blutiges Messer, aber ich glaub, er kommt ihnen im Pilgerkleid (in anderer Fassung: »verkleidet«) aus. (4)
Hernach wird er die Krönung feiern. (4)
Wir müssen viel beten, daß die Greuel abgekürzt werden. (4)
Die Stadt mit dem eisernen Turm wird das Opfer der eigenen Leute. Sie zünden alles an.
Revolution ist, und wild geht's her. (1)
Die Inseln vor der Küste gehen unter, weil das Wasser ganz wild ist.
Ich sehe große Löcher im Meer, die fallen dann wieder zu, wenn die riesigen Wellen zurückkommen. (4)
Die schöne Stadt am blauen Wasser versinkt fast ganz im Meer und im Schmutz und Sand, den das Meer hinauswirft. (4)
Drei Städte seh ich versinken gegen Süden, gegen Nordwesten und gegen Westen.
Die Länder am Meer sind vom Wasser schwer gefährdet, das Meer ist sehr unruhig, haushoch gehen die Wellen, schäumen tut es, als ob es unterirdisch kochte. (2)
Ein Teil Englands verschwindet, wenn das Ding ins Meer fällt, das der Flieger hineinschmeißt. Dann hebt sich das Wasser wie ein festes Stück und fällt wieder zurück. Was das ist, weiß ich nicht. (2)
In Rußland bricht ein grausamer Bürgerkrieg aus.
Die Leichen sind so viel, daß man sie nicht mehr wegbringen kann von den Straßen.
Das Kreuz kommt wieder zu Ehren.
Die Großen unter den Parteiführern bringen sich um, und im Blut wird die lange Schuld abgewaschen. (4)
Ich sehe eine rote Masse, gemischt mit gelben Gesichtern, es ist allgemeiner Aufruhr und grausiges Morden.

Dann singen sie das Osterlied und verbrennen Kerzen vor schwarzen Marienbildern.
Durch das Gebet der Christenheit stirbt das Ungeheuer aus der Hölle; auch die jungen Leute glauben wieder an die Fürbitte der Gottesmutter.« (4)

Auf wiederholte Fragen soll Irlmaier das große Geschehen mit den folgenden Worten zusammengefaßt haben:

»Der dritte Mord ist geschehen.
Dann ist Krieg.
Durch eine Naturkatastrophe oder Ähnliches ziehen die Russen plötzlich nach Norden.
Um Köln entbrennt die letzte Schlacht.
Nach dem Sieg wird ein Kaiser vom fliehenden Papst gekrönt.
Wie lange das alles dauert, weiß ich nicht. Ich sehe drei Neuner.
Der dritte Neuner bringt den Frieden.
Wenn alles vorbei ist, da ist ein Teil der Bewohner dahin, und die Leute sind wieder gottesfürchtig.
Die Gesetze, die den Kindern den Tod bringen, werden ungültig nach der Abräumung.« (4)

Diese Vorhersage stammt aus dem Jahre 1947, in dem noch niemand daran dachte, die Abtreibung zu legalisieren, und Begriffe wie »Fristenlösung« oder »soziale Indikation« auch weitaus gebildeteren Zeitgenossen als dem Freilassinger Brunnenbauer noch unverständlich gewesen wären. So darf man von diesem letzten Satz heute schon sagen, daß er eine Prophetie enthält, deren zweiter Teil sich wohl noch erfüllen wird, sobald eine von religiösen Überzeugungen durchdrungene Gesellschaft neue Gesetze erlassen wird. Schwer zu sagen, wie diese Religion aussehen wird. Denn wenn ein Seher vom »Papst«, von der »lieben Frau von Altötting« oder von »geweihten Kerzen« spricht, so sind das die ihm geläufigen Symbole für Priestertum, Glaube oder auch Gottesdienst, die nicht auf eine bestimmte Konfession bezogen werden müssen, sondern auch einen allgemeinen geistigen Aufbruch bedeuten können. Nur eines scheint sicher: Keine wahre Religion – gleich welcher Richtung oder welchen Namens – wird die Abtreibung gutheißen.
Schließlich erfahren wir noch Tröstliches für die Zeit nach der Katastrophe:

»Friede wird dann sein. Eine gute Zeit.
Drei Kronen seh' ich blitzen, und ein hagerer Greis wird unser König sein.
Auch die uralte Krone im Süden kommt wieder zu Ehren.
Der Papst, der nicht lange fliehen mußte übers Wasser, kehrt zurück.
Blumen blühen auf den Wiesen, da kommt er zurück und trauert um seine ermordeten Brüder. (4)
Nach der großen Katastrophe wird eine lange glückliche Zeit kommen. Wer's erlebt, dem geht's gut, der kann sich glücklich preisen.« (2)

Ein Seher aus dem Waldviertel

In seinem Buch »Das dritte Weltgeschehen« berichtet Wolfgang Johannes Bekh von einem zeitgenössischen Seher aus dem Waldviertel in Österreich, der unweit der Grenze zur Tschechoslowakei, wohl im Nordwesten von Krems lebt.
Die Gesichte dieses Sehers sind etwas Besonderes. Denn er sieht sich selbst, wie er den dritten Weltkrieg erlebt, in der vertrauten Umgebung seines Heimatortes. In lebendigen Visionen, die meist Einzelereignisse darstellen, entrollt sich vor seinen Augen das zukünftige Geschehen mit wahrlich endzeitlicher Dimension. Der österreichische Bauer ist etwa Jahrgang 1938 und würde demnach während seines Lebens die Schrecknisse durchleiden; man könnte fast schon ausrechnen, bis wann diese spätestens zu erwarten wären – sofern seine Gesichte zutreffen.
Nun hatte der Visionär seit dem Jahre 1959, als er einundzwanzigjährig seine ersten Gesichte hatte, viele Wahrnehmungen zukünftiger Ereignisse, von denen nicht wenige schon eingetroffen sind, so daß man seine Schauungen durchaus ernst nehmen sollte. Über die Person des Sehers, erfüllte Vorgesichte und weitere Zusammenhänge von Interesse berichtet Wolfgang Johannes Bekh, und der interessierte Leser kann sich dort weitere Informationen holen.
Uns beschäftigt hier im Zusammenhang mit dem Thema Endzeit eine Zusammenstellung der wichtigsten Gesichte des zeitgenössischen Propheten, die wir Bekhs Buch entnehmen. Dabei wurde die Reihenfolge gegenüber der Erstveröffentlichung von W. J. Bekh umgestellt,

um so zu einer – hoffentlich einigermaßen richtigen – chronologischen Ordnung zu gelangen, aus der man den Verlauf des dritten Weltkrieges ablesen könnte.
Wolfgang Johannes Bekh hat aufgrund der Angaben des Sehers die wichtigsten Ereignisse des dritten Weltkrieges folgendermaßen beschrieben (5):

> »Ein begrenzter Konflikt auf dem Balkan und die Zerstörung New Yorks, das sei der Anfang der kriegerischen Auseinandersetzungen, ohne nennenswerte Auswirkungen noch auf Mitteleuropa. Als zweite Phase falle der kosmische Staub (›wie lauter Sterne‹), der alles in Brand setze. Dann folge ein afrikanischer Krieg. Schließlich würden sich China und die UdSSR in Niederösterreich und Böhmen bekämpfen. Dem Einfluten sowjetischer Panzer entgegen. Erst als letzte Phase breche ein sowjetischer Angriff über den Westen herein, der berühmte Endkampf, der für den Osten ungut ausgehe, die Totalzerstörung aus Rache, die Zündung von ungeheuren Bombenlagern in Böhmen und als Folge davon ein Erdriß. Ob es die entweichenden Erdgase oder die zuletzt noch eingesetzten Neutronenbomben sind, der ›Vorhang‹ zwischen Linz, Prag und Stettin, der Nachschub und Fluchtweg abschneidet, die zu der Erscheinung führen, daß die Panzer noch fahren, aber diejenigen, die darinnen sitzen, schon tot sind, wußte der Seher nicht zu sagen. Jedenfalls ist ›der Platz, an dem das Ereignis eintritt‹, dieser festen Überzeugung ist er, nicht in Bayern, sondern in der Tschechoslowakei.«

Diese Schau setzt sich aus vielen Einzelgesichten zusammen, in denen der Hellseher meist Details, Ausschnitte aus seinem zukünftigen Leben sehen konnte – oder auch mußte. Man sollte noch sagen, daß sich diese Gesichte mit anderen Visionen einigermaßen decken; so ist die Übereinstimmung mit Irlmaier oder auch den Prophetien des »rätselhaften Franzosen«, über den in den beiden »Feldpostbriefen« berichtet wird, teilweise verblüffend. Unseren hellsichtigen Landwirt hat allerdings das »Lied von der Linde« besonders beeindruckt:

> »Am erstaunlichsten fand er in dem Buch über bayerische Hellseher* die Aussagen des Liedes der Linde. Von Anfang bis zum Schluß sehe er das kommende Geschehen genauso.«

* Wolfgang Johannes Bekh: »Bayerische Hellseher« (4).

Von den Vorhersagen der Jeane Dixon hält der »Seher aus dem Waldviertel« dagegen nicht viel. So bemerkt er zu deren Meinung über den Konflikt in Europa:

> »Außer dem Krieg im und um das Mittelmeer und die Eroberung Südrußlands durch China stimmt nichts.
> Über den Kriegsverlauf kann ich viel bessere Auskünfte geben, nicht aber, wie China hineingezogen wird.«

Damit wären wir endlich bei den detaillierten Vorhersagen unseres Propheten über den »Ausbruch und Verlauf des dritten Weltkrieges«, wie sie teils in wörtlicher Rede, teils als Zusammenfassung von W. J. Bekh mitgeteilt wurden:

> »Vor dem Ausbruch des großen Krieges hält die Linke einen Siegeszug, und es gibt Krieg im Osten Afrikas von Nord bis Süd.«

Dann hat auch er eine rätselhafte Vision von einem »Geiselmord«. Zwei Männer erschießen einen dritten, der an eine Säule oder einen Baum gebunden ist und trotz Folterung keine Antwort gibt. Ob es sich hier um die »Ermordung des dritten Hochgestellten« handelt, die nach Irlmaier der Anlaß für den Ausbruch des dritten Weltkrieges sei, läßt sich nicht sagen, solange der Seher nicht selbst durch weitere Gesichte Aufschluß erhält.
Dann sieht er die ersten großen Zerstörungen in den USA:

> »New York wird unerwartet bereits zu dieser Kriegszeit durch kleine Sprengsätze, die sehr nieder explodieren, zerstört. So entsteht der Eindruck, als würden die Häuser von einem ›heftigen Sturm‹ weggeblasen.
> Die Häuser fielen nicht um oder in sich zusammen, sondern sie würden meist als ganze sich nur wenig neigend, vom Explosionsherd weggeschoben. Sie zerrieben sich dabei förmlich von unten her.
> Bei uns konnte ich da noch keinerlei Kriegseinwirkungen erkennen. Folglich muß das Ereignis viel früher eintreten als bisher angenommen. Den Reden nach zu schließen, mußte es ein Bravourstück eher psychopathischer Gegner sein.
> Bei der Zerstörung New Yorks sah ich Einzelheiten, die man mit dem Auge niemals wahrnehmen könnte...

Da fiel ein dunkler Gegenstand auf einer sich stets krümmenden Bahn von oben herab. Gebannt starrte ich diesen Körper an, bis er zerbarst. Zuerst waren es Fetzen, dann lösten sich auch diese auf...
Daß dies der Racheakt von Terroristen sei, hörte ich sagen. Sicher, was die Amerikaner gemacht hätten, sei nicht schön gewesen. Daß man aber deswegen gleich eine ganze Stadt zerstöre, das gehe entschieden zu weit! So redeten die Leute.
Worüber ich bisher kaum Klarheit finden konnte, das ist die Frage, wie weit manche Ereignisse von hier entfernt sind. Worum es bei dem Krieg in Südosteuropa geht. Wer daran beteiligt ist. Es ist ein Gewirr. Es beginnt in der Nähe der Adria und endet in der Türkei. Dabei werden die ersten größeren A-Waffen eingesetzt. Auf den Feldern bei uns sah ich zu der Zeit kaum Vegetation. Die Menschen im übrigen Europa sagten sich da noch erleichtert: Na, Gott sei Dank nicht bei uns!
Ich wußte zwar nichts Genaues von einem Bürgerkrieg in Italien und Frankreich, dafür aber von einer erdrückenden Bedrohung in diesen Ländern gegenüber dem deutschen Sprachraum. Auch Amerika ist auf die Dauer nicht zuverlässig.
Der erwähnte Krieg am Mittelmeer fand noch nicht statt. Er erfolgt im Gebiet Albanien – Türkei. Die Verlierer sind die östlichen Verbände.
Auf dem Höhepunkt der italienischen Wirren marschiere der Russe durch Kärnten nach Italien. Der Amerikaner mischte sich, wider Erwarten, nicht ein.
Bei ihrem Durchmarsch nach Jugoslawien durchqueren die Russen auch das Waldviertel.«

Etwa zu dieser Zeit folgt dann ein rätselhaftes Naturereignis, wie es in vielen Prophetien angekündigt ist, wenn auch nirgends so differenziert, wie unser Visionär es sah:

»›Die Sterne fallen wie Blätter‹, das bezieht sich auf ein Ereignis, dessen Ursache ich nicht genau kenne, das sich aber nach eigenem Erlebnis so beschreiben läßt:
Ich stand bei schönem Wetter in unserem Ort mit mehreren Leuten, die ich zum Teil kannte. Wir schauten etwas erwartend gegen den Himmel. Da schien sich die Sonne zu verdunkeln. Alle glaubten, sie sähen die Sterne. Dabei handelte es sich in Wirklichkeit

um eine Art Glut – wie Millionen weißglühende herabfallende Leuchtkugeln – die, sich über gelblich, dann rötlich färbend, im Osten beginnend zu Boden fiel. Wo sie auftraf, verbrannte fast alles Brennbare. In der Reihenfolge: das Getreide, der Wald, Gras und viele Häuser. Wir löschten, was wir konnten. Nachher schaute ich mich um: Ich sah, so weit ich blicken konnte, nur Rauch aufsteigen. Zu dieser Zeit gab es bei uns noch kein Kriegsgeschehen.«

Weitere Aussagen des Sehers zum Kriegsverlauf sind:

»Erst wenn China eingreife, weite sich der Krieg auf die Bundesrepublik aus. China komme mit Panzern in den Westen. Der Chinese helfe zum Westen. Doch sei man darüber hierzulande nicht eben erfreut. Dieser letzte Abschnitt des fürchterlichen Krieges dauere nur wenige Tage.
Der ›totale Krieg‹, mit amerikanischer Beteiligung, finde erst in Saudi-Arabien statt, wo die Amerikaner in das Ölgebiet einfielen; jedoch zögen sie den kürzeren. Der Russe siege. Polen stehe gegen den Russen auf, werde Verbündeter des Westens. Der Russe sikkere in gelegentlichen Blitzaktionen in die Bundesrepublik ein.«

In den aus persönlichen Einzelerlebnissen bestehenden Gesichten des visionären Bauern tauchen spezielle Details auf, wie bisher noch kaum bekanntes Kriegsgerät:

»Er sah merkwürdige Raumschiffe, ein Mittelding aus Flugzeug und Rakete. Sie sind computergesteuert, fliegen ohne Piloten. Solche Flugzeuge – darüber unterhielten sich die Dorfburschen – könnten nicht schaden, wenn man auf der Straße steht, denn ›sie sehen einen nicht‹.«

Diese Beschreibung einer Lenkwaffe könnte für den Marschflugkörper Cruise Missile passen, der derzeit in der Diskussion um die sog. Nachrüstung oft genannt wird. Entsprechende Waffen entwickelt auch die UdSSR, wie vor kurzem von der Kremlführung mitgeteilt wurde.
Bei der in den nächsten Zeilen geschilderten Waffe dürfte es sich dagegen um eine derzeit noch unbekannte Kriegsmaschine handeln:

»Dieses mondfähreartige Gefährt war mit einer ›blitzschleudernden Maschine‹ ausgerüstet. Es ist das die einzige wirklich überlegene Waffe des Westens. Sie bewahrt Deutschland vor der totalen Niederlage. Mit ihr können auch Lenkwaffen der zweiten Generation – impulsweise erfolgender Antrieb, Steuergerät versehen mit Zufallsgenerator; so entsteht ein völlig unlogischer Flug, wie er sonst nur Mücken eigen ist – sicher bekämpft werden.
Von diesen Panzern, von diesem mondfähreähnlichen Fluggerät, das ganz frei im Raum stehen kann, sowie von der Art, wie es Lenkwaffen zerstöre, erzählte ich bereits im Jahre 1967.«

Solche speziellen Visionen wechseln sich ab mit Berichten mehr allgemeiner Art; auch über Geschehnisse, welche der Seher nicht als Beteiligter erlebt:

»Die Überschwemmungen im Mittelmeergebiet werden durch A-Waffenzündungen in großer Höhe über der Adria, von Norden beginnend, hervorgerufen. Die Erschütterungen sind bei uns deutlich spürbar.
Im letzten großen Krieg falle eine Atombombe in die Adria und eine in die Nordsee. Diese sei gegen London gerichtet. Das Meer, das bis zu 80 m hoch austrete, verursache riesige Überschwemmungen.
Die Stadt, die im Schlamm versinkt, sei nicht Marseille, sondern London.
Bereits vor der Endschlacht wird es bei uns wegen der stets wechselnden Front kaum ein Haus geben. Diese findet am Beginn hauptsächlich zwischen den kommunistischen Verbänden und China, vorwiegend mit sehr beweglichen Panzern, in und um die ČSSR statt. Es sah so aus:
Ich war mit einigen Leuten in einem mit Holz erbauten Erdbunker. Es tobte eine riesige Panzerschlacht vom Raum Wien–Krems in Richtung Schrems–Gmünd. Ich hörte mich sagen: ›Jetzt geht das schon zum drittenmal so, was soll da noch übrigbleiben.‹
Nachher gab es fürchterliche Kämpfe in der ČSSR. Ich erkannte auch die mageren, haßerfüllten Gesichter der Angreifer.
Bei dem... Kampf in der ČSSR werden erstmals in sichtbarer Weite von unserem Ort in nordnordöstlicher Richtung massiert stärkste Nuklearwaffen eingesetzt. Es dürfte in der nördlichen

ČSSR sein. Es ist zur späteren Abendzeit. Bis zum dunkelroten Feuerpilz gibt es viel Rauch. Erstmals bekommen viele Menschen wirklich Angst, der Erdball könnte das einfach nicht aushalten.
Der radioaktive Niederschlag dürfte in unserer Gegend nicht so stark sein wie beim letzten Einsatz. Dieser Kampf wird hauptsächlich zwischen China und Rußland ausgetragen.«

Daß ausgerechnet chinesische Truppen genannt werden, spricht zumindest für die Ehrlichkeit des Sehers. Denn Truppen aus der Volksrepublik China sind das letzte, was man auf dem europäischen Kriegsschauplatz erwarten möchte, und ein Wichtigtuer hätte gerade solch unmöglich klingende Aussagen vermieden.
Da man sich nur schwer vorstellen kann, daß chinesische Truppen über den halben Globus hinweg in Europa zum Einsatz kommen sollten, muß man diese Frage offenlassen. Es ist nicht ausgeschlossen, daß sich der Seher geirrt oder ein Bild falsch gedeutet hat.

»Die Chinesen versuchen, die zurückweichenden Russen mit ihren Helfern in der ČSSR in die Zange zu nehmen, die Russen wollen das verhindern. Der Westen ist zu der Zeit so desolat, daß er nicht einmal den schon fliehenden Russen Widerstand entgegensetzen kann. Das muß er mit dem Krieg in eigenen Landen teuer bezahlen.
Es werden dann gehäuft A-Waffen eingesetzt, ganze Berge weggesprengt, um die anderen zu erschlagen. Da kommt es in der westlichen ČSSR zum Platzen der Erdrinde. Der erste Auswurf wird bis zu hundert Kilometer oder weiter geschleudert.
Beim Platzen der Erdrinde kommt es zu einem Weltbeben, bei dem fast alles zerfällt, was zerfallen kann. Alle nachher noch lebenden Menschen stehen vor dem Nichts. Da kommen sie zur Besinnung. Wer es bis dahin nicht gelernt hat, sich in einer solchen Lage mit eigenen Händen zu helfen, ist verloren.
Einige Zeit später:
Es dürfte Abend sein. Wir vernahmen im Bunker heftige Erdstöße und Explosionen aus W-NW. Ich schaute vom Eingang in diese Richtung. Da war die Hölle los. Ich sah am Horizont in der Ferne im Rauch und Feuerschein der ununterbrochen erfolgenden Explosionen weißgelbe Lichtblitze.
Da erfolgte eine gewaltige, kurze weißgelbe Explosion, deren Feuerpilz von W- über WNW reichte. Gleich darauf schoß eine alles

überragende, eruptionsähnliche, qualmende, schwarzrote Feuersäule empor. Hoch oben, sicherlich über der Atmosphäre, gab es noch gewaltige Feuerwirbel. Sie reichte von WNW- fast N. Die Erde bebte. Ich wurde in den Eingang geschleudert und konnte wegen der Erschütterung kaum Halt finden. Vielleicht wurde ich bewußtlos. Nachher verbrachten wir eine lange Zeit im Erdbunker. Es war fast nichts wahrzunehmen.
Nur die paar Leute, die in diesem Bunker sitzen, überleben. Und außerdem noch eine Handvoll Einwohner, die sich in einem Hohlweg am anderen Ende des Dorfes verkriechen. Sonst kommt alles um.
Und schuld sei die schwefelgelbe Glut, die über dem südwestlichen Böhmen aufsteigt. Er deute es als Explosion von Neutronenbomben. Am vernichtendsten wirken sich aber die Giftgase aus, die durch eine ungeheuerliche Eruption südlich von Prag frei werden.
Nach den gewaltigen Explosionen in Südböhmen (wahrscheinlich eine Verzweiflungs- und Rachetat der fliehenden Ostverbände, die zum Platzen der Erdrinde führe) – nahezu niemand überlebe in seiner Heimat – breche der letzte Abschnitt der Apokalypse an.
Dabei kommt es zu dem von Irlmaier vorausgesagten Phänomen mit dem ›Gekreuzigten‹. Es ist der erste in der Stichflamme emporgeschleuderte, sich bewegende Auswurf. Dieses Bild ist unverkennbar ähnlich! Die dabei ausgestoßenen Gase bewirken die Finsternis und die Atemkrämpfe der ungeschützten Lebewesen.
Der Auswurf nimmt später das Bild eines alleinstehenden großen Birkenbaumes an. Das Verharren vor dem Wiederherunterfallen gleicht den Laubbüscheln.«

Über allgemeine Erscheinungen, die mit dem vermutlich größten Kriegsgeschehen aller Zeiten verbunden sind, gibt der Seher Auskunft:

»Der elektrische Strom falle schon in einem frühen Stadium der Kämpfe aus.
Wichtig sei es, einen Bunker unter der Erde zu bauen und ihn mit Filtern gegen Staub und Gas auszurüsten.
Auch eine Brunnenwasserleitung im Bunker sei notwendig.
Wir benützen nie viel Kleidung. Es friert uns nicht dabei. Gekühlte Lebensmittel verderben wegen der Unterbrechung der Kühlung. Dosengläser halten nicht durch.«

Auch über Deutschland kann der Visionär einiges berichten:

»Diese Zeit kenne ich, wie schon erwähnt, meist aus der Sicht, wie ich sie selbst, mit dem eigenen Körper, erleben werde. Ich weiß deshalb genau, wie dieser Kampf endet, wie es nach dieser Katastrophe in Deutschland aussieht. Ich kämpfe da selbst auf der Seite der Deutschen gegen die räuberischen Truppenreste und weiß, was mir alles zustößt. Die hartnäckigsten und verschlagensten sind die Ostdeutschen.
Das Ruhrgebiet, in dem noch mehr Menschen am Leben seien als in seiner eigenen Heimat, gleiche einer Ruinenlandschaft. Hier werden die Reste der russischen Armee aufgerieben.
Der Eingriff der Natur sei verheerender als das Kampfgeschehen: Der Funkenregen, der vielleicht vom Eintritt eines Planeten* in die Erdatmosphäre herrühre, und das Platzen der Erdrinde.«

Sogar den sagenhaften »Großen Monarchen« durfte er schauen und bei dessen Krönung unter den Zuschauern sein:

»... Bei der besagten Krönung bin ich selbst dabei. Deshalb weiß ich auch, wer Kaiser wird. Werde aber nie einen genaueren Kommentar geben. Drei Männer sitzen mit dem Rücken nach Süden an einer Wand, in der Mitte der, der Deutscher Kaiser wird, einer wird österreichischer, der andere, soviel ich mich erinnern kann, ungarischer.
Dieser Mann, den die Deutschen am Ende des Krieges zu ihrem Kaiser machen, hat als Schulbub noch Hitlers Reden gehört.«

Falls dieses Gesicht zutrifft, hätten wir einen Hinweis mehr, daß das »dritte Weltgeschehen« nicht allzu lange auf sich warten lassen wird. Denn wer »als Schulbub noch Hitlers Reden gehört« hat, muß auf jeden Fall vor 1938 geboren sein; wenn er die Führung in Deutschland übernehmen soll, so kann das kaum viel später als gegen die Jahrtausendwende sein.
An dem Wort »Kaiser« muß man sich übrigens nicht stoßen. In der österreichischen Heimat des Sehers ist der Begriff »Kaiser« noch geläufiger für die »höchste Staatsgewalt« als in Deutschland. Ein bayerischer Seher hätte eher »König« gesagt, und ein überzeugter Demo-

* »Planet« ist wohl ein Druckfehler. Man darf davon ausgehen, daß es »Komet« heißen sollte.

krat könnte mit dem Begriff des »Präsidenten« das gleiche zum Ausdruck bringen.
Die Vision ist wohl so zu deuten, daß ein Herrscher vom Volk gewählt wird, der ohne Parlament auf unbegrenzte Zeit regieren und den Wiederaufbau leiten soll. Die dem Königtum sehr abholden republikanischen Römer hätten in einer schwierigen Situation einen Diktator auf Zeit ernannt und mit allen Vollmachten versehen. Besseres würden auch wir in der vom Seher geschilderten Extremsituation nicht wissen.
In einer weiteren Vision scheint sich zuletzt auch noch das Geschick des Sehers selbst zu erfüllen:

> »Dann hatte er ein letztes Gesicht:
> Er sah sich am Rand einer Ortschaft, auf deren Ortsschild stand: Boltawa oder Bultava oder Bultavia. Ganz genau konnte er es nicht lesen. Sie kamen durch ein großes Sumpfgebiet und erreichten dann den Rand dieser Ortschaft. Seine Begleiter wollten ihn überreden, in diese Ortschaft (oder Stadt) hineinzugehen. Er aber weigerte sich und sagte immer wieder: ›Nein, da gehe ich nicht hinein!‹ Später suchte er auf der Landkarte und fand diese Stadt nordöstlich der Halbinsel Krim.«

Ich habe mir einige Mühe gegeben, diesen Ort zu identifizieren, konnte aber nur »Poltava« im Westen von Charkov finden, das in einer gewaltigen Entfernung vom Waldviertel liegt, so daß man sich nur schwer vorstellen kann, wie es unseren Seher dahin hätte verschlagen sollen. Oder ist der mysteriöse Ort nur ein winziges Dorf?
Der Art seines Gesichtes nach muß der Seher übrigens damit rechnen, daß ihm dort eine schwere Verwundung oder Schlimmeres droht.
Als Abschluß scheinen noch einige Worte zu dieser Schau nötig: In der umfangreichen Literatur über außersinnliche Wahrnehmungen sind die sog. »déjà-vu«(»schon gesehen«)-Erlebnisse ein bekannter Begriff. Es gibt Hunderte von verbürgten Beispielen. In der Regel sind es einzelne Gesichte, in denen ein Hellseher ein zukünftiges Ereignis bildhaft vor sich sieht, an das zum Zeitpunkt der Vision noch niemand dachte. Früher oder später ereignet sich dann tatsächlich ein Vorfall, der dem Vorgesicht in allen Einzelheiten entspricht, so daß der Visionär sagt: »Das habe ich schon gesehen!« (»déjà-vu«).
Solche Vorahnungen sind nicht selten, und man darf davon ausge-

hen, daß so gut wie jeder Mensch schon zukünftige Ereignisse geahnt hat; zu einem Zeitpunkt, wo er diese nicht erwarten konnte.
Eine Ausnahme bilden allerdings zusammenhängende Vorgesichte, die einen großen oder wenigstens entscheidenden Teil des zukünftigen Lebens in allen Einzelheiten vor dem inneren Auge des Sehers erstehen lassen, wie die Vorschau des Propheten aus dem Waldviertel.

Selbstverständlich kann niemand sagen, ob die von diesem geschilderten Gesichte in dieser oder einer ähnlichen Form eintreffen werden. Wir können nur festhalten, daß es solche Vorgesichte gibt. Es ist möglich, daß er den dritten Weltkrieg in detaillierter Form vorhergesehen, vorauserlebt hat; doch niemand wird in der Lage sein, im voraus zu wissen, ob sich diese Gesichte als zutreffend realisieren werden.
Dem Schauenden selbst sollten wir jedenfalls glauben, daß er alles so gesehen, so in sich erlebt hat. Selbst wenn er sich geirrt haben sollte, ist er so wenig ein Schwindler oder Scharlatan, wie jeder andere Mensch, der einen Traum arglos weitererzählt.

Warnung aus dem Licht?

Erscheinungen der Himmelskönigin?

> »Denn der Herr tut nichts, er offenbare denn sein Geheimnis den Propheten, seinen Knechten.« *(Amos 3,7)*

Seit Jahrhunderten, mehr als einem Jahrtausend, sind Erscheinungen der »Himmelskönigin« überliefert. Ungezählte Menschen haben sie sehen dürfen. Nicht selten wird auch von Wundern berichtet, die sich im Zusammenhang mit solchen Erscheinungen ereigneten. Denn wenn tief erschütterte Menschen ein Bild der Himmelskönigin schauen dürfen, so ist mit diesem Bild auch eine gewaltige Strahlungskraft verbunden, die einem geöffneten Geist gnädig aufwärts helfen, ihn zu religiösem Erleben führen, zur überraschenden Heilung von einer hoffnungslosen Krankheit verhelfen oder zu sonst einer an das Wunderbare grenzenden Leistung leiten kann.

Für einen überzeugten Katholiken sind derartige Ereignisse »Wunder«, also Geschehen, die außerhalb der Naturgesetze stehen und nur mit göttlicher Kraft vollbracht werden können. Die katholische Kirche sieht in solchen Geschehnissen überzeugende Beweise für die Rechtmäßigkeit ihrer Lehre und für eine Übereinstimmung des Dogmas von der Himmelskönigin mit den Schöpfungswirklichkeiten. Dabei wird meist die Himmelskönigin mit der Erdenmutter von Jesus gleichgesetzt.

Bekenner anderer Konfessionen haben es in der Regel schwerer mit himmlischen Erscheinungen und sind oft geneigt, diese in das Gebiet des Aberglaubens, der Phantasie oder gar des Schwindels zu verweisen, weil sie solche wundervollen Hilfen aus höchsten Höhen mit ihren Glaubensvorstellungen nicht in Einklang zu bringen vermögen. So ist auch zu verstehen, daß die Mehrzahl der überlieferten Gesichte – nicht nur solche von der Himmelskönigin – von Katholiken stammen, und als Autoren prophetischer Sammlungen immer wieder katholische Pfarrer auftreten. Diese Tatsache muß aber nicht bedeuten, daß Angehörige anderer Konfessionen weitaus seltener Visionen schauen dürfen. Allerdings werden jene meist darüber schweigen, da ihnen andernfalls ihre Umgebung mit Unverständnis und Ablehnung entgegentritt.

Wir wollen uns hier aus einer theologischen Diskussion heraushalten. Damit weichen wir allerdings auch einer Kernfrage aus: nämlich der Frage nach der Bedeutung und dem Wesen der Himmelskönigin. Auch wenn der Autor sich persönlich zum Glauben an die Himmelskönigin oder »Urkönigin«* bekennt, so kann es doch nicht Aufgabe dieses Buches sein, hierzu weiterführende Aufschlüsse zu geben. Auch was die Visionen selbst betrifft, wollen wir uns mit einem Urteil vorsichtig zurückhalten.

Sicher gab es oder gibt es die eine oder andere Erscheinung der Himmelskönigin, die sich nur in der Phantasie des betreffenden Pseudo-Visionärs abgespielt hat, die aufgrund einer Täuschung zustande gekommen ist, oder die auch schlicht erfunden wurde – aus welchem Grund auch immer. Doch scheint es nicht vertretbar, sämtliche der berichteten Visionen mit solchen Argumenten abzutun; denn es gibt zu viele zuverlässige Berichte, die für das Gegenteil zeugen. Nicht zuletzt ist auch die katholische Kirche den Erscheinungen gegenüber kritisch eingestellt, und in unserer Zeit ist eher zu erwarten, daß die Kirche eine echte Vision nicht anerkennt, als daß sie sich dazu hinreißen ließe, einen Schwindel zu kanonisieren.

Die meisten Schauungen einer »Himmlischen Frau« sind übrigens ausschließlich Visionen, also nur abbildhafte Gesichte, in denen keine weiteren Informationen zu dem Seher gelangen. Nur in Ausnahmefällen werden auch wörtliche Botschaften übermittelt, die sich vielfach noch im allgemeinen Rahmen des christlichen Gedankengutes bewegen und somit wenig neue Informationen enthalten – außer vielleicht für den Visionär selbst. Da man von einer himmlischen Erscheinung mehr erwartet als unverbindliche Aussagen, wie sie jeder Pfarrer formulieren könnte, muß man annehmen, daß es an der Empfangsfähigkeit des Sehers liegt, ob er auch Höheres, Bedeutenderes vermittelt bekommen kann. Denn auch bei einer Erscheinung der Königin der Himmel sind die Grundgesetze der Schöpfung nicht außer Kraft gesetzt. Diese machen es z. B. unmöglich, daß ein Empfänger mehr aufnehmen kann, als seiner geistigen Kapazität entspricht. In allen Kündungen aus dem Licht ist der Engpaß stets das irdische Medium, das nur so viel vermitteln kann, als es selbst durchzulassen vermag.

* Der Begriff »Urkönigin« entstammt dem Werk »Im Lichte der Wahrheit« von Abd-ru-shin, das weiterführende Aufschlüsse dazu enthält.

So sind große Visionen, in denen nicht nur die Himmelskönigin dem inneren Auge geöffneter Menschen sichtbar wird, sondern die auch Kündungen in der Form von Erdenworten vermitteln, eine seltene Ausnahme. Daß derartige visionäre Erlebnisse meist Kindern zuteil werden, läßt vermuten, daß es in erster Linie auf die Unverbogenheit – um nicht zu sagen, Reinheit – des Empfangenden ankommt. Leider verfügen diese Kinder nicht über das notwendige Können, um das von ihnen Empfangene in der klarsten möglichen Form aufzuzeichnen. Sie benötigen Hilfen, die in der Regel von geistlicher Seite gegeben werden. Durch jede weitere Zwischenstation fließen aber ungewollt weitere menschliche Meinungen, irdische Vorurteile in die Wiedergabe der Schauungen ein, bis zuletzt Widersprüche, Irrtümer, Verbogenheiten entstehen, die unmöglich aus höchsten Höhen verkündet sein können.
Es scheint nötig, auf diese Zusammenhänge hinzuweisen und den Leser zu bitten, selbst alle auf ihn zukommenden Berichte von solchen Ereignissen durchzuempfinden; denn es ist nicht damit zu rechnen, daß die uns vorliegenden Aufzeichnungen von visionären Erlebnissen immer vollständige und genaue Wiedergaben dessen sind, was die lichte Gestalt warnend oder helfend künden wollte.
Aus unzähligen Erscheinungen dieser Art können wir nur eine kleine Auswahl bringen. Berichte von Visionen, in denen die Himmelskönigin auftrat, gibt es zu Hunderten, und ihre Aufzeichnungen füllen längst Bibliotheken. Daher müssen wir unsere Betrachtungen auf wenige Beispiele beschränken, die Aussagen zu der Endzeit bringen. Einige dieser endzeitlichen Warnungen gehören allerdings zu den komprimiertesten und beeindruckendsten aller Prophetien, und sie können inhaltlich kaum ernst genug genommen werden.
Es spricht nämlich viel dafür, daß es sich – unabhängig von der Konfession – um tatsächliche Erscheinungen der Himmelskönigin handelt, also um Kündungen aus höchsten Höhen, aus dem Lichte selbst. Derartige Kundgebungen betreffen stets die gesamte Menschheit. Sie gelten dann für jede Nation, jedes Volk, jeden Einzelmenschen. Sie sind von unbeschreiblichem Ernst und übertreffen an Bedeutung alles menschliche Denken und Handeln, das sich auf unserer Erde abspielen mag, sei dieses in unseren Augen auch noch so wichtig.

In der Dauphiné, gut 40 km südlich von Grenoble, liegt in der Einsamkeit der Hautes Alpes das seinerzeit noch kleine Bergdorf La Salette. Dort hatten am 19. 9. 1846 zwei Kinder eine Erscheinung der Himmelskönigin, die ihnen endzeitliche Warnungen übermittelte. Die Kinder waren der elfjährige Maximin Giraud und die fünfzehnjährige Mélanie Calvat.
Beiden Kindern wird je ein Geheimnis offenbart. Das Geheimnis des Maximin liegt in den Archiven des Vatikan; die bekannt gewordenen Fassungen sind kurz und nur Ergänzungen zu dem Geheimnis der Mélanie. Ausführlich und inhaltsschwer ist dagegen das »Geheimnis der Mélanie«, das ihr von der lichten Erscheinung mitgeteilt wurde mit der Aufforderung, es erst nach dem Jahre 1848 zu veröffentlichen.
Die nachfolgende Fassung des »Geheimnisses der Mélanie« stammt von Konzionator (8), der sie dem französischen Buch des Bischofs Zola über La Salette entnommen hat. Wir geben hier die wichtigsten Passagen wieder:

»Wehe den Priestern und gottgeweihten Personen, die durch ihr schlechtes Leben meinen Sohn aufs neue kreuzigen!
Ihre Sünden rufen zum Himmel um Rache. Und siehe, die Rache lauert schon vor ihrer Türe. Gott ist vorbereitet, hineinzuschlagen auf eine Art, die ihresgleichen nicht hat. Wehe den Kirchenfürsten, die nur nach Anhäufung von Reichtümern und nach Erhaltung und Befestigung ihrer Autorität trachten und mit Stolze regieren.
Wehe den Bewohnern der Erde!
Gott geht daran, seinen Zorn an ihnen auszulassen, und niemand wird es möglich sein, den vielen vereinten Übeln zu entgehen.
Die Menschheit steht am Vorabend schrecklicher Ereignisse. Man wird sich darauf gefaßt machen müssen, daß eine eiserne Rute die Herrschaft führen wird, und daß der Kelch des Zornes Gottes wird geleert werden müssen.
Gott wird der alten Schlange erlauben, Unfrieden hervorzurufen unter den Herrschenden in allen Klassen der Gesellschaft und in allen Familien. Die Menschen werden leibliche und seelische Qualen erleiden. Gott wird die Menschen sich selbst überlassen, und diese Strafen werden nacheinander folgen, länger als 35 Jahre hindurch.

Weil der christliche Glaube in Vergessenheit geraten wird, wird jeder einzelne sich selbst führen und höher sein wollen als seinesgleichen. Man wird die staatlichen und kirchlichen Machthaber zu beseitigen suchen. Jede Ordnung und Gerechtigkeit wird mit Füßen getreten werden; herrschen wird nur Mord, Haß, Neid, Zwietracht, Lüge und Verleumdung, ohne Liebe zum Vaterland und zur Familie. Die staatlichen Regierungen werden durchwegs vom Streben geleitet werden, alle religiösen Grundsätze zu beseitigen und auszurotten, damit an deren Stelle trete Materialismus, Atheismus, Spiritismus und alle Arten von Lastern.

Die Gerechten werden viel zu leiden haben; ihre Gebete, Bußübungen und Tränen werden bis zum Himmel emporsteigen. Das gesamte Volk Gottes wird um Verzeihung und Gnade rufen und mich um Hilfe und Fürbitte anflehen. Dann wird Jesus Christus durch eine besondere Tat seiner Gerechtigkeit und Barmherzigkeit seinen Engeln befehlen, alle seine Feinde dem Tode zu überliefern. Da werden plötzlich alle Verfolger der Kirche Jesu Christi und alle Bösewichte zugrunde gehen, und die Erde wird wie eine Wüste sein. Dann wird Ruhe eintreten und Friede sein zwischen Gott und den Menschen.

Dieser Friede unter den Menschen wird aber nicht lange dauern. Infolge der guten Ernten, während der Zeit von 25 Jahren, wird man vergessen, daß die Sünden der Menschen die Ursachen aller Strafen sind, die über die Erde kommen. Es wird ein gewisser Vorläufer des Antichrist mit seinen Anhängern aus vielen Völkern den wahren Christus, den alleinigen Erlöser der Welt, bekämpfen. Er wird die Verehrung Gottes beseitigen wollen, damit man ihn für Gott ansähe. Es wird viel Blut fließen. Die Erde wird dann von allerlei Schlägen heimgesucht werden, von beständigen Kriegen bis zum letzten Krieg, der schließlich von den 10 Königen des Antichrists geführt werden wird.

Es wird die Zeit kommen, wo viele vom Glauben abfallen werden. Die Zahl der Priester und Ordensleute, die sich von der wahren Religion trennen werden, wird groß sein. Unter diesen werden sich auch Bischöfe befinden.

Die Unbändigkeit und die Liebe zu den leiblichen Genüssen wird auf der ganzen Erde ausgebreitet sein. Man wird an nichts anderes denken, als an Unterhaltungen, und auf Erden wird eine Art falscher Friede sein.

Die Natur lechzt nach Rache an den Menschen und bebt vor Grauen und Erwartung dessen, was über die durch die Verbrechen befleckte Erde hereinbrechen soll. Auf den ersten Hieb des göttlichen Schwertes, das wie der Blitz einschlagen wird, werden die Berge und die ganze Natur zittern vor Entsetzen, da die Mißbräuche und Verbrechen der Menschen das Himmelsgewölbe durchdrungen haben.

Paris wird niedergebrannt und Marseille verschlungen werden; viele große Städte werden niederbrennen oder infolge Erdbebens einstürzen.

Die Jahreszeiten werden sich verändern, die Sterne werden ihre regelmäßigen Bahnen verlassen, der Mond wird nur ein blaßrotes Licht spenden. Das Wasser und das Feuer werden im Erdinnern in krampfhafte Bewegungen geraten und schreckliche Erdbeben zur Folge haben, wodurch Berge und Städte versinken werden. Erdbeben werden auch ganze Länder verschlingen.

Rom wird des Glaubens verlustig und der Sitz des Antichrists werden. Doch das heidnische Rom wird verschwinden; es werden 3 Städte durch Feuer, das vom Himmel fallen wird, verzehrt werden.

Es öffnet sich der Abgrund und siehe da den obersten König der Finsternis!

Sieh, da ist dieses Vieh mit seinen Untergebenen, das sich den Erlöser der Welt nennt. Stolz erhebt es sich in die Lüfte, um zum Himmel aufzusteigen. Doch da wird es erstickt durch den Hauch des Erzengels Michael und fällt herab. Und die Erde, die sich seit drei Tagen in beständigen Umwälzungen befindet, öffnet ihren feurigen Schlund und verschlingt es mit all den Seinen auf immer in den höllischen Abgrund. Schließlich wird Wasser und Feuer die Erde reinigen und alle Werke des menschlichen Hochmuts vertilgen, und alles wird erneuert werden. Dann wird man Gott allein dienen und ihn verherrlichen.« (8)

Es scheint kaum sinnvoll, sich an den Wortlaut dieser Botschaft zu klammern, sondern man sollte mehr ihren Geist auf sich wirken lassen. Die Kinder waren wohl nicht imstande, eine so ausführliche Offenbarung im richtigen Wortlaut niederzuschreiben. Sicher hatten sie es schwer genug, den Sinn einigermaßen aufzunehmen. Zur Aufzeichnung benötigten sie dann die Hilfe eines Priesters, der vielleicht eigene Vorstellungen einfließen ließ. So kann man sich z. B. bei der Lektüre des Textes des Eindruckes nicht erwehren, daß der Autor der

Niederschrift unter dem Einfluß mittelalterlicher Überlieferungen stand. In einigen hier nicht zitierten Passagen wird auf die Geburt des Antichristen, auf Henoch und Elias in einer Weise eingegangen, die fast wörtlich den Schriften mittelalterlicher Mystiker entnommen sein könnte.

Die Vision der Mélanie wurde im Jahre 1879 von dem Papst Leo XIII. – angeblich nur inoffiziell – anerkannt, der von dieser Visionärin noch ein persönliches »Geheimnis« erhalten haben soll.

Diese Anerkennung durch einen Papst genügte allerdings nicht, die Diskussionen um La Salette innerhalb der Kirche zu beenden, und im Jahre 1916 wurde sogar die Verbreitung des Textes untersagt; vermutlich wollte man die unter dem großen Krieg leidenden Menschen nicht noch durch apokalyptische Zukunftsvisionen schrecken.

Von Zweiflern an dem »Geheimnis der Mélanie« wird betont, daß die erste Fassung aus dem Jahre 1849 im Vatikan verloren gegangen sei, und die heute bekannte Wiedergabe erst 1879 von Mélanie verfaßt worden sei. Zwischen beiden Aufzeichnungen soll es Diskrepanzen geben, deren Ausmaß sich wohl nie mehr feststellen lassen wird, es sei denn, die erste Fassung tauchte im Vatikan wieder auf.

Wir müssen also offenlassen, inwieweit ein wörtliches Verständnis der Botschaft von La Salette sinnvoll und möglich ist; der Geist der Warnungen allerdings scheint ernst zu sein. Es werden nämlich Erscheinungen unserer Zeit angeführt, wie sie zwei Bauernkinder vor fast 140 Jahren nicht vorhersehen konnten:

- Ausbreitung von Atheismus, Materialismus und Spiritismus. (Diese Begriffe waren den Seher-Kindern sicher unbekannt und wurden von anderer Seite eingebaut)
- Abfall vom Glauben
  Priester, Ordensleute, Bischöfe sogar gehen falsche Wege. (Gleiches wird in Garabandal gesagt)
- Liebe zu leiblichen Genüssen.
  Man wird an nichts anderes denken als an Unterhaltung, und auf Erden wird ein falscher Friede sein. (Ist das nicht *unsere* Zeit?)
- Die Natur lechzt nach Rache an den Menschen und bebt vor Grauen und Erwartung dessen, was über die durch die Verbrechen befleckte Erde hereinbrechen soll.
  (Dieser Satz ist erst in unseren Tagen der Umweltzerstörung zu verstehen.)

Allein diese Inhalte sollten genügen, die Botschaft von La Salette als ernste Warnung zu qualifizieren; beschreibt sie doch Entwicklungen, welche vor einem Jahrhundert auch von Gelehrten kaum in dieser Deutlichkeit abzusehen waren.

Fatima und das Sonnenwunder

Wer hat nicht schon von dem »Sonnenwunder von Fatima« gehört? Die berühmten Erscheinungen zu Fatima begannen nach einem ähnlichen Muster wie später in Garabandal. Drei Kinder aus dem seinerzeit kleinen Dorf Fatima, etwa 120 km nördlich von Lissabon, zogen mit ihrer Schafherde aus, die sie zu hüten hatten:
Lucia dos Santos 10 Jahre
Franzisco Marto 9 Jahre
Hyazintha Marto 7 Jahre
Schon in den Jahren 1915 und 1916 hatten diese Kinder Engelserscheinungen. Die beeindruckende Vision des Jahres 1916 wird folgendermaßen geschildert:

> »Eine in überirdischem Licht erstrahlende Gestalt, der eines jungen Mannes ähnlich und leuchtend gleich einem in der Sonne funkelnden Kristall, schwebte von Osten her auf sie zu, während sie die Worte vernahmen:
>
> ›Habt keine Furcht! Ich bin der Engel des Friedens. Betet mit mir!‹
> Und tief sich zur Erde neigend sprach der Engel dies Gebet, das die Kinder ihm nachsprachen:
> ›O mein Gott, ich glaube, ich bete Dich an, ich vertraue und liebe Dich. Ich bitte Dich um Verzeihung für alle jene, die nicht glauben, Dich nicht anbeten, nicht vertrauen und Dich nicht lieben‹...« (2)

Am 13. Mai 1917 hatten die Kinder dann die erste Erscheinung der Himmelskönigin, die sie folgendermaßen beschrieben:

> »Eine weißgekleidete Frau von unvergleichlicher Schönheit, ganz in Licht gehüllt. Sie schien wenig mehr als 15 Jahre zu zählen. Auf ihrem Antlitz lag ein leichter Zug von Trauer, an den gefalteten Händen hing ein Rosenkranz mit weißen Perlen...« (2)

Von da an erschien sie mehrmals, und zwar immer am 13. jeden Monats. So gab sie ihnen am Mittwoch, dem 13. Juni 1917 ein Geheimnis, das aber nur für die Kinder persönlich bestimmt war, und das diese trotz Bedrohung durch den atheistischen Leiter des Kreisbezirkes nicht preisgaben.
Am Freitag, dem 13. Juli 1917 erfuhren dann die Kinder das berühmte Geheimnis von Fatima und gleichzeitig die Verheißung, die Erscheinung werde im Oktober sagen, wer sie sei, und dann auch ein großes Wunder wirken.
Das eigentliche Geheimnis von Fatima, auch das »Große Geheimnis« genannt, besteht aus drei Teilen, von denen die ersten beiden bekanntgegeben wurden.
Sein *erster Teil* ist eine Höllenvision:

»... Das Strahlenbündel, das von dort (von der Erscheinung) ausging, schien in die Erde einzudringen, und wir sahen etwas wie ein großes Feuermeer, und in ihm versunken schwarze, verbrannte Wesen, Teufel und Seelen in Menschengestalt, die fast wie durchsichtige, glühende Kohlen aussahen. Sie wurden innerhalb der Flammen in die Höhe geschleudert und fielen von allen Seiten herab wie Funken bei einer großen Feuersbrunst, gewichtslos und doch nicht schwebend; dabei stießen sie so entsetzliche Klagelaute, Schmerzens- und Verzweiflungsschreie aus, daß wir vor Grauen und Schrecken zitterten. Die Teufel hatten die schreckliche und widerliche Gestalt unbekannter Tiere, waren jedoch durchsichtig wie glühende Kohle.« (10)

Das *zweite Geheimnis* wird auch als »Marianische Botschaft« bezeichnet und folgendermaßen wiedergegeben:

»Ihr habt die Hölle gesehen, auf welche die armen Sünder zugehen. Um sie zu retten, will der Herr die Andacht zu meinem unbefleckten Herzen in der Welt einführen. Wenn man das tut, was ich euch sage, werden viele Seelen gerettet, und der Friede wird kommen; aber wenn man nicht aufhört, den Herrn zu beleidigen, wird nicht lange Zeit vergehen, bis ein neuer, noch schlimmerer Krieg beginnt...
Wenn ihr des Nachts ein unbekanntes Licht sehen werdet, so wisset, es ist das Zeichen von Gott, daß die Bestrafung der Welt für ihre vielen Verbrechen nahe ist...

Wenn man meine Bitten erfüllt, so wird Rußland sich bekehren, und es wird Friede sein. Wenn nicht, so wird es seine Irrtümer in der Welt verbreiten, Kriege und Verfolgungen der Kirche hervorrufen; die Guten werden gemartert werden, der Heilige Vater wird viel zu leiden haben; mehrere Nationen werden vernichtet werden...« (5)

Das *dritte Geheimnis* ist bis heute noch unveröffentlicht; wir werden darauf zurückkommen.
Die bekannteste Erscheinung ereignete sich am Samstag, dem 13. Oktober 1917. Zehntausende von Menschen hatten sich am Erscheinungsort eingefunden, um bei strömendem Regen auf das angekündigte Wunder zu warten.
Um 12 Uhr erscheint die lichte Gestalt den Kindern, denen sie auf die Frage, wer sie sei, die Antwort gibt:

»Ich bin die Rosenkranzkönigin.« (7)

Darauf sagt sie mit tieftraurigem Antlitz:

»Die Menschen sollen sich bessern und um Verzeihung ihrer Sünden bitten.
Sie sollen den Herrn nicht mehr beleidigen, der schon zuviel beleidigt wurde.« (7)

Dann breitet sie ihre Hände aus und zeigt nach oben zur Sonne; diese bietet ein wundersames himmlisches Schauspiel, das im Umkreis von etwa 5 km zu sehen ist.
Der Regen hört auf, die Wolken öffnen sich, und die Sonnenscheibe wird sichtbar; doch sie blendet nicht, sondern schimmert silbern wie der Mond.
Dann beginnt sich die Sonnenscheibe zu drehen, sprüht Funkengarben in allen Regenbogenfarben wie ein Feuerrad, und hüllt alles in ein magisches, dauernd seine Farben änderndes Licht.
Zweimal steht die Sonne wieder still, um dann das phantastische Schauspiel zu wiederholen.
Zuletzt scheint sich die Sonne vom Firmament zu lösen und in Zickzacksprüngen auf die Erde zu stürzen, wobei die erschreckte Menge eine zunehmende Hitze zu verspüren glaubt. Nach dieser, etwa 10 Minuten dauernden Erscheinung, die von vielen Tausenden beobach-

tet wurde, waren die zuvor noch vollständig durchnäßten Kleider der Anwesenden trocken.*

Es ist unbillig, an der Echtheit dieses Schauspiels zu zweifeln. Denn was soll eine überirdische Erscheinung mehr tun, als ein unerklärliches Phänomen für einen bestimmten Tag anzukündigen, und dann dieses Wunder vor den Augen Zehntausender von Zuschauern pünktlich ablaufen zu lassen? Sind Zweifel noch möglich? Kann man mit Worten wie »Massensuggestion« das Phänomen beiseite schieben?

Diese Frage ist auch Päpsten zu stellen. Denn Fatima ist zwar inzwischen zu einem der größten Wallfahrtsorte der Welt geworden, an dem sich zu großen Festtagen hunderttausend Besucher drängen, aber der wichtigste Teil der Botschaft, das »Dritte Geheimnis von Fatima«, ist bis heute ein Geheimnis geblieben.

Nach der üblichen Lesart haben die Kinder ein »Drittes Großes Geheimnis« empfangen, das erst 1960 veröffentlicht werden sollte. Im Jahre 1946 wurden der Bischof von Leiria (der zuständige Ortsbischof) und Lucia danach gefragt; beide antworteten übereinstimmend, daß eine Veröffentlichung im Jahre 1960 erfolgen werde, und gaben als Begründung an »weil es die heilige Jungfrau so will« (5).

Diese Botschaft sei dann 1955 nach Rom weitergeleitet worden, und 1960 oder früher ließ sich Papst Johannes XXIII. das versiegelte Kuvert mit der »Dritten Botschaft von Fatima« aushändigen, um sie zu lesen. Johannes XXIII. soll von dem Inhalt so erschüttert gewesen sein, daß er angeblich sogar in Ohnmacht gefallen sei. Jedenfalls ließ er die Botschaft nur den Kardinal Ottaviani lesen, um sie dann »in einem tiefen Schacht des Vatikan, zu dem es keinen Zugang gibt« (nach anderer Lesart »im geheimsten Archiv«) zu versenken.

Der unglaubliche Vorfall, daß ein Papst eine Weisung der Himmelskönigin bewußt übergeht, wird von dem Kardinal Ottaviani, der den Papst seinerzeit beraten hat, folgendermaßen erklärt:

> »Maria gab in Fatima eine Botschaft für alle und eine geheime für den Papst. Das Geheimnis von Fatima zu veröffentlichen blieb der Klugheit und Vorsicht des Papstes überlassen...« (11)

* Ein ähnliches Sonnenwunder ereignete sich am 2. 7. 1983 gegen 17.00 Uhr in Ruanda als vorläufiger Abschluß einer sich über mehrere Jahre erstreckenden Kette von Erscheinungen, über die in Europa kaum etwas bekannt ist.

Diese Ansicht kann nicht überzeugen, wenn man hört, daß Lucia – die als Karmeliterin in einem Kloster lebt – die Dinge anders zu sehen scheint. So soll sie 1957 gesagt haben:

»Die Madonna ist sehr unzufrieden, weil man sich nicht um ihre Botschaft vom Jahr 1917 kümmert. Weder die Guten, noch die Bösen haben sich danach gerichtet. Die Guten gehen ihren Weg, ohne sich Sorgen zu machen. Sie folgen nicht den himmlischen Weisungen, und die Bösen gehen weiter auf ihrem breiten Weg des Verderbens...
Glauben Sie mir, Pater, der Herr wird die Welt sehr bald bestrafen...
Pater, stellen Sie sich die größte Züchtigung vor. Wie viele Seelen werden in die Hölle fallen, und dies wird eintreten, wenn man nicht betet und Buße tut!« (10)

Zudem hat der Papst nach der Öffnung des Dritten Geheimnisses von Fatima angeblich Conchita González, die Seherin von Garabandal, ein zweites Mal nach Rom gerufen. Darf man daraus schließen, daß die Botschaften von Fatima und Garabandal sich ergänzen?
Schließlich, so wird behauptet, soll Papst Johannes XXIII. auf dem Höhepunkt der Kuba-Krise im Jahre 1962 die Botschaft an Kennedy und Chruschtschow weitergeleitet haben, mit der Bitte, einen Krieg zu vermeiden. Denn die Dritte Botschaft von Fatima soll eine Warnung vor dem dritten Weltkrieg enthalten, nachdem in der Zweiten Botschaft der Zweite Weltkrieg angekündigt wurde.
Merkwürdig sind auch Äußerungen von Papst Johannes Paul II., vor einem kleinen Kreis in Fulda:

»Wegen des schweren Inhalts und um die kommunistische Weltmacht nicht zu gewissen Handlungen zu animieren, zogen meine Vorgänger im Petrus-Amt eine diplomatische Abfassung vor. Außerdem sollte es ja jedem Christen genügen, wenn er folgendes weiß: Wenn zu lesen steht, daß Ozeane ganze Erdteile überschwemmen, daß Menschen von einer Minute auf die andere abgerufen werden, und das zu Millionen, dann sollte man sich wirklich nicht mehr nach der Veröffentlichung dieses Geheimnisses sehnen. Viele wollen nur wissen, aus Neugierde und Sensationslust, vergessen aber, daß Wissen auch Verantwortung bedeutet.« (9)

Auf die Frage nach der Zukunft der Kirche unter diesem Aspekt soll der Papst geantwortet haben:

> »Wir müssen uns wohl in Bälde auf große Prüfungen gefaßt machen, ja, die sogar den Einsatz unseres Lebens fordern können und die Ganzhingabe an Christus und für Christus. Es kann gemildert werden durch euer und Unser Gebet, aber nicht mehr abgewendet werden, weil nur so die wirkliche Erneuerung der Kirche kommen kann. Wie oft schon wurde im Blute der Erneuerung die Kirche geboren.« (9)

Ist es möglich, daß durch eine Indiskretion die Zeitschrift »Neues Europa« in den Besitz der »Dritten Botschaft von Fatima« gelangt ist?
Jedenfalls wurde am 15. 10. 1963 dort die folgende Fassung veröffentlicht, die als ein »Auszug aus dem Dritten Geheimnis von Fatima« ausgegeben wurde:

> »Über die ganze Menschheit wird eine große Züchtigung kommen. Nicht heute (1917), selbst nicht morgen, aber in der zweiten Hälfte des 20. Jahrhunderts. Das, was ich in La Salette bekanntgegeben habe durch die Kinder Mélanie und Maximin, das wiederhole ich heute vor dir. Die Menschheit lästert Gott und tritt die erhaltenen Gnaden mit Füßen. Nirgends herrscht Ordnung. Selbst an höchsten Stellen regiert Satan und entscheidet in allen Dingen. Er wird sich selbst in höchste Stellen der Kirche einzuführen wissen.
> Er wird Verwirrung in den Gehirnen der großen Gelehrten säen und erreichen, daß diese Waffen erfinden, mit welchen man in wenigen Minuten die Hälfte der Menschheit zerstören kann. Er wird die Mächtigen dieser Erde unter seinen Willen bringen und dazu führen, daß sie diese Waffen in Massen herstellen. Wenn die Menschheit sich nicht bekehrt, werde ich gezwungen sein, den Arm meines Sohnes fallen zu lassen. Wenn jene, die an der Spitze der Welt und der Kirche sich jenen Handlungen nicht widersetzen ... wird Gott die Menschen bestrafen, härter und schlimmer als ER sie mit der Sintflut bestraft hat.
> Auch für die Kirche wird die Zeit der größten Bedrängnis kommen! Kardinäle werden gegen Kardinäle, Bischöfe gegen Bischöfe sein. Satan wird sich inmitten ihrer Reihen setzen. In Rom wird es auch große Veränderungen geben. Was verfault ist, fällt, und was fällt,

soll nicht aufrechterhalten bleiben. Die Kirche wird im Dunklen und die Welt in Verwirrung sein!
Der große Krieg wird nach der Mitte des 20. Jahrhunderts kommen. Feuer und Rauch werden vom Himmel fallen und die Wasser der Ozeane sich in Dampf verwandeln und den Schaum zum Himmel speien. Alles, was steht, wird fallen. Millionen und Abermillionen werden von einer Stunde zur anderen ihr Leben lassen müssen; und jene, die in dieser Stunde noch leben, werden die Toten beneiden. Überall wird Drangsal sein und Not auf der ganzen Erde und Verzweiflung in allen Ländern. Seht, die Zeit nähert sich immer mehr. Die Guten werden mit den Bösen sterben, die Großen mit den Kleinen, die Kirchenfürsten mit den Gläubigen, die Herrscher mit dem Volk. Überall wird der Tod herrschen. Von den verführten Menschen zum Siege gehoben, werden die Diener Satans die einzigen Herrscher auf der Erde sein. Dies wird in einer Zeit sein, die kein König, kein Kaiser, kein Kardinal, kein Bischof erwartet, und die dennoch kommt, gemäß dem Willen meines Vaters, um zu bestrafen und zu rächen.
Später werden jene, die alles überleben und am Leben bleiben, von neuem Gott und Seine Macht anrufen und IHM dienen, so wie damals, als die Welt noch nicht so verdorben war. Ich rufe alle wahren Nachfolger meines Sohnes JESUS CHRISTUS, alle wahren Christen und Apostel der letzen Zeit. Die Zeit der Zeiten kommt und das Ende des Endes, wenn die Bekehrung nicht kommt und wenn alles so bleibt, wie es ist, ja wenn es noch schlimmer wird. Wehe, wenn diese Bekehrung nicht von oben kommt, von denen, die die Kirche und die Welt regieren.« (11)

Diese Darstellung des »Dritten Geheimnisses von Fatima« läßt sich mit den zuvor zitierten Worten von Johannes Paul II. gut vereinbaren, so daß es sich vielleicht doch um eine – wenn auch verkürzte – Wiedergabe handeln könnte. Ob die Kirche recht gehandelt hat, diese erschütternde Warnung der Menschheit vorzuenthalten?
Selbstverständlich gibt es Zweifler, die das ganze »Geheimnis von Fatima« in Frage stellen. Diese stützen sich z. B. auf das Argument, daß das dreiteilige »Große Geheimnis von Fatima« erst ab 1935 von Lucia aufgeschrieben wurde und demnach kein Beweis für seine Echtheit zu erbringen sei. Dieser »Echtheits-Beweis« ist allerdings auch für das Sonnenwunder schwer zu führen – obwohl es fotografische Aufnahmen davon gibt – und wir müssen uns wohl bei allen diesen Erschei-

nungen auf unser eigenes Empfinden verlassen. Das sagt schon die Bibel:

> »Hören sie Mose und die Propheten nicht, so werden sie auch nicht glauben, wenn jemand von den Toten aufstünde.« (Luk. 16,31)

Auch die Tschechoslowakei hat ihr »Lourdes«, ihren Ort der Erscheinung der Himmelskönigin, die Wunder wirkte. Die Seher und Gläubigen, welche für die Echtheit der Visionen eintraten, mußten mit Repressalien und Verfolgung rechnen, die bis zu Gefängnis und der zwangsweisen Einlieferung in die psychiatrische Klinik gingen. Aber es gelang dem totalitären Regime nicht, eine religiöse Erfahrung zu unterdrücken, die sich mit der sozialistischen Ideologie nicht vereinbaren läßt.

Wir müssen hier viele interessante Berichte über die Ereignisse von Turzovka übergehen, die den Rahmen dieses Buches sprengen würden. Der Ort liegt übrigens in den Karpathen, unweit der polnischen Grenze, also in der Slowakei. Das in dem von uns betrachteten Zusammenhang wichtigste Gesicht hatte am Sonntag, dem 1. Juni 1958 der Waldaufseher Laschut. Auf dem Gipfel des Berges Schiwatschak sah er bei einem Marienbild eine eindrucksvolle Erscheinung einer lichten Frau, die ihm unter anderem eine Weltkarte zeigte:

> »... mit genau eingezeichneten Grenzen zwischen Festland und Gewässern; die einzelnen Staaten sind nicht eingezeichnet. Dafür ist die Weltkarte mit drei Farben bedeckt: die blaue bezeichnet die Gewässer, die gelbe die Ebenen und die grüne Berge und Wälder. Unter der Weltkarte erscheint ein schwarzes Täfelchen, auf dem die Veränderungen, welche sich auf der Weltkarte ereignen, erklärt werden. Er beobachtet im ganzen sieben Veränderungen; die ersten vier und die letzte, die siebte, gehören allen, die fünfte und die sechste darf er nur dem Hl. Vater mitteilen.
>
> Die erste Phase zeigt die Farben in ihrer symbolischen Bedeutung. Die grüne Farbe bezeichnet die Grenzen des Guten und der Hoffnung zur Rettung, die gelbe Farbe das Böse und die Strafen. Auf dem Täfelchen steht geschrieben, daß die Ebenen schlechter sind und eher dem Verderben unterliegen. Die grünen Berggegenden haben eher Hoffnung auf Rettung. Am Ende steht geschrieben: ›Tut Buße! Betet für die Priester, betet den Rosenkranz!‹
>
> Das zweite Bild veranschaulicht das voranschreitende Böse in der Welt, wobei sich die gelbe Farbe ausbreitet und die grüne abnimmt.
>
> In der dritten Darstellung überflutet die gelbe Farbe die ganze Erdkugel, und von den Wolken fällt ein feuriger Regen. Die Aufschrift

lautet: Wenn die Menschen sich nicht bessern, kommen schreckliche Katastrophen – vereinzelt oder gehäuft – und die Menschen werden auf verschiedene Art und Weise umkommen.
In der vierten Veränderung sieht er die Auswüchse des Bösen, die Folgen der Sünden und Strafen. Schrecklich ist die Sünde in den Augen Gottes und schrecklich für jeden Menschen und für die ganze Menschheit. Sie vernichtet nicht nur den einzelnen, sondern auch die ganze Gesellschaft; allen bringt sie Verderben.
Laschut sieht riesige Krater und Explosionen, welche aus den Tiefen einen schrecklichen Inhalt herausschleudern und die weite Umgebung verschütten. Wo der Inhalt herabfällt, hört jedes Leben auf. So sind die Folgen der Sünde: Vernichtung, Verwüstung, geistiger Tod alles Lebendigen.
Schrecklich sind die Strafen, die Laschut gezeigt werden, die die Menschen sich selbst verursachen. Die Aufschrift auf dem Täfelchen ist eine harte Mahnung: falls sich die Menschen nicht bessern, werden sie durch die Strafen umkommen.
Das siebente Bild ist erfreulich:
Es zeigt, wie die Welt aussehen würde, wenn die Menschen nach den Geboten Gottes lebten. Die Erdkugel ist von der Sonne bestrahlt; auf ihr ist ein Aufblühen zu sehen. Übereinstimmung und Frieden.«

Das ist der wichtigste Inhalt einer drei Stunden währenden Vision, wie sie von Franz Grufik (4) mitgeteilt wird. Eine Kommentierung erscheint unnötig, da die Worte für sich sprechen und jeder Leser selbst entscheiden muß, inwieweit er bereit ist, diese Bilder als Warnungen ernst zu nehmen.

San Sebastian de Garabandal

Südwestlich der nordspanischen Stadt Santander liegt ein kleines Dorf, das 1961 etwa 250 Einwohner hatte. Es liegt in 600 m Höhe im Kantabrischen Gebirge, einer weitgehend entwaldeten Öde, die noch heute von den rücksichtslosen Zerstörungen der Landschaft kündet, durch die Spanien für einen kurzen geschichtlichen Augenblick zur ersten Macht der Erde wurde.

In dieser abgeschiedenen Region hatten vier Kinder im Jahre 1961 eine wohl einmalige Kette von Gesichten, deren Wucht sich so leicht kein Leser verschließen kann. Die Seherkinder seien kurz angegeben, mit ihrem damaligen Alter:

Conchita (Maria Conception) González 12 Jahre
Maria Cruz González 11 Jahre
Jacinta González 12 Jahre
Maria Dolores (genannt Marie Loli) Mazón 12 Jahre

Es begann mit mehreren Engels-Erscheinungen, die auf eine folgende größere Erscheinung hinwiesen, welche schließlich in Gestalt einer Hohen Frau selbst erschien und Wichtiges kündete.

Viele Menschen erfuhren von den Erscheinungen, und Hunderte von Fremden strömten in den abgelegenen Ort, um dort ein Wunder zu erleben. So kam es – unter dem Druck der in strömendem Regen wartenden Menge – am 18. Oktober 1961 gegen 10 Uhr abends zur Verlesung der »Ersten Botschaft von Garabandal« vor dem Portal der Kirche des kleinen Ortes:

> »Wir sollen Opfer bringen, viel Buße tun.
> Wir sollen das heiligste Altarsakrament oft besuchen.
> Vor allem aber sollen wir gut sein.
> Wenn nicht, wird ein Strafgericht über uns hereinbrechen.
> Der Kelch ist bereits daran, sich zu füllen.
> Wenn wir uns nicht bessern, wird uns eine sehr große Strafe treffen.
> Die Jungfrau will, daß wir ihre Botschaft beherzigen, damit uns Gott nicht bestrafe.
> *Conchita González*
> *Maria Dolores Mazón*
> *Jacinta González González*
> *Maria Cruz González Madrazo*« *(6)*

Die im Regen auf eine Sensation hoffende Menschenmenge war enttäuscht. Doch mehr war wohl nicht zu erwarten, nachdem eine ins Dorf gerufene Untersuchungskommission selbst diese kurze Mitteilung zu verhindern suchte.
Später sickerte dann mehr durch, z. B. daß schon 1961 ein großes Wunder und eine welterschütternde Warnung angekündigt worden sei. Im Jahre 1965 sagte Conchita dazu:

»Die Warnung soll bewirken, daß Gott weniger beleidigt werde, sie soll die Guten Gott näherbringen und die anderen zur Umkehr ermahnen, oder ihre bevorstehende jenseitige Bestrafung ankündigen – für sie ein am eigenen Leibe spürbares entsetzliches Menetekel.
Kein Mensch auf Erden, gleich wo er sich befindet, wird sich der Warnung entziehen können. Es wird etwas äußerst Furchterregendes sein, das in der Atmosphäre vor sich geht. Die hl. Jungfrau habe ihr den Namen des Phänomens, der (auf spanisch) mit einem A beginne, genannt. Das Phänomen wird wie Feuer sein, das das Fleisch nicht verbrennt, aber körperlich und seelisch spürbar sein wird.
Wenn wir wissen würden, wie die Warnung ist, wären wir entsetzt. Wer im Stand der Gnade sei, werde die Warnung gelassener ertragen. Sie selbst verursache keinen Tod, dieser trete nur infolge von Furcht und Aufregung ein. Denn jeder werde seine Seele so sehen, wie der gerechte Gott sie sieht: Vielen Sündern werde ihre Seele in so abstoßender, entsetzlicher Häßlichkeit vor Augen treten, daß sie vor Schrecken sterben.
Selbst die Ungläubigen werden von Gottesfurcht ergriffen werden.« (6)

Am 19. 6. 1962 wurde den Kindern eine zweite Warnung verkündet, über die Maria Dolores das folgende berichtet hat:

»Die hl. Jungfrau hat uns mitgeteilt, daß wir das Strafgericht nicht erwarten, daß es aber nichtsdestoweniger kommen werde, weil die Welt sich nicht gebessert hat. Sie sagt das nun zum zweiten Male.« (6)

Auch diese Warnung blieb ohne großen Eindruck auf die Dorfbewohner und schon gar auf die Menschheit, die ja angesprochen wurde. So kam es am 23. 6. 1962 zu der dritten Warnung, die von Maria Dolores und Jacinta wiedergegeben wurde:

»Die hl. Jungfrau hat uns gesagt, es tue ihr sehr weh, daß sich so wenige gebessert hätten. Das Strafgericht sei deshalb daran, hereinzubrechen, der Becher fülle sich. Die Jungfrau war sehr traurig, aber sie zeigte es nicht, denn sie liebt uns sehr und leidet deshalb lieber allein. Sie ist so gut! Seien wir auch gut! Sie ermahnte uns zu beten, die Guten für die Schlechten. Beten wir zu Gott für die Welt, für die, die ihn nicht kennen! Seien wir alle gut!« (6)

Zwischen diesen beiden Warnungen hatten die Kinder noch eine schreckliche Vision der Leiden der kommenden Schreckenszeit:

»Zu Füßen der Gottesmutter sehen sie eine ungeheuer große, weinende und schreiende Menge, die körperliche und seelische Qualen erleidet. Unsere liebe Frau erklärt den Seherinnen, daß das schreckliche Übel, das kommen werde, ›Kommunismus‹ heiße, der dann in die Kirche eindringe, die wie verschwinde und erlösche, was furchtbar sein werde.« (6)

Später wird zu diesem Strafgericht noch von Conchita einiges mitgeteilt, die ausdrücklich erklärt, mehr dürfe sie nicht sagen:

»Es wird ein direktes Eingreifen Gottes sein, weshalb es mehr zu fürchten sei als alles denkbare andere. Es sei weniger schrecklich für Kleinkinder, eines natürlichen Todes zu sterben, als durch die Auswirkungen des Strafgerichtes. Alle Katholiken sollten vorher beichten und die anderen ihre Fehler bereuen.« (6)

Auf einem Fragebogen, den ihr Amerikaner vorlegten, schrieb Conchita noch zu diesem Thema:

»Das Strafgericht wird fürchterlich sein, wie wir es verdienen. Wir haben es gesehen, aber wir dürfen nicht sagen, aus was es besteht, wir haben nicht die Erlaubnis der hl. Jungfrau hierzu. Als ich es sah, empfand ich eine sehr große Angst, obwohl ich gleichzeitig die hl. Jungfrau sah.« (6)

Und Marie Loli (= Maria Dolores) sagte in späteren Jahren:

»... sie ließ uns auch sehen, daß für die ganze Menschheit ein großes Strafgericht kommen werde, direkt von Gott. In einem gegebenen Augenblick wird kein Motor, keine Maschine mehr funktionieren. Es wird eine furchtbare Hitze herrschen, und die Menschen werden brennenden Durst leiden. Sie werden verzweifelt nach Wasser suchen, jedoch durch die intensive Hitze wird es verdampft sein. Da wird die Menschen eine entsetzliche Verzweiflung ergreifen, und sie werden sich gegenseitig töten wollen. Aber in dem Augenblick, in dem sie daran sind, dies zu tun, werden ihnen die Kräfte dazu fehlen, und sie werden zu Boden stürzen. Dann wird Gott ihnen zu erkennen geben, daß ER es ist, der all dieses zuläßt.

Schließlich sahen wir viele Leute, die, in Flammen gehüllt, brannten. Sie stürzten sich verzweifelt ins Meer (ich glaube, es war das Meer, denn man sah viel Wasser), aber beim Kontakt mit dem Wasser löschte das Feuer nicht aus, die Leute brannten weiter, denn das Wasser war siedend und begünstigte das Feuer. Ich bat die heiligste Jungfrau, die Kinder mit sich zu nehmen. Sie aber sagte, daß diese Kinder zu jener Zeit erwachsen sein werden.« (6)

Die Vorhersage, daß »kein Motor, keine Maschine mehr funktionieren« werde, ist erst seit wenigen Jahren nachvollziehbar. Wenn man nicht vermuten will, daß es sich um eine unerklärliche Naturkatastrophe handeln werde, so kann man heute davon ausgehen, daß solche Effekte mit einem Nuklearkrieg verbunden sein werden.

Wird nämlich eine H-Bombe in großer Höhe gezündet, so entsteht ein »Elektro-Magnetischer Puls« (EMP), auch »Nuklear-Elektro-Magnetischer Puls« (NEMP) genannt, der sämtliche nicht besonders geschützten Elektrogeräte zerstören kann. Um so gut wie alle elektrischen Einrichtungen in Westeuropa auszuschalten, würde z. B. eine einzige Wasserstoffbombe genügen. Man muß damit rechnen, daß in einem Nuklearkrieg ein Angreifer die Chance nutzen wird, mit einem Überraschungsschlag elektrische Anlagen – darunter die gesamte Kommunikation – des Gegners zu zerschlagen. Der EMP wäre für Menschen kaum wahrnehmbar – bei Nacht könnte man allenfalls den Atom-Blitz sehen – und richtet keinen weiteren Schaden an, außer der Funktionsstörung der meisten Elektrogeräte. Auch Automobile wären betroffen; denn vom Anlasser bis zur Zündung geschieht vie-

les elektrisch, und selbst Dieselmotoren sind ohne Strom für die Glühkerzen kaum in Gang zu bringen.
Die letzte Botschaft von Garabandal wurde nicht mehr durch die Himmelskönigin übermittelt, sondern durch den Erzengel Michael, der in ihrem Namen verkündete:

»Da man meine Botschaft vom 18. Oktober 1961 nicht zu Herzen nahm und sie nicht in der Welt verbreitet hat, sage ich euch, daß dies die letzte ist.
Bisher füllte sich der Becher, nun läuft er über. Die Priester, Bischöfe, Kardinäle gehen in großer Zahl den Weg des Verderbens und reißen noch viel mehr Seelen mit auf diesen Weg. Der Eucharistie schenkt man immer weniger Beachtung.
Ihr sollt euch ernstlich bemühen, dem Zorn Gottes über euch zu entgehen.
Wenn ihr IHN mit aufrichtiger Seele um Verzeihung bittet, wird ER euch verzeihen. Ich, eure Mutter, sage euch durch den hl. Erzengel Michael, daß ihr euch bessern sollt.

Dies sind schon die letzten Warnungen.

Ich liebe euch sehr, und ich will euere Verdammung nicht.

Bittet uns aufrichtig, und ich will euch geben, um was ihr bittet.

Ihr sollt mehr Opfer bringen. Denkt an das Leiden Jesu.
Conchita González, 18. 6. 1965« (6)

Gerade die letzte Vision enthält auch einen »Beweis« für ihre Echtheit. In der ersten Fassung hieß es nämlich:

»Die Priester gehen in großer Zahl den Weg des Verderbens.«

Beobachter bei der Vision hatten aber gehört, wie Conchita erschrokken fragte:

»Bischöfe auch?«

und konnten so in Erfahrung bringen, daß ausdrücklich »Priester, Bischöfe und Kardinäle« genannt wurden.

Von der katholischen Kirche wurden diese Visionen nicht anerkannt. Die Kinder wurden auch noch so unter Druck gesetzt und verunsichert, daß sie einen Widerruf unterschrieben.
In Rom nahm man die Schau allerdings so wichtig, daß man Conchita zweimal in die »ewige Stadt« kommen ließ, wo sie der Papst persönlich verhörte.

Ein neuer Himmel und eine neue Erde

Wird die Erde kippen?

»Und ich sah einen neuen Himmel und eine neue Erde; denn der erste Himmel und die erste Erde vergingen, und das Meer ist nicht mehr.« *(Offb. 21,1)*

In der Regel ist man geneigt, das Wort aus der »Großen Apokalypse« von einem »neuen Himmel und einer neuen Erde« symbolisch zu verstehen, also als Umschreibung eines vorwiegend geistigen Geschehens. Die Neuwerdung im Sinne der »Geheimen Offenbarung« wäre dann der Ausdruck einer inneren Wandlung, einer Veredelung und Vergeistigung der Menschheit, welche die Verhältnisse auf unserem Planeten so wandeln würde, daß man von einer »neuen Erde« sprechen könnte. Nach aller Erfahrung ist nicht zu erwarten, daß sich eine Mehrheit der Menschen *freiwillig* für eine solche umfassende innere Wandlung entschließen könnte, und die Apokalypsen bringen zahlreiche Hinweise auf Endzeitkatastrophen, welche diese Menschheit zwingen sollen, endlich die richtigen Wege einzuschlagen.
Es gibt allerdings auch Menschen, welche diese prophetische Kündung der Großen Apokalypse ihrem Wortlaut entsprechend verstehen und tatsächlich Umwälzungen erwarten, die zu einem unseren Erdenaugen sichtbaren neuen Himmel und einer entsprechend veränderten Erde führen. Diese Vorstellung, gekennzeichnet durch das Stichwort »Polsprung«, bewegt sich im Grenzgebiet zwischen erforschbaren Tatsachen, Spekulation und endzeitlicher Prophetie, so daß wir sie nicht übergehen können.
Die beiden genannten Auffassungen müssen sich übrigens nicht gegenseitig ausschließen. Es ist nicht unmöglich, daß es zu einer inneren Wandlung der Menschheit kommt, die durch verschiedene Katastrophen erzwungen wird, zu denen auch eine Polwende gehören könnte.

Gab es »Kataklysmen«?*

Eine sehr alte Streitfrage ist, ob die Entwicklung der Erde, des Lebens, des Menschen eine stetig fortschreitende Evolution war, oder ob die nur scheinbar laufend aufwärtsführende Entwicklung immer wieder abrupt unterbrochen wurde. Solche Einbrüche wären zu verstehen als »Erdumwälzungen«, globale Katastrophen, welche einen großen Teil des Lebens vernichteten und neue Lebensbedingungen schufen.

Das heutige Leben wäre dann nicht unbedingt das Ergebnis einer langsamen, aber stetigen Weiterentwicklung, welche heutige Wissenschaftler postulieren, sondern eher durch Entwicklungsschübe oder Entwicklungssprünge zustande gekommen, die durch Katastrophen ausgelöst wurden.

Insoweit die Entwicklung des Lebens betroffen ist, geht eine solche Kataklysmen-Theorie auf den berühmten Naturforscher Georges von Cuvier (1769–1832) zurück. Dieser war der Ansicht, daß das Leben immer wieder durch Katastrophen großenteils vernichtet worden sei und sich nach jeder dieser Umwälzungen neu und weiter entwickelt hätte.

Auch heute werden entsprechende Vorstellungen gelegentlich vertreten. So kann man z. B. hören, daß in den Fossilien-Sammlungen große Lücken klaffen; angeblich gibt es z. B. kaum Funde von den Übergangsstufen zwischen frühen wirbellosen Meerestieren und den ersten urtümlichen Fischen.

Das Saurier-Sterben harrt noch seiner Klärung, und der Untergang der sibirischen Mammut-Herden unterstützt die Anhänger einer Katastrophen-Theorie. Denn diese Riesen-Elefanten wurden regelrecht schockgefroren, d. h. die Temperatur scheint innerhalb von Stunden, um weit mehr als 40° C gefallen zu sein. Es ist nicht einfach, einen solchen Kälteeinbruch zu erklären, der für Jahrtausende angehalten hat, so daß das Gebiet noch heute Permafrost-Böden hat, auf denen Mammuts kaum eine Heimat hätten finden können.

Anhänger der Katastrophen-Theorie stellen der heute von den meisten Wissenschaftlern vertretenen kontinuierlichen Evolutionslehre folgende Vorstellung gegenüber:

- Von ausschlaggebender Bedeutung für die Entwicklung des Lebens ist die jeweilige Umwelt.

* Kataklysmen sind globale Katastrophen, deren Ursache ungeklärt ist.

- Die wichtigsten Evolutions-Schübe wurden meist durch tiefgreifende Umwelt-Veränderungen ausgelöst.
  Diese kamen zustande durch Welt-Katastrophen wie die Sintflut oder den Untergang von Atlantis. Somit waren globale Katastrophen – sog. Kataklysmen – der wichtigste Anstoß zur Höherentwicklung des Lebens.

Wir wollen in dieser Diskussion nicht Partei ergreifen. Der Leser soll nur wissen, daß solche Theorien vertreten werden, wenn auch in erster Linie von Außenseitern, weniger von anerkannten Wissenschaftlern. Denn die offizielle Wissenschaft hält an der Lehre von einer stetigen Evolution des Lebens fest und will von den angeblichen Kataklysmen der Erdgeschichte nichts wissen.
Ein Grund für diese Ablehnung ist, daß die Ursachen solcher unregelmäßig wiederkehrenden Umwälzungen nicht zu erkennen sind. Und gerade hier setzen moderne Anhänger der Kataklysmen-Theorie an: mit der Hypothese von den Polsprüngen.

Polwende – was ist das?
Warum zeigt die Kompaß-Nadel nach Norden?
Jedes Kind lernt die Antwort: Weil unsere Erde ein Magnetfeld besitzt, nach dem sich die Kompaßnadel ausrichtet. Der magnetische Nordpol befindet sich nicht allzuweit vom geographischen Nordpol, so daß sich die Himmelsrichtungen mit einer Magnetnadel feststellen lassen. Diese Entdeckung ist etwa ein Jahrtausend alt und ging von China aus langsam um die Erde. Die zuerst rätselhafte, gelegentlich sogar dem Einfluß von Zauberkräften oder Dämonen zugeschriebene Eigenart der Kompaßnadel, sich dem Magnetfeld der Erde entsprechend auszurichten, ist heute jedem Kind vertraut.
Warum dann so viele Worte um eine Selbstverständlichkeit? Weil sie nicht ganz so selbstverständlich ist. Das Magnetfeld der Erde entsteht vermutlich durch Strömungen im glutflüssigen Erdinneren und wäre in dieser Form auf einem bis in den Kern erkalteten Himmelskörper nicht möglich. Durch seinen dynamischen Ursprung ist das Erdmagnetfeld auch keineswegs so stabil, wie man oft annimmt. Die magnetische Feldstärke schwankt nicht nur von einem Ort der Erde zum anderen – das ließe sich durch geologische Besonderheiten wie Erzlager erklären –, sondern sie verändert auch ihre Lage. So wandert z. B. der magnetische Nordpol, und die Lage des Erdmagnetfeldes ändert sich. Gelegentlich bricht das Magnetfeld der Erde sogar zusammen. Es

setzt aus, um sich wieder neu zu bilden. Diese überraschende Feststellung haben Forscher aufgrund von Messungen an Sedimenten des Meeresgrundes gemacht. Sedimente sind Ablagerungen, also z. B. Sandpartikelchen, die – vom Wind über die Ozeane getragen – langsam zum Meeresboden absinken. Enthalten diese Partikel magnetisierbare Bestandteile, z. B. Eisenverbindungen, so richten sie sich auf ihrem Weg zum Meeresboden entsprechend dem Erdmagnetfeld aus. Am Meeresgrund verdichten sich die Schwebeteilchen in geologischen Zeiträumen zu »Sediment-Gesteinen«. In diesen Ablagerungen ist dann das zu ihrer Entstehungszeit herrschende Erdmagnetfeld konserviert. Diese Tatsache benützt man, z. B. um die Wanderung der Kontinente zu verfolgen.

Nach der Theorie der Kontinentalverschiebung von Alfred Wegener (1880–1930) waren alle Kontinente in sehr ferner Vergangenheit einmal eine einzige Festland-Scholle, welche zerbarst und nun, in mehreren Kontinentalplatten auf dem zähflüssigen Magma des Erdinneren treibend, die heutigen Kontinente bildet. Diese bewegen sich noch immer. An manchen Stellen stoßen sie zusammen, reiben aneinander und lösen in diesen kritischen Grenzzonen sporadisch Erdbeben aus.

So interessant Wegeners Theorie sein mag, uns fesselt eine andere Beobachtung weit mehr. Bei der Untersuchung der Ablagerungen auf dem Grund der Ozeane stellte man fest, daß sich das Magnetfeld der Erde immer wieder radikal verändert hat, geradezu »umgesprungen« ist. Bei jeder solchen Umpolung wurde der magnetische Nordpol zum Südpol oder umgekehrt, und unser heutiges Magnetfeld ist nur eines von vielen, welche die Erdvergangenheit schon gesehen hat.

Man stellt sich vor, daß im Laufe von Jahrhunderten das Magnetfeld der Erde schwächer wird, bis es zuletzt zusammenbricht. Für ein oder vielleicht mehrere Jahrtausende hätte die Erde dann fast kein Magnetfeld mehr, bis sich ein neues erdmagnetisches Feld wieder aufbauen kann. Wahrscheinlich ist es Zufall, ob sich nach dem Zusammenbruch eines alten Feldes das neue Feld in der gleichen Richtung bildet, oder ob die Pole vertauscht werden. Unsere Forscher können nur Umpolungen ablesen. Diese sind in Abständen von 100000 bis 1000000 Jahren immer wieder erfolgt. Hat sich das neue Magnetfeld in der gleichen Richtung gebildet, wie das ihm vorausgegangene alte, so entgehen uns die Umsprünge der magnetischen Pole, so daß man damit rechnen muß, daß vielleicht doppelt so viele Zusammenbrüche des Magnetfeldes vorgekommen sind, wie Umpolungen in den Gesteinen aufgezeichnet wurden.

Und damit wären wir schon bei der ersten Form der Katastrophen-Theorie: Es ist die eben geschilderte Umpolung des Magnetfeldes. Nun wird man natürlich fragen, inwiefern es eine Katastrophe sei, wenn in der Vergangenheit alle hundert-, zweihundert-, fünfhunderttausend Jahre das Magnetfeld umgesprungen sei. Kein Mensch fühlt das Erdmagnetfeld, Pflanzen und Tiere werden nur ausnahmsweise davon beeinflußt. Es gibt zwar Hypothesen, die vermuten, daß sich manche Tierarten – z. B. Zugvögel – nach dem Magnetfeld der Erde richten und in Verwirrung geraten müßten, wenn diese Orientierungshilfe ausfiele. Aber eine globale Katastrophe, ein Kataklysmus kann das doch kaum sein? Vielleicht doch!
Das Magnetfeld wirkt nämlich keineswegs nur auf unsere Kompaßnadel. Die Erde ist mit einer Magnetosphäre umgeben, einem torusartig den Planeten umgebenden Bereich magnetischer Felder, der z. B. für die Entstehung der Nordlichter zuständig sein dürfte. Diese Magnetosphäre schützt die Erde vor dem Sonnenwind, einer Teilchenstrahlung, welche ohne »Magnetbremse« nur durch die Atmosphäre von der Erdoberfläche ferngehalten würde. Aber auch ohne Magnetosphäre dringt der Sonnenwind nicht als eine Art von »Todesstrahlen« bis zu der Erdoberfläche vor, wird er kein SaGuriersterben oder entsprechende Katastrophen auslösen.
Aber die energiereichen Strahlen des Sonnenwindes können ohne den Schutz des Erdmagnetfeldes in tiefere Luftschichten vorstoßen, um dort atomare Reaktionen auszulösen; z. B. das radioaktive Kohlenstoff-Isotop C-14 produzieren. Radioaktiver Kohlenstoff ist zwar immer im natürlichen Kreislauf, doch nur in verschwindend geringen Mengen, die keine Gefahr für das Leben bedeuten. Sollte sich der Anteil des radioaktiven C-14 plötzlich erhöhen, so unterliegt bald darauf fast jedes Lebewesen einer höheren Strahlenbelastung. Es gäbe dann »von Natur aus« in gewissen Abständen radioaktive Verseuchungen, welche Mutationsschübe auslösen müßten. Die Perioden, in denen die Erdatmosphäre schutzlos dem Sonnenwind ausgesetzt ist, sind allerdings nicht lange, wahrscheinlich nur Jahrhunderte oder wenige Jahrtausende. Aber das kann genügen, die Lebensbedingungen so stark zu verändern, daß es zu Mutationsschüben, dem Aussterben mancher Arten und vielen Neubildungen kommen mag.
Damit wären also die Katastrophen-Theoretiker insoweit gerechtfertigt, daß es tatsächlich Einbrüche in der nicht immer ganz glatt verlaufenen Entwicklung des Lebens gegeben haben könnte und in Zukunft wohl auch wieder geben wird.

Mit dieser von wissenschaftlicher Seite festgestellten »Umpolung des Erdmagnetfeldes« sind allerdings nur periodisch wiederkehrende Häufungen von Mutationen begründbar, nicht aber globale Katastrophen wie die Sintflut.

Kann die Erde kippen?

Wenn das Stichwort »Polsprung« gebraucht wird, so ist in der Regel nicht der eben geschilderte Umschlag des Magnetfeldes gemeint, sondern eine weit dramatischere Umwälzung: die Verlagerung der Erdpole, die dazu führen müßte, daß Gebiete, die bisher in tropischen oder gemäßigten Breiten liegen, in die Polnähe geraten, wogegen die heutigen Polarregionen zu warmen Zonen würden. Auch die von einem bestimmten Platz der Erde aus zu beobachtenden Sterne müßten dann andere sein, so daß man die Verheißung eines »neuen Himmels« unter diesen Umständen sogar wörtlich verstehen könnte.
Ist ein solcher Vorgang vorstellbar?
Um es gleich vorweg zu nehmen: Von Geo-Wissenschaftlern werden derartige Gedanken als unsinnig bezeichnet, da man kaum erklären kann, durch welche Kräfte die Erde aus dem Gleichgewicht kommen und ihre Rotationsachse verlagern sollte. Wenn wir hier auf die Polsprung-Hypothese eingehen, so mit aller Vorsicht und deshalb, weil sie in den letzten Jahren viel diskutiert wurde, so daß der Gedanke im Zusammenhang mit endzeitlichen Prophezeiungen nicht unerwähnt bleiben darf.
Die erste Frage ist, ob ein solches Erdkippen im Rahmen der uns bekannten Naturgesetze möglich scheint. Physiker antworten mit einem klaren Nein. Ihre Begründung lautet, daß ein rotierender Kreisel von der Größe der Erde jeder Verlagerung seiner Drehachse gewaltigen Widerstand entgegensetzt. Die Anziehungskräfte von Sonne und Mond erzwingen nur eine langsame Oszillation der Erdachse, die man »Präzessionsbewegung« nennt. Wir sind dieser Erscheinung schon in dem Abschnitt über Joachim von Fiore begegnet, als wir das »Platonische Jahr« erwähnten.
Wenn die Anziehungskräfte von Sonne und Mond bei weitem nicht ausreichen, die Erde zum Kippen zu bringen, welche Kräfte wären dann wohl dazu imstande? Würde unter der dazu notwendigen Gewalt unser Planet nicht auseinanderbrechen?
Um diese Frage zu beantworten, sollten wir uns zuerst die Vorstellungen der Vertreter der Polsprung-Hypothese ansehen, um nicht voreilig etwas abzulehnen, was wir nicht kennen.

Stellt das antarktische Eis die Erde auf den Kopf?

Ein Thema jeder Grundvorlesung über Mechanik ist die Feststellung, daß ein frei rotierender Körper um die Hauptachse rotieren wird, welche das größere Massenträgheitsmoment besitzt.

Wäre unsere Erde eine perfekte Kugel, so »wüßte sie nicht«, um welche Achse sie rotieren sollte. In einer Kugel sind sämtliche Durchmesser gleichberechtigte Achsen, und die geringste Gewichtsverlagerung müßte dazu führen, daß sich auch die Drehachse und damit die Lage der Pole ändert.

Bis hierher sprechen wir noch nicht von Vermutungen, sondern erwähnen stichwortartig ein physikalisches Grundwissen, das in jedem Lehrbuch der Mechanik nachzulesen ist.

Nun ist unsere Erde keine Kugel, sondern – etwas vereinfacht – ein Rotations-Ellipsoid. An den Polen abgeplattet und am Äquator um den »Äquator-Wulst« vergrößert. Die Entfernung von Pol zu Pol beträgt 12714 km, der Durchmesser am Äquator ist 12756 km. Die Differenz zwischen Äquator- und Pol-Durchmesser ist mit 42 km nicht gerade dramatisch, aber ein Äquatorwulst von 21 km Höhe entspricht doch einer beachtlichen Masse, so daß man sich um die stabile Rotation der Erde keine Sorgen machen sollte.

Manchen bereitet dies trotzdem Kopfzerbrechen. So dem vor kurzem verstorbenen Amerikaner Auchincloss Brown (5), der die Meinung vertrat, am Südpol würden sich gewaltige Eismassen so lange anhäufen, bis die Erde »kopflastig« (oder »schwanzlastig«?) werden und kippen müßte. Er hat sich auch bemüht, die Masse des auf den antarktischen Gebieten lastenden Eises zu berechnen und kam für das Jahr 1967 auf neunzehn Billiarden Tonnen ($19 \cdot 10^{12}$ t).

Theoretisch ist es durchaus vorstellbar, daß sich am Südpol immer größere Eismassen anhäufen. So lange, bis das Massenträgheitsmoment um einen Äquator-Durchmesser größer geworden ist als das um den Poldurchmesser, die derzeitige Rotationsachse. Würde dieser Fall eintreten, so müßte die Erde physikalischen Gesetzen folgend ihre Drehachse verlagern. Die Pole würden in die Äquatorebene wandern, und die neue Drehachse der Erde sollte durch den jetzigen Äquator gehen. Dabei müßte sich die Lage der Drehachse zur Bahnebene der Erde um die Sonne (der Ekliptik) nicht auch verschieben. Aber die meisten Punkte der Erdoberfläche würden in andere Breiten geraten, und der von den Fliehkräften der Erdrotation erzeugte Äquatorwulst würde seine Lage gegenüber der Oberfläche des Globus um etwa 90° verdrehen. Darüber, welche Erdbeben, Vulkanausbrüche, Über-

schwemmungen und sonstige Naturkatastrophen damit verbunden wären, vermag ich keine Aussagen zu machen.
Eine derartige Verlagerung der Drehachse der Erde mit unabsehbaren Folgen für unsere Zivilisation befürchtete jedenfalls Auchincloss Brown. War seine Sorge berechtigt?
Ich habe einen verregneten Nachmittag damit verbracht, die Erde als »Rotationsellipsoid« entsprechend durchzurechnen. Diese Rechnung konnte nur ein grober Überschlag sein; denn unsere Erde ist »birnenförmig« verzerrt und keineswegs ein mathematischer Körper. Auch ihre Dichte ist an der Oberfläche weitaus geringer als im glutflüssigen Kern, was für eine exakte Berechnung zu berücksichtigen wäre. Doch sind für einen Überschlag einige Vereinfachungen tolerabel.
Ein erstes Ergebnis dieser Rechnung war, daß ein Kippen der gesamten Erde aufgrund der von Brown genannten Massenverlagerung nicht zu erwarten ist. Dazu müßte die Last des von ihm berechneten Polareises viele tausendmal größer sein, als die angegebenen 19 Billiarden Tonnen, deren Richtigkeit ich allerdings nicht nachprüfen konnte.
Die auf den ersten Blick verblüffend einfache Idee, daß alle -zig Jahrtausende der oder die Pole »kopflastig« werden, so daß die Erde kippen muß, scheint als Grundlage einer Kataklysmentheorie nicht haltbar, und es ist zu verstehen, daß Geo-Wissenschaftler diesen Gedanken ablehnen.

Verschiebt sich nur die Schale?
Nun behaupten die Vertreter der Polsprung-Theorie nicht unbedingt, daß die gesamte Erde kippen müsse, sondern vielleicht verschiebt sich nur die Oberfläche des Globus mit einer relativ dünnen Schicht.
In diese Richtung gehen z. B. die Gedanken von Charles Hapgood (9), einem Professor am Keene College in New Hampshire. Er hat viele Beweise dafür gesammelt, daß die Pole der Erde, und nicht nur das Magnetfeld, sich in der Vergangenheit verschiedene Male verlagert haben müssen, und er erklärt bislang unbegreifliche Klimaänderungen, Flutkatastrophen und andere in Sagenform überlieferte Kataklysmen durch Verschiebungen der Erdoberfläche. Hapgood glaubt auch nicht, daß jeweils die gesamte Erde gekippt sei. Dazu wären vermutlich Kräfte erforderlich, die allenfalls bei einem Beinahezusammenstoß oder gar einer Kollision mit einem größeren Himmelskörper denkbar sind. Diese unvorstellbaren Gewalten würden aber vielleicht nicht nur eine Polverlagerung erzwingen, sondern die Erde geradezu

auseinanderreißen. Daher vermutet Hapgood auch nur eine Verschiebung der obersten Gesteinshaut der Erde, die angeblich auf dem zähflüssigen Erdkern schwimmt.
Die von Auchincloss Brown als Ursache für Polverlagerungen angenommene Anhäufung von Polareis in der Antarktis reicht aber auch dafür nicht aus. Selbst wenn man annimmt, daß sich nur eine »Haut« von vielleicht 10 km durchschnittlicher Dicke – ein sicher zu geringer Wert – auf dem zähflüssigen Erdkern ohne wesentliche Reibung verschieben ließe, genügen die polaren Eismassen bei weitem nicht, um diese Erdhaut aus dem Gleichgewicht zu bringen.
So wären als Anstoß für eine Pol-Wanderung andere Ursachen zu suchen. Es könnten Veränderungen der Magma-Bewegungen im Erdinneren sein, die von der polaren Eislast unterstützt werden; zur endgültigen Auslösung des Kippens wäre zuletzt vielleicht noch der Einschlag eines Himmelskörpers von einigen Kilometern Durchmesser erforderlich, der bereits vorhandene Instabilitäten zum endgültigen Umschlag bringen könnte.

Hilft die Kreiseltheorie?
Schließlich gibt es auch noch eine Theorie von P. Warlow (17), der an einem Kreisel anschaulich zeigen kann, wie ein solches Kippen der Erde vorstellbar wäre.
Allerdings benötigt Warlow zur Auslösung des Kippens einen Beinahe-Zusammenstoß mit einem großen Himmelskörper. Nach allem, was wir wissen, sind solche lebensgefährlichen Begegnungen unserer Erde mit einem zweiten planetarischen Körper zum Glück extrem seltene Ereignisse, so daß man damit nur schwer einen mehrmaligen Polwechsel erklären kann – es sei denn, man nähme an, daß ein entsprechender Planetoid auf einer sehr langgestreckten Ellipse um die Sonne liefe und im Abstand von Jahrtausenden regelmäßig die Erdbahn kreuzt, wobei es immer wieder zu Erdumwälzungen kommen könnte.
Bisher wurde ein solcher Planet oder Komet nicht nachgewiesen. Allerdings glaubt Hans J. Andersen ihn aus sehr alten Überlieferungen belegen zu können, hat ihm den Namen »Typhon« gegeben und sogar hypothetische Bahnen dafür beschrieben. Diese Berechnungen sind inzwischen allerdings teilweise bereits überholt, da Andersens Zeitangaben den gefürchteten Kometen für 1980/81 erwarten ließen.

Ist ein Polsprung möglich?

Unsere Wissenschaft lehnt die Möglichkeit einer Polwende entschieden ab. Diese Ablehnung läßt sich überzeugend damit begründen, daß keine einzelne Wirkung bekannt sei, die auch nur annähernd in der Lage wäre, eine derart gravierende Veränderung auszulösen. Dieser Ansicht ist schwer zu widersprechen, denn alle Vorstellungen über die Ursachen eines Kippens der Erdachse sind entweder physikalisch fragwürdig oder verlangen Einflüsse, die unbekannt bis hypothetisch sind. Allerdings kann sich die Meinung der Wissenschaft noch ändern, sofern neue Tatsachen bekannt werden sollten.*

Wir wollen uns in diesen Meinungsstreit nicht einschalten, da es schwer ist, den vielen bereits diskutierten Vorstellungen weiterführende Gedanken hinzuzufügen. Es bleibt aber festzustellen, daß verschiedene – auch wissenschaftlich erhärtete – Beobachtungen dafür sprechen, daß in der Vergangenheit ein mehrmaliges Kippen der Erdachse geschehen ist, was jedesmal eine Katastrophe apokalyptischen Ausmaßes bedeuten mußte.

Was sagen die Seher?

Für einen durch Polverlagerungen ausgelösten Kataklysmus, der uns erneut bevorstehen könnte, sprechen mehrere Prophetien, von denen wir einige anführen müssen.

Bevor wir auf die Zukunft eingehen, sei noch erwähnt, daß es angebliche Berichte aus der Vergangenheit gibt, die von einer oder gar mehreren solcher globalen Katastrophen sprechen. Eine der bekanntesten Überlieferungen stammt von Herodot (ca. 490–420 v. Chr.), der seine Informationen von ägyptischen Priestern erhielt. Was diese ihm mitgeteilt haben sollen, berichtet Paul Brunton:

> »...daß das ägyptische Volk in seinen heiligen Akademien und Tempeln Urkunden aufbewahre, die sich über zwölftausend Jahre

* Einzelne Wissenschaftler halten allerdings eine langsame Polverschiebung für möglich und verwenden diese Hypothese zur Erklärung der Eiszeiten (vergl. z. B. Fred Hoyle, Das grenzenlose All, Droemer-Knaur, München 1963). Eine solche Verlagerung der Erdachse innerhalb von Jahrtausenden kann die mit dem Stichwort Polsprung verbundenen Vorstellungen jedoch nicht stützen.

vor der Zeit seines (Herodots) Besuches an, zurück erstreckten. Sie hatten ihm weiter gesagt, daß die Sonne zweimal da untergegangen war, wo sie heute aufgeht. Die Folgerung aus dieser außerordentlichen Feststellung ist, daß die Pole der Erde vollständig ihre frühere Stellung verändert haben, enorme Umwälzungen von Land und Wasser verursachend. Solche Umwälzungen haben, wie wir aus geologischen Forschungen wissen, tatsächlich stattgefunden, aber ihre Daten führen uns in unendlich ferne Perioden zurück. Ein Resultat dieser Veränderungen mußte darin bestehen, daß das Klima an den Polen früher tropisch statt arktisch war.« (6)

Derartige Vorstellungen sind übrigens nicht auf die »alte Welt« beschränkt. So berichtet Moira Timms:

»In Amerika erzählt die Schöpfungsgeschichte der Hopi-Indianer von vier aufeinanderfolgenden Welten (identifiziert durch Gold, Silber, Kupfer und ein Mischmetall), die zerstört wurden, weil sich die Menschen von den Instruktionen des Schöpfers entfernt hatten. Sie sagten, daß wir die vierte Welt bewohnen, die kurz davorsteht, wiederum vom großen Geist geläutert zu werden.
Von den Inkas sind Aufzeichnungen über kosmischen Aufruhr übriggeblieben, der ebenfalls vorhergehende Weltzeitalter beendete.« (15)

Nun aber zu dem, was Seher und Visionäre zu diesem Thema beizutragen haben, in Form von Gesichten, die man als Polsprung deuten könnte:

»Sämtliche Sterne stürzen ins Meer ganz augenscheinlich,
Neue Gestirne erscheinen, und einen Strahlenkometen
Nennen die Menschen den Stern...«

(VIII. Buch der Sibyllinen)

»Alle Elemente werden entfesselt und der ganze Zustand der Welt verändert. Die Erde wird an mehreren Orten vor Furcht beben und die Lebendigen verschlingen. Viele Städte und Festungen werden zugrunde gehen...
Das Meer wird brüllen und sich gegen die Länder erheben und viele Schiffe und Menschen verschlingen...

Viele und schreckliche Zeichen werden am Himmel erscheinen, die Sonne wird sich verdunkeln und sich blutig rot zeigen.
Zwei Monde zugleich wird man vier Stunden lang, umgeben von erstaunlichen Dingen, sehen.
Mehrere Sterne werden zusammenstoßen zum Zeichen der Zerstörung fast aller Menschen. Der natürliche Zug der Luft wird wegen der Pestkrankheiten verkehrt; Menschen und Tiere werden schnell sterben; eine furchtbare Hungersnot wird die ganze Welt und besonders den Westen heimsuchen...«

(Caesarius von Heisterbach)

Caesarius von Heisterbach scheint die Annäherung eines großen Himmelskörpers vorherzusagen, der für Stunden in gleicher Größe wie der Mond zu sehen sein soll.
Nach einer fragwürdigen Vorhersage des »Mönches von Jasna Gora« (Hilarion) würde es sich bei diesem Himmelskörper um den Halleyschen Kometen handeln, dessen nächste Annäherung an die Erde 1986 bevorsteht:

»Später wird im Norden ein großer Komet aufsteigen, eben der, welcher sich schon im Jahre 1680 gezeigt hat, und dieser Komet wird großes Unglück mit sich bringen...«

Selbstverständlich hat auch Nostradamus den Polsprung vorhergesagt:

»Es wird im Monat Oktober sein, wo man eine große Verlagerung beobachten wird, so daß jedermann glaubt, die Schwerkraft der Erde habe ihre natürliche Bewegung verloren...«

(Aus der Vorrede an Heinrich IV.)

»Dann aber werden die himmlischen Bilder rückläufig und an den Anfang ihrer Bewegung zurückversetzt.«

(Aus der Vorrede an Caesar Nostradamus)

Konrad Klee, der von der außerordentlichen prophetischen Befähigung des Nostradamus überzeugt scheint, hat aus der sechsten Centurie sogar die Lage des zukünftigen Nordpoles zu entschlüsseln versucht. Klee kommt zu der Ansicht, daß Nostradamus den Berg Gora Obryvistaya im Anadyr-Gebirge auf der Tschukten-Halbinsel (öst-

lichstes Rußland, nahe der Behringstraße) als neuen Nordpol prophezeit, auf den sich die Erde bis 1998 einpendeln werde.
Dieses Gebirge liegt in der Nähe des nördlichen Polarkreises, so daß die Nostradamus-Entschlüsselung von Konrad Klee überraschend gut mit Angaben von Eduard Korkowski und Hans J. Andersen übereinstimmt, die beide unabhängig voneinander zu der Meinung kamen, die Erde würde ihren Pol um ca. 35° verlagern und zwar in einer von Europa wegweisenden Richtung.
Eine derartige Verschiebung der Klimazonen würde – natürlich abgesehen von den damit verbundenen schwer vorstellbaren Katastrophen – für Mitteleuropa eine Wohltat, für Nordost-Rußland und Alaska eine Katastrophe bedeuten. Insgesamt würden sich bei dieser Polverlagerung die Klimata der meisten Ballungszonen in erträglichen Ausmaßen verändern – so in Nord-Amerika, Afrika, Australien und dem größten Teil von Europa und Asien. Nur Japan, Korea, Nord-China und die südlichen Teile von Südamerika wären sehr nachteilig betroffen.
Allerdings sagt die Entfernung eines Ortes von den Polen nicht alles über sein Klima aus; wie sich Monsune, Meeresströmungen usw. nach dieser Verlagerung neu einpendeln würden, wissen wir nicht.
Doch es gibt noch weitere Seher-Stimmen:

»Gewalt wird der Erde angetan und Gott wird furchtbares Gericht halten...« *(Seherin von Prag)*

»Dieser Schlag wird die Erde und die Hölle erbeben machen, die Welt aber wird beruhigt werden...« *(Don Bosco)*

»Nimmt die Erde plötzlich andern Lauf...
Blitz und Donner und der Erde Riß...« *(Lindenlied)*

»Die Erde wird bis in ihre Grundfesten erschüttert werden, das Meer wird schäumende Wogen über das Festland schleudern... In einen unermeßlichen Friedhof wird die Erde umgewandelt... Alles wird zerstört sein und 3/4 der Menschheit wird umkommen... Diese Krisis wird fast plötzlich ausbrechen und wird auf der ganzen Erde gemeinsam sein...« *(Marie Julie Jahenny)*

»Auf den ersten Hieb des göttlichen Schwertes, das wie der Blitz einschlagen wird, werden die Berge und die ganze Natur zittern vor Entsetzen...
Die Jahreszeiten werden sich verändern, die Sterne werden ihre regelmäßigen Bahnen verlassen...
Das Wasser und das Feuer werden im Erdinnern in krampfhafte Bewegung geraten und schreckliche Erdbeben zur Folge haben, wodurch Berge und Städte versinken werden. Erdbeben werden auch ganze Länder verschlingen...« *(La Salette)*

»Finsternis von drei Tagen und Nächten.
Beginn mit einem furchtbaren Donnerschlag mit Erdbeben... Erdbeben, Donner, Meeresrauschen...« *(Kugelbeer)*

»... Die Erde atmet, wälzt sich um, und es werden Erdteile und Inseln vergrößert wiedererscheinen, unter furchtbaren Katastrophen andere Teile in sich zusammenfallen oder weggeschwemmt werden.« *(Madame Sylvia)*

Auf die Frage, was alles in den Bereich der 1936 beginnenden Veränderungen falle antwortete Edgar Cayce:

»Der Krieg, die Umwälzungen im Inneren der Erde und die Verlagerung derselben durch die Abweichung der Achse in bezug auf ihre Lage zum Polarstern.« *(Edgar Cayce)*

»Dann bricht ein Hagelschlag aus mit Blitz und Donner und ein Erdbeben schüttelt die Erde...« *(Alois Irlmaier)*

»Das Klima ändert sich.
Bei uns wird wieder Wein gebaut, und Südfrüchte wachsen, es ist viel wärmer als jetzt...« *(Alois Irlmaier)*
»Die Erde wird aus ihrer Bahn geworfen...« *(Josef Stockert)*

»... Diese Polverlagerung wird plötzlich kommen...
Und wenn der rote Planet nahe vorbeizieht, wird die Erdkruste von ihm angezogen werden und der obere Pol, der Nordpol wird zu ihm hinzeigen...« (Paul Solomon; Reading 193/1973)

Als der »rote Planet« wird üblicherweise der Mars bezeichnet, und Solomon scheint auch anzunehmen, daß dieser Planet seine Bahn verläßt und das Kippen der Erde auslöst. Ein solches Ereignis ist allerdings nach unserem derzeitigen astronomischen Wissen so gut wie unmöglich, so daß man sich nicht an den Begriff »Mars« klammern, sondern eher an einen der Erde nahe kommenden, rötlich schimmernden Himmelskörper denken sollte.

»... Plötzlich erzitterte alles. Als nächstes fielen die elektrischen Anlagen aus, und alles war außer Betrieb. Denn wurde es langsam dunkel...
Dann gab es einen Ruck, ich fühlte mich wie in einem Fahrstuhl, der senkrecht nach oben anzieht, so daß ich in die Knie ging, und mir übel wurde. Meine Kollegen schrien und fielen um. Auch ich lag auf dem Boden, blieb aber noch bei Besinnung.
Als nächstes sah ich, wie die Sonne sich zurückzog oder zurückblieb...
... als aus meiner Sicht aus nordwestlicher Richtung Sterne sichtbar wurden, die alsdann in rasender Geschwindigkeit an der Erde vorbeizufallen schienen in der gleichen Richtung wie die Sonne...
Dann fiel auch ich in Ohnmacht.
Als ich wieder zu mir kam... war es noch immer dunkel, die Sterne ›fielen‹ aber nicht mehr. Dafür sah ich einen ganz neuen Sternenhimmel...« *(Edward Korkowski)*

Weitere Hinweise auf eine Polwende kann man noch bei den folgenden Sehern finden:
Hepidanus von St. Gallen
Bartholomäus Holzhauser
Laurentius Ricci
Anna Katharina Emmerich
Emelda Scochy
Ida Peerdeman
Richard Zenor
Die Seher künden also Ereignisse, welche aufgrund unserer wissenschaftlichen Kenntnisse nur schwer vorstellbar sind. Es muß jedem Leser überlassen sein, ob er der Wissenschaft vertrauen oder wenigstens die Möglichkeit nicht ausschließen will, daß ein so unerwartetes, scheinbar unmögliches Geschehen doch eintreten könnte. Vielleicht sollten wir auch öfter daran denken, daß alle Naturwissenschaft

Erfahrungswissenschaft ist. Sofern wir Ereignissen entgegeneilen, wie sie noch nie ein Mensch unserer geschichtlich dokumentierten Epoche erlebt hat, können wir auch nicht voraussetzen, daß sich dieses Geschehen mit wissenschaftlichen Mitteln vollständig überblikken läßt. Auch wenn wir uns in unserem Verständnis der Naturvorgänge recht sicher fühlen, dürfen wir nie vergessen, daß die Menschheit niemals alles übersehen, niemals sämtliche Schöpfungsgeheimnisse entschlüsseln, niemals alle Welträtsel lösen wird.
Eines dieser ungelösten Rätsel ist auch das Phänomen der Prophetie, dessen Existenz sich nicht ableugnen läßt, auch wenn wir noch so große Schwierigkeiten haben, die Zusammenhänge zu erfassen, welche brauchbare Vorhersagen oder prophetische Warnungen möglich machen.

Die Reinigung der Erde

»Ich lebe und weiß nicht, wie lang.
Ich sterbe und weiß nicht, wann.
Ich fahre und weiß nicht, wohin.
Mich wundert's, daß ich fröhlich bin. *Alte Volksweise.*

In vorausgegangenen Kapiteln haben wir wichtige Prophezeiungen betrachtet, die für unsere Zukunft etwas aussagen könnten. In vielem decken sich Gesichte verschiedener Visionäre aus unterschiedlichen Zeiten; doch gibt es auch Abweichungen, Widersprüche, wie das bei einer so inhomogenen Sammlung von Schauungen aus zwanzig Jahrhunderten nicht anders zu erwarten ist. Um zu einer groben Übersicht zu gelangen, sei versucht, die wichtigsten Inhalte zusammenzufassen. Eine solche Auswertung kann nach verschiedenen Gesichtspunkten geschehen und sehr umfangreich werden. Daher müssen wir uns beschränken, also für ein Gebiet entscheiden. Eine Aufstellung der wichtigsten Prophetien, die sich auf einen *kommenden dritten Weltkrieg* beziehen könnten, vermittelt das nachfolgende Bild.
In dieser Aufstellung werden die biblischen Propheten außer acht gelassen, da sie ein großes, umfassendes Geschehen schildern, das sich nicht eng fassen läßt; ebenso kommen mittelalterliche Visionäre nur bedingt in Betracht, während neuzeitliche Seher Angaben machen, die sich zeitlich und räumlich eher eingrenzen lassen. Eine derartige Zusammenfassung unterschiedlichster Gesichte und Visionen kann nur ein Versuch sein und im günstigsten Falle Tendenzen aufzeigen, ohne einen Anspruch auf Richtigkeit zu erheben. Auch auf eine Wertung einzelner Gesichte oder Visionäre wird verzichtet; denn ein Urteil über das Dargebotene muß jeder Leser für sich selbst finden.

Kommt der dritte Weltkrieg?

Oft wird die bange Frage gestellt, ob der gefürchtete dritte Weltkrieg kommen werde. Um zu einer Übersicht über die Aussagen der Propheten zu gelangen, werden wir dieses Thema betrachten und kurz zusammenfassen, was die unterschiedlichsten Prophetien dazu sagen. Viele Menschen fragen besonders nach dem Ausbruch und dem Verlauf des dritten Weltkrieges und vergessen dabei eine entscheidende Aussage der Gesichte: Es geht nicht in erster Linie um den dritten Weltkrieg, sondern um ein Welt-Geschehen, in dem möglicherweise, wahrscheinlich sogar, auch eine atomare Auseinandersetzung zwischen den Supermächten ihre Rolle spielen wird; für jeden Einzelmenschen entscheidend müßte aber die vielfach gekündete Warnung sein, daß wir uns einer Endzeit nähern. Als Teil dieses endzeitlichen Geschehens ist – wie wir schon verschiedentlich gesehen haben – der dritte Weltkrieg als größter aller Kriege vorhergesagt worden – z. B. von folgenden Sehern:

Abt Werdin
Seherin von Prag
Mönch vom Kloster Maria Laach
Mönch von Werl
Buch des Marienthaler Klosters
Wessel Dietrich Eilert
Mühlhiasl
Einsiedler Antonius
Drittes Geheimnis von Fatima
Franziska Maria Beliante
Ferenc Kossutthány
János Kele
Alois Irlmaier
Helena Aiello
Maria Graf-Sutter
Josef Stockert
Erna Stieglitz
Birger Claesson
Seher aus dem Waldviertel
Edward Korkowski

Von seinem plötzlichen Ausbruch sprechen:

Johann Peter Knopp
Wessel Dietrich Eilert
Überlieferungen aus dem Sauerland
Ferenc Kossutthány
Alois Irlmaier
Birger Claesson

Daß es ein Überraschungsangriff aus dem Osten sein werde, verkünden:

Johann Peter Knopp
Wessel Dietrich Eilert
Mühlhiasl
Ferenc Kossutthány
Alois Irlmaier
Josef Stockert
Erna Stieglitz
Edward Korkowski

Dieser Angriff werde erst am Rhein zum Stehen kommen, meinen folgende Visionäre:

Methodius (bei Johannes Lichtenberger)
Mönch von Werl
Spielbähn
Alois Irlmaier
Josef Stockert
Seher aus dem Waldviertel
Edward Korkowski

Auf den Einsatz von Kern- oder auch chemischen Waffen deuten Gesichte folgender Seher hin:

Blinder Jüngling
Seherin von Prag
Ferenc Kossutthány
Alois Irlmaier
Josef Stockert
Seher aus dem Waldviertel

Die Angreifer aus dem Osten würden (im Raum um Köln) total vernichtet:

Mönch von Werl
Spielbähn
Ferenc Kossutthány
Alois Irlmaier
Josef Stockert
Seher aus dem Waldviertel

Daß alles »sehr schnell« gehe, kann man aus den Worten verschiedener Hellseher schließen, z. B. bei:

Johann Peter Knopp
Bernhard Clausi
Schwester von Belley
Ferenc Kossutthány

Das unterstreichen auch folgende Zitate:

»Aber es dauert nur dreimal den Mond...« *(Mühlhiasl)*
»Von Beginn der Verbannung (des Papstes) bis zum Gesang des Te Deum (bei der Feier seiner Rückkehr) erhebt sich die Sonne zweihundertmal.« *(Don Bosco)*
»Der Papst, der sich kurze Zeit über das Wasser flüchten mußte...« *(Alois Irlmaier)*

Daß es vermutlich während des Krieges zu schwersten Naturkatastrophen kommt, wird von vielen Sehern vorhergesagt:

Anna Maria Taigi
Schwester Nativitas
Mühlhiasl
Lindenlied
Marie Julie Jahenny
Prophet aus dem Elsaß
Ferenc Kossutthány
Franz Kugelbeer
Helena Aiello
Alois Irlmaier
Madame Sylvia
Richard Zenor
David Wilkerson
Käthe Niessen
Paul Solomon
Seher aus dem Waldviertel
Edward Korkowski

Eine dreitägige Finsternis, evtl. mit vergifteter Atmosphäre (»gelber Dunst« oder »gelb-grauer Staub«):

Äbtissin Odila
Bartholomäus da Saluzio

Palma von Oria
Anna Maria Taigi
Marie Baourdi
Marie Julie Jahenny
Franz Kugelbeer
Franziska Maria Beliante
Helena Aiello
Maria Graf-Sutter
Alois Irlmaier
Josef Stockert

Zeichen am Himmel werden vorhergesagt von:
Sibyllinen
Hepidanus von St. Gallen
Caesarius von Heisterbach
Bartholomäus da Saluzio
Mühlhiasl
Franz Kugelbeer
Alois Irlmaier
Josef Stockert
David Wilkerson

Und einen direkten Eingriff des Schöpfers erwarten in diesem einmaligen Geschehen:
Hildegard von Bingen
Caesarius von Heisterbach
Joachim von Fiore
Elisabeth Canori-Mora
Anna Maria Taigi
Ludovico Rocco
Maria Lataste
Bernhard Clausi
Maria Agnes Steiner
Don Bosco
Josefa von Bourg
La Salette
Drittes Geheimnis von Fatima
Marie Mesmin
Maria Graf-Sutter
Garabandal

Barbara Becher
Josef Stockert
David Wilkerson
Edward Korkowski

In dieser Zeit werde durch den Krieg und die Naturkatastrophen Deutschland zum größten Teil zerstört. Nur im Süden bleiben einige Gebiete von den direkten Kriegseinwirkungen verschont:

»Zwischen dem Rhein und der Elbe und dem morgenwärts fließenden Strome Donau wird ein weites Leichenfeld sich ausdehnen, eine Landschaft der Raben und Geier...« *(Hepidan)*

»...geht nach Bayern... *(Sepp Wudy)*

»...von der Isar an...« *(Alois Irlmaier)*

»...südlich und westlich der Donau...« *(Alois Irlmaier*

»...und im Saurüssel...« *(Alois Irlmaier)*

»...die Bevölkerung zwischen Watzmann und Wendelstein bleibt verschont...« *(Alois Irlmaier)*

Auch außerhalb Deutschlands gibt es schwerste Zerstörungen, z. B. in großen Teilen Europas. Im einzelnen wurden gesehen:

England:

»Das große Reich im Meer, welches von einem Volke verschiedenen Stammes und Ursprunges bewohnt ist, wird durch Erdbeben, Sturm und Wasserflut verwüstet werden...« *(Hilarion)*

»England und alle Länder um die Nordsee werden von einer entsetzlichen Sturmflut zerstört. Ein Teil von Schottland versinkt im Meer...« *(Anton Johansson)*

»Ein Teil Englands verschwindet...« *(Alois Irlmaier)*

»Von Osten her flog über die Nordsee ein Flugzeug...
Als es sich England näherte, sah ich, wie aus dem Flugzeug etwas abgeworfen wurde...
Gleich darauf erfolgte eine furchtbare Detonation. Das Wasser des Meeres wurde hoch in die Lüfte geschleudert und ich sah unter mir nur noch Gischt und schäumendes, dampfendes Wasser. Weit wurde es ins Land hineingetragen und begrub alles unter sich...«

(Josef Stockert)

»Die Stadt, die im Schlamm versinkt sei London...«

(Seher aus dem Waldviertel)

Frankreich:

Brand oder Zerstörung von Paris künden:

Birgitta von Schweden
Hieronimus Botin
Pater Nechtou
Marianne Lenormand
Anna Katharina Emmerich
Johannes Maria Vianney
Maria Lataste
La Salette
Don Bosco
Franz Kugelbeer
Alois Irlmaier
Erna Stieglitz
Seher aus dem Waldviertel

Untergang von Marseille:

La Salette
Franz Kugelbeer

Italien:

Revolution in Italien, besonders in Rom:

Bartholomäus da Saluzio
Bartholomäus Holzhauser
Alphonsa Eppinger
Lindenlied
Prophet aus dem Elsaß
Franz Kugelbeer
Alois Irlmaier

Barbara Becher
Seher aus dem Waldviertel

Eine Flutwelle durch Kernbombenabwurf in die Adria:
Seher aus dem Waldviertel

Österreich:
Vom Aufstand in Österreich spricht:
Franz Kugelbeer
Über die Zerstörung von Wien sprechen z. B.:
Lindenlied
Ludovico Rocco

Rußland:
Eine schreckliche Revolution in Rußland kündigen an:
Ludovico Rocco
Prophet aus dem Elsaß
Alois Irlmaier
Barbara Becher

Tschechoslowakei:
Zerstörungen in der Tschechoslowakei:
Sepp Wudy
Seher aus dem Waldviertel
Untergang von Prag:
Blinder Jüngling
Seherin von Prag
Alois Irlmaier
Erna Stieglitz

Die für diese Endzeit-Katastrophe angekündigten Zerstörungen sind nicht auf Europa beschränkt, denn es handelt sich – den Schauungen zufolge – um eine Welt-Katastrophe, vielleicht um den bisher größten aller Kataklysmen.
Katastrophen in den USA oder den Untergang von New York erwarten:
Anton Johansson
Edgar Cayce
Jeane Dixon
Seher aus dem Waldviertel

David Wilkerson
Barbara Becher
Paul Solomon

Ebenso wird darauf hingewiesen, daß Japan ganz oder teilweise im Meer versinken werde. Eine aufgrund der gefährdeten geologischen Verhältnisse der dauernd von Erdbeben heimgesuchten japanischen Inseln keine völlig unwahrscheinliche Prophetie, wie sie z. B. von folgenden Sehern kommt:

Edgar Cayce
Käthe Niessen
Paul Solomon

Nach den angekündigten schrecklichen Verheerungen wird in Deutschland ein Kaiser gewählt; vermutlich der vielfach vorhergesagte »Große Monarch«, von dem zahlreiche Seher sprechen:

Bartholomäus Holzhauser
Spielbähn
Einsiedler Antonius
Lindenlied
Ludovico Rocco
Franz Kugelbeer
Alois Irlmaier
Seher aus dem Waldviertel

Dann kommen endlich »glückliche Zeiten«:

Sibyllinen
Ottilien-Prophezeiung
Abt Werdin
Blinder Jüngling
Spielbähn
Mühlhiasl
Ludovico Rocco
Theresa Helena Higginson
Alois Irlmaier

Der »Triumph des wahren Glaubens«:

Hildegard von Bingen
Joachim von Fiore
Schwester von Belley

Elisabeth Canori-Mora
Bernhard Maria Clausi
Anna Katharina Emmerich
Don Bosco
Theresa Helena Higginson
Franz Kugelbeer
Josef Stockert

Und die »Verbreitung der Wahrheit« durch einen von Gott erwählten Prediger:
Sibyllinen
Caesarius von Heisterbach
Nostradamus
Don Bosco
Lindenlied

Das sind in ganz knapper Zusammenfassung die wichtigsten Ereignisse des vielfach angekündigten Dritten Weltkrieges, der nur als Teil der zu erwartenden endzeitlichen Geschehnisse angesehen wird. In dieser Zusammenstellung kann es sich lediglich um einen Auszug aus unzähligen überlieferten Vorhersagen handeln; doch habe ich mich bemüht, die wichtigsten Vorgesichte zu berücksichtigen und vor allem solche Prophetien zu erfassen, welche so klar und verständlich abgefaßt sind, daß man – mit der im Umgang mit Prophezeiungen immer nötigen Vorsicht – einige Rückschlüsse daraus ziehen kann. Von Menschen ausgelöste Katastrophen würden demnach mit Naturkatastrophen zusammentreffen, um die »Reinigung der Erde« (La Salette) zu erzwingen. Damit würde dieses Ereignis zu einem »Gerichtsgeschehen«, einem göttlichen Eingriff, wie ihn mittelalterliche Gelehrte, Mystiker, Seher ebenso wie biblische Propheten erwarteten.

Wann ist der dritte Weltkrieg zu erwarten?

Eine der ersten Fragen jedes Menschen zu einem solchen Geschehen ist die nach dem Zeitpunkt, zu dem dies alles eintreten soll. Es gibt hierzu zahlreiche Meinungen, und viele haben sich bemüht, vor allem aus den Vorhersagen des Nostradamus den genauen Zeitpunkt abzuleiten. Ebenso gibt es astrologische Ansätze, die Planetenkonstella-

tion zu finden, welche zur Auslösung dieses größten aller Konflikte, des katastrophalsten aller Kriege und der größten Naturkatastrophe seit der Sintflut führen werde.
Wir wollen uns nicht auf das Glatteis zeitlicher Festlegungen begeben. Damit müßten wir einer bereits mehrmals betonten Ansicht zuwiderhandeln, nämlich, daß jede zeitliche Vorhersage das Unsicherste, der unzuverlässigste Teil aller Prophetie ist. Um aber den mit Sicherheit kommenden Fragen zahlreicher Leser nicht auszuweichen, sei eine Zusammenstellung der Zeichen gebracht, mit denen die Seher das Näherrücken oder den Ausbruch des großen Weltgeschehens charakterisieren. In dieser Übersicht beschränken wir uns nicht auf Gesichte, welche den Ausbruch eines dritten Weltkrieges künden, sondern schließen Visionen ein, die von großen, die ganze Erde betreffenden Katastrophen, also einem endzeitlichen Geschehen sprechen, in dem der gefürchtete dritte Weltkrieg nur ein Teil der gewaltigen Ereignisse sein dürfte.

Die Vorzeichen

Da gibt es zunächst Vorzeichen, die den Anmarsch der Katastrophen ankündigen. Solche Vorzeichen mögen sich schon Jahrzehnte, vielleicht Jahrhunderte vor dem entscheidenden Geschehen zeigen. Denn wenn dieses weltumspannende Ereignis vor allem auch eine Folge menschlicher Fehlleistungen ist, dann muß sich diese Fehlhaltung der Mehrzahl der Menschen schon lange vor dem Eintritt der reinigenden Katastrophe manifestieren.
Sehen wir uns also zunächst die äußeren Signale an, die nach Ansicht der Seher vor der bedrohlichen Zukunft warnen:

> »Am Anfang erzählte der Große Geist den Hopi, daß der weiße Bruder, wenn er zu gegebener Zeit in das Land des roten Bruders zurückkehrt, daheim willkommen geheißen werden solle, wenn er mit dem heiligen Symbol käme, dem Kreuz im Kreis. Sollte er nur mit dem Kreuz kommen, so sollte der rote Bruder vorsichtig sein und wissen, daß die Große Läuterung nahe ist.«
>
> *(Hopi-Überlieferung; zitiert nach Moira Timms)*

> »Wenn die Frauen Hosen tragen und sich die Haare wie eine Perücke ins Gesicht kämmen...« *(Westfälische Überlieferung)*

»Also werden die Geistlichen stolze Kleider tragen und wollen nicht mehr zu Fuß gehen...« *(Spielbähn)*

»... Wenn am Bocke Gerste steht...« *(Elsischer Junge)*

»... allgemeine Untreue...« *(Wessel Dietrich Eilert)*

»Allenthalben wird Unzufriedenheit und Mißachtung der Religion...« *(Mönch von Werl)*

»Wenn die Frauensleute nicht wissen, was sie vor Üppigkeit und Hochmut für Kleider tragen wollen, bald kurz, bald lang, bald eng, bald weit; wenn die Männer auch ihre Trachten ändern, und man allgemein die Bärte der Kapuziner trägt:
Dann wird Gott die Welt züchtigen.«
(Ein unbekannter Kapuziner aus Düsseldorf; vergl. Beykirch S. 91)

»Die Mannsbilder werden statt der Waldlertracht rote und farbige Hüte tragen und mit gewichsten Stiefeln in der Miststatt stehen...« *(Mühlhiasl)*

»Wenn die Rabentücher und die Schlipsen aufkommen und schön staad wieder abkommen, dann ist die Zeit da.« *(Mühlhiasl)*

»Wenn die Frauen Schuhe tragen, unter denen man hindurchsehen kann.« *(Geißenkäther)*

»Mit dem Glauben geht es bergab und alles wird verdreht... In der Kirche spielen sie Tanzmusik, und der Pfarrer singt mit.« *(Sepp Wudy)*

Die Anzeichen
Das Herannahen des großen Konflikts wird durch Anzeichen signalisiert, die kurz vor oder auch erst während der Katastrophe deutlich warnen:

»Wenn man dereinst an dem sternhellen Himmel zur Nachtzeit Schwerter gen Abend erblickt und auch gen Morgen...« *(Sibyllinen, III. Buch)*

»Wenn im Sternbild der himmlischen Krone ein neuer Stern erscheint...« *(Hepidanus)*

»Die Soldaten werden die Grenzen beziehen, bald darauf beruhigt wieder heimkehren...
Mit Kirschblüten an den Tschakos kommen sie an.«
(Wessel Dietrich Eilert)

»Über Amerika hörte ich den Herrn sagen, daß diesem Lande in Zukunft fünf große Kriege, darunter zwei erbitterte Bürgerkriege, bevorstünden, die damit endeten, daß Amerika in vier oder fünf kleinere Bundesstaaten zersprengt würde...«
(Anton Johansson)

»Wenn es zu größerer Tätigkeit des Vesuvs oder des Mont Pelée kommt... Auch auf den Ätna sollte man achten.«
(Edgar Cayce)

»Der Dritte Hochgestellte wird ermordet...« *(Alois Irlmaier)*

»Vor dem Ausbruch des großen Krieges hält die Linke einen Siegeszug und es gibt Krieg im Osten Afrikas von Nord bis Süd.
Der Krieg beginnt an der Adria...
(Seher aus dem Waldviertel)

»...daß die Voraussagen des Propheten Joel von unserer Generation erlebt werden.« *(David Wilkerson)*

Die Jahreszeit
Vergleichsweise einfach scheint die Festlegung der Jahreszeit. Zunächst haben die Mehrzahl aller Kriege im Sommer begonnen, und manche Seher bestätigen auch für den Beginn des dritten Weltkrieges eine warme Jahreszeit;

»Der Roggen wird vor der Schlacht (am Birkenbaum) erst eingefahren, der Hafer nicht.« *(Aus dem Sauerland)*

»Wenn die Büdericher auf Krautweih (15. 8.) aus dem Hochamt kommen, steht alles voller Soldaten.« *(Aus dem Sauerland)*

»Weizenmandl als Versteck« *(Mühlhiasl)*

»In den norwegischen Gebirgen war noch kein Schnee gefallen.« *(Anton Johansson)*

»Es sind jetzt noch gute Zeiten, aber sie werden sich sehr verändern. Nach vielen Jahren wird ein furchtbarer Krieg ausbrechen. Zeichen dessen werden sein:
Wenn im Frühjahr die Schlüsselblumen in den Hecken stehen und überall Unruhe herrscht – in dem Jahre geht es noch nicht los. Wenn aber nur ein kurzer Winter war, wenn die Schlüsselblumen frühzeitig aufblühen und es ruhig scheint, dann glaube niemand an den Frieden.« *(Hermann Kappelmann)*

Allerdings gibt es auch andere Angaben, die nicht auf den Sommer schließen lassen:

»Am Tage der heiligen Veronika (4. Februar) ... wird die Menschheit einen Schrei der Angst und des Schauderns ausstoßen ...« *(Seherin von Prag)*

»Winter kommt, drei Tage Finsternis« *(Lindenlied)*

»Ich komme mit dem furchtbarsten Donnergebraus über die sündige Welt in einer Nacht der kalten Wintermonate. Heißer Südwind geht dem Unwetter voraus.« *(Maria und Elsa aus Voltago)*

»Auf den Gipfeln der Berge liegt Schnee. Es ist trüb und regnerisch und Schnee durcheinander. Herunten ist es aper.
Wenns herbsteln tut, sammeln sich die Leut in Frieden. Aber mehr Menschen sind tot, als in den ersten zwei Weltkriegen zusammen.« *(Alois Irlmaier)*

Die Bestimmung des Datums für den Ausbruch des Dritten Weltkrieges ist die schwierigste prophetische Aufgabe und wahrscheinlich nicht exakt zu lösen. Allerdings gibt es Anhaltspunkte, die den Zeitpunkt etwas einzugrenzen scheinen.
Zuvor wäre allerdings darauf hinzuweisen, daß jede Generation die Erfüllung von Prophetien in ihrer Zeit erwartet; das geht zurück bis zu den ersten Christen, die das Wort Christi

> »Dies Geschlecht wird nicht vergehen, bis daß dieses alles geschehe.« *(Matth. 24,34)*

irdisch-menschlich aufnahmen, und es damit auf ihre Generation bezogen, anstatt einen umfassenden Schöpfungszusammenhang zu sehen. Verläßt man die Bahnen der verbreiteten dogmatischen Anschauungen, so muß man dieses Jesus-Wort auf das ganze Menschengeschlecht beziehen, in dem jeder Einzelmensch mehrerer, vieler Erdenleben zu seiner Entwicklung bedarf; im Laufe dieses Seins wird dann auch jeder einzelne das Jüngste Gericht im Diesseits oder im Jenseits erleben müssen.
Wir haben erwähnt, daß das Jahr 1000 als Datum der Endzeit einst eine wichtige Rolle spielte, wir sind der Fehlspekulation des Joachim von Fiore begegnet, der das Jahr 1260 errechnete, und wir können in jedem Jahrhundert kleinere oder auch größere Gruppen finden, die aus anscheinend guten Gründen den Jüngsten Tag als dicht bevorstehend erwarteten.
Heute gehen auch wir davon aus, daß das gewaltige Geschehen, welches die Propheten schauen durften, sich noch im zwanzigsten, spätestens zu Beginn des 21. Jahrhunderts ereignen müsse. Zwar haben wir zu dieser Annahme überzeugendere Gründe als frühere Generationen, doch die letztliche Gewißheit ist auch uns vorenthalten. Wenn also nachstehend Seher-Hinweise aufgeführt sind, die auf einen möglichen Zeitraum schließen lassen, so ist doch nicht zu beweisen, daß dieser Jüngste Tag noch in unserem Jahrhundert kommen wird; auch wenn manche Seher das klar zu sagen scheinen:

> »Vor dem 22. Jahrhundert…« *(Hepidanus)*

»Und was das uns sichtbare himmlische Gericht betrifft, stehen wir in dem siebenten Jahrtausend, das alle vollendet, und nähern uns dem achten, wo das Firmament der achten Sphäre ist, welche sich nach der Breite hin ausdehnen wird, und wo der große ewige Gott die Umwälzung vollenden wird und die himmlischen Zeichen sich wieder neu bewegen werden...« *(Nostradamus)*

Diese Stelle aus der Vorrede an Caesar Nostradamus wird übrigens unterschiedlich übersetzt und ebenso verschieden interpretiert. Die obenstehende Übersetzung ist dem Buch von Dr. Max de Fontbrune entnommen. Dort wird auch das »siebente Jahrtausend« nicht unserer Zeitrechnung entsprechend aufgefaßt, also sein Beginn in das Jahr 7000 n. Chr. gelegt, sondern eine Epoche angenommen, die sich von 4000 v. Chr. bis 2000 n. Chr. erstreckt. Damit wäre das große Weltgeschehen in Übereinstimmung mit anderen Prophetien gegen Ende des 20. Jahrhunderts anzusetzen.

»Tausend sechshundert neunmal zwölfe noch setz ich, füge vier zehnmal hinzu, dann kommt jener Tag, wo zu Rom die Genossen Jesu und die Brüder des hl. Franziskus Palmen und Martyrium tragen werden... Dann wird auch zu Rom eine Sonnenfinsternis sein...« *(Bartholomäus Holzhauser)*

Diese unklare Zeitangabe läßt sich recht verschieden entschlüsseln und als Zahl der Jahre oder Monate ansehen, so daß sie sich für eine Datierung kaum eignet. Die in Mitteleuropa sichtbaren Sonnenfinsternisse werden gleich anschließend noch angegeben.
Auch die Azteken erwarteten den Weltuntergang und zwar in Übereinstimmung mit ihrer speziellen Zeitrechnung. Es gab zwei verschiedene Aztekenkalender. Einen »bürgerlichen Kalender« von 365 Tagen für das tägliche Leben, und einen von der Priesterschaft verwendeten »Orakel-Kalender« mit 260 Tagen. Nach jeweils 52 Jahren des bürgerlichen Kalenders, bzw. 73 Jahren des Wahrsage-Kalenders trafen die Neujahrstage beider Kalender wieder zusammen, und eine neue große Periode begann.
Mit dem Ablauf einer solchen 52jährigen Kalenderperiode, also am »Wendepunkt zweier Zeitalter«, befürchtete man den Weltuntergang oder zumindest einschneidende Katastrophen im ersten Jahr des neuen Kalenderzyklus. War dieses mögliche Katastrophenjahr »Ein Rohr« (so sein Name) glücklich vorüber, so durfte man im darauffol-

genden Jahr »Zwei Rohr« freudig den Beginn einer neuen Kalenderperiode feiern.
Hernan Cortes landete im ersten Jahr des sechzehnten Zyklus (1519), also einem Katastrophenjahr, in Mexiko und zerstörte das Reich der Azteken. Als nächstes Katastrophenjahr (das 9. nach 1519) käme nach dem Aztekenkalender 1987 in Betracht (1) und (2).

»Daß man nicht in betreff der Welt von tausend Jahren sprechen darf, es ist ihr nur mehr eine Dauer von einigen und zwar wenigen Jahrhunderten gewährt.«
(Schwester Nativitas im 18. Jahrhundert)

»Der Beginn der letzten Periode der Welt wird noch nicht ins 19. Jahrhundert, wohl aber ins 20. Jahrhundert fallen.«
(Bertina Bouquillion)

»Der Krieg folgt auf einen Winter, der keiner ist...
Die Schlüsselblumen blühen in diesem Jahr schon sehr früh, die Kühe gehen schon im April im Grase bis an die Knie.«
(Aus dem Sauerland)

»Zwei Vollmonde des Blütenmonats...« *(Don Bosco)*

»Wenn Markustag (25. 4.) auf Ostern fällt...«
(Prophet aus dem Elsaß zur Geburt des Antichristen)

»... wird in der Zeit von 1958 bis 1998 beginnen. Wenn diese Periode abgeschlossen ist, dann wird die neue Ära, das neue Zeitalter beginnen. *(Edgar Cayce)*

»In der Jahreszahl des dritten Weltkrieges sehe ich eine Sieben.«
(János Kele)

»Dem Krieg geht voraus ein fruchtbares Jahr mit viel Obst und Gemüse.« *(Alois Irlmaier)*

»Am Rhein sehe ich einen Halbmond, der alles verschlingen will. Die Hörner der Sichel wollen sich schließen.« *(Alois Irlmaier)*

»Der Große Geist sagte, daß, wenn ein Kürbis mit Asche auf die Erde abgeworfen wird, viele Menschen sterben, und daß das Ende dieser Art zu leben kurz bevorsteht.«
(Aus einem Brief der Hopi-Indianer an den Präsidenten Nixon)

». . . vor mir erschienen große, leuchtende Zahlen: 16. 8. 1983 oder 1988. Die letzte Zahl war kaum erkennbar mit Nebel zugedeckt. Kurz darauf wurde das Datum 16. 8. 1981 deutlich sichtbar, doch die letzten Zahlen wechselten wie auf einem Tachometer, also von 1981 bis auf 2003, bis zum Ende der Übergangszeit.«
(Edward Korkowski)

»Der Große Geist sagt in der Prophezeiung, daß der Mensch nicht mehr weitergehen wird, wenn er eine Stadt am Himmel (große Raumstation?) baut.« *(Hopi-Führer John Lansa)*

Wir dürfen weitere Aussagen des Nostradamus nicht vergessen, aus dessen Centurien für die entscheidenden Ereignisse Jahreszahlen entschlüsselt wurden; wir erwähnten bereits 1988, 1990 und 1999 als die bekanntesten.
Sieht man von der Witterung ab, die sich für die vor uns liegenden Jahre nicht vorhersagen läßt, so gibt es im 20. Jahrhundert kein Jahr mehr, in dem *alle* Angaben der Seher zusammenfallen. Läßt man die Angabe des »Propheten aus dem Elsaß« außer acht, die ja die »Geburt des Antichristen«, also nicht die Endkatastrophe selbst betrifft, so findet sich eher eine Übereinstimmung. So gibt es zwei Vollmonde im Mai 1988 und im März 1999, zwei Jahre, die auch aus den Centurien als kritisch ermittelt wurden, und in denen es ebenfalls Mondfinsternisse im Sommer gibt, die jedoch in Mitteleuropa nicht zu sehen sind. Allerdings sollte man Don Boscos Vorhersage so verstehen, daß die »beiden Vollmonde des Blütenmonats« das *Ende* der Schreckenszeit bringen, während sie sich mit anderen Daten besser für den *Anfang* fügen. Man müßte also die einzelnen Aussagen werten, um für sich selber zu einem Ergebnis zu gelangen, also dem einen Gesicht erhöhte Bedeutung zumessen, andere vernachlässigen.
Für Leser, welche gerne mit Zahlen operieren, seien die wichtigsten astronomischen Daten noch einmal zusammengestellt:

Tabelle 5: Astronomische Daten zu den Visionen

Jahr	Sonnenfinsternisse	Mondfinsternisse	2 Vollmonde in einem Blütenmonat
1984	30. 5.	–	–
1985	–	4. 5. 28. 10.	Juli*
1986	–	27. 10.	–
1987	–	7. 10.	–
<u>1988</u>	–	–	Mai
1989		17. 8.	–
<u>1990</u>	22. 6.	9. 2.	–
1991	–	–	–
1992	–	9. 12.	–
1993	–	29. 11.	September*
1994	–	25. 5.	–
1995	–	–	–
1996	–	4. 4. 27. 9.	Juli*
1997	–	24. 3. 27. 9.	–
1998	–	–	–
<u>1999</u>	11. 8.	–	März

Anmerkung: In dieser Tabelle sind nur Finsternisse aufgeführt, die in Mitteleuropa sichtbar sind.
Die unterstrichenen Jahreszahlen wurden von Nostradamus-Forschern als mögliche Katastrophenjahre entschlüsselt.
Eine Tabelle, in der auch die in Mitteleuropa nicht sichtbaren Mondfinsternisse enthalten sind, findet der Leser auf Seite 309f.

* Juli und September sind recht fragwürdige »Blütenmonate«, doch wurden sie der Vollständigkeit halber mit aufgeführt.

Was bringt die Zukunft?

»Es wandert eine schöne Sage
Wie Veilchenduft auf Erden um,
Wie sehnend, eine Kindesklage,
Geht sie bei Nacht und Tag herum.

Es ist das Lied von Völkerfrieden
Und von der Menschheit letztem Glück,
Von goldner Zeit, die einst hienieden,
Der Traum als Wahrheit kehrt zurück.« *(Gottfried Keller)*

Prognostik oder Prophetie?

Die Frage des Menschen nach der Zukunft wird auf zwei verschiedenen Wegen beantwortet: durch *Prognostik* und durch *Prophetie*. Ein Prognostiker geht von vorhandenen Tatsachen aus und versucht darauf aufbauend, die Entwicklungen in der näheren Zukunft zu erkennen. Da die Zukunft von den Handlungen der Menschen gestaltet wird, muß ein Prognostiker untersuchen, wie man in der Vergangenheit entschieden hat, um daraus zu schließen, wohin zukünftige Entschlüsse führen dürften. Solche wissenschaftlichen Prognosen sind – zumindest auf längere Sicht – recht unsicher. Einmal sind die derzeitigen Gegebenheiten nur unvollkommen erfaßbar. Man kann ja niemals *alle* wichtigen Daten speichern, und entscheidend wichtige Pläne werden oft geheim gehalten, so daß die Absichten der Verantwortlichen – die sich von deren offiziellen Erklärungen sehr unterscheiden können – oft nur zu erraten sind. Und zukünftige Entschlüsse der Menschen sind unbekannt; man kann sie nur vermuten, indem man annimmt, daß die großen Massen in Zukunft ähnlich handeln werden wie in der Vergangenheit.

Prognosen müssen also versagen, wenn unerwartete Wenden eintreten. Ein Beispiel wäre das Auftreten Hitlers und sein zerstörerischer Einfluß auf große Gebiete der Erde. Kein Prognostiker hatte in den 20er Jahren vorausgesehen, wohin die Politik der Nationalsozialisten

führen würde. So mußten auch die größten Pessimisten in ihren schlimmsten Befürchtungen weit hinter den Tatsachen zurückbleiben.
Anders die Prophetie. Der Prophet empfängt Weissagungen aus höheren, weit über allem Irdischen stehenden Ebenen. Dort überblickt man nicht nur das auch uns Menschen Sichtbare. Die Auswirkungen unseres Wollens und die Wege des von uns selbst geknüpften Schicksals sind dort ebenso gegenwärtig, wie der Zustand unserer Seelen. Solche Vorhersagen sind also weit zuverlässiger und für längere Zeiträume möglich. Allerdings ist eine aus geistigen Höhen zu uns gelangende Prophetie – wie z. B. die Offenbarung des Johannes – für uns nicht leicht zu begreifen. Eine Offenbarung zeigt das *geistige* Geschehen in bildhafter Form und geht selten auf irdische Details ein, wie wir sie wissen möchten. Dadurch zeigt sie uns allerdings auch, wo das Wesentliche zu suchen ist. Nicht der unseren Augen sichtbar werdende Ablauf eines Ereignisses ist entscheidend, sondern der tiefere Hintergrund, die geistige *Ursache.*
Damit wäre eigentlich schon gesagt, worauf man sich bei der Frage nach der Zukunft stützen sollte – auf »echte« Prophetien, die an Aussagekraft, an innerer Tiefe und an geistigem Wert jede menschliche Prognose weit übertreffen. Die Schwierigkeit liegt nur darin – und hier kommt es auf das Unterscheidungsvermögen des einzelnen an – zu deuten, was »echte« Prophetie ist, und welche Vorhersagen nur »im erdnahen Raum« schweben, also den Beschränkungen des Erdenbannes unterliegen und mehr Produkte menschlicher Gedanken und Empfindungen sind als empfangene Schau aus höheren geistigen Ebenen. Von Fälschungen, die sich im Gewande echter Prophetie vorstellen, aber nur kurzfristigen materiellen Zielsetzungen dienen, ganz zu schweigen.
Eine Entscheidung ist im Einzelfall oft nicht zu treffen. Denn wir haben nur äußere Kriterien, mit denen wir einen inneren Gehalt prüfen wollen; wir versuchen gewissermaßen den Inhalt eines Paketes nach der Beschaffenheit der Verpackung zu beurteilen. Das kann zu Fehlschlüssen führen. So vermag auch dieses Buch nicht dafür zu garantieren, daß nur »echte« Visionen Berücksichtigung fanden.
Jede Zukunftsschau gewinnt an Tiefe, wenn sie nicht nur aus *einem* Gesicht zu belegen ist, sondern in dem Erleben mehrerer, vieler Seher immer wieder auftaucht. Allerdings auch dies nur in Grenzen. Denn wie überall, so gibt es auch in den Schauungen gewisse »Standard-Visionen«, die sich zwar vielfach wiederholen, von denen aber nicht zu

sagen ist, ob sie nun »in der Luft liegen«, weil sie sich ereignen müssen, oder ob es sich um verbreitete Bilder der menschlichen Phantasie handelt, die auf Seher mehr oder weniger einwirken. In nicht wenigen Fällen dürften sogar beide Möglichkeiten gleichzeitig zutreffen. Je nachdem, ob man den Ursprung einer Vorhersage im gedanklichen Umfeld oder in himmlischen Höhen vermutet, findet man zwei ganz verschiedene Zugänge zu den Propheten: einen historischen und einen religiösen.

Die historische Betrachtungsweise
Man kann Prophetien z. B. von der literatur-historischen Seite angehen. Dann wird man viele Parallelen in den Gesichten der Seher aus verschiedenen Jahrhunderten finden. Gelegentlich läßt sich sogar der Ursprung des einen oder anderen prophetischen Gedankens festlegen. Man mag dabei ähnlich vorgehen wie bei einem Prioritätsstreit und den zu untersuchenden Gedanken einem bestimmten Autor zuschreiben, der ihn zum ersten Mal ausgesprochen hat. Ist damit auch die Annahme bewiesen, daß alle, die diese Idee später hatten, sie auch von ihm übernommen hätten?
Diese Betrachtungsweise gleicht der Ansicht, daß es eigentlich nur *eine* Prophezeiung gäbe, die sich in den unterschiedlichsten Gewändern zu allen historischen Zeiten präsentiert hat. Diese Universal-Prophetie hätte etwa die folgenden Inhalte:

- Die Menschen werden immer schlechter.
- Dadurch muß es zuletzt zu einer Katastrophe kommen.
- Diese reinigende Umwälzung wird von der Menschheit durch ihr falsches (gottfeindliches) Handeln selbst herbeigezwungen.
- Die »Bösen« werden dabei beseitigt, die Erde gereinigt.
- Dann erst können die ersehnten »goldenen Zeiten« kommen (oder auch »wiederkehren«).

Diese grundlegenden Vorstellungen sind aus mythischen Zeiten überliefert und bilden bis in die Gegenwart Kernstücke endzeitlicher Weissagungen. Sie sind älter als die Bibel.
Man kann sich also darauf stützen, daß die Ankündigung endzeitlicher Katastrophen uralt ist und so gut wie in jedem Jahrhundert die Endzeit von kleinen Gruppen oder auch den großen Massen erwartet oder befürchtet wurde. So betrachtet, unterscheiden sich auch die apokalyptischen Ängste unserer Tage – sieht man von ihrem moder-

nen Gewande ab – nicht von der abergläubischen Furcht, mit der man dem Jahre Eintausend einst entgegensah.

Der religiöse Zugang

Unser Verhältnis zu den Apokalypsen ändert sich, wenn man nicht mit der kausalen Logik eines Wissenschaftlers an die Prophetien herangeht, sondern einen religiösen Zugang sucht.

In vielen, vielleicht allen wichtigen Religionen ist in irgendeiner Form eine Warnung enthalten, die mit dem Kern endzeitlicher Prophetie übereinstimmt; wir haben eben von der Universal-Prophetie gesprochen, die man auch als Gemeinsamkeit der Religionen verstehen könnte.

Damit erhält auch die Endzeit-Prophetie erhöhtes Gewicht. Sie präsentiert sich als Ergänzung zu religiösen Lehren, gewissermaßen als Kommentar zur Religion. Das bekannteste Beispiel wäre die Große Apokalypse, als Abschluß und zukunftweisende Mahnung des Neuen Testamentes.

Gehen wir von solcher Ausgangsbasis an die endzeitliche Prophetie heran, so erlangt diese erst ihre tiefere Bedeutung. Die Endzeit-Propheten erscheinen dann nicht mehr als ekstatische Einzelgänger, als Ausnahmeerscheinungen, denen vielleicht nur krankhafte Zustände Schreckensvisionen vorgaukelten. Nein, ein religiöser Mensch muß fragen, ob die Visionen »Erläuterungen zu der Schrift« sind. Die Seher wären dann – ganz im alttestamentlichen Sinne – »vom Geist Erleuchtete«, die einen Zugang zu Einsichten finden, welche unserem Intellekt verschlossen sind. Daß die Visionäre zum großen Teil einfache, oft ungebildete – oder unverbildete – Menschen sind, würde die Annahme unterstreichen, daß der Sündenfall als Verlust von Verbindungen mit der Höheren Welt durch die Überbewertung des Intellektes anzusehen ist.

Allerdings sind – wie schon erwähnt – nicht alle Propheten, nicht sämtliche Gesichte von gleichem Wert. Menschen mit übersinnlicher Wahrnehmung öffnen sich viele Zugänge zu anderen Welten, erweiterten Bewußtseinsformen und höheren Dimensionen von unterschiedlichem Rang. Ein Gesicht kann menschliche Gedankenformen aus dem erdnahen Raum erfassen, die nichts weiter enthalten, als was ohnehin schon jeder weiß. Es kann sich sogar ganz oder teilweise um eigene Gedankenformen handeln, so daß die Phantasie des Aufnehmenden die Art der Vision bestimmt. Ein derartiger Visionär kann dann in seinen eigenen Vorstellungen befangen, von den Gebilden seiner Phantasie beherrscht, jeden Realitätsbezug verlieren. Beispiele hierfür finden sich vor allem in der politischen Prophetie, wo die Grenzen zwischen Prophetie und Propaganda verschwimmen und in schwierigen Zeiten jedes Mittel zur Durchsetzung machtpolitischer Ziele recht ist. »Propheten« solcher Art vermag man in Thomas Müntzer oder Nikolaus Drabik zu erkennen, die beide wegen ihrer von Schwärmerei durchdrungenen politischen Aktivitäten hingerichtet wurden.

Auch ein Medium, das tatsächlich die Worte eines Jenseitigen vernimmt, vermag nicht immer zu erkennen, ob der jenseitige Künder der Botschaft ein Wissender ist oder nur ein Schwätzer, der sich vielleicht selbst für weise halten mag, aber nichts Weiterführendes zu sagen hat. Man muß sogar damit rechnen, daß sich Bilder und Worte unterschiedlichen überirdischen Ursprunges und damit sehr verschiedener Qualität in einer Vision vermischen, ohne daß der Seher das erkennt.

Vielen Menschen ist auch die Größe der Schöpfung zu wenig bewußt. Noch heute sprechen sogar Kirchen vor allem von Gott, Jesus, der Himmelskönigin und den Engeln, so daß zahlreiche Menschen glauben, daß jeder Jenseitige, der ihnen erscheint, Jesus selbst oder zumindest ein Engel sein müsse. Doch zwischen dem Schöpfer und uns liegen Welten, von vielen Wesen bewohnte, unvorstellbar große Schöpfungsebenen. Eine Botschaft aus höchsten Höhen ist eine seltene Ausnahme und kann nur auf dem Wege einer langen Stafette zu uns gelangen.

Es ist daher richtig, wenn Kirchen vorsichtig sind mit der Anerkennung einer Erscheinung, in dem Bewußtsein, daß letzten Endes kaum ein Mensch unserer Zeit zu einem sicheren Urteil über Gesichte, Visionen, Kündungen aus lichten Reichen fähig ist.

Für uns Menschen ist es nämlich schwer, oft fast unmöglich, das Wertvolle von dem Wertlosen zu trennen. Denn uns fehlen die Maßstäbe, fehlt die fundierte Kenntnis der Gesetze der feinstofflichen Welt, die es gestatten würden, Ordnung in das jenseitige Geschehen zu bringen, das uns bisher als eine verworrene Fülle von Einzelerscheinungen entgegentritt.

Man möchte fast einen Vergleich mit der Physik des Mittelalters ziehen. Damals stand die Naturforschung einer unübersehbaren Vielfalt gegenüber und vermochte nicht, Übersicht, Ordnung und Verständnis der Zusammenhänge zu gewinnen. Die in der Neuzeit endlich gefundene Methode zum vertieften Verständnis der Materie wirkte

dann fast wie ein Wunder, und sie bewirkte die bis heute anhaltende Überschätzung der naturwissenschaftlichen Arbeitsweise. Mit dieser ließen sich z. B. mit Hilfe der Newtonschen Gravitationstheorie die Bewegung eines Pendels, der Fall eines Steines und der Umlauf des Mondes um die Erde als Auswirkungen ein und desselben Prinzips verstehen: der Bewegung eines Massepunktes im Schwerefeld.
So verwirrend wie für den mittelalterlichen Menschen die Physik, ist heute für uns die Metaphysik. Denn bis heute fehlt der »Newton der Geisteswissenschaften«*, der eine entsprechend logische Ordnung in das weit vielfältigere jenseitige Geschehen bringen könnte – der uns zeigt, daß auch im Jenseits die gleichen Gottgesetze wirken, die unser Erdenleben beherrschen, und alle transzendenten Phänomene sich zwanglos verstehen und in übergeordnete Schöpfungsprinzipien einfügen lassen.
Es ist daher auch nicht ganz unverständlich, wenn manche Menschen allen Botschaften aus dem Jenseits abweisend gegenüberstehen. Sie gehen damit vielen unsicheren Behauptungen, manchen irreführenden Verlautbarungen aus dem Weg, versäumen aber auch die Möglichkeit, aufwärtsweisende Erkenntnisse von vielleicht entscheidender Bedeutung zu erfahren.

Prophetische Warnungen

Von besonderem Ernst sind natürlich Warnungen, die von verschiedenen Richtungen ausgehend, zu dem gleichen Ergebnis kommen. Propheten haben schon immer – meist vergeblich – gewarnt, und die Welt hat sich trotz allem weiter gedreht, das Leben ging seinen Lauf, die Katastrophen blieben aus oder wurden irgendwie überstanden. Warum sollte das in unserer Zeit anders sein?
Das Neue in der zweiten Hälfte des zwanzigsten Jahrhunderts ist, daß Warnungen nicht mehr in erster Linie von Propheten, Visionären, Priestern oder auch religiösen Fanatikern ausgehen, sondern auch von Wissenschaftlern. Im ersten Teil dieses Buches wurde auf die von

* Wer will, kann auch das Erscheinen einer Persönlichkeit, die uns die Antwort auf alle offenen Fragen bringt, in alten Prophezeiungen finden. Es handelt sich z. B. um »Elias Artista Redivivus«, also den wiedererweckten Elias der Künste. Von ihm spricht z. B. Paracelsus und in Schriften von Alchemisten und Rosenkreuzern des 17. und 18. Jahrhunderts spielt der »wiederbelebte Elias der Künste und Wissenschaften« eine Rolle, so daß man nicht genau weiß, ob man in ihm und dem »Geist der Wahrheit« (Joh. 14,17) oder dem »Tröster« (Joh. 14,26) ein und dieselbe, oder zwei verschiedene Personen sehen soll.

außen her auf uns zukommenden Bedrohungen hingewiesen und gesagt, daß diese apokalyptischen Visionen der Ökologen längst keine Annahmen, keine Prophetie, keine unsicheren Prognosen mehr sind. Die Zerstörung unseres Lebensraumes schreitet mit unvorstellbarer Geschwindigkeit voran und entwickelt sich mit der Unausweichlichkeit naturgesetzlicher Abläufe. Daß Katastrophen kommen müssen, ist heute für jeden einsichtigen Menschen kaum mehr eine Frage; strittig ist allenfalls noch der Zeitpunkt, bis zu dem sich der Kollaps hinausschieben lassen könnte.

Aber ist es wirklich von Bedeutung, noch zu spekulieren, ob es fünf, zehn oder noch fünfzig Jahre dauern wird, bis Deutschlands Wälder unwiederbringlich verloren sind?

Noch nie gab es eine Situation, in der die Bewohnbarkeit unseres Planeten zur Disposition stand, in der man fragen mußte, wie lange noch höheres Leben auf der Erde existieren kann, sofern die Entwicklungen so weitergehen oder sich gar noch verschärfen. Von hoffentlich vermeidbaren Wahnsinnstaten, wie dem Ausbruch eines Nuklearkrieges, ganz zu schweigen.

Diese unübersehbaren Tatsachen sagen deutlich: Wenn es je eine Zeit gab oder geben sollte, in der apokalyptische Warnungen ernst zu nehmen wären, wenn jemals mit dem Hereinbrechen endzeitlicher Katastrophen zu rechnen sein sollte, dann liegt *diese Zeit möglicherweise nicht mehr allzuweit vor uns!*

Wir müssen erkennen, daß unsere Art, »die Erde untertan zu machen«, zum Scheitern verurteilt ist; daß unser Ansatz der naturwissenschaftlich-technischen Zivilisation so nicht dauerhaft weiterzuführen ist; daß unser Weg der Ausbeutung der Erde ins Chaos führt!

Doch wir bewegen uns auf einer Einbahnstraße. Zwar sehen wir, daß es nicht lange mehr so weitergehen kann, aber einen Rückweg wissen wir nicht. Oder, um einen vielzitierten Vergleich zu wiederholen: Wir sitzen in einem immer schneller bergabrasenden Zug, den wir nicht mehr abzubremsen vermögen. Es ist abzusehen, daß dieser Zug heißlaufen, aus der Kurve fliegen oder in einen Abgrund stürzen muß.

Das ist die Situation der Menschheit.

Einen Ausweg kennt niemand. Also starren wir gebannt auf das unvermeidliche Ende, von dem alte und neue Prophezeiungen künden.

Leben wir in der Endzeit?

Die Frage, ob man in der Endzeit lebt, haben sich schon viele Generationen gestellt und sehr oft kamen Zeitgenossen zu der Überzeugung, daß alle Zeichen der Endzeit auf ihr Zeitalter zuträfen, somit das »Ende der Welt« nahe sei. Viele der endzeitlichen Erscheinungen fanden sich in der Vergangenheit: Abfall vom Glauben, Leichtfertigkeit der Menschen, Zunahme der Gesetzlosigkeit, falsche Propheten, religiöse Verfolgungen, Wirtschaftskrisen und Naturkatastrophen; große Kriege, Angst und Ratlosigkeit gab es in jedem Jahrhundert, und selbst Wunderzeichen, Erscheinungen am Himmel oder das Auftreten des Antichristen glaubte man schon mehrmals einwandfrei zu erkennen. Wenn in unserer Zeit etwas anders ist als früher, dann liegt dieses andere in der Verkettung der Völker und Nationen, in der engen Verflochtenheit der Welt, in der zum ersten Male die verschiedensten Bedrohungen *gleichzeitig auf der ganzen Erde* in Erscheinung treten.

Mit rationalen Kriterien wird sich aber das Näherrücken, das unmittelbare Bevorstehen der Endzeit nicht belegen lassen. Wer versucht, das mit der kausalen Logik nicht Faßbare mit eben dieser kausalen Logik zu erklären, muß Schiffbruch erleiden. Denn es gibt zwei Wege zur Erkenntnis: Erlernen oder Erleben, den äußeren Weg der wissenschaftlichen Logik oder den inneren Weg der religiösen Erfahrung. Wir Heutigen erwarten wenig von dem inneren Weg und bauen auf unseren analytischen Verstand. Dabei beachten wir nicht, daß eben diesem Verstande höhere Wirklichkeiten unzugänglich sind, daß sich jeder, der nur auf seinen Intellekt vertraut, dem höheren Teil der Welt verschließt. Das lehren alle Religionen.

Prophetie darf man nicht nur vordergründig erfassen wollen, nicht mit wissenschaftlichen Methoden zergliedern, wenn man ihren Gehalt erschließen will. Man muß sie auf sich wirken lassen und sich fragen, ob die in ihr verankerten Warnungen, der todernste Aufruf, uns zu ändern, berechtigt sind.

Logisch erfassen lassen sich allerdings die Prognosen der Ökologen und Ökonomen, die in Schriften wie »Global 2000«, »Ein Planet wird geplündert«, oder »Die Grenzen des Wachstums« das Ende unserer derzeitigen Zivilisationsform vorhersagen. Aber auch der Logik verschließen wir uns; nicht weil wir in der Lage wären, sie zu widerlegen, sondern weil wir die Warnungen abtun, das Gewicht ihrer Implikationen nicht in uns hineinlassen. Denn die erschreckendsten apokalyptischen Visionen unserer Zeit stammen nicht (mehr) von Visionären.

Die grauenhaftesten Prognosen kommen von Atomphysikern, welche einen Krieg mit ABC-Waffen analysieren; von Biologen, die sich mit möglichen Folgen der radioaktiven Verseuchung unserer Umwelt beschäftigen, oder von Ökologen, die untersuchen, welche Frist uns noch verbleibt, bevor natürliche Kreisläufe zusammenbrechen.
Im Vergleich dazu sind die Vorhersagen der Propheten geradezu hoffnungsvoll: In den Weissagungen wird zwar von Katastrophen gesprochen. Gleichzeitig verheißen sie aber auch, daß durch diese Katastrophen die Erde gereinigt, die Menschheit zwar dezimiert, aber geläutert werde, so daß danach das ersehnte Goldene Zeitalter anbrechen kann, das »Friedensreich auf Erden«, um das Millionen von Menschen seit Jahrhunderten täglich beten:

»Dein Reich komme, dein Wille geschehe...«

Die Apokalypse als Hoffnung?

Damit befänden wir uns in der absurdesten aller Situationen: Unsere Welt hat einen Zustand erreicht, in dem Katastrophen unaufhaltsam auf uns zukommen. Katastrophen, welche die ganze Erde erfassen, einen großen Teil der Menschheit schrecklich treffen, vielleicht sogar die Erde zerstören werden. Diese Zukunft prophezeien nicht die Phantasien kranker Psychopathen, sondern solche Horror-Szenarien entspringen den Überlegungen angesehener Forscher, die damit rechnen, daß vielleicht schon in einem Jahrhundert das höhere Leben von der Erdoberfläche verschwunden sein könnte. Überleben würden dann nur noch primitive Lebewesen wie Bakterien, einfache Pflanzen, vielleicht noch Insekten. Aber kaum Vögel oder Säuger. Die Evolution des Lebens wäre zurückgeworfen um hundert Millionen Jahre und müßte von neuem auf dem Niveau einfacheren Lebens beginnen.
Menschliche Einsicht, von Menschen durchgeführte Maßnahmen werden das Schicksal nicht mehr wenden, das sich der Mensch in seiner Hybris selbst bereiten mußte, in seinem Beharren auf naturfeindlichen, zerstörerischen Wegen. Weder die Bevölkerungsexplosion, noch die Umweltzerstörung, noch die Ausplünderung der letzten Ressourcen wird sich wirklich begrenzen, verhindern lassen. Das ist im ersten Teil dieses Buches bereits ausreichend deutlich geworden.

Also scheint die Erde oder besser das menschliche Leben auf Erden rettungslos verloren?
Ökologen müßten diese Frage mit »ja« beantworten.
Hoffnungen erwecken nur noch die Propheten. Sie sprechen von schrecklichen Katastrophen; beschreiben die größten Kriege aller Zeiten, schildern den Einsatz von Atomraketen, die Vernichtung der Großstädte und ganzer Landstriche. Sie warnen vor dem Untergang von vielen Millionen – aber sie sehen auch, daß die Menschheit überleben wird, die Erde bewohnbar bleiben kann. Ja, sie verheißen mehr: Die »Reinigung der Erde«.
Nach alten Klischees müßte diese Reinigung darin bestehen, daß die »Bösen« beseitigt werden, damit die »Guten« friedlich leben können. Eine verbreitete Vorstellung, die in keinem mittelmäßigen Heile-Welt-Film fehlen darf.
Die Propheten sagen mehr. Mit der Läuterung der Menschen ist es noch nicht getan, sondern es ist auch eine »Reinigung der Erde« vonnöten. Darf man hoffen, daß die übermächtige Natur Mittel und Wege kennt, den Zivilisationsmüll zu beseitigen, die in die Umwelt gelangten Gifte unschädlich zu machen, damit anschließend die verheißene große Fruchtbarkeit möglich wird?
Nach unserem derzeitigen Wissensstand ist das unmöglich. Umweltgifte bauen sich nur langsam, sehr langsam ab, und die Halbwertzeiten radioaktiver Substanzen gar sind mit keinem bekannten Mittel zu verkürzen. Doch unser begrenztes Wissen ist nicht alles, und es bleibt die Hoffnung, daß sich die Propheten nicht irren.

Die heutige Menschheit hat paradoxerweise eigentlich nur noch eine einzige Hoffnung: Die Erwartung der Apokalypse im Sinne der Bibel.

Die Apokalypse der Ökologen ist uns ja schon sicher. Sie müßte grauenhaft sein. Ein einziges langsames Morden und qualvolles Sterben, der Untergang von Pflanzen, Tieren, Menschen durch die schleichende Verseuchung des Lebensraumes. Ein grausamer Tod, dem die brutale Zerstörung alles Lebendigen in einem gewaltigen atomaren Schlag fast vorzuziehen wäre.
Im Vergleich zu diesen Schreckensvisionen der Naturwissenschaftler sind die Propheten fast schon Optimisten. Auch sie sehen Katastrophen schlimmster Art. Doch es sind Katastrophen, die nicht wahllos zuschlagen, nicht in sinnlosem Wüten zerstören. Nein, es sind Ein-

griffe, die Fehlentwicklungen korrigieren, lebensbejahende und spirituelle Entwicklungen fördern und einen Evolutionssprung verursachen.

Dieser schreckliche Sturm wird die Erde reinigen. Die Überlebenden werden geläutert sein, und die unter dem Joch des Menschen stöhnende Natur kann aufatmen. Denn alle »Bosheit des Antichristen« – des zerstörerischen Wirkens egoistischen Denkens – ist vorüber. Die Überlebenden dieser Katharsis werden aufgrund dieser tiefgreifenden Lernerfahrung auf einer höheren Bewußtseinsebene wieder neu anfangen.

Aber in dieser Hoffnung dürfen wir nicht übersehen, daß das warnende Wort der Propheten nicht nur auf kommende Schrecknisse hinweist, sondern auch jeden persönlich dazu aufruft, sich selbst in seinem Wollen recht einzustellen. Nur wer die Irrwege erkennt, wer sich in seinem Empfinden rechtzeitig von dem vielen Falschen zu lösen vermag, das seit Jahrtausenden die Erde regiert, nur der darf hoffen, bei der bevorstehenden Scheidung nicht »zu leicht« befunden zu werden. Denn immer wieder wird darauf hingewiesen, daß Hilfe und Gnade nur denen zuteil wird, die sich auch selbst bemühen.

Wenn auch die Apokalypse der Propheten weitaus hoffnungsvoller ist als die »Apokalypse der Ökologen«, so sind doch endzeitliche Warnungen nicht ernst genug zu nehmen. Es wird für keinen Menschen einfach sein, sich innerlich bis dahin zu entwickeln, daß das folgende Wort Cayces für ihn zutrifft. Cayce sah große Umwälzungen in den USA voraus, und eine schlimme Katastrophe speziell für San Franzisko. Auf die Frage, wie man diesen Gefahren entgehen könne, antwortete er:

> »Wenn euer Herz rein ist, seid ihr überall sicher, sogar in San Franzisko.«

Und wenn wir schon auf die Worte der Propheten bauen müssen, dann sollten wir auch daran denken, daß die Apokalypse, die Reinigung der Erde, den Propheten zufolge notwendig wird, weil wir Menschen die Erde verwüsten, die natürlichen Kreisläufe zerstören, die Vorräte des Planeten für meist unsinnige, nämlich geistlose Ziele verschleudern. Die einzig mögliche Hilfe ist eine Katastrophe, um hoheitsvoll zurechtzurücken, was wir in unserer Verblendung seit Jahrtausenden systematisch aus dem Gleichgewicht gebracht haben. Es wäre irrig zu erwarten, daß dieser Eingriff für uns eine Freude sein wird; er ist eine schwere Operation, schmerzhaft für den ganzen Planeten, aber die einzige Hoffnung für eine sterbende Welt...

Sicher werden sich nicht alle Leser einer solchen Deutung der endzeitlichen Prophetien anschließen – einer Meinung, die sich niemand aufdrängen will. Denn schließlich ist jeder Mensch eine Einzelpersönlichkeit mit freiem Willen, soll jeder einzelne selbst empfinden, was er als wahr erkennen kann und welche Wege er unter der Führung seines persönlichen Bewußtseins beschreiten will.

Wie immer die individuelle Entscheidung des Lesers ausfallen mag; die Prophetien sind es wert, daß man über sie nachdenkt, daß man sie nachempfindet, um dann zu entscheiden, ob sie auch uns modernen Menschen noch manches, vieles, vielleicht Entscheidendes zu sagen haben...

Kleines Lexikon der erwähnten Seher, Propheten, Visionäre

Abd-ru-shin (1875–1941)
Abd-ru-shin war kein Seher oder Prophet. In seinem Werk »Im Lichte der Wahrheit« mit dem Untertitel »Gralsbotschaft« bringt er aber aus übergeordnetem Wissen weiterführende Aufschlüsse zu endzeitlichen Geschehen.
Lit.: Abd-ru-shin, Im Lichte der Wahrheit,
Verlag der Stiftung Gralsbotschaft, Stuttgart

Abrahamsen, Aron (geb. 1921)
Dieser Seher ist ein gebürtiger Norweger, der in den USA lebt, und in »Readings«, die sich entfernt mit denen von Cayce vergleichen lassen, Aufschlüsse über verschiedenste Fragen geben kann. Bekannt wurden z. B. seine Angaben über eine Fundstelle, die unerwartete archäologische Objekte enthielt, seine Ratschläge für schwierige Heilungen usw.
Lit.: Abrahamsen A./Abrahamsen D., Readings for Earth Changes, Privatdruck, Applegate OR 1973
Goodman, J., Psychic Archeology, Putman's Son, New York 1977.
Eine deutschsprachige Einführung findet man in John Whites, Polsprung.

Agharti
Esoteriker sprechen von dem sagenhaften unterirdischen Königreich Agharti im fernen Asien, das der »König der Welt« mit seinen Weisen regiere. Nach der reinigenden Weltkatastrophe soll dieser König mit seinem Volke an die Oberfläche der Erde kommen.
Dem mythischen König von Agharti werden auch endzeitliche Prophezeiungen zugeschrieben.
Lit.: Ferdinand Ossendowski, Tiere, Menschen, Götter,
Verlag Frankfurter Sozietätsdruckerei 1924

Aiello, Helena (1895–1961)
Stigmatisierte Nonne aus Süditalien, die am 20. Juni 1961 in Sosenca verstarb. Sie hatte eindrucksvolle endzeitliche Visionen, die an das »Geheimnis von Fatima« erinnern.
Lit.: Stocker, Der dritte Weltkrieg

Amadäus de Silva (1420–1484)
Von diesem in Mailand verstorbenen Propheten ist kaum etwas bekannt, außer einer angeblich 1794 zu Düsseldorf aufgefundenen Weissagung.
Lit.: Beykirch, Prophetenstimmen

Amos
Amos war Bauer und Viehzüchter aus Tekao, südlich von Bethlehem. Er wurde wohl nach 760 v. Chr. durch göttliche Berufung zum Propheten bestimmt und aus dem »Südreich« ins »Nordreich« gesandt. Die jüdischen Lande hatten sich ja bald nach Salomons Tod gespalten und seit 922 v. Chr. gab es die beiden jüdischen Königreiche Israel im Norden und Juda mit der Hauptstadt Jerusalem im Süden. Zu Amos' Zeiten regierte im Norden Jerobeam II. (783–746) und im Süden Usia (783–742), beide irdisch betrachtet recht erfolgreich. Von Amos wurde der geistige Verfall im Norden gegeißelt und die Zerstörung des Nordvolkes prophezeit (Amos 5,27 und 7,11).

Amsterdamer Botschaft der »Frau aller Völker«
vergl. Peerdeman, Ida

Angelucci, Orfeo M.
Zeitgenössischer amerikanischer Visionär.
Lit.: Orfeo M. Angelucci, Geheimnis der Untertassen,
Ventla-Verlag, Wiesbaden-Schierstein 1959

Antonius der Einsiedler (gest. 1820)
Ein Einsiedler Antonius lebte wohl im Bistum Köln, doch sind nähere Daten von ihm unbekannt.
Er sah einen großen Krieg voraus, zu einer Zeit in der »die Franzosen im Besitz des Elsaß sind«. In diesem Krieg sollen Franzosen und Österreicher gegen Preußen und Russen stehen. Die Angreifer aus dem Osten werden zurückgeschlagen und im Raum Siegburg vernichtet.
Lit.: Ellerhorst, Prophezeiungen über das Schicksal Europas

Asdente, Rosa-Columba (1781–1847)
Diese Piemonteserin lebte als Dominikanerin im Kloster St. Katharina von Siena in Taggia (Piemont). Sie war hellsichtig, und verschiedene ihrer Vorhersagen erfüllten sich. Ihre endzeitlichen Gesichte sind zu allgemein, um tiefere Einblicke zu eröffnen.
Lit.: Clericus, Das Buch der Wahr- und Weissagungen

Baourdi, Marie (gest. 1878)
Diese Karmeliterin aus Pau (Südfrankreich) sprach von einer furchtbaren Erschütterung aller Staaten durch Krieg und Bürgerkrieg, sowie einer dreitägigen Finsternis, die nur ein Viertel der Menschheit überleben werde.
Lit.: Baron de Novaye, Demain, Lethielleux, Paris 1905

Becher, Barbara
Eine wenig bekannte Visionärin mit dem Klosternamen Schwester Dolorosa aus Losheim im Saarland.
Lit.: Stocker, Der dritte Weltkrieg

Beliante, Franziska Maria

Italienische Aristokratin (»Gräfin Beliante« oder »Bilcante«, »Prinzessin von Savoyen«), Frau eines begüterten Aristokraten, Mutter von 5 Kindern und Tertiarin des hl. Franziskus, schrieb in einem Brief vom 5. Mai 1923 über die von ihr geschaute Endzeit.

Lit.: Ellerhorst, Prophezeiungen über das Schicksal Europas

Birgitta von Schweden (1202–1273)

Diese Visionärin wurde in Finstad bei Uppsala als Tochter eines einflußreichen Adeligen geboren. Sie mußte gegen ihren Wunsch jung heiraten, bekam Kinder und wurde nach dem Tode ihres Mannes Klosterfrau und Ordensgründerin. Ihre Visionen begannen in der Kindheit und erstreckten sich auf viele Gebiete, vor allem aber auf das Erdenleben von Jesus. Nach dem Vorbild alttestamentlicher Propheten ging sie auch auf Tagesereignisse ein und tadelte mutig geistliche und weltliche Fürsten.

Lit.: Adelsten, Licht aus dem Norden

Blinder Jüngling aus Böhmen

Über den »Blinden Jüngling« oder auch den »Böhmischen Hirten« ist nur bekannt, daß er im Jahre 1356 zum Kaiser Karl IV. gerufen wurde, dem er seine Gesichte erzählte. Gelegentlich wird noch sein Name mit »Tartar« angegeben, doch ist diese Überlieferung unsicher. Paul Friedl berichtet von einer bereits 1760 in Budweis gedruckten Ausgabe der Gesichte des Blinden Jünglings, deren Inhalt mit den neueren Texten im wesentlichen übereinstimmen soll.

Lit.: Erbstein, Der blinde Jüngling

Bosco, Johannes (Don Bosco, 1815–1888)

Der große Erzieher und Freund der Jugend des 19. Jahrhunderts erkämpfte sich aus ärmlichen Verhältnissen die Priesterlaufbahn. Mit seinem unermüdlichen Einsatz und der Kraft seiner Persönlichkeit wurde er der Begründer des Ordens der Salesianer, der sich vor allem der Jugendbetreuung widmete. Der heilig gesprochene Don Bosco war damit ein praktischer Sozialreformer, welcher der vernachlässigten Armen-Jugend tatkräftig helfen durfte. Es werden auch Wunder von ihm berichtet, wie die »Brotvermehrung«, die »Vermehrung der Hostien«, Wunderheilungen und Levitationen. Don Bosco war hellsehend und hatte endzeitliche Visionen, die leider nur zum Teil veröffentlicht sind.

Lit.: Carlo Salotti, Der Heilige Johannes Bosco,
Don Bosco Verlag, München 1955

Botin, Hieronymus (1358–1420)

Dieser Benediktiner-Pater wirkte in der Abtei Saint-Germain de Prés zu Paris. Seine Weissagungen sind nur schwer einzuordnen.

Lit.: Truelle, Das Buch der Wahr- und Weissagungen

Bouquillion, Bertina (1800–1850)
Bertina Bouquillion wurde im Jahre 1800 zu Saint Omer geboren und lebte als Hospitalschwester. Sie war hellsehend und trug die Wundmale.
Lit.: Alfons Konzionator, Der kommende große Monarch

von Bourg, Josefa (gest. 1870)
Aus Toulouse stammende Stifterin einer Schwestern-Kongregation. Sie hatte im Jahre 1857 eine Endzeit-Vision.
Lit.: Stocker, Reinigung der Erde

Caesarius von Heisterbach (1180–1240)
Ein visionärer Mönch, der im Zisterzienser-Kloster Heisterbach bei Köln lebte und als Prior von Heisterbach oder auch von Weiler gestorben sein soll. Seine prophetischen Visionen hat Caesarius angeblich in einem schwer nachweisbaren »liber mirabilis« niedergeschrieben. Allerdings sind die Berichte über ihn unklar. Er soll auch identisch sein mit Johann Vatiguerro, der wiederum von einigen Autoren mit Johann vom gespaltenen Felsen gleichgesetzt wird. Andere sehen die beiden als verschiedene Visionäre.
Lit.: Truelle, Das Buch der Wahr- und Weissagungen
Konzionator, Der kommende große Monarch
Stocker, Reinigung der Erde

Canori-Mora, Elisabeth (1774–1825)
Lebte als Frau und Mutter in Rom. Später trat sie als Tertiarin in den Dreifaltigkeitsorden ein. Sie durchlebte Ekstasen und hatte Visionen, darunter auch endzeitliche Gesichte.
Lit.: Pagani, Lebensgeschichte der ehrwürdigen Dienerin Gottes.
Elisabeth Canori-Mora

Cayce, Edgar (1877–1945)
Bekanntes amerikanisches Medium, das im medialen Schlaf die ihm gestellten Fragen – meist über persönliche Probleme der Fragesteller – beantwortete und insbesondere Hinweise zur Heilung von Krankheiten geben konnte. Es gibt insgesamt über vierzehntausend beglaubigte stenografische Berichte über die Aussagen, die er in Trance während eines Zeitraumes von dreiundvierzig Jahren über mehr als achttausend Menschen machte.
Lit.: Mary Ellen Carter, Prophezeiungen in Trance
Thomas Sugrue, Edgar Cayce – Sein Leben

Claesson, Birger
Dieser schwedische Pfarrer hatte im Jahre 1950 Gesichte, die vermutlich den Verlauf des dritten Weltkrieges in Skandinavien betreffen.
Lit.: R. Putzien, Der Allbrandfelsen, Drei Eichen Verlag, München 1972

Clausi, Bernhard-Maria (gest. 1849)
Minoriten-Pater, der in Paola wirkte.
Lit.: Clericus, Buch der Wahr- und Weissagungen

Conchita
Conchita González (geb. 8. 9. 1949) ist das wichtigste der vier Seher-Kinder von Garabandal.
Lit.: Irmgard Hausmann, Die Ereignisse von Garabandal

Daniel
Hat es den aufrechten Weisen gegeben, der während der babylonischen Gefangenschaft der Juden (586–538 v. Chr.) mit seinen drei Freunden an den Hof zu Babel gekommen sein soll? Dort hat er trotz heidnischer Erziehung im Sinne der herrschenden chaldäischen Weltmacht seinen Glauben an Jahwe bewahrt, wurde mit Hellsehen begnadet, zum Propheten berufen und durfte die erste große Endzeit-Offenbarung, die »Daniel-Apokalypse« empfangen. Altphilologen wollen nicht an diesen großen Propheten glauben. Sie betrachten das Daniel-Buch als Sammlung verschiedener Erinnerungen an heroische Taten während der babylonischen Gefangenschaft und rechnen es zur Apokalyptik. Die Daniel-Apokalypse soll auch jünger sein als die Apokalypse des Sacharja.

Dionysius von Lützelburg (um 1680)
Im Jahre 1686 erschien in Frankfurt das »Leben des Antichrists« von Dionysius von Lützelburg, einem Kapuziner. Es enthält erwartungsgemäß endzeitliche Hinweise, von denen man nicht weiß, ob man sie als Prophetie werten soll. So ist z. B. nicht klar, ob man die Ankündigung

> ». . . wenn aber das römische Reich unter 10 Könige zerteilt ist, dann ist der Antichrist nahe.«

als Datierungshilfe für die Endzeit verwenden kann, obwohl es verlockend wäre, Parallelen mit den 10 Staaten der EWG zu suchen.
Lit.: Beykirch, Prophetenstimmen

Dixon, Jeane L.
Die in den 20er Jahren geborene Amerikanerin ist durch ihre außersinnlichen Wahrnehmungen weit über die Grenzen ihres Landes hinaus bekannt. Sie lebt in Washington und hat neben ihrer Tätigkeit als Immobilienverkäuferin zahlreiche Persönlichkeiten des öffentlichen Lebens aus dem In- und Ausland beraten.
Lit.: Ruth Montgomery, Ich sehe die Zukunft
René Noorbergen, Leben und Prophezeiungen der Jeane Dixon

Dudde, Bertha (1893–1965)
Diese Tochter eines schlesischen Kunstmalers lebte in Leverkusen. Seit 1937 hörte sie eine innere Stimme, die ihr ähnliche, auf das Erdenleben von Jesus bezogene, Mitteilungen machte, wie sie in Jakob Lobers Werken enthalten sind. Bertha Dudde hatte auch endzeitliche Visionen:

»Es wird nicht mehr viel Zeit vergehen, daß ihr Menschen aufgeschreckt werdet durch die Kunde einer unübersehbaren Katastrophe...
Es wird denen, die überleben, ein ganz deutlicher Beweis gegeben, daß alles Irdische vergänglich ist und daß der Mensch jener Macht ausgeliefert ist, wenn er sich nicht selbst mit ihr in Verbindung setzt.
Die Erlösungsperiode, die euch Menschen bewilligt war, ist abgelaufen, und es beginnt eine neue...
Nicht aber weil der ›Zorn Gottes‹ ein Strafgericht verhängt, sondern weil die ›Liebe Gottes‹ am Wirken ist und neue Möglichkeiten für eure Entwicklung schafft, weil diese Erde solche Möglichkeiten nicht mehr bietet...
Ich will die Erde reinigen...«

Lit.: Peter Andreas, Was morgen wahr sein kann

Eilert, Wessel Dietrich (1764–1833)

Dieser »Spökenkieker« aus Megede soll mit dem Kleinbauern Jasper aus Huckarde (nach anderen Quellen aus Deininghausen) identisch sein. Arthur Hübscher nennt ihn den »Patriarch der Westfälischen Seher« und bezeichnet ihn auch als Schäfer.

Lit.: Beykirch, Prophetenstimmen

Elsischer Junge

Der »Elsische Junge« war vermutlich ein einäugiger Bauer aus Elsen bei Paderborn, von dem wir nur den Vornamen Anton wissen.

Lit.: Ludwig Friedr. v. Schmitz, Peter Schlinkert, Verlag Carl Weinert, Lippstadt 1850

Emmerich (Emmerick), Anna Katharina (1774–1824)

Diese stigmatisierte Nonne hatte von Kindheit an Visionen, die seit 1818 von dem Dichter Clemens Brentano aufgezeichnet wurden. Die Visionen der A. K. Emmerich betreffen die biblische Geschichte und besonders das Leben von Jesus, wobei in ihren Gesichten die Bedeutung Marias von Nazareth besonders hervorgehoben wird. Nur ein geringer Teil der mehrere Bände füllenden Aufzeichnungen enthält endzeitliche Schauungen.

Lit.: Pater C. E. Schmöger, Emmerick Visionen

Eppinger, Alphonsa (1814–1867)

Die im Elsaß geborene Nonne wurde Oberin eines Ordens, der sich der Krankenpflege widmete. Sie hatte viele Visionen über die Zukunft des Papsttums, der Kirche und verschiedener Völker.

Zit.: Merkwürdige Gesichte, Manz-Verlag, Regensburg 1871

Erlhut-Bergenwitt, Martin (gest. ca. 1950)

In der Karfreitagsnacht vom 7. zum 8. April 1950 hatte dieser Visionär ein eigenartiges Gesicht, das er in biblischer Sprache, zum großen Teil in Form von Bibelzitaten, wiedergibt. Der betagte Seher, der bald nach der Niederschrift seiner Vision gestorben ist, sieht in Form himmlischer Symbole, die durch neuartige Verbindun-

gen der Gestirne zu Sternbildern zustande kommen, eine Verdammung des Bolschewismus und die Verheißung, daß sein Vaterland Ostdeutschland frei werde. Insgesamt ist diese Vision so sehr vom menschlichen Denken der Zeit ihrer Entstehung geprägt, daß man nicht – wie der Visionär selbst – auf einen ähnlich hohen Ursprung wie den der Daniel-Apokalypse schließen möchte, sondern eher geneigt ist, Gedanken und Empfindungen vieler Menschen als Ursprung dieser kaum bekannten, wenn auch durchaus originellen Vision anzunehmen.
Lit.: Martin Erlhut-Bergenwitt, Die Offenbarung Martini,
Verlag Walter Schöneck (1 Berlin 40, Petkusser Str. 58), 1970

Franziskaner vom Berge Sinai
s. Ludovico Rocco

Friede, Johann (1204–1257)
Dieser Johanniter-Mönch soll eine Endzeitprophetie hinterlassen haben, die bestens auf unsere Zeit paßt:

> »Wehe allen Gewalten der Vernichtung! Ehe ihnen das Werk gelingt, werden die Welten des Universums in Unruhe geraten und das Zeitalter des Wissens in ein Nichts versenken. Das wird geschehen, wenn die Epoche des Wassermann-Zeitalters ihren Anfang nimmt...«

Da die Herkunft dieser Prophezeiung unklar ist und ihre Aussagen so gut in die Zeit ihrer Veröffentlichung passen, daß man einen hochmittelalterlichen Ursprung nur schwer akzeptieren kann, wurde sie hier nicht weiter berücksichtigt.
Lit.: Neues Europa, Jahrgang 1949, Nr. 12, vom 15. 6. 1949

Geißenkäther
Ein im Schwarzwald umherziehendes Bettelweib, das mit dem »zweiten Gesicht« begabt war. Sie trug den Namen Katharina Leistnerin und soll 1831 in Gutach verstorben sein.
Lit.: Backmund, Hellseher schauen die Zukunft

Gobbi, Stefano
Don Stefano Gobbi ist ein in Mailand lebender Priester, der nach eigenen Aussagen endzeitliche Warnungen der Himmelskönigin empfängt.
Lit.: Gobbi, Botschaften der Mutter Gottes an ihre vielgeliebten Priester, Marianische Priesterbewegung, CH 4632 Trimbach

Graf-Sutter, Maria (1906–1964)
Lebte in bescheidenen Verhältnissen im Kanton Appenzell. Sie war hellsehend und hatte endzeitliche Visionen vom dritten Weltkrieg und der großen Finsternis.
Lit.: Stocker, Der dritte Weltkrieg

Handwercher, Franz Sales (1792–1853)
Der bekannte »Segenspfarrer« aus dem niederbayerischen Gäuboden hatte an fünfzehn Sonntagen, jeweils in früher Morgenstunde, Visionen, die er in Gedichtform niederlegte. Die Versform macht seine Schauungen relativ schwer zugäng-

lich, so daß sie hier nicht näher herangezogen wurden, weil ihre Deutungen kompliziert und unsicher sind. Wenn man die gesamte Prophetie auf sich wirken läßt, kann man sich allerdings des Eindruckes nicht verschließen, daß es sich um den Ausdruck tieferer Einsichten handeln könnte. Diese wurden vermutlich von dem Visionär bewußt in nicht sofort verständlicher Form niedergelegt, um Anfeindungen zu vermeiden, die eine für jedermann verständliche Niederschrift herausgefordert hätte.
Lit.: A. M. Weigl, Franz Sales Handwercher, St. Ottilien 1960
Bekh, Das dritte Weltgeschehen

Helena aus Brügge
Visionärin des 18. Jahrhunderts, die auch endzeitliche Vorhersagen machte.
Lit.: Beykirch, Prophetenstimmen

Hepidanus von St. Gallen (gest. 1088)
Von diesem Seher wissen wir kaum mehr, als daß er im Kloster St. Gallen lebte und dort im Jahre 1088 gestorben ist. Seine Gesichte berichtete er vor allem seinem vertrauten Mitbruder, dem Frater Bartholomäus, der Tagebuchaufzeichnungen über die ihm geschilderten Visionen hinterließ.
Lit.: Ellerhorst, Prophezeiungen über das Schicksal Europas

Hesekiel (Ezechiel)
Als König Jojakim (Jojachin, 609–597 v. Chr.) nach Babylon deportiert wurde, begleitete ihn mit anderen Gefangenen auch Hesekiel, der an einem Euphrat-Kanal in der Nähe von Tel-Abib zum Propheten berufen wird. Zunächst muß er noch Schlimmes künden: Die Juden werden nicht bald zurückkehren dürfen, Gottes Gericht wird die Stadt Jerusalem und sogar den Tempel treffen. Als die schreckliche Vorhersage unter dem unglücklichen König Zedekia (597–586 v. Chr.) eingetroffen ist, darf Hesekiel Gottes rettende Hilfe, die Rückkehr des Volkes und den Wiederaufbau des Tempels in Aussicht stellen. Er war ein großer Visionär, der oft im Geiste entrückt wurde und Kündungen empfangen durfte, die weit über die Tagesproblematik hinausgehen. Gewirkt hat er etwa von 592 bis 571 v. Chr.

Higginson, Theresa Helena (gest. 1905)
Englische Lehrerin, welche die Stigmata trug. Im Jahre 1880 berichtet sie von endzeitlichen Visionen.
Lit.: Stocker, Reinigung der Erde

Hilarion vom Berge Jasna Góra
Im 17. Jahrhundert soll dieser Mönch bei Tschenstochau in Polen gelebt haben. Seine Urheberschaft an der ihm zugeschriebenen Prophezeiung ist umstritten. Diese ist auch nicht klar und eindeutig, so daß sie nur bedingt Aufschluß geben kann.
Lit.: Retlaw, Prophezeiungen über Ausbruch und Verlauf des dritten Weltkrieges

Hildegard von Bingen (1098–1179)
Die heilig gesprochene Hildegard ist als Äbtissin, Klostergründerin, Ärztin, Naturforscherin und erste deutsche Mystikerin eine der einflußreichsten Frauengestalten des Mittelalters. Sie wirkte durch Schriften, Dramen, Kompositionen, Briefe und Begegnungen mit kirchlichen und weltlichen Fürsten, durch Missionsreisen und visionäre Predigten. In gewaltigen Visionen eröffnete sich ihr eine kosmologisch unterbaute Heilsgeschichte vom Sündenfall bis zum Jüngsten Gericht, die Vergleiche mit Dante zuläßt.
Ihr einheitliches, aber eigenständiges Weltbild findet zu einem hohen Gottesbegriff. Dieses Weltbild umfaßt alle Geschöpfe, von den Engeln über die Menschen zu den Tieren und Pflanzen; es gibt Aufschlüsse über die gefallenen Engel wie die Ursachen für den Abfall von Luzifer als deren Anführer.
Lit.: Dr. Marie-Luise Lascar, Hildegard von Bingen

Holzhauser, Bartholomäus (1613–1658)
Hellsehender Pfarrer und Dekan aus Laugna bei Augsburg, der seine Lebensaufgabe in der Gründung einer »Genossenschaft von Weltpriestern« sah, die durch ihr Vorbild die Sitten des Volkes heben sollten. Er hatte viele Visionen, auch endzeitlicher Art. Heute noch beachtet wird vor allem seine Auslegung der Apokalypse.
Lit.: Bartholomäus Holzhauser, Prophezeiungen,
Medeatrix-Verlag, Wien

Irlmaier, Alois (1894–1959)
Dieser Brunnenbauer aus Freilassing war bäuerlicher Herkunft aus dem Winkel um Maria-Eck, einer bekannten Wallfahrtskirche bei Traunstein. Alois Irlmaier war der vielleicht bekannteste deutsche, bestimmt der berühmteste bayerische Seher der Nachkriegszeit, von dessen paranormalen Fähigkeiten unzählige Beispiele in gut verbürgter Form überliefert und z. T. auch veröffentlicht sind. Seine prophetischen Visionen könnten zu den zuverlässigsten Vorhersagen der neueren Zeit gehören.
Lit.: Dr. Conrad Adlmaier, Blick in die Zukunft

Jahenny, Marie Julie (1850–1941)
Diese seit 1873 stigmatisierte Französin war für mehr als 50 Jahre bettlägrig. Im Jahre 1891 hatte sie endzeitliche Visionen der dreitägigen Finsternis, die mit den Gesichten anderer Seher übereinstimmen.
Lit.: Josef Stocker, Der dritte Weltkrieg

Jakobus
Als Verfasser des Jakobus-Briefes gilt keiner der beiden Apostel mit dem Namen Jakobus (die Söhne des Zebedäus und des Alphäus), sondern Jakobus der »Bruder des Herrn« (Mark. 6,3). Dieser Bruder (nach katholischer Lehre Vetter) von Jesus wurde durch eine Erscheinung von Jesus nach der Kreuzigung bekehrt. Bald war er eine der »drei Säulen« der Urgemeinde (Gal. 2,9). Nach dem Weggang des Petrus ist er das Haupt der Gemeinde zu Jerusalem und erlangt hohes Ansehen auch bei nichtchristlichen Juden. Der Hohepriester Ananos läßt ihn 62 steinigen.

Jasna Góra vergl. Hilarion

Jasper aus Huckarde Vergl. Eilert, Wessel Dietrich

Jeremia
Über diesen großen Propheten und sein Leben liegen die ausführlichsten Überlieferungen vor. Er entstammt einer Priesterfamilie aus Anatot unweit Jerusalem. Schon als junger Mann erfährt er um 628 v. Chr. seine Berufung zum Prophetenamt. Es war eine schwere Zeit. Zwar gelingt es Josia (641–609 v. Chr.) als König von Juda, sich von dem zerfallenden Assyrischen Reich zu lösen und religiöse Reformen im Königreich Juda einzuführen; aber dann erobern Meder und Babylonier (Chaldäer) das Assyrische Reich und zerstören 612 v. Chr. dessen Hauptstadt Ninive, die seitdem von der Landkarte verschwunden ist. Dann fällt Josia 609 v. Chr. im Kampf gegen Ägypten. Zuletzt werden noch die Ägypter 605 v. Chr. von den Babyloniern von der Arabischen Halbinsel vertrieben. Das zerschlagene Assyrische Reich teilen sich Babylonier und Meder; Juda fällt an Babylon. Jeremia warnt, zunächst unter König Jojakim (609–597 v. Chr.), vor religiösem Verfall und der Auflehnung gegen das babylonische Joch, das nach Jeremias Meinung verdient ist – natürlich beides vergebens.
Zuerst wird König Jojakim mit einem Teil des jüdischen Adels, mit Handwerkern und Soldaten nach Babylon gebracht. Dann erhebt sich der von den Babyloniern eingesetzte König Zedekia (597–586 v. Chr.), wird geschlagen und als geblendeter Gefangener mit dem größten Teil des jüdischen Volkes nach Babylon verschleppt. Jeremia traf als unbequemen Warner das Schicksal aller Unheilspropheten. Babylonier befreiten ihn aus der Gefangenschaft seines Königs, und gestatteten ihm, in Jerusalem zu bleiben. Doch erneut stehen die wenigen zurückgebliebenen Juden auf, müssen fliehen und zwingen Jeremia, sie nach Ägypten zu begleiten, wo er stirbt.

Jesaja
Der möglicherweise größte Prophet des Alten Testamentes stammt aus Jerusalem. Er kam vermutlich aus einer vornehmen Familie und war anscheinend mit einer prophetisch begabten Frau verheiratet. Sein Wirken begann etwa 740 v. Chr. und endete 701 v. Chr. Es lag in der vielleicht bewegtesten Zeit des Alten Testamentes. Das Nordkönigreich Israel, das sich gegen die Assyrer auflehnt, wird nach langem zähen Widerstand 721 v. Chr. von Sargon II. zerstört. Seine Einwohner werden nach Assyrien verschleppt. Es sind die legendären »zehn verlorenen Stämme«, die seitdem aus der Weltgeschichte verschwanden. In deren ehemaliger Heimat wurden Syrer und andere Besiegte angesiedelt, die bis aus Babylon und Kuta kamen. Hiskia (715–687 v. Chr.), der durch Jesaja vermutlich von der Beulenpest geheilte König von Juda (Jes. 38,4–5), reizte die Assyrer, die daraufhin das Land verwüsteten und Jerusalem belagerten. Wäre nicht in Sanheribs Heer eine Seuche ausgebrochen (2. Kön. 19,35), so hätte Jesaja noch die Zerstörung Jerusalems durch die Assyrer erleben müssen.
Dann verstummt die Stimme des Propheten plötzlich, und wir wissen nicht, ob er in Gefangenschaft geführt oder erschlagen wurde. Das unter seinem Namen über-

lieferte prophetische Buch stammt nicht ganz aus seiner Hand. Die Kapitel 40–55 führen in die Zeit der Babylonischen Gefangenschaft (586–538 v. Chr.); man schreibt sie einem unbekannten zweiten Verfasser, dem »Deuterojesaja« zu. Schließlich finden sich in den Kapiteln 56–66 noch andere Texte, die sich an die aus Babylon Heimgekehrten wenden und auf einen dritten Autor schließen lassen, den Wissenschaftler »Tritojesaja« nennen.

Joachim von Fiore, Joachim von Floris (um 1130–1202)
Der in Celico bei Cosenca als Sohn eines Notars geborene Joachim erhielt eine gute Ausbildung und trat dann vermutlich in den Dienst des sizilianischen Hofes. Dort wurde er wahrscheinlich in amtlicher Mission nach Byzanz gesandt. Nach einem Besuch des Heiligen Landes, der sich über mehrere Jahre erstreckt zu haben scheint, kamen ihm der Legende zufolge seine ersten Erleuchtungen. Nach der Rückkehr tritt er in das Zisterzienser-Kloster Sambucina bei Luzzi ein, das er um 1190 gegen den Widerstand der Brüder verläßt, um in der Einsamkeit des Sillagebirges in Calabrien das Kloster S. Giovanni di Fiore zu gründen. Dieses Kloster wurde zum Ausgangspunkt eines neuen Ordens, der sich nach strengeren Regeln einem kontemplativen Leben widmen wollte. Der Orden erstarb im 16. Jahrhundert.
Lit.: Alfons Rosenberg, Joachim von Fiore

Joel
Alttestamentlicher Prophet aus der Zeit nach der babylonischen Gefangenschaft, vermutlich aus dem dritten oder vierten Jahrhundert v. Chr. Über seine Person ist fast nichts bekannt, doch neigt man neuerdings wieder dazu, das Buch Joel als das Werk eines Verfassers anzusehen, nachdem früher besonders die Kapitel 3–4 als spätere Zusätze betrachtet wurden.

Johann Vatiguerro vergl. Caesarius von Heisterbach

Johann vom gespaltenen Felsen (um 1340?)
Über das Leben dieses Bruders Johann ist so gut wie nichts bekannt. Eine ihm zugeschriebene Prophetie entstammt angeblich einem von Maternus Hatten aus Speyer verfaßten und 1498 in Leipzig erschienenen Buch. Der Johann vom gespaltenen Felsen ist möglicherweise identisch mit Johann Vatiguerro und Caesarius von Heisterbach; jedenfalls sind deren Prophetien ähnlich.
Lit.: Konzionator, Der kommende große Monarch
Beykirch, Prophetenstimmen

Johannes der Evangelist
Nach alter christlicher Tradition ist der Verfasser des Johannes-Evangeliums einer der zwölf Apostel, der Lieblingsjünger Jesu. Zusammen mit Petrus gilt dieser Sohn des Zebedäus und Bruder des Jakobus als engster Vertrauter von Jesus. Der Überlieferung zufolge ist Johannes nach der Kreuzigung von Jesus nach Ephesus gezogen. Dort hat er, dem Vermächtnis seines Meisters folgend (Joh. 19,26–27) Maria auf einer Anhöhe über der Stadt in einem Haus untergebracht, dessen Grundmauern heute noch gezeigt werden und eine Kapelle tragen. Johannes sammelte dann

Schüler um sich und wurde unter dem Kaiser Domitian (81–96) auf die Insel Patmos verbannt, wo er zur Zeit Trajans (98–117) als einziger der Apostel eines natürlichen Todes gestorben sein soll.
Von wissenschaftlicher Seite wird der Apostel Johannes als Verfasser des Johannes-Evangeliums angezweifelt, da sich dieses deutlich von den zuvor entstandenen drei »synoptischen« Evangelien des Matthäus, Markus und Lukas abhebt. Man kann aber im Evangelium des Johannes auch den Ausdruck eines geistigeren Verständnisses der Worte des Meisters empfinden. So sah man Johannes auch im Mittelalter und gab diesem Evangelisten den Adler als Symbol, »weil in ihm der Geist am höchsten fliegt«. Denn Johannes bewegen die tieferen Inhalte und weniger solche Äußerlichkeiten, wie die Genealogie von Jesus, auf die z. B. Matthäus Wert legt. Schließlich gilt Johannes noch als der Begnadete, der die Apokalypse empfangen durfte. Dieser Überlieferung wird von Wissenschaftlern entschieden widersprochen, so daß der Verfasser der »Offenbarung des Johannes« als unbekannt gelten muß.

Johansson, Anton (1858–1929)
Der Eismeerfischer Anton Johansson lebte in Lebesby am Laxefjord in der norwegischen Finnmark, also an einem der nördlichsten dauernd bewohnten Plätze der Erde. Er war hellsehend, hatte Zukunftsvisionen und durfte den Ersten Weltkrieg und viele darauffolgende Ereignisse in grandiosen Visionen erleben. Rührend ist sein Versuch, den deutschen Kaiser vor dem Ausbruch des Ersten Weltkrieges zu warnen, wie dem Seher in einer Vision aufgetragen wurde. Natürlich waren seine Bemühungen vergebens, und am arrogantesten behandelte den bescheidenen, aber erwählten Mann der deutsche Botschafter. Anton Johansson, der einfache Fischer und Landwirt, der sein Leben unter unwirtlichen Bedingungen am Rande menschlicher Existenzmöglichkeiten fristete, hatte die vielleicht umfassendste Zukunftsschau, welche in diesem Jahrhundert einem Menschen geschenkt wurde. Leider konnte er nur einen Bruchteil der auf ihn einstürmenden Bilder behalten und weitergeben. Die durch seinen Verleger A. Gustafsson publizierten Berichte sind daher weder vollständig noch ist man aufgrund ihrer journalistischen Aufmachung von deren absoluter Ernsthaftigkeit überzeugt.
Lit.: Röhrig, Die Weltereignisse bis zum Jahre 1953
Gustafsson, Merkwürdige Gesichte

Kappelmann, Hermann (um 1820)
Von diesem Schieferdecker aus Scheidingen bei Werl stammt eine Version der im westfälischen Raum verbreiteten Prophetie von der großen Schlacht. Es ist nicht klar, ob er selbst ein Seher war oder nur die Volkssage weitergegeben hat.
Lit.: Beykirch, Prophetenstimmen

Kapuziner-Pater aus Düsseldorf
Ein unbekannter Kapuziner-Pater aus Düsseldorf soll im Jahre 1762 vorhergesagt haben:

> »Nach einem schweren Kriege wird Friede werden und doch kein Friede sein, weil der Kampf der Armen wider die Reichen und der Reichen wider die Armen entbrennt.

Nach diesem Frieden kommt eine schwere Zeit, das Volk wird keine Treue und keinen Glauben mehr kennen.«

Lit.: Beykirch, Prophetenstimmen

Kele, János

Ungarischer Hellseher, der während des Zweiten Weltkrieges für die Polizei in Budapest arbeitete und sich bei der Aufklärung rätselhafter Verbrechen bewährte. Er sah auch die schwere Zukunft Ungarns während und nach dem Kriege voraus und prophezeite den dritten Weltkrieg.

Lit.: Wilhelm Moufang; Magier, Mächte und Mysterien.
Kayser-Verlag, Heidelberg 1954

Knopp, Johann Peter (1714–1794)

Der Knecht und spätere Pächter aus Ehrenberg ist ein etwas jüngerer Zeitgenosse des »Spielbähn« und bringt ähnliche Vorhersagen wie dieser.

Lit.: Hübscher, Die große Weissagung

König der Welt vergl. Agharti

Korkowski, Edward

Dieser am 3. September 1931 in Bebau, Kreis Danzig, geborene Visionär lebt in der Nähe von Köln. Er hatte zahlreiche endzeitliche Visionen und ist überzeugt, daß die bevorstehenden Weltkatastrophen zwar durch unser menschliches Fehlverhalten verursacht sind, daß dabei aber nicht nur Kriege und Naturkatastrophen, sondern auch Eingriffe außerirdischer Intelligenzen (»UFOs«) eine Rolle spielen.

Lit.: Edward Korkowski, Kampf der Dimensionen,
Rudolf Arnold Spieth Verlag, Stuttgart 1983

Kossutthány, Dr. Ferenc

Ungarischer Arzt, der in Budapest wirkte und während des Ersten Weltkrieges aufsehenerregende Beweise für seine übersinnlichen Fähigkeiten lieferte. Bereits während des Ersten Weltkrieges sah er den Zweiten und dritten Weltkrieg voraus. Über den letzteren sagte er:

»... Naturkatastrophen von so gewaltigen Ausmaßen, wie sie die Weltgeschichte noch nicht erlebte, werden ihn ankündigen – plötzlich und völlig unerwartet wird dann der Krieg da sein...

In dieser Zeit möchte ich nicht leben, besonders nicht neben dem Ozean, weil Europas, Englands und Amerikas Küsten unter gewaltigen Wassermassen erstikken werden.

Die Kommunisten beginnen den Krieg – doch dieser Blitzkrieg wird ihr Ende sein.

Die giftige Gaswolke, die sie aussenden, die westliche Hemisphäre zu vernichten, wird wie ein Bumerang zu ihnen zurückkehren, und es wird kein Entrinnen für sie geben.

Die Sonne wird sich verstecken, der Tag wird so finster sein wie eine Nacht, die »Roten« und die »Gelben« verlieren ihr grausames Spiel...«

Lit.: Dr. A. von Ereos-Borbély, Um 1970, herausgegeben vom Metaphysischen Forschungskreis, 8 München 19 (Arnulfstraße 142) 1967

Kugelbeer, Franz
Ein visionärer Bauer aus Lochau bei Bregenz in Vorarlberg. Seine im Jahre 1922 empfangenen Visionen hat Pater Ellerhorst aufgrund seiner Befragungen des Sehers aufgezeichnet.
Lit.: Ellerhorst, Prophezeiungen über das Schicksal Europas

Lachut, Matousch
Geboren am 10. 4. 1916 in Vysoka bei Turzovka. Halbwaise mit schwerer Jugend. Der Waldaufseher hatte im Jahre 1958 eine Erscheinung der Himmelskönigin, die in anschaulichen Bildern vor zu erwartenden Endzeit-Katastrophen warnte.
Lit.: Franz Grufik, Turzovka

Lansa, John
Ein zeitgenössischer Hopi-Indianer, der von den alten Prophezeiungen seines Volkes berichtete. Diese sollen z. B. sagen:

> »Man wird einen ›Kürbis von Asche‹ erfinden, der, wenn man ihn vom Himmel fallen läßt, die Meere verkochen und das Land verbrennen wird, und der machen wird, daß viele Jahre nichts wächst.«
> »Menschen werden zum Mond und zu den Sternen reisen, und das wird Zerrüttung verursachen und die Zeit der großen Läuterung wird sehr nahe sein.«

Lit.: Moira Timms, Zeiger der Apokalypse

Lataste, Maria (1822–1847)
Laienschwester aus Mimbaste im Department des Landes (Frankreich).
Lit.: Clericus, Das Buch der Wahr- und Weissagungen

Lehnin, Abt Hermann von (um 1270)
Die Lehninsche Weissagung wird dem Abt Hermann von Lehnin zugeschrieben. Es handelt sich um eine mit der Malachias-Prophetie vergleichbare Vorhersage, die aus 100 lateinischen Merksätzen besteht, die sich auf das preußische Herrscherhaus beziehen. Die Lehninsche Weissagung wird allerdings erst ab Ende des 17. Jahrhunderts bekannt.
Aufgrund ihres unklaren Ursprunges und der unsicheren Deutungen wurde diese Prophetie in dem vorliegenden Buch nicht berücksichtigt, obwohl sie sehr bekannt, fast sprichwörtlich geworden ist.
Lit.: Gustav Bürger, Die Lehninsche Weissagung,
Manz-Verlag, Regensburg 1922

Lenormand, Marianne (1772–1843)
Seinerzeit bekannte französische Wahrsagerin, die in besten Kreisen verkehrte.
Lit.: Ellerhorst, Prophezeiungen über das Schicksal Europas

Lichtenberger, Johannes (15. Jahrh.)

Im Jahre 1488 veröffentlichte der Astronom Johannes Lichtenberger eine prophetische Sammlung unter dem Titel »Prognosticatio« mit vielen spätmittelalterlichen Weissagungen.

Lit.: Hübscher, Die große Weissagung

Lorber, Jakob (1800–1864)

Jakob Lorber lebte als Musiklehrer in Graz, als ihm am 15. März 1840 eine Stimme befahl zu schreiben. Er mußte diesem inneren Drang folgen, und die Stimme diktierte ihm in den folgenden Jahrzehnten bis zu seinem Tode ein umfangreiches Werk, das etwa 25 dicke Bände mit 10000 Druckseiten füllt. Lorber war der Meinung, daß Jesus selbst zu ihm spräche. Dieser Ansicht kann man sich aus mancherlei Gründen nicht anschließen, doch muß man Lorber zu den Sehern rechnen, die ihnen selbst unbekanntes Wissen vermittelt bekamen; denn es scheint ausgeschlossen, daß das Lorbersche Werk der Phantasie des »Schreibknechtes Gottes« – wie er sich nannte – entsprungen ist.

Lorber ist übrigens einer der wenigen Visionäre, welche direkt eine Umweltkrise ankündigen:

> »Bald nach jener Zeit der höchsten Industrialisierung wird es auf Erden für das Leben der Menschen sehr übel auszusehen anfangen, denn die Erde wird unfruchtbarer werden.«

Außerdem spricht er davon, daß die Endzeit durch Visionäre angekündigt werde:

> »... eine Art läuterndes Feuer wird darin bestehen, daß Ich schon etliche hundert Jahre vor dem Endgericht stets heller erleuchtete Seher, Propheten und Knechte erwecken werde. Diese werden die Menschen klar und wahr über Mein Wort belehren und sie dadurch befreien von allerlei Trug und Lüge, durch die die falschen Propheten und Priester Meines Namens in nicht allzulanger Zeit den Weg zu ihrem Untergang gehen werden...«

Lit.: Kurt Eggenstein, Der unbekannte Prophet Jakob Lorber,
Lorber-Verlag, Bietigheim 1973

Lucia

Lucia dos Santos (geb. 22. 3. 1907) ist das wichtigste der drei sehenden Kinder von Fatima. Sie lebt seit vielen Jahren als Karmeliterin. Lucia ist außer dem Papst der einzige Mensch, der über das viel zitierte »Dritte Geheimnis von Fatima« Aufschluß geben könnte. Doch wird sie sich als Nonne kaum über Anordnungen ihrer Kirche hinwegsetzen.

Die beiden anderen Seher-Kinder von Fatima, Francisco Marto (11. 6. 1908–4. 4. 1919) und Hyazintha (Jacinta) Marto (11. 3. 1910–20. 3. 1920) sind beide sehr jung gestorben.

Lit.: C. Bathas, Fatima

Ludmilla (um 1250)

Dieser sagenhaften Nonne aus dem Kloster Sankt Franzisci zu Prag wird eine Prophetie zugeschrieben, welche die Schicksale der tschechischen Nation betrifft. Über die Endzeit sagt sie:

»Drei Menschenalter sind noch nicht vorüber,
Seit die Bewegung aus ging von dem Tiber,
Der Friedensfürst den Völkerkrieg erweckte,
Der auf dem Thron so manchen Dränger schreckte,
Und an die Stelle der gekrönten Würger
Zur Herrschaft rief den volksfreundlichen Bürger,
Als diesen auch der Übermut betört,
Der jederzeit hat mit der Macht verkehrt.
Die Einherrschaft will man auch Rom bestreiten,
Und nähert sich so das Ende nun der Zeiten.
Denn diese Stadt war Mitte stets der Welt,
Mit Petri Stuhl auch sie zusammenfällt.«

Die Herkunft dieser Prophetie ist unklar und ihr Inhalt dunkel, so daß sie hier nicht weiter berücksichtigt wird.
Lit.: Alois Minarpik, 7 Weissagungen der Ludmilla Chmel,
Verlag Bernhard Friedrich Voigt, Weimar 1848

Lueken, Veronika (geb. 1923)
Zeitgenössische amerikanische Visionärin, die von 1970 an zahlreiche marianische Erscheinungen hatte.
Lit.: Rufe aus Bayside, Selbstverlag »Der neue Tag«, Salzburg 1980

Lukas
Der Verfasser des Lukas-Evangeliums wie der Apostel-Geschichte kam vermutlich aus Antiochia und war heidnischer Herkunft. Als gebildeter Mann und erfolgreicher Arzt war er Begleiter des Paulus. Seine beiden Werke lassen einen Schriftsteller erkennen, der sich an der antiken Geschichtsschreibung orientiert. Näheres über sein Schicksal ist nicht bekannt, doch ranken sich viele Legenden um diese farbige Gestalt.

Malachias (um 1095–1148)
Dieser irische Priester wurde 1134 Erzbischof von Armagh, wirkte als Reformer und förderte den Anschluß der irischen Kirche an Rom. Sein Biograph, der berühmte Bernhard von Clairvaux, berichtet, daß Malachias die Gabe der Weissagung besessen habe, erwähnt aber nichts von der bekannten Papst-Prophetie.
Die »Papst-Weissagung des Malachias« ist vermutlich erst im Jahre 1590 entstanden. Sie wurde zum ersten Mal von dem Benediktiner Arnold Wion in seinem »Lignum Vitae« im Jahre 1595 in Venedig veröffentlicht.

Maria und Elsa aus Voltago
Diese beiden stigmatisierten Mädchen hatten am 10. Dezember 1937 eine Vision, während der sie Warnungen vor einem Endzeitgeschehen empfangen durften.
Lit.: Markus Varena, Gesammelte Prophezeiungen

Marienthaler Kloster
Ein angeblich im Jahre 1749 erschienenes Buch des Marienthaler Klosters scheint für das 20. Jahrhundert einen oder mehrere schreckliche Kriege zu prophezeien, die sich dies- und jenseits des Atlantik auswirken werden.
Lit.: Markus Varena, Gesammelte Prophezeiungen

Matthäus der Evangelist
Das Matthäus-Evangelium wurde höchstwahrscheinlich nicht von dem Apostel Matthäus verfaßt. Über den Evangelisten Matthäus ist so gut wie nichts bekannt, und man darf nur vermuten, daß er sein Evangelium nach der Zerstörung Jerusalems im Jahre 70 geschrieben hat.

Maximin (1835–1875)
Maximin Giraud hatte als Elfjähriger zusammen mit Mélanie die Visionen von La Salette. Er soll auch später noch Beweise für sein »zweites Gesicht« geliefert haben. So wurde er 1868 vom Erzbischof von Paris, Darboy, vernommen, der stark an den Erscheinungen von La Salette zweifelte. Da der Erzbischof von Maximin keine Auskunft erhielt, geriet er in Rage und sagte: »Die Rede der ›Schönen Frau‹ war dumm, gleich wie auch ihr ›Geheimnis‹ recht dumm sein muß!« Maximin erwiderte: »Daß die heilige Jungfrau auf La Salette mir erschienen ist und zu mir gesprochen hat, ist ebenso wahr wie das, daß Sie in drei Jahren vom Gesindel erschossen werden.« Diese unwahrscheinliche Ankündigung erfüllte sich, als der Erzbischof am 14. Mai 1871 ein Opfer der Pariser Kommune wurde. Durch derartige Antworten provozierte Maximin allerdings eine schlechte Beurteilung seiner Person durch Priester und Bischöfe, die heute noch dazu verwendet wird, die Glaubwürdigkeit des ganzen Ereignisses von La Salette anzuzweifeln.
Lit.: Konzionator, La Salette und die nächste Zukunft

Mélanie (1831–1904)
Mélanie Calvat war eines der beiden Seher-Kinder von La Salette. Als Fünfzehnjährige hatte sie die berühmte Erscheinung vom 19. 9. 1846, in der vor der endzeitlichen Zukunft gewarnt wurde.
Lit.: Konzionator, La Salette und die nächste Zukunft

Menez, Amadeus vergl. Amadäus de Silva

Mesmin, Marie
Diese Frau aus Bordeaux wurde 1905 in Lourdes geheilt. Von 1902 an hatte sie Zukunftsvisionen, die sie – obwohl Analphabetin – mit Ruhe und Sicherheit vertrat.
Lit.: Widler, Buch der Weissagungen

Micha
Der Prophet Micha ist bäuerlicher Herkunft und stammt aus Moreschet-Gat im Südwesten von Jerusalem. Er wirkte etwa ab 725 v. Chr. unter dem König Hiskia (715–687 v. Chr.) von Juda. Somit ist der Prophet ein jüngerer Zeitgenosse von Jesaja. Micha klagt vor allem die Oberschicht von Juda an, die Reichen und Mächti-

gen, die bestechlichen Priester und ihre Propheten, deren Ungerechtigkeit ein göttliches Strafgericht herausfordere, das selbst den Tempel nicht verschonen werde. Micha erlebt auch den von ihm vorausgesagten schrecklichen Untergang des jüdischen Nachbarreiches Israel, die Zerstörung von dessen Hauptstadt Samaria (721 v. Chr.) und die Deportation der Einwohner von Israel, die als die »verlorenen zehn Stämme« seither aus der Geschichte verschwunden sind. Viele Philologen sind der Ansicht, daß Teile des Buches Micha nicht von dem Propheten selbst stammen.

Mönch vom Berge Jasna Gora
Auf dem Berge Jasna Gora bei Tschenstochau soll im 17. Jahrhundert ein Mönch gelebt haben, von dem eine weit in die Zukunft reichende Prophetie überliefert wird. Der Ursprung dieser Prophetie wie der Autor selbst verschwimmen im Dunkel der Vergangenheit.
Lit.: Ellerhorst, Prophezeiungen über das Schicksal Europas

Mönch vom Kloster Maria Laach
Die angeblich aus dem 16. Jahrhundert stammende Prophetie des »Mönches vom Kloster Maria Laach« kündigte Hitler an, als den »Wolf im braunen Kleid« und sagte für unsere Zeit:

> »Das 20. Jahrhundert wird Tod und Verderben bringen... Es wird das Jahrhundert von drei großen Kriegen, die in Abständen von Jahrzehnten immer verheerender und blutiger werden... Nach einer schrecklichen Kriegsniederlage Germanies folgt bald der nächste große Krieg. Da wird es kein Brot mehr für die Menschen und kein Futter für die Tiere geben, giftige Wolken, von Menschenhand gemacht, senken sich, alles vernichtend, herab...«

Lit.: Marcus Varena, Gesammelte Prophezeiungen

Mönch von Werl
Die Gesichte eines unbekannten Mönches aus Werl sind angeblich bereits im Jahre 1701 im Druck erschienen.
Lit.: Truelle, Buch der Wahr- und Weissagungen

Mühlhiasl
Dieser populäre Prophet des Bayerischen Waldes hieß vielleicht Mathias Lang und wurde 1753 als Sohn des Klostermüllers von Apoing geboren. Nach dem Tode seines Vaters übernahm er 1799 die Mühle des Klosters Windberg, mußte aber wegen schlechten Wirtschaftens 1801 sein Amt verlassen. Seitdem führte er ein unstetes Wanderleben ohne sicheren Verdienst und dauernde Bleibe. Seine zahlreichen Vorhersagen wären demnach etwa zwischen 1780 und 1840 entstanden.
Es ist nicht geklärt, ob er mit dem Waldpropheten Mathias Stormberger (Stromberger, Starnberger, Sturmberger) identisch ist, der am Anfang oder in der Mitte des 18. Jahrhunderts in Rabenstein bei Zwiesel aufgewachsen und über 100 Jahre alt geworden sein soll. Die Prophetien von »Mühlhiasl« und »Stormberger« sind jedenfalls sehr ähnlich bis identisch, so daß man sie zweckmäßigerweise als die »Prophetie des oder der Waldpropheten« zusammenfaßt.
Lit.: Dr. Reinhard Haller, Der Starnberger...

Nativitas, Schwester (1731–1798)
Als Johanna Royer zu Fourgéres in der Bretagne geborene visionäre Nonne.
Lit.: Clericus, Das Buch der Wahr- und Weissagungen

Nechtou (oder Rechtou), Pater S. J. (gest. 1772)
Jesuitenpater Nechtou war Franzose und leitete ein Jesuitenhaus in Belgien. Um 1760 sagte er vieles voraus, was inzwischen zum Teil eingetroffen ist.
Lit.: Konzionator, Der kommende große Monarch

Niessen, Käthe
In Krefeld ansässige zeitgenössische Seherin.
Lit.: Käthe Niessen, Enthüllungen einer Hellseherin,
Ariston-Verlag, Genf 1974

Nostradamus (1503–1566)
Eigentlich »Michel de Notredame« (nach der Taufkirche Notredame seines Geburtsortes St. Rémy). Französischer Arzt und Leibarzt des Königs Karl IX., Astrologe, Hellseher. Er wurde berühmt durch seine dunklen Prophezeiungen, die bis zum Jahre 3797 n. Chr. reichen sollen. Sie sind in Versform so verschlüsselt, daß sie nach seiner eigenen Aussage erst nach dem Eintritt des jeweiligen Ereignisses verständlich werden sollen.

Odila (um 720) vergl. Ottilien-Prophezeiung

Orval
Gut 50 km nördlich von Verdun liegt gleich hinter der französisch-belgischen Grenze das Dorf Orval mit seiner Anfang des 19. Jahrhunderts verfallenen Zisterzienser-Abtei. Dort wurde eine im Jahre 1816 veröffentlichte Weissagung aufgefunden, die von einem Einsiedler stammen soll, der sie angeblich vor 1790 abgefaßt hat. Die Weissagung schildert zunächst recht gut die Geschicke Frankreichs vom Auftreten Napoleons an. Dann wird sie unklar und liefert unpräzise Aussagen, wie

> »Viel Böses, wenig Gutes um diese Zeit. Viele Städte gehen durch Feuer zugrunde.«

so daß wir hier auf die Verwendung dieser Prophetie unsicherer Herkunft und unklaren Inhalts verzichtet haben.
Lit.: Clericus, Buch der Wahr- und Weissagungen

Ottilien-Prophezeiung
Diese Vorhersage geht angeblich auf die blind geborene Tochter des Herzogs Adelrich (oder Eticho), dem Patron des Elsaß zurück, die als Klosterstifterin um 720 auf der Hohenburg gestorben sein soll. Markus Varena bezeichnet sie als »Äbtissin Odila«. Besondere Beachtung findet ihre detaillierte Vorhersage des Verlaufes des Zweiten Weltkrieges und des Erscheinens von Hitler. Der Ursprung der Prophetie ist unklar und ihre Überlieferung unsicher.
Lit.: Ellerhorst, Prophezeiungen über das Schicksal Europas

Palma von Oria (1825–1872)
Stigmatisierte Visionärin mit Namen Palma Maria Addolorata Matarelli aus Oria in der Provinz Tarent (Italien).
Lit.: Stocker, Reinigung der Erde

Paracelsus (1493–1541)
Der berühmte Arzt und Naturforscher hat auch »Prognostica« verfaßt, die vielfach nachgedruckt und weit verbreitet wurden. Sie bringen allerdings wenig faßliche Aussagen und sind vor allem für Forscher von Interesse, die zeigen wollen, wie sich bestimmte Bilder bei verschiedenen Vorhersagen wiederholen. So sagt z. B. Paracelsus:

> »Daß ich in meinem Grabe nicht gelassen werde, sondern man wird mich wiederum aus meinem Grabe gegen Morgen legen...«

Und dem Mühlhiasl wird in den Mund gelegt:

> »Wenn in meiner Leich (Begräbnis) nichts passiert, braucht ihr das alles nicht zu glauben, was ich gesagt habe.«

Angeblich ist der Sarg des Mühlhiasl vom Leichenwagen gerutscht und aufgegangen, so daß man den Mühlhiasl noch einmal sehen konnte.

Paula, Franz de
Auch von dem heiliggesprochenen Franz de Paula gibt es eine endzeitliche Prophetie aus dem Jahr 1469, in der die CRUCIFERI (Kreuzträger oder Kreuzritter) als »Apostel der letzten Zeit« eine Rolle spielen:

> »Es wird einmal ein neuer Orden gegründet werden, der der Cruciferi, weil dessen Mitglieder auf ihren Fahnen das Kreuz haben werden. Dieser Orden wird aus 3 Gruppen bestehen: die erste Gruppe sind die bewaffneten Reiter, die zweite Gruppe die Priester und die dritte die Pfleger. Die Kreuzritter werden die Mohammedaner, die Irrlehrer und die schlechten Christen Christo zuführen.«

Lit.: Konzionator, La Salette und die nächste Zukunft

Peerdeman, Ida
Diese niederländische Visionärin empfing in den Jahren 1945 bis 1959 eine Serie »marianischer« Botschaften der »Frau aller Völker«, die zahlreiche endzeitliche Warnungen enthalten.
Lit.: Die Botschaften der Frau aller Völker,
Miriam-Verlag, Jestetten, 5. Aufl. 1977

Prokop (1887–1965)
Ein Waldhirte im Bayerischen Wald, von dem Visionen berichtet werden, die zu denen von Mühlhiasl und Irlmaier passen.
Lit.: Friedl, Prophezeiungen aus dem bayerisch-böhmischen Raum

Prophet aus dem Elsaß
In zwei »Feldpostbriefen« aus dem Jahre 1914 berichtet ein bayerischer Soldat von den Gesichten eines Franzosen, der fließend Deutsch sprach und vermutlich

ein Elsässer war. Diese Gesichte sind relativ gut dokumentiert und bestechen durch zutreffende zeitliche Angaben. Marcus Varena schreibt diese Vorhersagen ohne Quellenangabe einem »gewissen Rüll aus Untermühlhausen bei Geretshausen« zu.*
Lit.: Bekh, Bayerische Hellseher
Renner, P. Frumentius, Der prophetische Franzose, Neue Wissenschaft 5. Jahrg. 1955 Heft 11/12 u. 6. Jahrg. 1956 Heft 1

Ricci, Laurentius (1703–1775)
Lorenzo (Laurentius) Ricci war der letzte Jesuiten-General vor der Auflösung des Ordens im 18. Jahrhundert; er starb im Gefängnis. Ricci schrieb eine Erklärung zu den Gesichten Holzhausers, was dazu führte, daß man teilweise Holzhausersche Visionen dem Jesuitengeneral zuschreibt, von dem nicht bekannt ist, ob er auch selbst ein Seher war.
Lit.: Konzionator, Die Zukunft Frankreichs
Hübscher, Die große Weissagung

Rocco, Ludovico (1748–1840)
Dieser Franziskaner-Mönch und vermutlich auch Eremit starb in der Nähe des Berges Sinai. In den letzten Wochen vor seinem Tod hatte er Gesichte, die drei seiner Ordensbrüder aufzeichneten. Ein Teil seiner Worte, wie

»Die Könige und Fürsten Deutschlands werden abdanken...«

Oder

»(In Rußland... wird) die Kaiserliche Familie und der ganze Adel und ein Teil der Geistlichkeit ermordet werden...«

ist inzwischen eingetroffen.
Erste Veröffentlichung seiner Weissagungen 1849 in Wien.
Lit.: Dr. Johannes, Prophezeiungen über Asien, Afrika und Amerika, Wien 1849

Sacharja (Zacharias)
Etwa um 520 v. Chr. trat in Jerusalem Sacharja als Prophet auf. Seine wichtigste Vision (Sach. 1,7 bis 6,8), die an die Offenbarung des Johannes erinnert, gilt als die älteste der Apokalypsen. Die Worte des Sacharja werden zwar oft im Zusammenhang mit dem schwierigen Wiederaufbau von Jerusalem nach der Rückkehr der Juden aus der babylonischen Gefangenschaft gesehen, doch dürften sie mehr bedeuten als nur Stellungnahmen zu Tagesgeschehen.

Saluzio, Bartholomäus da (um 1605)
Dieser Visionär lebte im Franziskaner-Kloster S. Francesco a Ripa zu Rom. Im Jahre 1605 hatte er endzeitliche Visionen, die vor allem Rom betreffen sollen, doch so allgemein gehalten sind, daß sie kaum einzuordnende Deutungen erlauben.
Lit.: Beykirch, Prophetenstimmen

* Der Schreiber der Briefe war der Schreinermeister Andreas Rill aus Untermühlhausen bei Landsberg am Lech.

Same, Meishu (1882–1955)
Japanischer Spriritualist, der durch Eingebungen zu der Überzeugung kam, daß die Menschheit in ein neues Zeitalter eintreten werde. Demnach stehen wir in einer großen Übergangsperiode, dem Wendepunkt von einem Zeitalter der Dunkelheit in ein Zeitalter des Lichtes. Dieser Übergang wird durch die Freisetzung göttlichen Lichtes ermöglicht, in dem sich die Menschheit spirituell und physisch läutern muß. Meishu Same wurde zum Begründer der »Church of World Messianity«, welche eine Methode der spirituellen Reinigung (»Johrei« genannt) lehrt, Bewußtsein und Würdigung der Schönheit anstrebt und durch eine natürliche Landwirtschaft die rechte Entwicklung des Menschen unterstützen will.
Lit.: Moira Timms, Zeiger der Apokalypse

Schlier, Paula
Diese Schriftstellerin hatte im Jahre 1938 ein visionäres Erlebnis, das ihr Schauungen zur Johannes-Apokalypse vermittelte. Die Visionärin selbst berichtet in biblischer Sprache ausführlich von ihrer Schau.
Lit.: Paula Schlier, Die letzte Weltennacht,
Miriam-Verlag, Jestetten 1976

Schlinkert, Peter
Dieser »Seher aus dem Möhnetale« lebte etwa zwischen 1730 und 1810. Es sind verschiedene Vorgesichte von ihm überliefert, darunter auch eine Vision der Schlacht am Birkenbaume.
Lit.: Ludwig Friedrich v. Schmitz, Peter Schlinkert,
Verlag Carl Weinert, Lippstadt 1850

Schumann, Maria Beatrix (1823–1887)
Die stigmatisierte Tertiarin* aus Pfarrkirchen war den größten Teil ihres Lebens bettlägrig. Nur einzelne Schauungen der Zukunft sind von ihr überliefert.
Lit.: Wilh. Maier, Das verborgene Leben der frommen Tertiarin
Beatrix Schumann von Pfarrkirchen, in Kommission der Buchhandlung Georg Kleiter, Passau 1914

Schwester von Belley (gest. 1815)
Spitalschwester der Stadt Belley, von der endzeitliche Prophetien überliefert sind.
Lit.: Clericus, Buch der Wahr- und Weissagungen

Scochy, Emelda
Im Jahre 1933 hatte die damals 12jährige Emelda Scochy eine Erscheinung:

> »... die Erde wird erzittern, die Meere über ihre Ufer treten, die Berge sich bewegen, Hungersnot und Seuchen auftreten ...«

Lit.: Marcus Varena, Gesammelte Prophezeiungen

* Tertiarier sind Laien, die sich im »Dritten Orden« zusammengeschlossen haben, um im Sinne klösterlicher Orden nach Vollendung zu streben.

Seeler, Hedwig Eleonore
In Berlin lebende zeitgenössische Hellseherin, die mediale Kontakte zum Stormberger knüpfen konnte, der ihr weitere Erklärungen zu seinen Gesichten übermittelt hat. Die vielleicht wichtigste Aussage ist:

»Diese Prophezeiungen haben Gültigkeit bis ins Zeitalter 2111, da sich bereits der größte Teil erfüllt hat und sich im 20. Jahrhundert vielleicht erfüllt. Das zeigt sich schon in der Gegenwart, die das große Abräumen bereits erkennen läßt.«

Lit.: Paul Friedl, Prophezeiungen aus dem bayerisch-böhmischen Raum

Seherin von Prag
Folgt man den Überlieferungen, so ist die »Seherin von Prag« oder auch »Sibylle von Prag« im Jahre 1658 in Prag als etwa neunzigjährige Greisin gestorben. Obzwar von Adel, konnte sie auf ein abenteuerliches Zigeunerleben zurückblicken, in dessen Verlauf sie weite Teile von Europa und die an das Mittelmeer angrenzenden Länder kennenlernte. Ihre eindrucksvollen Gesichte soll ein in der Nachbarschaft lebender Gärtner aufgeschrieben haben. Diese Vorhersagen sind allerdings – so weit sie sich bereits erfüllt haben – von so großer Genauigkeit, daß man nur schwer an eine Verfasserin des 17. Jahrhunderts glauben kann.
Lit.: Marcus Varena, Gesammelte Prophezeiungen

Sibyllen
Seherinnen des Altertums, von deren Visionen fast nichts überliefert ist. Die erhaltenen »Oracula Sibyllina« oder »Sibyllinen« sind prophetische Schriften in griechischer Sprache, die nach dem zweiten vorchristlichen Jahrhundert entstanden sind. Es handelt sich um von Christen überarbeitete jüdische Orakel, die auf antiken Quellen basieren. Die Sibyllinen sind also mehr christliche als heidnische Schriften, deren Kernstück eine den biblischen Apokalypsen vergleichbare Endzeit-Prophetie ist.
Lit.: Kurfess, Sibyllinische Weissagung

Solomon, Paul
Der 1939 in Arkansas geborene Reverend Paul Solomon gibt in Trance Readings, die sich vielleicht mit denen von Cayce vergleichen lassen; er wurde dadurch zum Gründer einer eigenen Kirche: »The Fellowship of the Inner Light«.*
Lit.: The Paul Solomon Tapes, Heritage Publications (P. O. Box 444, Virginia Beach, VA 23458) 1974

Speer, David oder Simon (gest. 1632)
Dem Pater David (oder Simon) Speer wird eine angeblich 1803 aufgefundene Pro-

* In den USA ist bezahltes Wahrsagen nur Priestern einer Kirche erlaubt, was Kirchengründungen von Sehern erklärt. Ich weiß allerdings nicht, wie Jeane Dixon mit diesem Gesetz ihres Landes zurechtkommt, da von ihr behauptet wird, daß sie für ein halbstündiges Gespräch mit Persönlichkeiten des öffentlichen Lebens einen 1000-Dollar-Scheck erhält.

phetie über das Kloster Benediktbeuern und das Land Bayern zugeschrieben, die sich mit der Lehninschen Weissagung vergleichen läßt. Allerdings ist dem bayerischen Autor mit den folgenden Zeilen, die sich bestens auf Ludwig II. übertragen lassen, ein Volltreffer geglückt:

»Seinem Geist mangelt Stärke, seinem Volke der Glaube.
Wo er Hilfe sucht, er heftige Feinde nur findet.
Wasser bringt ihm den Tod, nachdem er große Verwirrung entzündet.«

Lit.: Joh. Adam Boost, Die Weissagungen des Mönches Hermann zu Lehnin über Preußen und jene des Benedictiners David Speer zu Benedictbeuern über Bayern, Math. Riegersche Buchhandlung, Augsburg 1848

Spielbähn oder Spielbernd

Dieser »Spökenkieker« mit Namen Bernhard Rembord lebte vermutlich von 1689 bis 1783. Er war Klosterbote der Benediktinerabtei Siegburg und verdankt seinen Spitznamen »Spielbähn« (Bähn als Abkürzung von Bernhard) seiner Begeisterung für das Geigenspiel. Er war mit dem »zweiten Gesicht« begabt, lieferte angeblich Zeit seines Lebens viele Beispiele für seine seherischen Fähigkeiten und hinterließ endzeitliche Vorhersagen, die in den Volksmund eingegangen sind.

Lit.: Clericus, Buch der Wahr- und Weissagungen

Steiner, Maria Agnes (1813–1862)

Zu Taisten im Pustertale geborene Schwester des Klosters der bayerischen Klarissinnen zu Assisi. Sie hatte viele Visionen und erlebte Wunder.

Lit.: P. Peter Ausserer/P. Franziskus von Reus,
Kurze Lebensgeschichte der Dienerin Gottes Maria Agnes Steiner, Verlag Felizian Rauch, Innsbruck 1886

Stichlmayr, Johann Baptist (geb. 1830)

Am 12. Mai 1848 hatte der in Obermauerbach bei Aichach in Bayern lebende Viehhirt eine Erscheinung der Himmelskönigin, die ihm endzeitliche Warnungen vor Krieg und Seuchen übermittelte.

Lit.: J. M. Curicque, Prophetische Stimmen

Stieglitz, Erna (gest. 1975)

Mutter Erna Stieglitz lebte vermutlich im Kloster der Englischen Fräulein zu Augsburg. Sie soll präzise Prophetien über den Verlauf des dritten Weltkrieges hinterlassen haben, die aber nicht veröffentlicht sind. Wolfgang Johannes Bekh hat sich um eine Aufklärung bemüht, und er veröffentlicht eine genaue Schilderung vom Verlauf des dritten Weltkrieges, die er aufgrund der Befragung von Zeugen zusammenstellen konnte. Da keine schriftliche Fassung der Prophetien der Erna Stieglitz zugänglich ist, wurde hier nicht weiter auf sie eingegangen, obwohl ihre eindrucksvollen Gesichte gut zu den Visionen von Irlmaier und dem Seher aus dem Waldviertel passen.

Lit.: Bekh, Das dritte Weltgeschehen

Stockert, Josef (1897–1975)
Der in Würzburg geborene Josef Stockert hatte im Jahre 1947 in München eindrucksvolle Endzeit-Visionen, die nur wenig bekannt sind.
Lit.: Josef Stockert, Der mahnende Finger Gottes,
München 1969

Stormberger (Stromberger, Starnberger, Sturmberger) vergl. Mühlhiasl

Sylvia
Die Seherin »Madame Sylvia« hieß Bianca Gräfin Beck-Rzikowsky.
Lit.: Trance – Gesichte,
zusammengestellt und erläutert von F. R. Liesche, Verlag Heitz & Cie., Straßburg 1936

Taigi, Anna Maria (1769–1837)
Diese Visionärin lebte als Frau und Mutter in einfachen Verhältnissen in Rom. Ihr vorbildlicher Lebenswandel wird gerühmt und führte sogar zu einer Seligsprechung im Jahre 1920.
Lit.: Ida Lüthold, Eine heilige Frau und Mutter

Vallées, Marie des (1590–1656)
Diese stigmatisierte, teilweise von Besessenheit geplagte Französin ist eine besonders schwer einzuordnende Seherin, deren Endzeit-Gesichte kaum verständlich sind.
Lit.: Irmgard Hausmann, Marie des Vallées,
Hacker-Verlag, Gröbenzell 1974

Vatiguerro, Johann vergl. Caesarius von Heisterbach

Vianney, Johannes Maria Baptist (1786–1859)
Der in einer Bauernfamilie geborene Priester war 42 Jahre Pfarrer von Ars (Diözese Belley) und als Beichtvater weithin berühmt. Er war hellsehend, doch sind nur wenige seiner in die Zukunft weisenden Gesichte bekannt.
Lit.: Böhm, Kurzes Lebensbild des seligen J. M. Vianney,
Manz-Verlag, Regensburg 1914

Wallich, Johannes
In Irland Ende des 17. Jahrhunderts lebender Prophet. Seine Vorhersagen sind so allgemein gehalten, daß sie sich kaum einordnen lassen.
Lit.: Beykirch, Prophetenstimmen

Werdin (gest. 1279)
Dem Abt Werdin wird eine nicht leicht einzuordnende Prophetie zugeschrieben, die auch die Endzeit zu betreffen scheint.
Lit.: Truelle, Das Buch der Wahr- und Weissagungen

Wilkerson, David
Der amerikanische Pastor David Wilkerson hatte verschiedene Visionen, darunter im Jahre 1973 dramatische endzeitliche Schauungen von fünf tragischen Katastrophen, die über die Erde kommen sollen.
Lit.: David Wilkerson, Die Vision, Leuchter Verlag, Erzhausen 1974

Wismarer Prophezeiung
Diese angeblich aus dem Jahre 1761 stammende Prophetie soll von einem Mönch in einer alten Bibel gefunden worden sein. Sie enthält unklare Vorhersagen eines großen Krieges zwischen Ost und West.
Lit.: Friedl, Prophezeiungen aus dem bayerisch-böhmischen Raum

Wudy, Sepp
Sepp Wudy war ein Bauernknecht aus dem »Frischwinkel«*, der prophetische Gesichte hatte. Sein Bauer hat einige der Visionen des wortkargen Sepp aufgeschrieben, so daß Paul Friedl sie in seine Sammlung der Prophezeiungen aus dem bayerisch-böhmischen Raum aufnehmen konnte.
Sepp Wudy ist im Ersten Weltkrieg an der Dolomitenfront gefallen.
Lit.: Friedl, Prophezeiungen aus dem bayerisch-böhmischen Raum

Zenor, Richard
Zeitgenössischer Seher aus Los Angeles, der am 23. November 1956 eine umfangreiche Zukunftsvision erlebte. Seine Schau stimmt mit den Gesichten der meisten anderen Seher nicht überein. So erwartet Zenor keinen Welt- oder Atomkrieg und nennt das Jahr 1956 als Beginn eines neuen Zeitalters des Friedens. Allerdings sieht auch er große Naturkatastrophen, darunter eine Verschiebung der Erdachse.
Lit.: Drei Eichen Blätter, München 9, Jahrgang 1957

* Unter der Bezeichnung »Frischwinkel« versteht man das Talende des heute tschechischen »Angel-Tales« an der Grenze zu Bayern. Es liegt zwischen dem Großen Osser und der Ortschaft Zwercheck (Zelaná Lhota). Als Zentrum des Frischwinkels galt in vergangenen Jahrzehnten eine Einöde, in der drei Bauernhöfe angesiedelt waren.
(Nach einer Auskunft von Paul Friedl aus Zwiesel.)

Literatur-Verzeichnis

Die Ereignisse verdichten sich
1. Stead, Estelle, »Die blaue Insel«, G. E. Schroeder-Verlag, Garmisch-Partenkirchen 1961

Kommt der Kollaps der Welt?
1. Der Spiegel, 1982 Heft Nr. 44, Spiegel-Verlag Hamburg
2. Fucks, Wilhelm, »Formeln zur Macht«, Deutsche Verlagsanstalt, Stuttgart 1965
3. Gruhl, Herbert, »Ein Planet wird geplündert«, S. Fischer Verlag, Frankfurt 1975
4. Huxley, Aldous, »Dreißig Jahre danach oder Wiedersehen mit der wackeren neuen Welt«, Piper Verlag, München 1960

Unsere Welt versinkt im Schmutz
1. Gruhl, Herbert, »Ein Planet wird geplündert«, S. Fischer Verlag, Frankfurt 1975
2. Hagl, Siegfried, »Auf der Suche nach einem neuen Weltbild«, Verlag der Stiftung Gralsbotschaft, Stuttgart 1982
3. Haken, Hermann, »Erfolgsgeheimnisse der Natur«, Deutsche Verlagsanstalt, Stuttgart 1981
4. Mansholt, Sicco, »Die Krise/Europa und die Grenzen des Wachstums«, Rowohlt-Verlag, Hamburg 1974
5. Meadows, Dennis, »Die Grenzen des Wachstums«, Deutsche Verlagsanstalt, Stuttgart 1972
6. Natur, Erstedition; 1981 Heft 6, Ringier-Verlag, München

Rohstoffe werden knapp
1. Global 2000, »Der Bericht an den Präsidenten«, Zweitausendeins Verlag, Frankfurt 1980
2. Gruhl, Herbert, »Ein Planet wird geplündert«, S. Fischer Verlag, Frankfurt 1975
3. Gruhl, Herbert, »Das irdische Gleichgewicht«, Erb-Verlag, Düsseldorf 1982
4. Peccei, Aurelio, »Die Zukunft in unserer Hand«, Verlag Molden, Wien 1981

Die gequälte Kreatur
1. Barthel, Wolfgang, »Der unsichtbare Tod«, Gruner & Jahr, Hamburg 1979
2. Der Spiegel, 1978 Heft 36; 1982 Heft 36 und 52, Spiegel-Verlag Hamburg
3. Eckholm, Eric, »Disappearing Species: The Social Challange«, Worldwatch Paper 22, Worldwatch Institute Washington DC
4. Global 2000, »Der Bericht an den Präsidenten«, Zweitausendeins Verlag, Frankfurt 1980

5. Gruhl, Herbert, »Das irdische Gleichgewicht«, Erb-Verlag, Düsseldorf 1982
6. Klar & Wahr, Vol. XV, Nr. 4, May 1975, Verlag Ambassador College Bonn 1
7. Kyber, Manfred, »Gesammelte Tiergeschichten«, Hesse & Becker Verlag, München
8. Natur, 1981 Heft 11, Ringier-Verlag, München

Der Wahnsinn mit Methode
1. Der Spiegel, 1982 Heft 35/43/52, Spiegel-Verlag, Hamburg
2. Freund, Prof. Dr. Michael, »Deutschland unterm Hakenkreuz«, C. Bertelsmann Verlag, Gütersloh 1965
3. Global 2000, »Der Bericht an den Präsidenten«, Zweitausendeins Verlag, Frankfurt 1980
4. Mesarovic, Mihailo und Pestel, Eduard, »Menschheit am Wendepunkt«, Deutsche Verlagsanstalt, Stuttgart 1974
5. PM, 1981, Heft 11; 1982 Heft 11, Verlag Gruner & Jahr, Hamburg
6. Strohm, Holger, »Friedlich in die Katastrophe«, Zweitausendeins Verlag, Frankfurt 1981

Natürliche Kreisläufe werden unstabil
1. Abd-ru-shin, »Im Lichte der Wahrheit«, Verlag der Stiftung Gralsbotschaft, Stuttgart
2. Der Spiegel, 1982 Heft 36, Spiegel-Verlag, Hamburg
3. Hagl, Siegfried, »Wenn es kein Wunder war...«, Verlag der Stiftung Gralsbotschaft, Stuttgart 1981
4. Natur, Erstedition; 1981 Heft 6/7/11, Ringier-Verlag, München

Vor uns die Wüste?
1. DVA Mitteilung, 1983 Heft 2, Deutscher Alpenverein, München
2. Der Spiegel, 1978 Heft 36; 1981 Heft 47/48/49; 1982 Heft 38; 1983 Heft 7/9/30/32, Spiegel-Verlag, Hamburg
3. Flohn, Hermann, »Das CO_2-Klima-Problem«, Geographische Rundschau, 1983 Heft 5, Westermann Verlag, Braunschweig
4. Geo Spezial, »Wetter«, Verlag Gruner & Jahr, Hamburg
5. Global 2000, »Der Bericht an den Präsidenten«, Zweitausendeins Verlag, Frankfurt 1980
6. Kaiser, Peter, »Die Rückkehr der Gletscher«, Molden Taschenbuch Verlag, Wien–München 1979
7. Natur, 1981 Heft 6/12; 1982 Heft 6; 1983 Heft 3/4/9, Ringier-Verlag, München
8. PM, 1982 Heft 9, Verlag Gruner & Jahr, Hamburg

In der atomaren Sackgasse
1. Bröcker, Bernhard, »DTV-Atlas zur Atomphysik« 2. Aufl. 1980, Deutscher Taschenbuch Verlag, München
2. Bundesminister für Forschung und Technologie, »Kernenergie«, Eine Bürgerinformation, 2. Aufl., Bonn 1976

3. Closs, Klaus-Detlef, »Direkte Endlagerung oder Wiederaufbereitung?«, Umschau in Wissenschaft und Technik, 1981 Heft 10
4. Der Spiegel, 1981 Heft 43; 1982 Heft 13/14/28/34/37/38/45; 1983 Heft 29, Spiegel-Verlag, Hamburg
5. Draußen, Nr. 9 »Naturpark Elbe-Drawehn«, HB Verlags- und Vertriebs GmbH, Hamburg 1980
6. Gerwin, Robert, »So ist das mit der Kernenergie«, Econ-Verlag, Düsseldorf 1978
7. Global 2000, »Der Bericht an den Präsidenten«, Zweitausendeins Verlag, Frankfurt 1980
9. Hagl, Siegfried, »Wenn es kein Wunder war...«, Verlag der Stiftung Gralsbotschaft, Stuttgart 1981
9. Huster, Prof. Dr. E., Offener Brief an den Herrn Bundespräsident Dr. Carstens vom 19. 8. 1972, Weltbund zum Schutze des Lebens, Postfach 1165, 2720 Rotenburg
10. Makhijani, Arjun, »Bubble, Bubble, Toil, and Trouble: Reprocessing Nuclear Spent Fuel«, Washington 1982
11. Michelson, Gerd, »Der Fischer Öko Almanach«, Fischer Taschenbuch Verlag, Frankfurt 1980
12. Natur, 1982 Heft 2/3/9/12; 1981 Heft 9, Ringier-Verlag, München
13. PM, 1982 Heft 12, Verlag Gruner & Jahr, Hamburg
14. Strohm, Holger, »Friedlich in die Katastrophe«, Zweitausendeins Verlag, Frankfurt 1981
15. Wald, George, »Leben in einer zum Tode verurteilten Gesellschaft«, Lebensschutzinformation Nr. 5/1979, Weltbund zum Schutze des Lebens 4973 Vlotho
16. Welt am Sonntag, Nr. 26 vom 27. Juni 1982

Die biologische Zeitbombe
1. ARD »Bilder aus der Wissenschaft« vom 13. 8. 1983
2. Der Spiegel, 1982 Heft 44/52, Spiegel-Verlag, Hamburg
3. Hagl, Siegfried, »Wenn es kein Wunder war...«, Verlag der Stiftung Gralsbotschaft, Stuttgart 1981
4. Herbig, Jost, »Die Gen-Ingenieure«, Carl Hanser Verlag, München 1978
5. Nigon, V. und Lueken, W., »Allgemeine Biologie« Band 4 »Vererbung«, Gustav Fischer Verlag, Stuttgart 1976
6. Rogers, Michael, »Genmanipulation«, Hallweg-AG, Bern 1978
7. Strohm, Holger, »Friedlich in die Katastrophe«, Zweitausendeins Verlag, Frankfurt 1981
8. Süddeutsche Zeitung, Ausg. v. 4. 11. 1982, Süddeutscher Verlag München
9. Chargaff, Erwin, »Das Feuer des Heraklit«, Verlag Klett-Cotta 1981
10. Chargaff, Erwin, »Unbegreifliches Geheimnis«, Verlag Klett-Cotta 1980

Abschied vom Wunschdenken
1. Der Spiegel, 1974 Heft 43, Spiegel-Verlag, Hamburg
2. Global 2000, »Der Bericht an den Präsidenten«, Zweitausendeins Verlag, Frankfurt 1980

Das Grollen aus der Ferne
1. Abd-ru-shin, »Im Lichte der Wahrheit«, Verlag der Stiftung Gralsbotschaft, Stuttgart
2. Andreas, Peter, »Was morgen wahr sein kann«, 3. Aufl., Econ Verlag, Düsseldorf–Wien 1982
3. Baum, Hans, »Das Ultimatum Gottes«, Christiania Verlag, Stein a. Rhein
4. Der Spiegel, 1983 Heft 3, Spiegel-Verlag, Hamburg
5. Ditfurth, Hoimar v., »Der Geist fiel nicht vom Himmel«, Hoffmann & Campe, Hamburg 1976
6. Hagenau, Gerda, »Verkünder und Verführer«, Econ Verlag, Düsseldorf–Wien 1976
7. Holzhauser, Bartholomäus, »Auslegung der Apokalypse und zehn Gesichte«, Medeatrix Verlag, Wien, 2. Aufl. 1981
8. Keyes, Nelson B., »Vom Paradies bis Golgatha«, Verlag Das Beste, Stuttgart 1964
9. Lipfert, Klementine, »Symbol-Fibel«, Johannes Stauda Verlag, Kassel 1964
10. Löbsack, Theo, »Versuch und Irrtum«, Bertelsmann Verlag, Gütersloh 1974
11. Lorenz, Konrad, »Die acht Todsünden der zivilisierten Menschheit«, Verlag Piper & Co., München 1973
12. Müller, Ulrich B., »Messias und Menschensohn«, Gütersloher Verlagshaus Gerd Mohn, Gütersloh 1972
12. Natur, 1981 Heft 7, Ringier-Verlag, München
14. Philbert, Bernhard, »Christliche Prophetie und Nuklearenergie«, R. Brockhaus Verlag, Wuppertal 1980
15. PM, 1981 Heft 12, Verlag Gruner & Jahr, Hamburg
16. Prachar, Peter, »Der jüngste Tag«, Amalthea Verlag, Wien und München 1979
17. Sagan, Carl, »Und werdet sein wie Götter«, Droemersche Verlagsanstalt, München 1978
18. Unger, Merill F., »Die Reiter kommen«, Verlag Hermann Schulte, Wetzlar 1976
19. Vester, Frederic, »Neuland des Denkens«, Deutsche Verlagsanstalt, Stuttgart 1981
20. Wegener, G. S., »6000 Jahre und Ein Buch«, J. G. Oncken Verlag, Kassel 1966

Die Stimme der Götter?
1. Hübscher, Arthur, »Die Große Weissagung«, Heimeran-Verlag, München 1952
2. Kurfess, Alfons, »Sibyllinische Weissagung«, Heimeran-Verlag, München 1951
3. Rosenberg, Alfons, »Sibylle und Prophetin«, Otto Wilhelm Barth Verlag, Weilheim 1980
4. Silver, Jules, »Prophezeiungen bis zur Schwelle des 3. Jahrtausends«, Ariston-Verlag, Genf 1974

Kunde der Seher

1. Adalsten, Carola, »Licht aus dem Norden«, Lambertus-Verlag, Freiburg 1951
2. Allgeier, Kurt, »Morgen soll es Wahrheit werden«, Wilhelm Heyne Verlag, München 1981
3. Antonius, Peter, »Groß-Deutschlands Macht«, Verlag Gebrüder Leusing, Dortmund 1920
4. Beykirch, Th., »Prophetenstimmen«, Verlag F. Schönigh, Paderborn 1849
5. Bühler, Johannes, »Schriften der Heiligen Hildegard von Bingen«, Insel-Verlag, Leipzig 1922
6. Centurio, Dr., »Nostradamus der Prophet der Weltgeschichte«, Verlag R. Schikowski, Berlin 1953
7. Centurio, Dr., »Die großen Weissagungen des Nostradamus«, Turm Verlag, Bietigheim 1981
8. Clericus, Wilhelm, »Das Buch der Wahr- und Weissagungen«, Verlagsanstalt G. J. Manz, Regensburg 1920
9. Ellerhorst, Winfried, »Prophezeiungen über das Schicksal Europas«, Verlagsanstalt Albert Angerer, Waldsassen 1950
10. Erbstein, Max, »Der blinde Jüngling«, 7. Auflage 1972, Kammwegverlag, Troisdorf
11. Fontbrune, Jean Charles de, »Nostradamus, Historiker und Prophet«, Paul Zsolnay Verlag, Wien–Hamburg 1982
12. Fontbrune, Dr. Max de, »Was Nostradamus wirklich sagte«, 2. Aufl., Verlag Fritz Molden, Wien 1980
13. Hildegard von Bingen, »Wisse die Wege« (Scivias), übersetzt von Maura Bökkeler, Verlag Otto Müller, Salzburg 1965
14. Hildegard von Bingen, »Welt und Mensch« (De operatione dei), übersetzt von Heinrich Schipperges, Verlag Otto Müller, Salzburg 1965
15. Klee, Konrad, »Nostradamus, Prophet der Zeiten und Momente«, Heinr. Hugendubel Verlag, München 1982
16. Lascar, Dr. Maria-Luise, »Hildegard von Bingen«, Verlag R. Oldenbourg, München 1929
17. Löwith, Carl, »Weltgeschichte und Heilsgeschehen«, W. Kohlhammer Verlag, Stuttgart 1953
18. Loog, C., »Die Weissagungen des Nostradamus«, Johannes Baum Verlag, Pfullingen 1921
19. Pagani, Anton, Monsignore, »Lebensgeschichte der ehrwürdigen Dienerin Gottes, Elisabeth Canori-Mora«, Verlag der Schulbrüder, Kirnach-Villingen 1924
20. Putzien, Rudolf, »Nostradamus«, 3. Aufl. 1981, Drei Eichen Verlag, München
21. Rosenberg, Alfons, »Joachim von Fiore: Das Zeitalter des Heiligen Geistes«, Turm-Verlag, Bietigheim 1977
22. Spirago, Franz, »Die Malachias-Weissagung«, Verlag R. van Acken, Lingen (Ems) 1920
23. Schipperges, Heinrich, »Hildegard von Bingen«, Walter Verlag, Olten 1978
24. Stocker, Josef, »Reinigung der Erde«, 5. Aufl. 1980, Medeatrix-Verlag, Wien

25. Stocker, Josef, »Der dritte Weltkrieg«, 3. Aufl. 1978, Medeatrix-Verlag, Wien
26. Voldben, A., »Die großen Weissagungen über die Zukunft der Menschheit«, Gustav Lübbe Verlag, Bergisch Gladbach 1977
27. Vollmann, Herbert, »Wissen für die Welt von morgen«, Verlag der Stiftung Gralsbotschaft, Stuttgart 1974
28. Widler, Walter, »Buch der Weissagungen«, 9. Aufl. 1961, Verlag Siegfried Hacker, Gröbenzell

Die Bilder werden deutlicher

1. Abd-ru-shin, »Fragenbeantwortungen«, Verlag der Stiftung Gralsbotschaft, Stuttgart
2. Bekh, Wolfgang Johannes, »Bayerische Hellseher«, 5. Aufl., W. Ludwig Verlag, Pfaffenhofen 1981
3. Carter, Mary Ellen, »Prophezeiungen in Trance«, Ariston Verlag, Genf 1980
4. Clericus, Wilhelm, »Das Buch der Wahr- und Weissagungen«, 5. Aufl., Verlagsanstalt J. G. Manz, Regensburg 1920
5. Der Spiegel, 1982 Heft 44, Spiegel-Verlag, Hamburg
6. Gustavsson, A., »Merkwürdige Gesichte«, Sveringefondens Förlag, Stockholm 1953
7. Konzionator, Prof. A., »Die Zukunft Frankreichs«, Verlag R. van Acken, Lingen (Ems) 1922
8. Lama, Friedr. Ritter v., »Prophetien über die Zukunft des Abendlandes«, Credo-Verlag, Wiesbaden 1953
9. Lüthold, Ida, »Eine heilige Frau und Mutter, Anna Maria Taigi«, Kanisius-Verlag, Freiburg/Schweiz 1952
10. Michelson, Neil F., »The American Ephemeris«, Astro Computing Services, San Diego 1980
11. Montgomery, Ruth, »Ich sehe die Zukunft«, Mosaik-Verlag, Hamburg 1965
12. Noorbergen, René, »Leben und Prophezeiungen der Jeane Dixon«, Turm Verlag, Bietigheim 1969
13. Putzien, Rudolf, »Nostradamus«, Drei Eichen Verlag, München, 3. Aufl. 1981
14. Riedl, Rupert, »Biologie der Erkenntnis«, 2. Aufl., Verlag Paul Parey, Berlin 1979
15. Röhrig, Karl, »Die Weltereignisse bis zum Jahr 1953«, Verlag Max Altmann, Leipzig 1927
16. Robinson, Lytle W., »Rückschau und Prophezeiungen«, Hermann Bauer Verlag, Freiburg 1973
17. Schmöger, Pater C. E., »Emmerick-Visionen«, Immaculata Verlag, Reußbühl 1970
18. Stearn, Jess, »Der schlafende Prophet«, Ariston Verlag, Genf 1969
19. Stockert, Josef, »Der mahnende Finger Gottes«, Privatdruck, München 1969

20. Sugrue, Thomas, »Edgar Cayce – Sein Leben«, Heinrich Hugendubel Verlag, München 1981
21. Varena, Marcus, »Gesammelte Prophezeiungen«, Hermann Bauer Verlag, Freiburg 1959

Wann zucken die Blitze?
1. Adlmaier, Dr. Conrad, »Blick in die Zukunft«, Traunstein 1950
2. Backmund, P. Norbert, »Hellseher schauen die Zukunft«, Verlag Morsak Grafenau, 6. Aufl. 1982
3. Beykirch, Th., »Prophetenstimmen«, Verlag F. Schönigh, Paderborn 1849
4. Bekh, Wolfgang Johannes, »Bayerische Hellseher«, 5. Aufl. 1981, W. Ludwig Verlag, Pfaffenhofen
5. Bekh, Wolfgang Johannes, »Das dritte Weltgeschehen«, 2. Aufl. 1981, W. Ludwig Verlag, Pfaffenhofen
6. Burg, Josef, »Höchst merkwürdige Prophezeiungen«, Verlag J. Wittmann, Bonn 1837
7. Clericus, Wilhelm, »Das Buch der Wahr- und Weissagungen«, Verlagsanstalt J. G. Manz, Regensburg 1920
8. Erbstein, Max, »Der blinde Jüngling«, 7. Aufl. 1972, Kammweg Verlag, Troisdorf
9. Ellerhorst, Winfried, »Prophezeiungen über das Schicksal Europas«, Verlagsanstalt Albert Angerer, Waldsassen 1950
10. Friedl, Paul, »Die Stormberger Prophezeiung«, Verlag: Vereinigung für praktische Heimatpflege, Zwiesel 1930
11. Friedl, Paul, »Prophezeiungen aus dem bayerisch-böhmischen Raum«, Rosenheimer Verlagshaus, Alfred Förg, Rosenheim 1979
12. Grabinski, Bruno, »Flammende Zeichen der Zeit«, Verlag Siegfried Hacker, Gröbenzell 1972
13. Haller, Dr. Reinhard, »Der Starnberger, Stormberger, Sturmberger«, Verlag Morsak, Grafenau 1980
14. Hübscher, Arthur, »Die große Weissagung«, Heimeran-Verlag, München 1952
15. Kirmayer, Antonius, »Die Prophezeiungen des Waldpropheten«, Verlag Josef Aidenberger, Passau-Egendobel 1959
16. Konzionator, Prof. A., »Der kommende große Monarch«, Verlag R. van Acken, Lingen (Ems) 1920
17. Kutscheit, Dr. J. W., »Sechs bisher unbekannte, höchst merkwürdige Prophezeiungen«, Verlag J. Wittmann, Bonn 1848
18. Retlaw, E. G., »Prophezeiungen über Ausbruch und Verlauf des dritten Weltkrieges«, Ariga-Verlag, Murnau 1961
19. Schrönghamer-Heimdal, F., »Was der Waldprophet sagt«, Bayerische Heimat vom 13. 10. 1931, Münchener Zeitungsverlag, München
20. Stocker, Josef, »Der dritte Weltkrieg«, 5. Aufl. 1978, Medeatrix-Verlag, Wien
21. Truelle, »Das Buch der Wahr- und Weissagungen«, Manz-Verlag, Regensburg 1850

22. Widler, Walter, »Buch der Weissagungen«, 9. Aufl. 1981, Verlag Siegfried Hacker, Gröbenzell
23. Zurbonsen, Prof. Dr. F., »Die Völkerschlacht der Zukunft am Birkenbaum«, Verlag J. P. Bachem, Köln 1916
24. Zurbonsen, Prof. Dr. F., »Neuere Vorgesichte«, Verlag J. P. Bachem, Köln 1920

Warnung aus dem Licht?

1. Barthas, C., »Fatima«, Verlag Herder, Freiburg 1955
2. Baumann, Ferdinand, »Fatima und die Rettung der Welt«, Verlag Butzon & Bercker, Kevelaer 1951
3. Breuer, Reinhard und Lechleitner, Hans, »Der lautlose Schlag«, Meyster Verlag, München 1982
4. Grufik, Franz, »Turzovka, das tschechoslowakische Lourdes«, Christiania Verlag, Stein am Rhein 1971
5. Hanauer, Josef, »Fatima ›Erscheinungen‹ und ›Botschaften‹ «, Bock + Herscher Verlag, Bad Honnef 1979
6. Hausmann, Irmgard, »Die Ereignisse von Garabandal«, Verlag Siegfried Hakker, Gröbenzell 1981
7. Igel, Dr. Johannes, »Der Himmel verläßt uns nicht«, Verlag Siegfried Hacker, Gröbenzell 1964
8. Konzionator, Prof. A., »La Salette und die nächste Zukunft«, Verlag R. van Acken, Lingen (Ems) 1921
9. Münchner Merkur, Ausgabe vom 2./3. Januar 1982
10. Stocker, Josef, »Der dritte Weltkrieg«, Medeatrix-Verlag, Wien, 5. Aufl. 1980
11. Stocker, Josef, »Reinigung der Erde«, Medeatrix-Verlag, Wien, 3. Aufl. 1978

Ein neuer Himmel und eine neue Erde

1. Andersen, Hans J., »Polsprung und Sintflut«, Verlag Wilh. Moestel, Fürth 1977
2. Andersen, Hans J., »Polwende – Zeitenwende«, 3. Aufl., Verlag Wilh. Moestel, Fürth 1981
3. Andreas Peter, »Was morgen wahr sein kann«, 3. Aufl., Econ Verlag, Düsseldorf–Wien 1982
4. Berlitz, Charles, »Weltuntergang 1999«, Paul Zsolnay Verlag, Wien–Hamburg 1981
5. Brown, Hugh A., »Cataclysms of the Earth«, New York 1967
6. Brunton, Paul, »Geheimnisvolles Ägypten«, Hermann Bauer Verlag, Freiburg 1951
7. Das Beste, 1983 Heft 2, Verlag Das Beste GmbH, Stuttgart
8. Ditfurth, Hoimar v., »Kinder des Weltalls«, Hoffmann und Campe Verlag, Hamburg 1970
9. Hapgood, Charles, »Earth's Shifting Crust«, Philadelphia 1958
10. Hapgood, Charles, »Maps of the Ancient Sea Kings«, E. P. Dutton, New York 1979

11. Haßler, Gerd v., »Wenn die Erde kippt«, Scherz Verlag, Bern und München 1981
12. Herrmann, Joachim, DTV-Atlas zur Astronomie, 5. Aufl., Deutscher Taschenbuchverlag, München 1979
13. Kaiser, Peter, »Die Rückkehr der Gletscher«, Molden Taschenbuch Verlag, Wien–München 1979
14. Suball, Louis, »Die Neuentdeckung der Erde«, Verlag G. Fromme & Co., Wien–München 1958
15. Timms, Moira, »Zeiger der Apokalypse«, Heinrich Hugendubel Verlag, München 1981
16. Velikowsky, Immanuel, »Welten im Zusammenstoß«, Umschau Verlag, Frankfurt 1978
17. Warlow, P., »Geomagnetic Reversals?«, J.Phys. A.: Math. Gen., Vol. 11 No. 10, 1978
18. White, John, »Polsprung«, Heinrich Hugendubel Verlag, München 1981

Die Reinigung der Erde

1. Durán, Fray Diego, »Book of the Gods and Rites and the Ancient Calendar«, The University of Oklahoma Press, Oklahoma 1971
2. Sahagun, Bernardino de, »Wahrsagerei, Himmelskunde und Kalender der alten Azteken«, übersetzt von Dr. L. Schultze, W. Kohlhammer Verlag, Stuttgart 1959

Was bringt die Zukunft?

1. Carter, Mary Ellen, »Prophezeiungen in Trance«, Ariston Verlag, Genf 1980
2. Hübscher, Artur, »Die große Weissagung«, Heimeran Verlag, München 1952
3. Maak, Ferdinand, »Elias Artista redivivus«, Harmann Barsdorf Verlag, Berlin W 30, 1913
4. Robinson, Lytle W., »Rückschau und Prophezeiungen«, Hermann Bauer Verlag, Freiburg
5. Stearn, Jess, »Der schlafende Prophet«, Ariston Verlag, Genf 1969

Allgemeine Nachschlagewerke

Brockhaus, »Enzyklopädie in 20 Bänden«, Siebzehnte Auflage des Großen Brockhaus, 1966–76
Meyers Lexikon, Siebente Auflage, 1924–30
Die Bibelzitate sind meist einer Ausgabe der privilegierten Württembergischen Bibelanstalt entnommen (ohne Jahresangabe, ca. 1950)
Für historische Vergleiche wurde besonders die Einheitsübersetzung der kath. Bibelanstalt, 1980, herangezogen.
Die Abkürzungen der Bibel-Stellen wurden der »Bremer biblischen Hand-Konkordanz« entsprechend gewählt (Anker-Verlag im Christlichen Verlagshaus, Stuttgart 1980)

Wir danken den folgenden Verlagen für die Genehmigung zum Abdruck der Texte (die Quellenangaben sind dem Literaturverzeichnis zu entnehmen):

Verlag Hermann Bauer KG, D-7800 Freiburg
Insel Verlag, D-6000 Frankfurt/Main
W. Ludwig Verlag, D-8068 Pfaffenhofen/Ilm
Mosaik Verlag, D-8000 München
Otto Müller Verlag, A-5021 Salzburg
Turm Verlag, D-7120 Bietigheim
Walter Verlag, CH-4600 Olten
Wegweiser Verlag, D-5210 Troisdorf